U0565567

君士坦丁大帝时代

［瑞士］雅各布·布克哈特
JACOB BURCKHARDT 著

THE AGE OF CONSTANTINE THE GREAT

宋立宏 熊莹 卢彦名 译
宋立宏 审校

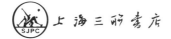

上海三联书店

目　录

1　罗马帝国地图（公元 297 年）
1　君士坦丁家谱

1　中译本序言　　　　　　　　　　　　　　　黄　洋

1　第一版序言（1852）
1　第二版序言（1880）

　　1　第一章　三世纪的皇权
　28　第二章　戴克里先：他的收养制度与统治
　54　第三章　西部各行省与邻国
　74　第四章　东部各行省与邻国
103　第五章　异教：众神混合
142　第六章　不朽及其秘仪：异教的精灵化
189　第七章　古代生活及其文化之衰朽
219　第八章　迫害基督徒；君士坦丁和皇位继承
259　第九章　君士坦丁和教会
296　第十章　宫廷、政府与军队；君士坦丁堡、罗马、雅
　　　　　　　典与耶路撒冷

330　附录与勘误
332　关于古代史料　　　　　　　　　　　　摩西·哈达斯
336　罗马皇帝年表
339　索引

367　译后记

1

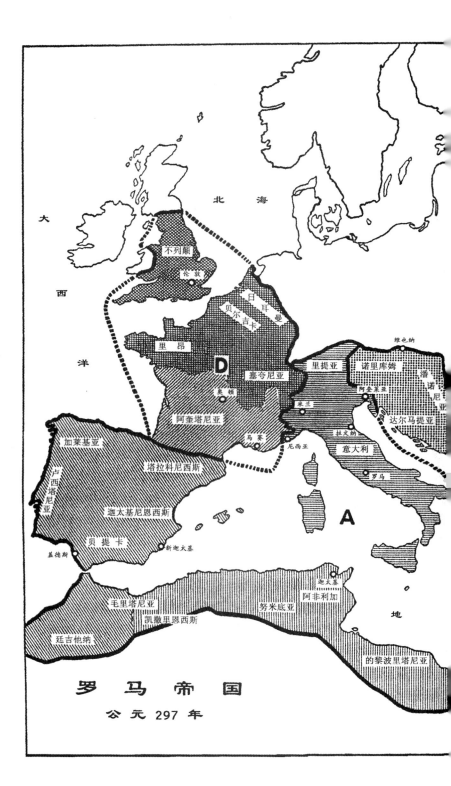

罗 马 帝 国

公元 297 年

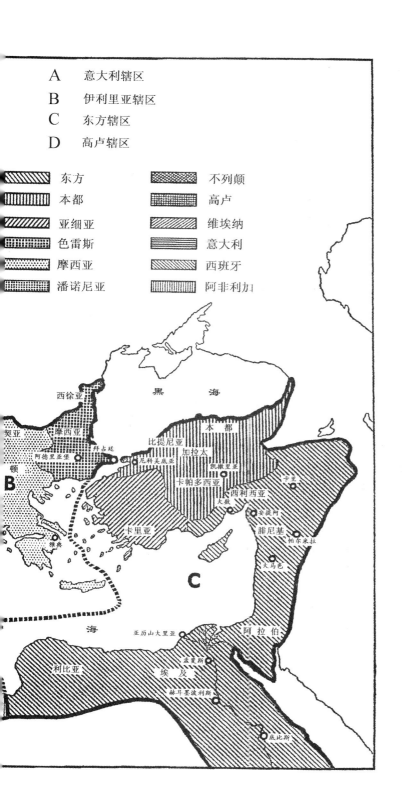

A 意大利辖区
B 伊利里亚辖区
C 东方辖区
D 高卢辖区

东方
本都
亚细亚
色雷斯
摩西亚
潘诺尼亚

不列颠
高卢
维埃纳
意大利
西班牙
阿非利加

西徐亚
黑　　海
摩西亚
契亚
顿
阿德里亚堡
拜占廷
比提尼亚
尼科美底亚
凯撒里亚
本　都
加拉太
B
卡帕多西亚
卡里
大教
西利西亚
安提阿
腓尼基
帕尔米拉
卡里亚
大马色
雅典
C
亚历山大里亚
海
阿拉伯
孟斐斯
利比亚
埃及
赫耳墨波利斯
底比斯

君士坦丁家谱

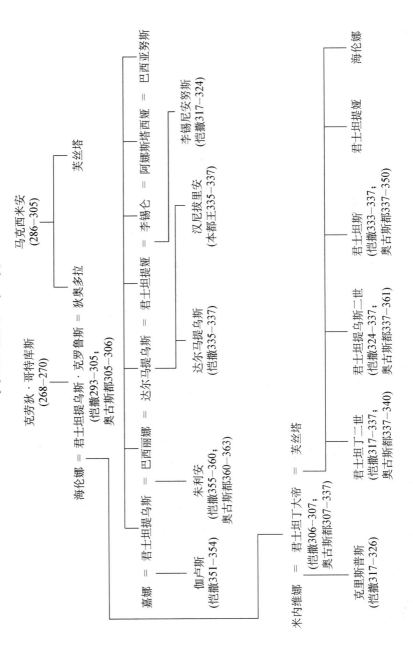

马克西米安
(286—305)

克劳狄·哥特库斯
(268—270)

君士坦提乌斯·克罗鲁斯 = 狄奥多拉
(恺撒293—305;
奥古斯都305—306)

芙丝塔

海伦娜 = 君士坦提乌斯 = 巴西丽娜 = 达尔马提乌斯 = 君士坦提娅 = 李锡仑 = 阿娜斯塔西娅 = 巴西亚努斯

李锡尼安努斯
(恺撒317—324)

汉尼拔里安
(本都王335—337)

达尔马提乌斯
(恺撒335—337)

朱利安
(恺撒355—360;
奥古斯都360—363)

伽卢斯
(恺撒351—354)

嘉娜

米内维娜 = 君士坦丁大帝 = 芙丝塔
(恺撒306—307;
奥古斯都307—337)

克里斯普斯
(恺撒317—326)

君士坦丁二世
(恺撒317—337;
奥古斯都337—340)

君士坦提乌斯二世
(恺撒324—337;
奥古斯都337—361)

君士坦斯
(恺撒333—337;
奥古斯都337—350)

君士坦提娅

海伦娜

中译本序言

黄 洋

看到雅各布·布克哈特这个名字,读者自然而然会想到文艺复兴,因为正是他的名著《意大利文艺复兴时期的文化》,对文艺复兴作了最为经典的诠释。除了少数专门研究者之外,恐怕很少人会把他同眼前这部著作联系起来。这个事实令人遗憾地但却明确无误地表明,我们对作为"19 世纪最为伟大的历史学家之一"[①]的布克哈特,是多么的缺乏了解,或者说我们的了解是多么片面。实际上,布克哈特并不仅仅是文艺复兴研究的一位专家,他所关注的是欧洲全部的文化史和文明史,他对欧洲文化几个最为关键的阶段,即作为奠基的古典时代,由古典文明向中世纪文明转变的晚期罗马帝国,以及由中世纪文明向现代文明转变的文艺复兴时期都有着深入的研究和深刻的见解,并且对后世这几个领域的研究都产生了深远的影响。可以说,从研究范围之广泛,并且在所有涉足领域都有极高建树这一点来说,历史学家中无有出其右者。有鉴于此,似乎有必要花费一些笔墨,对作为历史学家的布克哈特,他撰写本书的出发点,以及本书在其全部史学中的位置,略作一些介绍。

雅各布·布克哈特于 1818 年出生在瑞士小城巴塞尔的一个世族之家,父亲是新教教士。巴塞尔位于瑞士西北边陲,同德国和法国相邻。这里是欧洲的心脏地带,属于基督教新教文化的核心区

---

① Peter Burke 语,见 Peter Burke 为布克哈特《意大利文艺复兴时期的文化》企鹅丛书英文版(Jacob Burckhardt, *The Civilization of the Renaissance in Italy*, London:Penguin Books, 1990)所作的"导言"("Introduction"),第 1 页。

域,卡尔文教派的影响尤为深远。同时巴塞尔也具有深厚的人文传统,瑞士最古老的大学巴塞尔大学即位于这里,它创建立于 1460 年,正是意大利文艺复兴如火如荼展开的时期。北方文艺复兴的最著名人文主义者埃拉斯莫晚年也在这里居住,并终老于此。此外,地理学家塞巴斯第安·明斯特(Sebastian Münster)、数学家莱昂哈德·欧勒(Leonhard Euler)、瑞士著名的数学家伯努利、画家小霍尔拜因也曾居住于此。完成中学学业后布克哈特在巴塞尔学了两年新教神学(1837—1839 年),打算接过父亲的衣钵,成为一名教士,但他很快发现,历史学更能打动他的心,乃说服父亲同意他到柏林大学学习历史。此时史学大师兰克已经声名鹊起,成了德国历史学的翘首。他的第一部史学杰作《教皇史》已经于 1834 年出版第 1 卷,第 2 和第 3 卷也于 1836 年出版,这部著作很快为兰克赢得了世界性的声誉。布克哈特已然阅读了《教皇史》,并且能将其中的一部分铭记于心。他之所以决心进柏林大学,就是为了跟随兰克学习当时最新的历史学方法。在动身之前,他曾尝试找人向兰克推荐他,但没有取得成功,不过却获得了向艺术史教授弗兰茨·库格勒(Franz Kugler)的推荐①。怀揣着这份推荐信,21 岁的布克哈特于 1839 来到了作为德国学术中心的柏林大学,他在这里学习了四年,中间有一个学期去了波恩大学。

柏林的三位教授对布克哈特的学术取向产生了重要影响,首先当然是兰克。他们两人的学术承继关系并不是一目了然,除了布克哈特后来的学术取向大不同于兰克之外,部分是因为他们的个人关系并不融洽。论者均提及,布克哈特并不喜爱他的这位老师,不过这主要是就个人性情、政治和社会态度而言。对于兰克的历史研究,布克哈特还是推崇备至的。除了大学的第一个学期和 1841 年春季在波恩的那个学期之外,他从没有错过兰克任何的课

---

① 参见 Felix Gilbert, 'Jacob Burckhardt's Student Years: The Road to Cultural History', *Journal of the History of Ideas*, vol. 47, no. 2 (1986), 249—274,尤见第 253 页。

程和讨论班(seminar)。不仅如此,在兰克的讨论班学习时,布克哈特还提交了两篇长篇论文。前一篇是研究 8 世纪法兰克人国王卡尔·马特尔(Carl Martell)的论文,后一篇则是研究德国天主教教派领袖霍希斯特登(Conrad von Hochstäden)的论文。两篇论文都使用了"民族精神"(Volksgeist)这一概念,而这是兰克十分偏爱的词语,后者的影响可见一斑。在《卡尔·马特尔》一文的开头,布克哈特宣称:"本文的目的是确立事实。"①这一兰克似的宣言明白无误地告诉读者,他采用的是兰克的研究方法,即占有全部原始资料,对其进行细致的甄别,并在此基础上客观地描述事件的过程。对于布克哈特的这两篇论文以及他后来出版的《君士坦丁大帝时代》——也就是本书——兰克其实都赞赏有加,并推荐慕尼黑大学给予他教授席位。布克哈特还在其他地方表现出对兰克历史学的推崇。在 1841 年夏天,他和波恩大学的另一些同学送给他们的老师兼朋友、波恩大学神学教授歌特弗里德·金克尔(Gottfried Kinkel)一件生日礼物,即是兰克的《宗教改革时代的德国史》的第一卷。许多年以后,在老年的时候,布克哈特准备了一份自己去世后在葬礼上宣读的生平介绍,其中写道:"我很幸运地在兰克的讨论班上提交了两项有分量的研究,并且很幸运地得到了大师的赞许。"②可见布克哈特从未否认兰克对他的影响。

　　另一位对布克哈特产生重要影响的柏林教授是弗兰茨·库格勒。可以说库格勒是布克哈特的精神导师,这不仅仅是因为有人将他推荐给了库格勒,还因为他在中学时代就表现出来的对艺术史固有的兴趣。在柏林大学的第一个学期,布克哈特修读了库格勒的建筑史课程,并且和他结下了深厚的友谊。库格勒认为,艺术是历史的有机组成部分,它和一个时代的政治、思想观念以及文化都有着密切的联系,因而要理解一件艺术作品,就必须了解它所产生的时代,即艺术作品赖以产生的文化环境:人们的思想观念,当

---

① Felix Gilbert,前引文,第 257 页。
② 同上。

时的社会政治背景等。布克哈特接受了这样的观念，因而从对艺术史的兴趣导向对文化史的研究就是自然而然的了。在柏林大学学习期间，布克哈特就已经明确了自己进行文化史研究的趣向。在1842年3月21日致金克尔的一封信中，他说自己缺乏描绘人物和事件的天赋："于我而言，背景是最主要的，而背景是文化史的主题，我想要致力于文化史的研究。"①这不能不说是受了库格勒的影响。当然，在讨论这一点时，还应该提及另一个人的名字，那就是古典学家奥古斯特·伯克（August Boeckh），当时他是柏林大学最为著名的教授之一。布克哈特在入学后的第一学期修读了伯克的或可译作"希腊古代史"（"Greek Antiquities"）课程，这不仅培育了他对古典文化长足的兴趣，而且还影响到他对历史学的认识。伯克提出，应该对希腊历史进行整体的把握，描述历史事件发生的条件和环境，因而他提出了"文化史"的概念。他还将历史学分为两类，一类是注重行动、描述事件的历史学；另一类是注重背景、描述事件发生的环境与条件的历史学。这一区分令布克哈特印象深刻，他所说的"背景是文化史的主题"，很可能就是得到了伯克的启发。时隔三十年之后，在其《希腊文化史》讲义中，他仍然提到了伯克的"了不起的课程"②。伯克毕生的计划是撰写一部书名为《希伦》（Hellen）③的希腊文化史，不过他没有能实现自己的夙愿。布克哈特后来开设了希腊文化史的课程，并且也曾计划出版他的讲义，不能不说都和伯克有关，后者的影响可见一斑。

1843年，布克哈特回到巴塞尔，将他为兰克的讨论班而写的《卡尔·马特尔》作为博士论文提交给巴塞尔大学，以此获得了该校的博士学位，之后他留校任教。1853年，布克哈特出版了他的第一部著作，就是这部《君士坦丁大帝时代》。两年之后，他又出版了

---

① Felix Gilbert，前引文，第249页。
② Jacob Burckhardt, *The Greeks and Greek Civilization*, edited by Oswyn Murray, New York: St. Martin's Press, 1998, p. 3.
③ 相传希伦是希腊人的祖先。

一部题为《导游》(Cicerone①)旳意大利艺术指南，此书后来广受好评。这两部著作为布克哈特赢得了一个教授职位。1855年，当苏黎世理工学院成立之时，他被任命为建筑与艺术史教授。正是在这里他写出了自己最为杰出的著作《意大利文艺复兴时期的文化》。1858年，布克哈特回到巴塞尔大学，担任那里的历史学教授，从1874年起还兼任艺术史教授。此后他再也没有离开过家乡，而且在《意大利文艺复兴时期的文化》于1860年出版之后，他将主要的兴趣与精力放在了教学之上，直至去世为止，很少再著书立说。

综观布克哈特一生的学术实践，可以发现他的主要兴趣集中于文化史和艺术史，而尤以文化史为最，就像他少年时代所表现出来的那样。他的第一部著作《君士坦丁大帝时代》也是他书写文化史的第一次主要尝试。虽然这部著作的内容非常广泛，从3世纪罗马帝国的政治生活、宗教崇拜和文化生活，到君士坦丁大帝的政治和宗教政策、基督教的兴盛；从日耳曼人诸部落的生活习俗、到萨珊波斯帝国的政治与宗教等，几乎无所不包，但布克哈特的出发点是力图从文化史的角度，对君士坦丁大帝的这个时代做全面的扫描和理解。正如在1880年他为该书第二版所写的前言中特别强调的："近三十年前，在收集相关材料和着手写作本书时，作者心中的目标不是写一本面面俱到旳历史记述，而是想从文化史的角度对书名所指的重要过渡阶段进行浑然一体的叙述。"他的《意大利文艺复兴时期的文化》更是奠定文化史地位的名作，全书主要的篇幅都用于描述文艺复兴时期的精神和思想文化。在学术著述之外，他讲授的课程也包括文化史。最迟在1864年，他就萌生了开设一门希腊文化史的念头。考虑到从青年时代起他就对希腊史有着浓厚的兴趣，这个想法是自然而然的。经过许多年的准备，他从1872年秋季开始讲授"希腊文化史"，后来他仍然说，这是自己"最喜爱的课程"(Lieblingskolleg)。布克哈特也曾考虑将课程讲义修

---

① 原文特指具有西塞罗般的古文化知识和口才的导游。

订出版,并为此而修订了前一半的内容,但最终还是决定放弃了。这在很大程度上是因为,他和当时占据统治地位的实证主义历史学格格不入,不愿意在年老的时候招致非议。在写给友人的信中,他流露了自己的这种想法:

> 不,我的朋友,像我这样一个处于行业兄弟会之外的可怜的陌生人不敢这么做。我是个异端分子和浑噩无知的人,我的不太靠得住的观点会受到那些"极为博学之士"的严厉对待。……我老了,需要安宁。①

因此他立下遗嘱,嘱咐将他的大部分讲义销毁,而将希腊文化史的讲义遗留他的侄子雅各布·奥厄里(Jacob Oeri),条件是其中的"任何一部分都不得出版"。布克哈特的担忧不是没有道理的。后来在他去世后,他的侄子违背他的遗愿,于1898年开始出版《希腊文化史》,第二年德国声名显赫的古典学家维拉莫维兹(Ulrich von Wilamowitz-Moellendorff)就提出了措词极为严厉的批评,他说:

> 如果我不指出雅各布·布克哈特的《希腊文化史》……并非为学术而作……没有能就希腊宗教和希腊城邦提出任何值得一读的东西……我会认为是一种懦弱……②

当然,布克哈特此书后来的影响表明,维拉莫维兹的批评是有失公允的。时至今天,我们对希腊文化一些根本特征的理解实际上恰恰是来自于布克哈特的这本著作。

从另一个侧面来看,维拉莫维兹的批评反映了布克哈特和他那

---

① 见 Oswyn Murray, 'introduction' to Jacob Burckhardt, *The Greeks and Greek Civilization*, p. xxxiv。

② Oswyn Murray, 'introduction' to Jacob Burckhardt, *The Greeks and Greek Civilization*, p. xxxiv.

个时代大多数历史学家之间根本性的分歧。19世纪的欧洲历史学深受科学实证主义的影响，以兰克为代表的历史学家提倡以实证的方式客观地还原历史，因而在历史研究中尤其注重史料和文献的全面把握，以及史料的细致考订。另一方面，黑格尔哲学思想也在19世纪的历史学中打上了其烙印。历史学家们相信他们能够通过对过去的研究，而抽象出和把握住历史发展的规律。布克哈特对两者都不能接受，他认为，历史学是一门艺术而非科学，它具有主观性，甚至带有想象，用他自己的话说，历史是"所有学科中最不科学者"①。对于同样的事件，不同的历史学家会进行不同的解释，不同的叙述。在《君士坦丁大帝时代》的首版序言中，他就已经表达了自己的这种历史观，他写道：

> 通史著作可以在根本前提和目标方面留有观点分歧的余地，同样的史实可能在一个作者看来基本而重要，但在另一个作者眼中不过是乏味透顶的垃圾。因此，本书作者很清楚，他的处理方法可能被责难为主观的。更安全的方法或许是写一本关于君士坦丁的新历史，对所有现存叙述进行批判性考察，并为全书配上适量原始资料引文；但本书作者以为，这样写无法产生内在吸引力，而只有这种内在吸引力才能报答所付出的每一份努力。这并不意味着作者对迄今为止处理这些材料所使用的各种方法有任何负面评价；如果允许我们献上的供品在阳光下拥有小小的一席之地，足矣。

在我们今天，历史的多元解释已经得到普遍的认同，但这样的认识是在经历了对于历史实证主义的长久反思之后才获得的。而对于布克哈特而言，这样的思想似乎是自然而然的。他把《意大利文艺复兴时期的文化》称为一篇"严格意义上的散论"（Versuch），并且

---

① Jacob Burckhardt, *Reflections on History*，Indianapolis：Liberty Fund，1979，p. 121.

进一步解释道：

> 也许，任一特定文明的轮廓在每个人眼里呈现的都是一幅不同的图景；而在讨论作为我们自己文明的母体，而且直至今日仍然对我们施加影响的这个文明时，作者和读者在任何一点上都受到个人判断和情感的左右，就更是不可避免的。在我们不揣冒昧地走进的这个汪洋大海中，可能的道路和方向有很多；本书所使用的研究材料，在别人手里，不仅很可能受到全然不同的处理和运用，而且也很可能得出截然不同的结论。①

在这里，作者的主观性、读者的主观性都得到了充分的认可。对于抽象出历史发展的规律，或者对于历史的任何哲学性的理解，布克哈特也都持怀疑态度。他说："历史哲学是个怪物，是矛盾的概念；因为历史建立协调关系，因而是非哲学的；而哲学建立主从关系，因而是非历史的。"②

这里有必要对布克哈特的"文化史"（Kulturgeschichte）概念略作一些探讨。当伯克提出"文化史"的时候，甚至当布克哈特进行其文化史写作的时候，"文化史"还是一个相当新的概念，尚未形成一个得到认可的或者确切定义的历史学研究领域，对于不同的学者而言，文化史的含义亦不相同。布克哈特的文化史概念并不容易把握。从其著述来看，他大约在两个层面上使用"文化史"这一概念。其一是狭义的，他说"文化"可定义为"那些同时发生的、且不具普遍和强制性权威的精神发展的总和"③。然而在把文化史作为研究领域的时候，他似乎是采用了一个广义的文化史概念，文化

---

① 雅各布·布克哈特：《意大利文艺复兴时期的文化》，商务印书馆 1979 年版，正文第 1 页，译文根据英译本有所修改。
② Jacob Burckhardt, *Reflections on History*, p. 32.
③ Jacob Burckhardt, *Reflections on History*, p. 93.

史并不仅仅限于精神和思想活动,而是指一个时代总体的历史面貌,更接近英文中或者我们所说的"文明"。这种文化史的理解在《君士坦丁大帝时代》里体现得尤为明显,但也贯穿了他后来的著作《意大利文艺复兴时期的文化》以及《希腊文化史》。也许这也是为什么在后两种著作的英译版中,译者不约而同地把他所使用的"文化"(Kutur)或者"文化史"(Kulturgeschichte)翻译成了"文明"(civilization)[1]。与此同时,布克哈特的文化史几乎总是一个时代的一幅图景,着重于对一个时代的整体景象的描绘,就如同一幅画,而不侧重于叙述历史过程和或者历史事件。这种对文化史的理解当然是和他对历史的总体认识分不开的。在布克哈特的思想中,历史是三个因素交织和互动的结果,他称之为"三种力量",即政治、宗教和文化。在 1868 至 1885 年间,布克哈特曾开设专门课程,讲授他关于历史的这三种力量的认识,相关的讲义在他去世后收录在《历史沉思录》中发表。布克哈特认为,在不同的时代,政治、宗教和文化这三种力量所起的作用并不相等,其中之一会起到决定性作用,从而主导其他两者,并形成了这一时代的特性。仍然借用他自己的说法:"有些主要是政治时代,有些主要是宗教时代,最后还有一些似乎是为文化这一伟大目的而生的时代。"[2]而在他看来,像希腊城邦时代和文艺复兴时代是典型的为文化而生的时代。布克哈特这种三分的历史观影响到他的历史写作,其著作基本上是围绕着这三个方面进行架构的。在《君士坦丁大帝时代》中,仅最后三章用于讨论君士坦丁的统治和基督教的发展,前面则用了七章的篇幅来描绘君士坦丁时代发生深刻转变的历史背景,对此他正是从政治、宗教和文化三方面来展现公元 3 世纪的历史图景的。他的《意大利文艺复兴时期的文化》和《希腊文化史》,同

---

[1] S. G. C. Middlemore 的经典英译本将《意大利文艺复兴时期的文化》译作 *The Civilization of the Renaissance in Italy*;而 Oswyn Murray 主编的《希腊文化史》英译本译为 *The Greeks and Greek Civilization*(Sheila Stern 译)。

[2] *Reflections on History*,p. 60.

样是围绕上述三方面展开的,所不同的是他把作为二者主题的两个时期看成是伟大的文化时代,因而更为注重文化方面的描绘。

不过,虽然布克哈特发展了认识历史的一般性理论,但是他所感兴趣的从来不是普遍的文化史这个领域,而是欧洲这一特定文明的文化史,或者说这一文明的总体历史。他对于希腊城邦时代、君士坦丁时代和文艺复兴时代的关注并不是偶然的,或者说是一种巧合,而是体现了他理解整个欧洲文明的一种努力。为了更清楚地说明这一点,还必须回到他从事历史研究和文化史研究的出发点。和他同时代的大多数历史学家不同,他对历史学的兴趣不是为了仅仅弄清过去的历史事实,或者掌握渊博的历史知识,而是为了理解和把握他所处的那个时代的欧洲文明。在这一点上,他和巴塞尔大学的年轻同事尼采不无相似之处。在经历了法国大革命和拿破仑战争的剧烈震荡之后,欧洲社会发生了翻天覆地的变化,人们习以为常的君主统治逐渐为民主化的政治生活方式所取代,布克哈特的家庭所属的贵族阶级正在丧失其特权,政治上的地震也带来了文化和心理上的变化,一个大众的时代正在来临。年轻的布克哈特发现,神学不能为他提供解释这一切变化的答案,由此他转向了历史学的研究。在写给友人金克尔的一封信中,他曾说道,他不能肯定自己是否能够成为历史学家,但是理解他那个时代如何发展而来的强烈愿望驱使他学习历史。[①] 然而在学习历史的过程中,他逐渐意识到兰克的历史研究取向并不是理解现代世界的最佳途径,因而转向了文化史研究。也正是这个强烈的愿望促使他不仅去研究现代世界的形成,而且去研究作为西方文明根源的古典文明,以及古典文化向中世纪文化的转向。因而,正像本文开头所说的,布克哈特所关注的是欧洲全部的文化史和文明史,是探询欧洲文明的发展和变化,用一位学者的话说,他是"欧洲文明的病理学家"[②]。这也是为什么本文的开头宣称,布克哈特的研

---

① Felix Gilbert,前引文,第 269 页。

② 见 Gottfried Dietze, 'Introduction' to Jacob Burckhardt, *Reflections on History*, p. 15.

究范围之广,而且在所涉足领域都有建树,在历史学家之中无有出其右者。在他之前,爱德华·吉本的历史研究构想之宏大、气势之磅礴,已几乎无人能够超越,但吉本试图回答的仅仅是一个问题,那就是古典世界的衰落。布克哈特从一个问题入手,却对欧洲文明发展过程中的几个关键问题,都给出了自己的答案。当然,现代世界的形成以及现代人的出现这个问题成就了布克哈特作为伟大历史学家的英名,不过虽然《意大利文艺复兴时期的文化》是王冠上最为耀眼的一颗明珠,我们也不应忽视王冠本身的光彩夺目。

　　最后必须说明的是,在本书出版一个半世纪之后,学者们对于君士坦丁及其时代的研究都更为细致和深入。在许多的细节问题上,布克哈特可能早已为后来的研究所超越。同时,大部分的专门研究者也许不再接受布克哈特提出的一个主要观点,即君士坦丁接受基督教、给予其正统宗教的地位,纯粹是出于建立和维护其统治的需要,而不是因为他的信仰。人们认为,他的这种解释明显带有理性时代的烙印。即使如此,布克哈特的这部著作对当代历史研究的启发意义仍然是非常明显的。从最广阔的视野对一个时代作全景式的扫描,也许可以说是布克哈特在本书中体现出来的一种独特的方法。当代西方历史学研究的一个突破是确立了"晚期古代世界"(Late Antiquity)这一研究领域,学者们一致认为,应该把包括波斯和伊斯兰阿拉伯文明在内的诸文化都纳入研究的视野,而在笔者看来,这不能不说是受了布克哈特的影响。

第一版序言（1852）

在本书中，作者打算描述从戴克里先即位到君士坦丁之死的半个世纪，将之作为一个与众不同的过渡时期来写。作者并不想写君士坦丁生平与统治的历史，也不想写一本百科全书，记录下那个时期值得书写的所有信息。而是想写当时那个世界重要而基本的种种特征，把它们勾勒、塑造成明白易懂的整体。

本书只在有限的意义上实现了这个目标，读者完全可以认为本书标题应当为"君士坦丁时代研究"，而非其他。这个时代某些方面的生活无法令人满意地复原，也就无法将它们作为活生生的成分编织进整体结构中，故而略去；财产与财富、工业与贸易、国家财政以及诸多其他此类问题就属于这些方面。作者无意通过引证新材料把学术争论推进一步，相关争论基本上仍然悬而未决。总体说来，本书主要不是写给学者的，而是写给一切勤于思考的读者，对后者而言，只有在叙述中呈现出一幅清晰而全面的图画，他们才跟得上。但作者相信，他在本书所属的领域内得出了一些新结论，如果能被专家认可，他将非常看重。材料之选择并不完全是自由的，除此而外，这里采用的谋篇布局无疑也不尽如人意，作者不敢确信恰好运用了最好或惟一正确的方法。在根本前提和目标上，通史著作可以留有观点分歧的余地，同样的史实可能在一个作者看来基本而重要，但在另一个作者眼中不过是乏味透顶的垃圾。因此，本书作者很清楚，他的处理方法可能被责难为主观的。更安全的方法或许是写一本关于君士坦丁的新历史，对所有现存叙述进行批判性考察，并为全书配二适量原始资料引文；但本书作者以为，这样写无法产生内在吸引力，而只有这种内在吸引力才能报答所付出的每一份努力。这并不意味着作者对迄今为止处理这些材料所使用的各种方法有任何负面评价；如果允许我们献上的供品在阳光下拥有小小的一席之地，足矣。

作者在引文方面有所限制。熟悉这个主题的读者不难发现，他广泛借鉴了吉本、曼索（Manso）、施洛瑟（Schlosser）、奇尔纳（Tzschirner）、克林顿（Clinton）和其他前辈，但也会发现，他自始至终在很大程度上不得不依靠自己对原始资料的研究。顺便提一下，关于奇尔纳的杰作，他感到在一个方面意见完全相左。在他看来，那本著作过高估计了基督教对日渐衰落的异教的影响，他情愿把相关现象解释为由异教本身的内部发展引起的；如此解释的原因这里无法详细阐述。

正如我们将要看见的，本书用于处理这个主题的部分（第五、六章）事实上根本不想将之简化为一个体系。作者相信，这方面谨小慎微比勇于冒险更好。一般而言，评论精神问题，尤其是评论宗教史领域内的问题，他宁可人们责备他迟疑不决，而非胆大妄为。

第二版序言(1880)

　　近三十年前,在收集相关材料和着手写作本书时,作者心中的目标不是写一本面面俱到的历史记述,而是想从文化史的角度对书名所指的重要过渡阶段进行浑然一体的叙述。他意识到,如此构思要求在组成这一时期整幅图画的各种成分中作出高度主观的选择,但本书受到的欢迎使他相信,所采用的方法满足了许多读者的期望。自本书写成以来,这一时代成了众多专门研究的对象;政治和涉及教会史的方面尤其受到新的重视。第二版将显示,在新问题和重要问题上,作者大大受教于福格尔(Vogel)、洪齐格(Hunziker)、冯·格雷斯(von Görres)等许多人,并尤其得益于普罗伊斯(Preuss)关于戴克里先的出色著作。但迄今为止,尚无大量增加本书篇幅的必要,也不必通过放大政治和个人生平的细节来改变或放弃对文化史的强调。作者以为,改正诸多史实错误、在更准确判断出的地方阐明最基本的历史联系就够了。这便是给新版的最好建议,本书新版主要献给新一代读者。

第一章　三世纪的皇权

　　摆在我们面前的叙述,起自戴克里先皇帝即位,止于君士坦丁大帝之死,其中每个部分适合分别介绍,因为事件将不是按照年代和统治次序,而是根据主要活动来叙述的。但如果需要有一篇整部作品的总导言,其主要内容必然是,皇帝的特征与功能在公元3世纪罗马帝国衰落期间不断产生变化的观念史。这并非由于历史的所有其他方面可能来自帝位的特征,但这一特征的变化确实为评价此后发生的众多事件,无论外在事件还是精神事件,提供了基础。一个建立在武力基础上的统治会采取的各种形式与程度,从最恐怖的到最仁慈的,都将在这里遇到显著的交替更迭。从涅尔瓦到马可·奥勒留(公元96—180年),在公元2世纪诸位贤明皇帝的统治下,罗马帝国享有一个和平的世纪。它或许也是一个幸福的世纪,如果这些最杰出统治者的仁慈和智慧能领悟在上了年纪的国家那里通常会有的深刻的萎靡不振的话。无论作为凡人还是统治者,图拉真、哈德良、安东尼或马可·奥勒留都身影崇高,但这不应使我们无视已然显著的形势和环境。三大股势力——皇帝、元老院和军队——定然最终斗个一团糟,失去先前苦心维系的和谐,这是无可避免的。接下来,在蛮族入侵、行省骚乱和自然灾害的联合推动下,这种混乱看来已完全无法挽救了。

　　马可·奥勒留的统治拉开了一个序幕。谈论这位皇帝的品性实属多余;在古代不朽的完美人物中,这位坐在世界宝座上的斯多噶派哲学家既非最俊美,亦非最年轻,但肯定最受人仰慕。即使如此,他也挥不去厄运先兆猛烈敲打帝国国门的威胁声声。首先,就

禁卫军长很快变成国家的头号人物

禁卫军士兵,公元2世纪浮雕。奥古斯都首创禁卫军制度,
隶属皇帝,负责保护皇帝人身安全。

帝位本身而言,一目了然的是,尽管已存在将上述四位伟大皇帝紧密联系的收养制度,皇位仍可能被一次政变所篡夺。在帝国安享了几乎三代卓越或至少是仁慈的统治后,国内最举足轻重的将军阿维丢·卡西乌斯①,就冒险发动政变,尽管没有成功。至于军队,据说马可·奥勒留"从不在演讲中奉承军人,也从不因为畏惧他们而做任何事"。然而,他却默认了在皇帝登基之日赐予军队庞大馈赠的传统陋习。馈赠数额如此巨大,以致每个军人(起码是禁卫军)都发了一大笔财,此后,军人便将这个数目当作基准。至于外患,必须算上日耳曼—萨尔马提亚人的部落联盟对帝国的首次大规模侵袭,以及一次恐怖的瘟疫。皇帝晚年饱经危险的战争和深深的忧思。不过,即使在多瑙河畔的军帐中,他还试图通过对美德和人生崇高意义的陶冶静修采摆脱眼前的烦恼和威胁。

据说马可为儿子康茂德(180—192 年)建立了某种"元老院精英"的摄政制;至少在最初几个星期,年轻统治者接受了父亲友人的指导,但很快便逐渐显现出令人厌恶的帝王式疯狂,自图密善时期以来,人们已经对这种疯狂变得不适应了。主宰这个世界的意识,连同对所有可能觊觎王位者的恐惧,使他产生冲动,要趁早享受拥有的一切,要忘却不让人喘息的焦虑。此类压力,在一个天生缺乏坚定的个性中,立刻激发出残暴嗜血和骄奢淫逸的混合体。一次针对他的暗杀企图提供了诱因,他的家族也牵连其中,但最后一切都归咎于元老院。难怪禁卫军长很快变成国家头号人物,负责皇帝的生命安全,就像在提比略和克劳狄统治下出现过的那样;而他指挥的区区几千人同样有了身为国家主人的感觉。事实上,康茂德牺牲了这些禁卫军长中的一个,即精力充沛的佩伦尼斯,以安抚心怀不满的不列颠驻军代表团,这个 1500 人的代表团没有遇

3

① 阿维丢·卡西乌斯(Avidius Cassius),马可·奥勒留统治期间的罗马将军,任帝国东部所有行省军队的总指挥,曾入侵美索不达米亚。于公元 175 年称帝。

到任何阻挡就闯进罗马。① 佩伦尼斯的继任者禁卫军长克林德尔，也被康茂德交给一次饥饿暴动中的罗马平民处置。当然，他落得如此下场，并非毫无因由。此人贪欲惊人，不仅以没收财产和出售官职激怒上层阶级，还以垄断谷物招来贫民的愤怒。

懦弱而残暴的康茂德打扮成神的模样，出现在圆形竞技场，接受一直生活在死亡阴影中的元老院的赞美。此时，人们很可能要问，"康茂德的元老院"是否还配得上元老院这一古老头衔，哪怕它仍然在某种程度上参与行省治理和官员任命，哪怕它依然拥有自己的财库和外在的显赫。的确，从严格意义上说，它很难再被称作罗马的，因为大多数元老或许连意大利人都不是，而只是一些行省人，高官显位在行省家族中有时是世袭的。从理想角度看，很容易对这个堕落的议会给予最严厉的谴责，尤其因为今天难以想象出那些时常盘旋在家族和团体头上的致命危险会产生什么后果。时人的评价则要宽大一些。克劳迪乌斯·阿尔比努斯②曾拒绝从康茂德沾满鲜血的手中接过恺撒封号，在一次对部队的公开训话中，他依然认为元老院对于恢复共和体制至关重要。他是否出自真心无关紧要；重要的是，元老院（正如下文将要看到的）依然包括许多当时最尊贵的人物，它在危难时期仍显示了行政管理方面的活力和决断力。即便我们将要看到的那些困扰它的假象也不完全有损其声誉。因此，尽管不乏小人作乱，还是容易理解为什么元老院就算称不上是帝国的代表，仍被视为至少是罗马社会的代表，以及它为什么以行省城市中所谓的元老院或库里亚会议③的理所当然的保护者自居。一个没有元老院的罗马还是无法想象的，哪怕其威

---

① 佩伦尼斯把原本是元老级别的军团指挥官替换成骑士级别的人，致使军队深感不满。不列颠驻军遂于185年派遣这支代表团开赴罗马向皇帝请愿，此举无异于哗变。康茂德为平息事端，只得将佩伦尼斯处死。
② 克劳迪乌斯·阿尔比努斯（Clodius Albinus），康茂德任命的不列颠总督。康茂德死后，曾与塞普提米乌斯·塞维鲁争夺帝位。
③ 指地方城市议会。罗马帝国的某些城市具有自治权或者半自治权，可以通过地方城市议会管理城市。

力似乎长久以来受到外来暴力的破坏。

为了用惊人的礼物安抚首都怨声载道的民众，康茂德变本加厉地掠夺元老。此后，他丧命于一次寻常的宫廷阴谋。

在罗马，皇位继承中有个令人担忧之处：没有人确切知道推举新皇帝究竟由谁负责。没有一个王朝能够真正得到巩固，因为皇帝的疯狂——这是一切没有特别天赋的在位者注定的命运——招致了周期性革命。即使排除茸命因素，风流成性，甚至某些相对贤明的皇帝的无子嗣，也会使按部就班的继位无法实现。收养的做法可以追溯到奥古斯都家族，但收养关系要想获得承认，养父养子皆须具备能使收养关系生效的必不可少的品质。

从历史上看，任命新皇帝的权力显然属于元老院，它曾经把一个又一个权力头衔授予神圣的奥古斯都。可是，一旦皇帝开始厌恶元老院，只信赖禁卫军，后者便僭夺了选举权。不久，行省军队开始与罗马的禁卫军展开竞争。短期统治的好处很快被认识到，因为给禁卫军的馈赠变得愈加频繁。另一个因素是成竹在胸者的密谋，利益不时诱使这些人扶持王位觊觎者，而后者的早早垮台是他们既预见到又渴望的。

就这样，杀害康茂德的凶手推举出身心健全的赫尔维乌斯·佩尔提纳克斯，仿佛以此表示这一推举的正当。佩尔提纳克斯先得到军队，而后又得到元老院的承认（193年）。通过假装支持特里阿瑞乌斯·马特努斯，禁卫军从佩尔提纳克斯那里敲诈了一笔巨额馈赠，以弥补必须销毁手上厮持的康茂德的贵重物品的损失。很自然就有了第二次尝试，这回支持执政官法尔科。到第三次，禁卫军开始直接谋杀皇帝。现在·接踵而来的是军营中对帝国官职史无前例的大拍卖。这时出现了一个富有的蠢人，叫狄迪乌斯·尤利安努斯，在支付每名军人一千多元后，他为自己买来纵情声色和胆战心惊的几个星期。但这已经到了禁卫军专横跋扈的末日和顶点。与此同时，三支行省军队正自得其乐地宣布自己的将军为皇帝，其中就有阴郁的阿非利加人塞普提米乌斯·塞维鲁。软弱的尤利安努斯的最初反击是派遣刺客；一个名为阿奎利乌斯的军官

5

经常被雇来刺杀政府要员,他享有与尼禄时代的卢库斯塔①同样的名声。接下来,因为已经为王位付了大价钱,尤利安努斯试图与塞维鲁做交易。眼看塞维鲁越来越逼近罗马,尤利安努斯宣布他为共治者。可就在塞维鲁距离罗马尚有几天路程的时候,他被鄙弃,在元老院的提议下遭处决。

塞普提米乌斯·塞维鲁(193—211年)是全面军事统治的首位代表。尚在当副将时,他就表现出对军人职业和等级的自豪,这种自豪既有非罗马成分,又有摩登成分。他对元老院这一古老权威显示的尊重微乎其微,这或许让前往特尔尼(Terni)迎接他的为数一百人的元老代表团忧心忡忡,他甚至下令立即搜元老的身,检查他们是否携带了匕首。他将禁卫军士兵缴械和羞辱,再逐出罗马,这无疑最能显示军人逻辑。他的体制容不下一支有政治图谋、享受特权且腐败堕落的禁卫军。至于追随他的亲信部队,他仅仅赐予了其所要求馈赠的五分之一。在与竞争对手佩西安尼乌斯·尼格尔和克劳迪乌斯·阿尔比努斯的战役中,塞维鲁也表现出同样的坚持,将其党羽尽数铲除。他无法想象许多元老竟然会同这些人通信,甚至无法想象整个元老院会保持中立。"是我赐给这座城市谷物,是我为这个国家打过许多仗,是我赐给罗马民众橄榄油",他对元老院如是写道;这种暗中通敌"真是你们给我的一个极好的报偿,一个极好的答谢!"信中继续提到,自图拉真和马可·奥勒留时代以来,元老院已大大衰落。

尽管拜占廷作为对抗本都蛮族的堡垒地位重要,且军事意义不可或缺,但在被佩西安尼乌斯的党羽据守一年之后,它依然被夷为平地,其驻军连同许多当地居民被处死。必须让这个世界记取一个教训,如果各城市和党派无法立刻在一批篡位者中选出值得长久依附的那位,看看下场会如何吧。

阿尔比努斯党羽的下场也好不了多少。塞维鲁手上已握有他

---

① 卢库斯塔(Locusta),尼禄宠爱的罗马名媛。她毒死克劳狄皇帝和不列塔尼库斯,后来又想加害尼禄本人,事发后遭处决。

们的通信,他本可以不看这些信就烧掉,就像恺撒将庞培党羽的信件付之一炬那样。那将是一种宽大姿态,但完全不合时宜。如今,问题不再是出现了原则分歧,需要通过协调和说服来统一;问题仅仅是服不服从。一批元老和罗马城内外的其他显贵被处死;皇帝在元老院、民众和军队面前宣读了对康茂德的赞辞,这当然不是出自信念,而是有意嘲弄元老院。罗马城内,就在争夺统治权期间,圆形竞技场爆发了自发的悼念活动;一位目击者无法解释这个现象,只得将之归于神的启示。"啊,罗马,女王,不朽者,"群众异口同声高呼,"对这些事我们还要忍受多久?还有多久战争就会降临到我们头上?"他们对未来懵懂无知或许更好。

　　随着国内恢复和平,显而易见,军事统治连同其必然的衍生物即对外战争,已经成为目的本身。这一军事统治的核心是塞维鲁及其家族,他希望他的家族能形成王朝,瓜分最显要的官职。塞维鲁唯独与他那非常乐意分享政权的兄弟刻意保持距离。维护政权的首要步骤是建立一支超过原有兵力四倍的新禁卫军。握有这支随时待命的私人武装,就能对行省军队摆出相当不同的姿势。有了这支武装,如事实证明的,一个人可以巡游帝国,到处烧杀抢掠。原来的禁卫军由意大利人,特别是来自罗马附近的成年男子组成;如今,塞维鲁给罗马带来粗鲁可怕的野蛮人面孔。虽说吝于馈赠,塞维鲁却将士兵的固定军饷提到前所未有的高度;与过去一掷千金不同,现在却是为了军人利益而细水长流地耗尽帝国。据说塞维鲁曾留给儿子们一句父亲的忠告:"团结统一,使军人富有,藐视所有其他人。"这听上去更像是时人对塞维鲁执政的评价,而非皇帝亲口之言;尽管如此,它仍然意义非凡。

　　人们或许期望,因为受到如此高的尊敬,因为有一位活跃的将军而时刻保持戒备状态,这样一支职业军队会为罗马辉煌的军事过去增光加彩。事实却并非如此。塞维鲁曾大声抱怨军纪之败坏。在他伟大的亚细亚战役中,出现过反叛,而他只能通过宽宏大度和追加礼物来解决。难道塞维鲁会无视下面这个事实?他的革新举措仅仅保护了他本人和他自己的统治,却不可避免地为软弱

7

8 而邪恶的继位者带来灭顶之灾,这个继位者不像他那样是禁卫军的主人。或者,只要能维持这种军事统治,他根本不在乎继任者的下场?

大体上,在此时以及异教信仰的最后几个世纪里,任何人必须牢记,即使最强大的人物也没有完全的行动自由,因为他们屈服于占星术和各种征兆。譬如,塞维鲁喜欢赏罚分明,但他为何如此固执,让普劳提安努斯这种轻佻的废物担任禁卫军长,并让他与自己的家族保持最紧密的关系?这件事找不到任何其他解释。数不清的迷信事件充斥了塞维鲁一生,从孩提时代直到走进坟墓。既然皇帝宝座已经成了彩票头奖,就有各个社会阶层的父母密切关注自己稍具天分的孩子,看他们在日常生活中是否表现出未来主宰世界的迹象。假如小男孩吟诵奇特的诗句,假如乌龟或雏鹰甚或紫色鸽蛋被带进家中,假如蛇爬进屋子或月桂萌芽抽枝,此类事便足以引人注意。而如果孩子出生时头上有王冠状的疤痕,或者无意间用一小块紫布包裹了新生儿,那么他未来成为皇帝似乎就已注定。许多皇帝在位期间产生了此类错觉,而这些错觉影响了他们的行为方式,令人无从索解。年迈的塞维鲁打赢在不列颠的最后几场胜仗后,反而显得暴躁不安,我们对此只有同情。他之所以会这样,或许因为遇到一位头戴柏树花环的摩尔人,或许因为被领错神庙去献祭,或许因为供他献的是深色牺牲,而牺牲后来尾随他回到驻地。

9 不过,在约克的皇帝指挥部里,预兆已经不需要了。塞维鲁之子卡拉卡拉想要他的命,一直想要,而且差不多是公开想要。塞维鲁此前有意加大执法的冷酷无情,就是为了压制任何篡位念头;但他不曾料到,叛逆罪会由他当然的继承人策划实施,也想不到禁卫军竟如此厚颜无耻地支持叛逆。他对丧失人性的儿子低语,"别让他们看到是你杀了我!"其哭声听上去仿佛是对一条统治法则的痛苦声明。另一句话他似乎重复了好几遍:"我曾经是一切,但没用。"

现在，名叫卡拉卡拉的讨厌怪物登上帝位（211—217 年）。他年纪轻轻，就展现出邪恶的妄自尊大，吹嘘亚历山大大帝是自己的偶像，并推崇提比略和苏拉。稍后，也许在谋害弟弟盖塔后，他身上出现真正的帝王式疯狂，这种疯狂动用了整个帝国的资源和力量，加速了他必然的毁灭。惟一的安全措施是他自认为绰绰有余的，即与士兵的同志情谊，他起码有时与他们同甘共苦。他还能轻而易举地与职业拳击手以及赛马骑师打成一片，由此受到罗马暴徒爱戴。没有必要去取悦体面正派、受过教育的人。在杀害弟弟之后——此举士兵最初并不赞同，卡拉卡拉完全致力于巴结暴民。为了满足士兵要求，他必须借助大规模的充公没收，两万人被当作盖塔的党羽处死，其中就有佩尔提纳克斯的一个儿子；在罗马，各种侵占征用有较为人道的一面，即一般会放过死去皇帝的亲属。同样为了士兵的缘故，卡拉卡拉着手在自己十分和平的疆域内发动一场战争；而对于邻近民族的侵袭，他却通过付钱息事宁人。发生在亚历山大里亚的大屠杀，展现了专制统治在面对该城市民世故的嘲弄时会采取的态度。对此类罪行的真正惩罚（除史料中提到的良心不安外），是这个暴君越来越不信任享有特权地位的士兵；最后，他开始完全依赖一支野蛮人占相当大比例的贴身卫队，它由凯尔特人和萨尔马提亚人组成，这些人兴许对罗马事务一窍不通，而皇帝穿上他们的服装，以留住他们的好感。他过去常常对来自这些民族的使团说，如果自己被谋杀，那将是他们入侵意大利的大好时机，因为可以轻易攻占罗马。然而，正是在这些禁卫军的包围下，他被击倒，唆使禁卫军叛变的人被迫除掉他，以防自己落入他手中。

提名继位者的权力只得落入全能的军队手里。军队起初提名马克利努斯为皇帝，他是两位禁卫军长之一，因为军队不知道他参与谋杀了他们心爱的卡拉卡拉。为了转移人们的怀疑，马克利努斯采用卡拉卡拉的名字，还给他举办了盛大葬礼。他掩饰自己粗鲁放肆的本性，向元老院的承认致谢；又以假惺惺地犹豫不决接受了象征皇权的好几个头衔。然而，他约束已经桀骜不驯的军队的

10

首项严厉措施却加速了自己的毁灭。与安东尼王朝①和塞维鲁沾亲带故的两个年轻叙利亚人突然崛起，成了帝国首脑。这两人就是性格相异的堂兄弟埃拉伽巴努斯和亚历山大·塞维鲁。此外，一起出人头地的还有两人的母亲索埃米娅斯和玛迈娅，以及两人共同的祖母朱利娅·梅萨。

　　埃拉伽巴努斯的统治（218—222 年）诚然不乏恶心而疯狂的一面，但对于罗马统治的历史不失为有趣。难以置信的骄奢淫逸、亚细亚声势浩大的偶像膜拜、沉溺于不顾一切的及时享乐，这些其实是对塞普提米乌斯·塞维鲁统治的反动，后者意图建立军人政权。埃拉伽巴努斯挑战了所有罗马习俗。他接纳母亲和祖母进入元老院，任命舞蹈演员、职业运动员和理发师担任国家要职，还出售公职——但这些未必会让他垮台。连他对首都必需品供应的轻视也可能长时间得到宽恕。他的毁灭来自士兵被唤醒的羞耻感，它因皇亲国戚支持亚历山大的阴谋而煽动起来。这些士兵知道亚历山大危在旦夕，遂迫使胆战心惊的皇帝清洗宫廷。埃拉伽巴努斯趁机将元老院驱逐出罗马作为报复。此举反而大大提高了元老院的声望，因为它表明这个团体不完全由"穿着拖裙的奴隶"组成，像埃拉伽巴努斯原先想的那样。最后，禁卫军谋杀了埃拉伽巴努斯，把亚历山大·塞维鲁扶上帝位。

　　在众多皇帝之中，没有哪位像他这样引起后世如此多的同情，他真正是古代的圣路易②，如果把他和他所处的环境联系起来考虑，此人相当费解。他努力扭转军事独裁的弊端，将国家带上公正节制的轨道，这是他垮台的原因。这未必意味他杰出母亲玛迈娅的声誉会受到任何贬低；但他本人的功劳显然更大，因为行动一旦实施，他就以独立的精神坚持不懈，并能够完全凭借美德的推动抵

① 安东尼王朝指从图拉真到康茂德时期（公元 98—192 年）的罗马诸帝组成的王朝。

② 指法王路易九世（1214—1270 年），曾参加十字军东征，生活简朴而虔诚，被认为体现了中世纪君王的最高理想。

制住专制主义的种种诱惑。最重要的是,我们发现他高度尊重元老院,这种态度自马可·奥勒留起就见不到了。连政治上长期被遗忘的骑士阶层,如今也被称为"元老院的托儿所"。一个元老委员会和一个十六人的核心参议会参与了政府管理,不遗余力地训练优秀正直的行政人才,并一丝不苟地监督。单单那些徇私舞弊的官员就能使亚历山大雷霆震怒。对于士兵,他并不讳言国家命运寄托在他们身上的事实;他的士兵装备精良,待遇良好。然而,正像他可以夸耀自己减低了赋税一样,他也冒险解散了一个哗变的军团。但另一些关于亚历山大的传闻却很难与这些较光彩的方面调和一致。在军队里,我们能感受到持续的骚动。禁卫军长在最剧烈动荡的形势下被替换,当其中最杰出的乌尔皮安在严重骚乱中遇害后,皇帝竟只能听之任之,不加惩处。我们获悉,就在此刻,平民和禁卫军在罗马街头血战了三天;禁卫军平定市民的惟一手段是纵火烧毁他们的房屋。最荒唐可笑的人也胆敢反抗这位杰出统治者,谋求篡位。其中一人名叫奥维尼乌斯,据说他带着具有讽刺意味的宽大仁慈真的接受了共治者的称号,但因为需要分担一场战役的辛劳而对王位产生厌倦。由军人荐举的另一人干脆临阵脱逃。对于第三人,奴隶出身的乌兰尼乌斯,皇帝似乎克制自己不去惩处。更糟的是,与他的典范马可·奥勒留一样,亚历山大注定要承受厄运的特别眷顾,好战的萨珊波斯王国①在东部边境崛起了。亚历山大与之交战,只取得可疑的胜利。莱茵河边境则出现日耳曼人具有威胁性的迁徙。这位年轻统治者的心性据说愈发忧郁了;传言他表现出吝啬的秉性,但这只意味某些随从再也无法克制对战争资金的贪欲了。在莱茵河流域离美因茨不远的一次战役中,士兵杀死他和他的母亲。现在再去考察那些靠不住的行事动机毫无意义。假如塞维鲁、卡拉卡拉和埃拉伽巴努斯之流的继位者还想把所有残忍的官员免职,严厉对待士兵,却又在危险关头显示宽宏大量,那他注定不得善终。阴谋是这个时代的疾病;它正甚

12

――――――――――――――――――――

① 萨珊波斯王国(224—651年),古代伊朗王朝。

嚣尘上。亚历山大在一个只承认恐怖的世纪里徒劳地为赢得尊重而苦苦奋斗。

马克西米努斯登上帝位（235—238年），人们猜测他是谋害亚历山大的凶手。他在色雷斯牧过羊，是哥特人和阿兰①女人所生之子，因而在出身上是彻头彻尾的野蛮人，在教育背景上也是。但军队不在乎，军队本身就由在东部行军中招募的十足野蛮人组成；对他们来说，候选人是不是安东尼王朝的后裔，有没有在高级官职上历练过，或者是不是元老，根本无关紧要。相反，马克西米努斯身高八英尺多，力大无穷，兴许在整个罗马军队的低级军官中无可匹敌。

从原则上如果不是从实际效果来说，他的统治比任何皇帝都恐怖。古代世界连同其富于美感的纪念建筑和文化气息洋溢的生活方式，在这个自惭形秽的野蛮人心中激起怨恨。的确，温文尔雅之士不可能主张篡位。为了士兵的缘故，这位罗马皇帝需要没收财物，遂开始系统破坏罗马的精髓。他本人拒绝在令他厌恶的首都露面；起初，他打算让儿子驻在罗马，但最终还是将他留在莱茵河与多瑙河畔的军营里，他从那里统治帝国。罗马已饱受惊吓，不禁担心一支驻扎边境的蛮族军队会变成世界帝国的指挥中心，这支军队多少让人想到奴隶战争中斯巴达克斯或阿辛尼奥②的部队。马克西米努斯的怒火会发向任何杰出、富有或文雅者，特别是发向元老院，他认为元老院鄙视自己。他下令把他战胜日耳曼人的巨幅图画挂在元老院会堂前。首都的平民百姓就算整个元老院被处决也会安之若素，但此时，他们的怨恨却因为日常供应遭缩减、公共娱乐活动的资金被没收而沸腾到极点。行省城市也好不了多少；它们的资源，就像富裕市民的财产，也被掠夺去充实军队。西部再也没有出现第二个如此明目张胆、彻头彻尾的军事统治。

13

---

① 阿兰人（Alans），原定居于俄国南部、黑海一带的非日耳曼蛮族。

② 斯巴达克斯（Spartacus），罗马角斗士，奴隶起义的领袖，死于公元前71年；阿辛尼奥（Athenion），曾领导西西里奴隶起义，于公元前101年被镇压。

接下来的混乱时期难以形容。最令人感兴趣的,莫过于被大大误解的元老院所表现出的坚定有力的态度。绝望驱使阿非利加的农民和军人起来反抗。两位德高望重的罗马人,即高迪安父子,被强行推举为叛乱领袖。一接到叛乱消息,元老院就宣布反对马克西米努斯。可以料想,元老之中的败类会将秘密决议泄露给暴君。元老院送往各行省煽动叛变的书面檄文同样大胆。除高迪安父子以外,其他人在其他行省被其他军队拥立为皇帝的可能性也不能低估。阿非利加一位名叫卡佩利安努斯的指挥官密谋篡位,他以马克西米努斯之名击败小高迪安,危险一触即发;高迪安暴卒,他父亲则上吊自杀。这时,元老院任命了一个委员会,由二十位有战争经验的元老组成,又擅自拥立了两位皇帝,即普皮艾努斯和巴尔比努斯(238 年)。时局紧张,危险和恐怖四伏。民众起初为拥立这两位皇帝推波助澜,随后又站到禁卫军一边,后者被元老院的擅自决定激怒,要求并强行选出了第三位皇帝或皇太子,即最小的高迪安,他是上述高迪安父子的近亲。相关史料含混而残缺;例如,罗马城内禁卫军、角斗士和新兵之间的一场殊死战斗被一笔带过。因此,无法对这场危机下可靠的评断。不管怎样,元老院似乎展现了非凡的决心和毅力,因为它在禁卫军选中的人旁边成功保住了自己提名的两位皇帝,同时又承担起抵抗来势汹汹的马克西米努斯的全部重任,它的特派员指挥各行省备战。行省居民对暴君的怨恨至少帮了忙,正因如此,马克西米努斯发现卡林西亚①人烟、供应皆无,大军行经被遗弃的海默那(卢布尔雅那)时,只遇到几百匹狼。一旦兵临阿奎莱亚城②,这一经历已使他手下的毛里塔尼亚人和凯尔特人士气大落。这座城市在两名元老的指挥下做了长期顽强的抵抗,饥肠辘辘的军队遂把马克西米努斯除去,以同新皇帝们达成和约。

我们再也无法断定,将所有或大部分降军领到罗马是否明智;

①　卡林西亚(Carinthia),位于奥地利南部。
②　阿奎莱亚(Aquileia),意大利东北邻城市。

即使在行省,他们也会构成威胁。而在罗马,出现严重摩擦无可避免,因为两支军队——元老院拥立之帝的日耳曼人占绝大部分的军队和马克西米努斯的军队——都有集体荣誉感(*esprit de corps*)。不管怎样,后者就像败军和战败方会做的那样,急于发泄怒气。牺牲品是两位元老皇帝,他们被处决后,士兵和民众一起,在极度混乱中拥戴年轻的高迪安(238—244年)为奥古斯都。元老院被制服,但显然绝没有被击垮;闯入元老院会议(当时在卡匹托林山上召开)的士兵被元老们在胜利女神的祭坛上正法。

　　宦官和阴谋小集团的政权接下来围绕在这位未谙世事的年轻人身边。一段时期过后,崇高真挚的演说家米希特乌斯来到皇帝跟前,唤醒了他的高贵本性。我们不曾知道,他如何成了高迪安的监护人、摄政,甚至岳父。除此之外,高迪安同时授予他禁卫军长和罗马市政长官之职。米希特乌斯的地位,乃至元老院授予他的"君主之父"的称号,无不让人想起12世纪塞尔柱突厥苏丹的阿塔比①。他与元老院之间是否达成某种谅解,尚无法确定。无论如何,这一辉煌统治并不持久。在一次针对波斯人的本应获胜的战役中,这位监护者被人称"阿拉伯人"的菲利普毒死。接着,菲利普利用一次人为的饥荒将士兵纵容得无法无天,再买通军官,一举成为无助的高迪安的共治者,然后逐渐剥夺高迪安的所有权威,最终取了他的命。

　　一接到高迪安死讯,元老院迅速插手,但它提名的哲学家马库斯不久死去,某位不知用什么手段继而获得帝位的塞维鲁·霍斯提利安也同样短命。菲利普此时已抵达罗马,通过谄媚奉承赢得重量级元老支持,如今被确认为皇帝(244—249年)。称菲利普为阿拉伯酋长是大大抬举了他;他来自约旦河东岸南部叙利亚人一个声名狼藉的部落。

---

① 阿塔比(Atabegs),突厥语,由 ata 与 beg 组成。ata 意为父亲;beg,突厥称号,原意为首领、王公,后转意为将军、长官,中古汉文史籍译作匐或比,清代史籍译作伯克。

　　皇权的吸引力定然大得令人完全盲目,要不然很难想象这个军事才能微不足道之人怎么驾驭罗马帝国,他只是依靠欺诈、依靠将重要官职分给亲朋好友而获得了这个帝国。当他在罗马庆祝这里建城一千周年的百年节①之际,蛮族正从四面八方入侵帝国,至少两支军队自立了新皇帝。在叙利亚,投机分子约塔庇安起来反对菲利普的兄弟普里斯库斯,他宣称自己是亚历山大大帝的后裔,亚历山大这个名字至今仍受到近乎迷信般的崇拜。在摩西亚②,马里努斯起来反抗菲利普的女婿塞维里安,而哥特人当时就在附近大举进攻帝国。

　　帝国面临的巨大而明显的危险再次唤起罗马的天才。公元3世纪后半叶是必定获得尊崇的年代,如果现有史料能让我们更充分地了解此时的人物以及他们采取措施的动机的话。尽管最杰出的人物大多不是严格意义上的罗马人,而是来自伊利里亚,即亚德里亚海与黑海之间的地区,然而正是罗马的文化和传统,尤其是军事方面的,将他们塑造成古代世界新的救世主。成为罗马皇帝不再惬意,而意味着重大责任。才德不配者只是被迫披上紫袍;更合适的人不再急于得到这个位置,而能看到其中的义务或宿命。于是出现了一种显而易见的道德提升氛围。

　　种种巨大的危险迅速终结了菲利普的统治。他提心吊胆地向元老院求助,要求退位。元老院保持沉默,直到英勇的德西乌斯表示愿意为制服马里努斯效劳。他获胜了,但请求被召回罗马,因为他意识到,由于轻视菲利普的风气普遍存在,军队想立他为皇帝。菲利普拒绝了请求,于是发生了不可避免的事。在与德西乌斯作战期间或之后,菲利普被士兵处死在维罗纳。他的兄弟普利斯库斯后来仍能出任马其顿总督,这个事实表明,德西乌斯无需为发生的事羞愧。可普利斯库斯还是用叛逆来报答他。

　　德西乌斯(249—251 年)大体是位理想主义者,怀有理想主义

---

① 百年节(Secular Games),罗马每 100 到 120 年间举行一次的节日庆典。

② 摩西亚(Moesia),今塞尔维亚、保加利亚一带。

者的幻想。用自己杰出的军事才能为彬彬有礼的元老政权服务，恢复古罗马的美德和宗教，继而重现罗马的威名并使之永垂不朽——这些无疑是他的意图。正是为了实现这种意图，他才迫害基督徒。六十年后，他或许会抱着同样的热情，引导基督徒的自我牺牲精神去拯救帝国。

17

不过，他注定实现不了毕生目标。除四面八方的蛮族入侵之外，饥荒和瘟疫也在境外肆虐；这些必然导致全部罗马生活发生永久变化，因为年轻人不屑一顾的捶打，上年纪的人却承受不了。德西乌斯获得的奖赏，是在对哥特人的战斗中光荣牺牲。

元老院再次重申它的权利。除军人推举的伽卢斯以外，它指定了(251年)自己的皇帝，即很快病逝的霍斯提里安。就在伽卢斯以贡赋收买哥特人之时，一位驻多瑙河部队的将军毛里塔尼亚人埃米利安对手下人提起"罗马荣誉"，并允诺如果取胜，他们即可获得支付给哥特人的贡赋。胜利到手，士兵遂让埃米利安皇袍加身(253年)。但德西乌斯的想法如此深入人心，以致埃米利安只希望被称作元老院的将军，并希望将帝国交给元老院管理。

《奥古斯都史》一处明显的缺失妨碍我们对接下来的事件做出有效结论。埃米利安向意大利进军；前去阻击的伽卢斯连同他的儿子们都被自己的部队杀害。但伽卢斯手下一个将军瓦勒良，却带兵从阿尔卑斯山一路南下，竟然不可思议地说服埃米利安的胜利之师倒戈，让他们杀死自己的皇帝，"因为他只是一名士兵而非统治者，因为瓦勒良更适合当皇帝，或是因为罗马人必须避免另一场内战"。振振有词的背后却隐约透露出事实真相。显然，这并非哗变军人的作为。三支军队的高级军官之间无疑有种默契。只有这种性质的默契才能解释瓦勒良的崛起(253年)，他无论是担任文职还是作战，或许都是最出类拔萃的罗马人。如果任凭军人自己选择，他们要么会继续效忠于埃米利安，要么会推举某位高大、英俊但不堪重任者登上帝位。

18

此后，选举皇帝通常采用新的形式。自亚历山大·塞维鲁时期起，对蛮族的战争持续不断，其中必定涌现出一批杰出将军，他们

瓦勒良被出卖而沦为萨珊国王沙普尔的俘虏

瓦勒良单腿跪地,向沙普尔一世臣服。公元 3 世纪后半叶浮雕,
位于伊朗比沙普尔市[Bishapur]。

的能力得到正确评价和尊重。至少作为皇帝,瓦勒良看上去正是
这批人中的佼佼者。他的部分军事信函被有意保存在《奥古斯都
史》中,其中体现了知人之明,使我们可以高度评价这位能够发现
并提拔波修姆斯、克劳狄·哥特库斯、奥勒良以及普罗布斯的人。
如果边境上有和平,元老院也许可以在政府中占有固定的一席之
地,就像德西乌斯和埃米利安设想的那样。但既然不约而同、四面
八方的蛮族入侵有彻底颠覆帝国之虞,既然真正的罗马早就遗弃
了台伯河边的七丘,而其踪迹如今能在英勇的罗马军事将领的阵
营中找到,那么国家权力转移到这些将领手中就再自然不过了。
这些人现在构成武装的元老院,分散在各边境行省。可以肯定,帝
国在短期内已经支离破碎,到处都有异想天开的士兵或绝望的行
省,迫不及待地为第一个可兹利用者披上紫袍;但最初的动荡过
后,将军就让他们中间的一位占据皇帝宝座。小心谨慎和深思熟
虑在个案中是如何同政治野心和暴力手段调和一致的,将这个团
体紧紧约束在一起的秘密盟誓的性质又如何,对此我们只能猜测。
元老院没有受到任何敌视;它实际上通常会受到礼遇,甚至有一次
还可以自欺欺人地以为它再次成了帝国的主人。

　　这一巨大转变值得细细考察。甚至在瓦勒良统治之下,个别地
区的叛乱就已开始。后来瓦勒良被出卖而沦为萨珊国王沙普尔的
俘虏(260年),这有违一切国际法,其子伽列努斯当时正忙着与日
19 耳曼人作战,于是彻底的混乱降临了。罗马城自身面临不知名游
牧部落入侵的威胁,元老院迫于无奈,仓促凑成一支民兵卫队,与
此同时,东部地区接连宣布不再效忠罗马。先有恶名昭彰的塞里
亚德斯,此人犯有弑父罪行,他甘愿被沙普尔作为篡位者推向罗马
帝国的皇位,直到马克里阿努斯及其儿子们和勇敢的禁卫军长巴
利斯塔起来充当东部拯救者(260年)。沙普尔被迫逃亡,妻妾沦为
俘虏。值得一提的起码还有对卡帕多西亚的恺撒里亚城的伟大防
卫。但帝国的分崩离析继续着。只是为了防范其他篡位者以求自
保,将军和高级官员才常常被迫称帝,但还是不能避免死于非命。

别名帖撒罗尼库斯的瓦伦斯①在希腊首当其冲。接着是皮索,马克里阿努斯派他去对付瓦伦斯。再下来就轮到马克里阿努斯本人了(261年),当时他带兵去打奥里奥鲁斯,此人是伽列努斯在多瑙河地区的将军;一旦获胜,奥里奥鲁斯同样会与伽列努斯反目成仇。在东部,马克里阿努斯及其家族已经被一个富有的行省人奥登纳图斯取代(262年)。这一时期有好几个这样的人篡夺了皇位,但没有一人拥有这位帕尔米拉②贵族的才干,取得他那样的成就。他与英勇的妻子芝诺比娅建立了一个庞大的东方王国。芝诺比娅是埃及托勒密家族的后裔,著名的克里奥帕特拉就出自这个家族。与由亚细亚将军组成的声色交织的宫廷一起,芝诺比娅稍后(267—273年)以儿子的名义统治了大片疆域,它一直延伸到加拉太③并深入埃及。正是在这一地区,伽列努斯的将军成功消灭了一些小篡位者:如小亚细亚东南部的海盗屈白良,他被怙恶不悛的伊索里亚人推举为首领;又如埃及的埃米利安努斯,他原为亚历山大里亚的指挥官,一群暴徒以死相逼,让他接受了皇帝头衔(262—265年),以避免向伽列努斯作交代。

有段时期,伽列努斯被迫承认上面提到的奥里奥鲁斯为多瑙河地区的统治者。但多瑙河部队早就(258年)推举了保护国土免遭侵略的更好人选——总督英格努乌斯。伽列努斯镇压了英格努乌斯,还对这一地区施以可怕的惩罚。行省居民迫切渴望复仇,任命英勇的达契亚④人莱吉利安努斯为皇帝(260年),他声称自己是图拉真著名的对头、达契亚王德西巴鲁斯的后裔。但他们很快抛弃了他,就因为害怕伽列努斯实施新的惩罚,现实使这位皇帝变得冷酷无情。比提尼亚⑤出现了一个篡位者,但叫什么名字都不得而

20

---

① 说明此人生在希腊城市帖撒罗尼迦(Thessalonica)。
② 帕尔米拉(Palmyra),叙利亚沙漠中的绿洲城市,位于从叙利亚到美索不达米亚的主要商道之上。
③ 加拉太(Galatia),小亚细亚中部地区。
④ 达契亚(Dacia),多瑙河下游大片地区,今罗马尼亚一带。
⑤ 比提尼亚(Bithynia),小亚细亚西北部地区。

知。西西里同样受到无名土匪（latrones）的统治。

最引人注目的一批篡位者出现在西部，特别是高卢，连西班牙和不列颠偶尔也会臣服于它。由于蛮族带来的苦难无法形容，这里（在259年以后）崛起了一连串强大的保护人，即波修姆斯、洛利安努斯（或莱利安努斯）和维克多里亚努斯。他们先是反抗瓦勒良，继而反抗伽列努斯之子及其将军。这些人不仅仅是军人皇帝，其统治还得到行省人热情和近乎频繁的参与。一个真正的山北高卢①王国初具雏形，当地显贵为皇帝组建了元老院，后者常驻特里尔。这些地区根本不想高举几乎被遗忘的高卢、不列颠或伊比利亚的民族旗号，而只想组成一个西罗马帝国，以保护罗马文化和制度免遭蛮族入侵的破坏。关于芝诺比娅的王国，说不出太多东西。但极其引人注目的是，在西部，同样身为女人，维克多里亚努斯的母亲维克多里亚确立了皇帝之间的收养和继承制度。她号称"军营之母"，像超人一般支配着军队。当着她的面，愤怒的军人将她的儿孙杀死，但事后后悔不迭，以致让她提名新皇帝。考虑到军人的缘故，她先选择了强壮的军械修护员马略（267年）。马略遇害后，她冒险提名自己的亲戚特垂库斯，军队此前对他一无所知，但至少在维克多里亚去世前，他的非军事统治（267年以后）为军人所接纳。

在一连串篡位事件中，阿非利加的凯尔苏显然最不济，因为他的举动最缺乏正当性，也最不成功。在没有蛮族进攻的背景或借口之下，阿非利加人（显然只能是迦太基人）受到总督和一位将军的唆使，宣布军团军政官凯尔苏为皇帝。天赋权利的欠缺由天庭女神的斗篷来弥补，放在迦太基著名神谕所的这件斗篷被拿来授予这个王位觊觎者。此时，一位妇女扮演了首要角色。伽列努斯的姑母使凯尔苏七日之后遭谋杀，狗撕碎了他的尸体。西卡城的居民坚持认为，这样处治是出于对皇帝的衷心。此外，凯尔苏的模

---

① 或称外高卢，包括阿尔卑斯山以北广大地区，今之法国、比利时、卢森堡及荷兰、瑞士的一部分。

拟像被钉上十字架。

在这些史无前例和很大程度上不应出现的情形中,伽列努斯本人的举动似乎并不像《奥古斯都史》力图使我们相信的那样冷漠或懦弱。他确实向所谓"三十僭主"中的一些人授予恺撒或奥古斯都的头衔,但也花费很大力气去对付剩下的另一些人。令他臭名昭著的懒散定然是符箓起的作月,但突然失效了。人们大概指望他进军波斯,解救父亲,但在当时的局面下,这一计划非常不可思议。他同他所承认的那些行省皇帝之间的关系就好比哈里发同那些宣布独立的王朝之间的关系,区别只在于他不接受象征性贡礼,公众祈祷时也不会提到他的名字。另一方面,他大力维护自己对意大利的统治权;他父亲的好几个重要将军依然忠于他。他有意不让元老院插手军务,甚至不让他们检阅军队,因为即使在这个议会规则遭到践踏的年代,他仍然担心出现元老的军事政权。奥里奥鲁斯一旦对意大利发起进攻,伽列努斯就采取有力行动,迫使前者将兵力屯集于米兰,再在那里将他围困住。就在奥里奥鲁斯走投无路之际,伽列努斯被杀(268年)。凶手是达尔马提亚人骑兵队的一个上校,直接煽动者是禁卫军长和多瑙河部队的一个将军。但主谋是率领骑兵参加围困米兰的奥勒良(后来的皇帝)和伊利里亚人克劳狄,后者是元老院的宠儿,也是当时最伟大的将军之一。无论何时,只要不满伽列努斯的松懈,克劳狄都会毫不掩饰地说出来。也许正因如此,他单独驻在帕维亚①。这些将军据说召开了正式会议,讨论伽列努斯的死活,肯定是在这次会议上达成了由克劳狄继位的决议。

从各方面考虑,由于情势非常,这次共谋也许可以部分地得到开脱。宣布决议的那些人并非不负责任。帝国要想恢复统一,必须除去伽列努斯这个障碍,而这不可能在伽列努斯本人同意的情况下实现,因为没了帝王般的享乐,他根本活不下去。克劳狄或许已预见即将到来的那个世纪最可怕的一次哥特人入侵,因此这是

22

---

① 帕维亚(Pavia),意大利北部城市,在古代属于山南高卢地区。

事出无奈的必然之举。除了面对这一迫在眉睫的侵略,甚至当伽列努斯还在米兰城附近安营扎寨之际,阿勒曼尼人就已现身意大利。在庞蒂罗洛战役中迅速歼灭奥里奥鲁斯之后,克劳狄的当务之急是果断地应对阿勒曼尼人。克劳狄在他的墓志铭上宣称,当初要是考虑到奥里奥鲁斯的军队能征善战,他应当宽宏大量,放奥里奥鲁斯一条生路。我们没有理由怀疑这番话的诚意。

克劳狄(268—270年)只能开始重建帝国的艰巨任务,他最初的一批措施就让他在高卢的党羽陷入困境。不过,他在尼萨①战胜哥特人②确实暂时解救了古代世界。他在其他方面的治理才能几乎没有机会嘉惠帝国,因为他只剩下一年的寿命。然而,如果我们仅仅因为克劳狄曾不幸沦为颂辞作家歌功颂德的对象,而怀疑这些才能是否存在,则是不公正的。对他真正的褒奖,莫过于伊利里亚骑兵作为同胞感到的那份自豪,以及他的胜利在弱小城市和行省居民中激发出来的反抗蛮族入侵的饱满信心。西班牙就抛弃了特垂库斯,投入克劳狄的怀抱。

23 　克劳狄有个出色的兄弟昆提卢斯,出于对克劳狄的敬意,元老院提名后者为皇帝。但克劳狄却在临终前,当着召集来的将军的面,指定奥勒良为继承人,军队立刻承认他当选。昆提卢斯立即割开静脉,这只能说是与那个时代吻合一致的举动。

作为土生土长的贝尔格莱德地区的人,奥勒良与前任相比,看上去多了几分野蛮,但在作为称职的皇帝方面并不逊色。在一次辉煌的战役中(272年),他征服了芝诺比娅和东部,这让他战无不胜的威名旋即上升到奇妙的高度。美索不达米亚总督马赛利努斯曾受部分军队怂恿篡位,他亲自当着奥勒良的面坦白了此事。在惩罚帕尔米拉人之后,奥勒良释放了原先被这些蠢人推举为帝的安提奥库斯。但对一个埃及的篡位者,即富有的菲尔姆斯,奥勒良却下令将他作为土匪钉死在十字架上,这显然只是借机展现罗马

---

① 尼萨(Nissa),即奈苏斯(Naïssus)。位于摩西亚的城市,也是君士坦丁的诞生地。
② "哥特库斯"这个名字就是为了纪念克劳狄击败哥特人而添加的。

对埃及人根深蒂固和由来已久的蔑视。至于因为与军人利益不合
而遭受无法忍受的禁闭，并在卡伦斯战役(272年)中临阵叛逃的特
垂库斯，奥勒良则给予他一个有利可图的官职。除这些为重建帝
国而举行的战役外，如果再加上那些针对蛮族的旷日持久并以胜
利告终的战争，我们可以想象，奥勒良的统治提供了一所多么无与
伦比的战争学校。他那些最重要的继位者都曾受训于他和普罗
布斯。

　　奥勒良与元老院的关系则远远没有那么令人欣慰，而是呈现出
与塞普提米乌斯·塞维鲁在位时期一样的风格。皇帝把首都的各
种阴谋骚乱统统归咎于元老院，许多元老甚至被处死。虽说我们
要研究当时那些悲惨的记载，但无一处足以下定论。我们无法断
言，奥勒良是否试图将军营铁一般的纪律运用到平民生活中，或者
元老院是否不识时务而想同这位帝国的再征服者竞争统治权。奥 24
勒良生性并不残忍，且迫切避免流血，这些在他一生中的关键时刻
都有体现。没人管他叫"凶手"，倒有人称他为"元老院的老师"①。
不过一个类似于奥勒良所处的局势确实需要坚强气魄，才不致屈
服于人们的蔑视而变得意志消沉，也不致出于胆怯和图省事而陷
入嗜血杀戮的泥潭。设想皇帝当时的处境并非易事，也不大可能
说出哪怕最温和的性情何以能够长期忍受这种处境。至于奥勒良
的太阳崇拜，这也是异教岁月行将结束之际在士兵中盛行的一种
信仰，我们将在下文中提到。

　　在一次远征波斯的途中，就在离拜占廷不远的地方，奥勒良被
贴身侍卫谋害。也许可以猜测，在较受重视的将军中，除穆卡波尔
以外，不会有第二人卷入这起事件；其他参与者是禁卫军，一个机
要秘书通过一个伪造的签名就吓住了他们，而这个秘书自己也牵
连其中并预料到了惩罚。

　　接着，将军联合向元老院发送了以下消息："英勇无敌的军队

---

① "老师"(pedagogue)一词在希腊罗马语境中指监督孩子并接送他们上学的奴隶，
　这里用来讥讽奥勒良出身低贱。

致元老院与罗马人民：我们的皇帝奥勒良因为中了某人的诡计，并上了好人和坏人的当而遇害。正直而至尊的元老们啊！把他抬升到众神那里去，并从你们中间给我们派一位你们认为合适的皇帝来；因为我们无法忍受被那些已然作恶的人统治，无论此人作恶是出自过失还是蓄意。"这封信对一切相关者都表达了敬意——对奥勒良，他在这儿得到如此慷慨的辩护；对元老院，以及对军队，显然，将军是以军队的名义着手谈判的。对曾经帮助奥勒良征服世界的人来说，这一举动不可能仅仅是煽情的优美姿态。

元老院悠久而尊贵的权威在这里得到冠冕堂皇和出乎意料的承认，但是，元老院拒绝了荣誉。经过军人当政，比如先前的那些军人政权，由元老院提名皇帝是个严重错误。此外，罗马必须考虑在用于通讯往来的至少两个月内，东部军队因自身原因或因各种阴谋而发生情绪变化的可能性。可军队坚持己见。它与元老院先后三次书信交流，直到元老院最终同意决定人选。在已经过去的半年中，所有高级官员坚守岗位，没有其他任何一支部队胆敢抢在东部军队之前行动，畏惧或敬重在现存势力中保持了一种奇妙的平衡。

在一千五百年之后，如果可以发表自己的观点，鉴于过分残缺的文献记载，我们会赞同由元老院来最终决定皇帝人选，但我们理应认为，候选人必须是未参与谋杀、知名度更高的将军，比方说，普罗布斯。可元老院却推举塔西佗，一位年高德劭的元老，他熟悉军务，并放任人们为这一宪政主义的杰作欢呼雀跃。欢欣鼓舞的信件被送往所有行省：元老院重新获得任命皇帝的古老权力，它将来还会颁布法律、接受蛮族国王的臣服、决定宣战与媾和。元老们献上白色牺牲，穿着白色拖裰现身公共场合，还敞开元老院会堂里存放先辈蜡像（*imagines*）的陈列柜。但塔西佗自认交了厄运，他将巨大财富捐给国家，然后加入军队。塔西佗提名他的兄弟弗洛里安担任执政官，但元老院出于一种纯粹教条的反复无常，对此轻率否决了。这一标志宪政意识复活的举动据说让皇帝非常高兴；旁人则无法理解。

在东部，塔西佗发动战争，击败哥特人和阿兰人。但是一小撮军官，在处境危险的谋杀奥勒良的凶手的增援下，先杀死了马克西敏,他是严厉的叙利亚指挥官和皇帝的亲戚;接下来出于害怕受到惩罚,又在本都地区杀死了皇帝本人。皇帝的兄弟弗洛里安此刻正在大数,在没有征询元老院或军队意见的情况下,他轻率表现出 26 继位者的姿态,好像帝位是世袭的一样;就算世袭,塔西佗的儿子们也理当排在他前面。几个星期后,他同样被军人杀掉。

与此同时,一次纯粹的军队选举把强有力的普罗布斯推上帝位。普罗布斯是奥勒良的同胞,奥勒良至少通过暗示,曾经指定他为继承人。元老院没有提出异议便予以承认,而普罗布斯相当圆滑,授予元老院某些荣誉特权,以此安抚它有些郁闷的情绪。他将杀害奥勒良和塔西佗的凶手传唤来,表达了痛恨与鄙视,然后处死他们。他当选伊始就告诫士兵,他不会纵容迁就,而且说到做到。他军纪严明,率领部下取得惊人的胜利,将日耳曼人赶出高卢,并歼灭四十万蛮族。如果说这些胜利只能维持现状,如果说征服整个日耳曼——这是持久确保罗马安全的先决条件,正如普罗布斯清醒意识到的——没有实现,那么过错肯定不在他身上。

普罗布斯沿着莱茵河与内卡河来到东部,他的将军已经在遥远的东南部打了胜仗。确曾有篡位者起来闹事,如萨图尔尼努斯、普罗库鲁斯和波诺苏斯,但这并不是因为士兵憎恶他的执法严厉,而是由于埃及人不顾一切的急躁,由于里昂人及其追随者害怕皇帝的惩罚,由于一个酒鬼因为在执行边境任务时严重玩忽职守而产生的恐惧。每个篡位者的统治都极其短暂。这位伟大统治者被视为独一无二的军人皇帝,怀有非同一般的理想。他希望实现理想,对此毫不隐瞒。这个理想就是,通过彻底击败或削弱蛮族而使罗马国家不再需要军人,由此开启一个和平复兴的时代。《奥古斯都史》记载了他对一个黄金时代的乌托邦的殷切构想。这种话让军 27 人深受刺激,再说他们已经对皇帝怀恨在心,因为在应付战争需要之外,他又将他们用于葡萄园、运河和道路建设。在皇帝家乡瑟缅①的一处排水工程中,士兵把他杀死,事先看不出任何预谋,事后

---

① 瑟缅(Sirmium),今南斯拉夫境内。

又立即后悔不迭。如同先前那些失势皇帝的家族一样,普罗布斯的家族也离开罗马,定居在上意大利。

军队这一回没有想到元老院。高级军官自行选举或操纵了整个过程,这从一位年迈的、循规蹈矩的伊利里亚人卡鲁斯紫袍加身的事实中可以轻易推断出。在更年轻、才干亦更胜一筹的儿子努梅里安的协助下,卡鲁斯立即率大军前去了结与萨尔马提亚人的战争,并重开与波斯的战事。他任命败家子卡里努斯为共治者,还授予他同日耳曼人作战的最高指挥权。他似乎对这个任命感到后悔,并似乎打算用君士坦丁的父亲、精力旺盛且出身高贵的君士坦提乌斯·克罗鲁斯来取代这个越来越让他失望的儿子;假如实现的话,这会是对王朝观念的重大突破。

在东部,卡鲁斯和努梅里安相继神秘死去(284 年)。努梅里安之死由禁卫军长阿佩尔一手造成。阿佩尔算不上核心集团中的将军,显然,他能够篡位成功,凭借的资本惟有胆大。然而,恺撒死亡的消息一传开,阿佩尔似乎就丧失了镇定,听任自己被击败,让人绑在全军面前接收军事法庭审判。正是在这里,"通过将军和军官的选举",一位杰出的军事指挥官戴克里先被宣布为皇帝,戴克里先立即扑向当时仍在审判台下候审的阿佩尔,一剑刺穿他。有人推断戴克里先暗中参与了阿佩尔的罪行,这很可能是无稽之谈。这起令人吃惊的突发事件有个简单解释。高卢德鲁伊特教[1]的女祭司曾预言,如果戴克里先杀死一头野猪(aper)[2],就能成为皇帝。
28 从此,但凡外出狩猎,戴克里先都搜寻野猪。而此刻,当他看见真正所指的野猪出现在面前,心潮澎湃,再也按捺不住了。

戴克里先还需要与卡里努斯争夺世界的统治权。卡里努斯并非全无军事才能,他似乎曾在路经上意大利的途中轻松击败篡位者朱利安(285 年)。他与戴克里先之间的战争持续了半年,甚至在

---

① 德鲁伊特教(Druid),一种凯尔特宗教,主要流行于高卢和不列颠,教义秘传。
② 与"阿佩尔"(Aper)拼写相同。

通常被认为具有决定意义的马古斯①(离塞门德里亚不远)战役中，卡里努斯都有可能是胜利者。但其暴行所挑起的私仇要了他的命。戴克里先很快得到双方军队的承认，这一点连同他没有革除任何军官、没有没收任何财物，甚至还留任了禁卫军长阿里斯托布罗的事实，也许表明，他事先已经同卡里努斯的军队达成默契。但我们宁愿相信老奥里略·维克托的说法，他将这种行为单纯归结于新皇帝及其随从的宽大和远见。戴克里先自己声明，他要结束卡里努斯的生命，并非出于个人野心，而是考虑到公众福祉。这满可以当作对戴克里先的赞美，他在其他方面也表现出这种前所未有的克制。

---

① 　马古斯(Margus)，上摩西亚多瑙河上的要塞，位于原南斯拉夫东部。

第二章　戴克里先:他的收养制度与统治

作为罗马元老阿努利努斯的达尔马提亚奴隶的儿子,戴克里先大约三十九岁登上世界宝座,那一瞬间,征兆应验了,神谕证实了。母子俩的名字得自出生地,即卡塔诺附近的小地方戴克里亚①。如今为了罗马人的缘故,戴克勒斯(Diocles)——意为"有宙斯之名"——给名字加上拉丁语特有的后缀,使之成为戴克里先(Diocletianus)。他保留其中有众神统治者含义的 Dio-;其拉丁姓名的第三个名字朱维乌斯也使人想到同样含义。②

关于他的军事成就、统治和(极具争议的)个性,下文将谈及。眼下关心他对皇帝权威抱有的特殊观念,以及他试图确保、分享和遗赠这种权威的手段。

前面一些皇帝因为死于非命而无法对帝位做任何安排,另一些则有意将决定权托付给手下将军。卡鲁斯草率地把自己的儿子们立为继位者,这或许正是他们垮台的首要因素。显然,戴克里先的妻子普里斯卡只生下一个女儿瓦勒里娅,他因此被迫寻找解决继承问题的另一种方案。假如帝国处在和平环境中,他也许会推迟决定;但外部正酝酿着猛烈风暴,内部则在卡鲁斯之后出现大批篡位者——实际上,虽说得到元老院认可,戴克里先自己的统治就本质而言也是篡位。对此有何补救措施呢?

---

① 戴克里亚(Dioclea),达尔马提亚(巴尔干半岛西北部地区)的沿海城市。

② 宙斯在罗马被混同于朱庇特,"朱庇特"(Jupiter)的拉丁文属格为"Jovis",与朱维乌斯(Jovius)近。

戴克里先在某个方面展现出的崇高与远见,换个方面看却奇怪而费解。

最近几十年的经历已经表明,即便精力最充沛的统治者和帝国的救世主,也必然屈服于士兵的背信弃义以及他们被煽动起来的情绪。皇帝身边的大将无法阻止这个,有些人甚至不愿阻止,因为自己就有染指帝位的野心,哪怕这种野心让他们担惊受怕。最终,一种类似于伽列努斯和"三十僭主"统治下的局面必定会再次出现;在285年,所有迹象表明这已为期不远了,帝国将再次分裂,而这次分裂或许是永久性的。

戴克里先开出对症药方:用继承人和同僚把自己环绕起来。对篡位者而言,野心要攻击的目标变远了,军营叛乱的成功率降低了。因为如果皇帝或恺撒中只有一人倒下,如果一次阴谋不能在一天之内成功除去并杀死两位或四位统治者——他们可能分别驻在尼科美底亚、亚历山大里亚、米兰和特里尔,那么无情的复仇者将伺机借助个别暴力行为。所有聪明人会立即明白自己必须追随哪一方;他们无需再在欠考虑的恐惧中投入由军人起首的偶然选择而引发的刀光剑影。戴克里先措施的另一大好处是分散了行政负担。现在,行政事务可以在深思熟虑之后从容应对,并可以按照既定的共同规划顺利实施。

不过,戴克里先一手缔造的收养制度却是个谜。单从表面上考虑,最简单明显的解决方法是收养某个杰出家族里的几个兄弟,再将他们分派到各行省和其他行政职位上。这样,部分由于卡里努斯的过错而使卡鲁斯家族未能达到的目标,也许现在就能实现;不连贯的恺撒收养制度将会转变为世袭的王朝,这是任何君主政体必然走向的最后归宿。戴克里先是否真的担心一个借机青云直上的家族将取代他?像戴克里先这样的大人物不可能被轻易排挤。在那个颓废年代,这是不是他对依靠血缘关系维系的道德效力缺乏信心?他随后亲自将这些恺撒变成皇帝的女婿。他是否发现有必要通过收养或给予收养的希望而尽可能多地满足政治野心?他比任何人都清楚,恰恰是那些最危险的人才永不知足;再说费心让

31

众人得到满足或赢得众口称赞并非他的天性。如果进一步研究个案及其明显或可能的动机，我们会找到正确路径，尽管文献传统中的空白必然让许多问题悬而未决。

早在 285 年，考虑到高卢的农民起义，戴克里先就提拔战友马克西米安为恺撒，次年又晋升为奥古斯都。这种收养关系反映在马克西米安的第三个名字"赫丘利"中，赫丘利是宙斯之子。这两人在帝国全境发动了镇压蛮族、篡位者和反叛行省的战争，持续六年之久；接着，二人在没有正式分割帝国的情况下，提升两位将军伽莱里乌斯和君士坦提乌斯·克罗鲁斯为恺撒（292 年）。就在这次，戴克里先明确宣布，"自此以后，国家将有两位高级统治者与两位次一级的副手"。马克西米安之子马克森提乌斯被断然忽略了；相反，通过让两位恺撒娶两位皇帝的女儿，设计出一种人为的孝顺义务。伽莱里乌斯娶了瓦勒里娅，君士坦提乌斯娶了狄奥多拉。从严格意义上讲，狄奥多拉只是马克西米安的继女。两位恺撒在奥勒良和普罗布斯时期就接受了军事历练。君士坦提乌斯出身贵族，在母系上是克劳狄·哥特库斯的甥孙。身材魁梧的伽莱里乌斯系牧羊人之子，因此喜欢说他母亲受孕于一位化身为蛇的神，或同瑞亚·西尔维亚①一样，受孕于马尔斯。现在，出现了四个宫廷、四套政府和四支军队。君士坦提乌斯统治高卢和不列颠；伽莱里乌斯统治多瑙河地区和希腊；马克西米安统治意大利、西班牙和阿非利加；戴克里先本人作为一切权威的来源，保留了对色雷斯、亚细亚和埃及的统治。在超过二十年时间里，这四人保持着最非同寻常的和谐关系，而他们的差别是如此大，在某种程度上又是如此粗鲁。这种和谐根本无法解释，如果我们注意到其中一位统治者插手另一位所属行省的管理、指挥那里的军队，并注意到戴克里先当着整个军队的面数落容易激动的伽莱里乌斯。一切来自戴克里先的东西，即使是最艰巨的作战计划或最成问题的命令，一律被孝

① 瑞亚·西尔维亚（Rhea Silvia），古罗马献给女灶神维斯塔的六贞女之一，后违反誓约与战神马尔斯相好，生下罗慕路斯和勒莫斯。

　　戴克里先明确宣布，"自此以后，国家将有两位高级统治者与两位次一级的副手"……这四人保持了最非同寻常的和谐关系，而他们差别是如此大、在某种程度上又是如此粗鲁

戴克里先和同僚搭肩相拥，以示团结。斑岩雕像，现立于威尼斯圣马可大教堂前。

顺地执行;他是支配全体的灵魂,这点从来没有任何疑问。"他们仰慕他,"奥里略·维克多说,"就像仰慕父亲或至高无上的神;这意味着什么,只要我们想想自罗慕路斯开始直到今天所发生的一切弑亲罪行,就会很清楚。"

经过二十年的双头统治,共治者马克西米安终于要经受一次顺从与否的决定性考验,戴克里先在305年要求他遵照很久以前两人达成的共识,一起宣布退位。马克西米安尽管极不情愿,还是屈服了。当两位新恺撒被提名时(伽莱里乌斯和君士坦提乌斯晋升为皇帝),他的儿子马克森提乌斯再次被忽略;而他本人作为镇压巴高达农民起义、战胜日耳曼人和摩尔人的资深老手,竟然在恺撒人选上没有发言权,对于这些,他都忍了。戴克里先把挑选恺撒的特权专门留给其继子伽莱里乌斯。后者任命忠诚的军官塞维鲁斯为西部恺撒,任命侄子马克西米努斯·戴亚为东部恺撒。尽管也被加冕为皇帝,君士坦提乌斯·克罗鲁斯受到的待遇同马克西米安一样,他必须同意接受塞维鲁斯而非自己的儿子做未来的恺撒。基督教作家称赞他谨慎克制,其实没这个必要。

拉克坦提乌斯的《论迫害者之死》写于这些事发生之后不久,其中对这些政治手腕的个人动机做了丰富多彩、一波三折的叙述。
33 吉本认为这份报告与事实不符,只是出自一个忿忿不平的敌人之口。具体来说,将这位隐退的资深皇帝表现为曾经受到伽莱里乌斯的胁迫是错误的。不过一个非常引人注意的细节却很可能有事实基础:文中认为伽莱里乌斯在统治二十年后,如果未来继位的问题能够得到妥善安排,也打算隐退,像戴克里先一样。作者把这当作自愿决定,但显然,他对伽莱里乌斯的愤恨使他不想报告这点。然而,除非我们完全上当受骗,还是能够发现戴克里先体制的一个既定而首要的原则,它连当时的人也只能部分领悟到。把皇帝在位期定为二十年构成所有这些人的顶点和安全控制阀。这一期限就是要给收养和继承打上必然性和确定性的印记。但在第二年(306年),整个体制无可挽回地遭到皇帝之子篡位行径的破坏,君士坦丁(大帝)感到自己被刻意忽略了,在士兵的拥护下,他声称自己有权继承父亲的统治。马克森提乌斯为自己夺取了意大利,甚至年迈的马克西米安也放弃了讨厌的隐退生活,支持儿子的举动。这种对继位方案的扰乱动摇了原先郑重的安排,为此,戴克里先相信,帝国自身已在劫难逃。深深的悲哀笼罩着他多病而疲惫的晚年,那几年,他一直待在家乡萨洛奈的宫殿为,其外观设计形同罗马军营。

实际上,他治理帝国的理想既奇特又非凡。当时的皇帝都是将军,鉴于将军统治可能出现的结果,我们必须对这份奇特有心理准备;我们现在同样无法确定自己所处的晚近时代的欧洲到底会为后代留下怎样的经验。两人以强制隐退告终的二十年在位期;对恺撒的提名权;资深皇帝的专有特权;统治者(即便他们是自我克制的英雄)个人因为亲生儿子受排挤而时常苦恼并受到伤害——所有这些因素形成一种人为的王朝。就算为了捍卫皇权必须分权, 34 就算来自外部的篡位因为现在要对付四人而肯定比先前只需针对一人的篡位困难许多,但怎样才能阻止皇帝家族内部的篡位呢?这些是戴克里先没有给出答案的少数几个难题。

要找到解答,单单有政治和心理上的动机是不够的,缺少的因素可以在渗透和支配所有这些安排的宗教迷信中找到。

上文已经提及征兆和预言对于戴克里先一生的重要性。说起他,人们称他是"未来事情的侦察者","总是服膺于神圣习俗"。我们发现在祭司的包围下,他狂热地查验献祭牺牲的内脏,并因为不吉利的闪电霹雳而充满焦虑。他甚至会关注特有姓名中显露出的征兆。因此伽莱里乌斯必须采用马克西米安努斯这个名字,以同老马克西米安被证实的忠诚扯上一层奇妙的关系。出于类似原因,年轻的戴亚随后也接受了马克西米努斯这个大同小异的名字。显然,皇帝试图与他姓名中包含的神祇结成特殊关系;朱庇特经常出现在钱币正面。正是在尼科美底亚附近旷野一根刻有宙斯神像的石柱下,他举行了退位仪式;而八角形的朱庇特神庙至今仍是萨洛奈宫殿的显著特色。他的公开声明同样表现出显著的宗教倾向。295年婚姻法的导言读来有如布道辞,296年反对摩尼教徒的法律则散发出个人热忱。

他的帝国同僚几乎一样迷信;的确,如果少了迷信,真难解释他们长时间的顺从。他们肯定明白,迷信因素甚至关系到升迁。他在决定收养谁之前显得多么焦虑啊,对此我们简直无法理解!例如,一个人在梦中出现,指名道姓让他把某人定为继位者,且不容置辩。他感到自己被施了法术,最后把那个被指名的人传唤过来,对他说:"收下你夜夜向我索要的统治权吧,别舍不得把睡眠赐给你的皇帝!"我们不知道这一宫廷逸事指的是谁,甚至不清楚它是否被如实转述;但它肯定意义重大。

马克西米安是伟大、能干的将军。戴克里先很可能器重他,早年把他当作自己崇高计划的心腹知己;但决定马克西米安晋升的最关键的因素很可能是下面这点,即他与戴克里先同月同日生。至于君士坦提乌斯,我们可以有点把握地断定,戴克里先任命他为恺撒是迟早的事,因为德鲁伊特教的女祭司曾这样预言过。

如前所述,君士坦提乌斯系达尔马提亚人。马克西米安是来自瑟缅(萨瓦河畔的米特罗维卡)的农民之子,此地是 3 世纪最英勇皇帝的故乡。伽莱里乌斯是牧羊人,不是来自达契亚就是来自萨蒂加(今之索菲亚,位于保加利亚)。马克西米努斯·戴亚显然来自同一地区。儿子君士坦丁出生时,君士坦提乌斯·克罗鲁斯正住在位于塞尔维亚境内的尼萨。后来以伽莱里乌斯朋友身份出现的李锡尼是来自下多瑙河地区的农民。塞维鲁斯的故乡尚无人知晓。有这样一种可能(但没有外在证据),即一些当地的宗教或迷信在这些统治者之间形成特殊纽带。关于马克西米安的退位,我们只知道他在卡匹托林神庙(显然在米兰)中说的套语:"啊,朱庇特,收回您曾经赐予的吧。"戴克里先的政治安排缺乏感召力和持久性,而誓言、献祭和供奉典礼或许是他用来弥补的替代品。

不愿意接受这种解释的读者也许会认为,戴克里先提拔马克西米安,是因为无法舍弃后者的合作与军事才能,但之所以有意忽略马克西米安之子马克森提乌斯,是因为此人与伽莱里乌斯长期为敌。然而,这种解释能否与戴克里先的性格以及他身为统治者的无可争议的地位相符,却大有疑问。他的法规具有深刻的严肃性,尤其体现在把皇位降为一种有固定任期的职位。如果其他人将这一职位当成美差,这不是戴克里先的错;他视之为一份令人敬畏和需要负责的义务,孩子和老人绝对不能承担,既为了他们自己,也为了帝国的福祉。同时,他也考虑到现任恺撒怀有的合理抱负;现在,他们可以扳着手指数日子,算算自己最迟可以在何时登上皇帝宝座(如果这期间无任何意外发生)。每隔五年,皇帝都会举办在位五周年庆典,接下来有十周年庆典、十五周年庆典,这些都是洞达人不免一死而产生的人之常情之举;不可阻挡地,皇帝在位二十周年庆典又渐渐逼近了,那天,他必须脱下紫色皇袍。这就是退位那年一枚钱币上所纪念的"万能的命运女神"的意志。关于继位者不可能永远团结这点,戴克里先非常清楚;但他希望,至少应该装装门面,提供一个榜样。更何况,只有规定二十年的在位期,才能保证将皇帝们的儿子排除在外,如果是终身制的话,情况就不会这样了。人们或许会问,为国家内部的敌对和颠覆性因素提供一个固定期限是否明智,因为这有可能在期限满后使叛乱获得成功;但别忘了抵抗叛乱的手段同样可行。戴克里先在退位前曾病倒一个半月,在此期间,人们甚至不能肯定他是否尚在人世;尽管如此,在这个井然有序的国家里,没有出现一丝动武的迹象。

非常显眼的是,同样的问题和事件也发生在帝国东边的敌对近邻萨珊王朝中。关于在293年仅仅统治了几个月的白赫兰三世,权威学者告诉我们,这位波斯国王首次让他所指定的继承人,即某个儿子或兄弟以"沙"[①]的头衔临时充当某一行省的诸侯;而只要父亲白赫兰二世还活着,他自己只能称作锡干(Segan)或锡斯坦[②]的"沙"。他的短暂统治显然伴随着剧烈骚乱,其弟纳尔西随后继承王位。接下来,纳尔西本人将儿子霍尔穆兹立为王位继承人,并于 301年退隐到宁静的私人生活中,"在神之美德的庇护下"。据米科洪德(Mirkhond)的说法,对死亡的思考促使他选择这一步,"他的

---

① "沙"(Shah),波斯语,意为"国王"。
② 锡斯坦(Sistan),西亚一地区,包括伊朗东部和阿富汗西南部。

时运取决于天命,无法逃脱"。很可能麻葛①已预告死亡的准确时间,因而禁绝了他全部的生活乐趣。但也有人提出,纳尔西希望避开帝王命运的兴衰沉浮,毕竟,与罗马人作战让他对这点体会深刻。"路还长着呢,"他这样说,"人生有起有伏。"纳尔西的例子或许触动了戴克里先的心灵,这不是没有可能。

笼罩戴克里先一生的迷信考虑产生了庄严肃穆的盛况和排场,与之密切相关的,是繁复的宫廷礼仪得到迅速而惊人的发展。老奥里略·维克托会用以下事实来解释这一发展,即戴克里先是暴发户,自然对外在的炫耀贪求无厌。但果真如此的话,此前 3 世纪伟大的军人皇帝中间竟然无一人像他这样装腔作势,就显得很奇怪,那些人实际上都是从卑微的出身晋升到帝位的。例如,有权有势的奥勒良与老朋友的交往非常简单,谁确实需要,他就提供帮助,以免他们再被称为贫困户。丝质衣服对他来说过于昂贵,他还希望摒弃用黄金装点建筑和服饰的做法。他很乐意准许别人使用价值不菲但可以再度熔化的小饰品,而他本人却对这些东西敬而远之。登基之后,他的仆人在穿着打扮方面没有变得更加华丽。他在帕拉丁山上金碧辉煌的宫殿里感到很不自在,因为这里五颜六色的大理石墙壁沾上了许多皇帝的鲜血。同以前的韦帕芗一样,他更喜欢萨鲁斯特的花园,在其宽敞的庭院里,人们每天可以看见他锻炼和遛马。这一切如今都变了。戴克里先不乏相知已久的朋友,但信任消失了,也许双方都是如此。戴克里先有理由担心,与第三方的亲密会破坏好不容易与同僚达成的和谐。与几乎所有前任(只有那些丧失理智的皇帝除外)仅仅满足于简单的紫色皇袍不同,戴克里先在293 年之后穿上丝质绣金外套,甚至鞋子上都饰以珍珠宝石;他头带冠冕,即一条镶嵌珍珠的白带。当然,这些只是出席正式场合才会穿戴的正式服装。在忙碌的行程和战役中,他和同僚马克西米安采取的作风截然不同,不放过他们每个暗示的两位恺撒自然也表现互异。君士坦提乌斯尤其崇尚俭朴。但在尼科美底亚,戴克里先却钟情于

① 麻葛(Magi),一译"穆护",古代波斯祭司。

盛大浮华。各种繁文缛节使接近他神圣不可侵犯的本人变得一天比一天难。军官、宫廷官员和卫兵布满皇宫的走廊和前殿；在内殿，权倾一时的宦官呼风唤雨。假如谁的事情或官衔使他得以接近皇帝，那他必须遵循东方惯例，匍伏在地对他讲话。谈及戴克里先与马克西米安在米兰的那次会晤（291年），颂辞作家马莫提努斯甚至指出，当时的典礼具有"一种被供奉在圣所内室中的威严，它可以使那些只有具备觐见您本人所必需的官衔和等级的人感到愉悦和惊叹"。

变化并不限于无声的形式：意义重大的词也被朗声诵出。皇帝不再用共和时期罗马的头衔称呼自己，执政官官衔、保民官权力等如今已变得空洞无物。他现在自称为 Dominus（君主）。罗马人过去一直在感情上顽固抵制 Rex（王）这个称号，因为它会引发种种不愉快的联想。希腊人早就习惯了斯巴达和周边半开化邻邦使用的国王称号，他们自己也以此称呼亚历山大大帝的继承者达几百年之久；他们一开始就称罗马皇帝为 Βασιλειζ（王），因为维持共和制的假象对他们没有意义。但如今，王的称号已经不够分量了，人们采用另一称号展现彻底的支配和奴役关系。真正的帝王神化现在需要盛大排场，这一点不奇怪。长久以来，元老院一直行使将已故皇帝封圣的权利。实际上，同样的荣誉也会授予在世的皇帝，这一般通过在他们雕像面前献祭或宣誓来完成。在此类场合，也许会用到 numen imperatoris 这种暧昧得无法翻译的措辞①。实际上，马克西米安在钱币上把自己表现为身披保护神赫丘利的狮子皮的形象，他与康茂德和以前习性相近的皇帝都有同一个嗜好。

① 赫丘利即希腊神话中的赫拉克勒斯，取得涅墨亚狮子的毛皮是他的英雄业绩之一。罗马皇帝的神圣地位是一种很暧昧的概念："numen"（神性）可以用于在世皇帝，"divus"（神）却不行，后者在皇帝死后由元老院所封；在当时的人看来，只有神志不清的在世皇帝才认为自己是"divus"。"numen imperatoris"（字面意思为"皇帝的神性"）一方面表明在世皇帝具有类似于神一样的权力，但还不是传统意义上的"神"；而另一方面，康茂德和马克西米安等皇帝喜欢把自己比作赫丘利，因为赫丘利原本是会死的英雄，但在死时成了神，故最适合表达皇帝神圣地位的暧昧性——观众可以认为披着狮子皮的皇帝就是赫丘利神。

马克西米安在钱币上把自己表现为身披保护神赫丘利的狮子皮的
形象，他与康茂德和以前习性相近的皇帝都有同一个嗜好

身披狮子皮、赫丘利扮相的康茂德，约191—192年制，现藏于罗马卡匹托林博物馆。

像戴克里先这种举足轻重和阅历丰富的人，要是没有一个充足的理由，不会担当起把自己表现得如此崇高的重负。何况，我们知道，他经常数落与世隔绝的坏处。他意识到，上至高级官员下到最卑微的请愿者，保持与这些臣民的私人接触能给统治者带来很大好处。他说："四五个人合伙欺骗皇帝；他们把决定摆在他面前；由于关在房间里，他无法弄清实际状况；只知道他们告诉他的事。他任命了不该任命的官员，革除了应该留任的官员；这样，即使最优秀、最精明的皇帝也会上当受骗。"

尽管清楚洞察到其中的弊端，戴克里先还是推行了这些限制性措施，其中可能有这样一个原因。在奥勒良与普罗布斯的战争之后，宫廷，尤其是军事参谋部可能涌进大批蛮族军官，这些人由于各不相同的出身以及非罗马的教育背景，无法融入原先盛行于皇宫的亲密无间的轻松氛围。直到大迫害时期，还有大量基督徒留在宫廷各部门中；采用庄严的宫廷礼仪防止了与异教徒发生不愉快。可以肯定，当时有一种对夸夸其谈的特别喜好，这甚至体现在敕令中。不过，从以下事实却可以看出，皇帝甚少受到纯粹的虚荣心和好大喜功的影响：在取得一系列伟大胜利之后，他把惟一一次凯旋式推迟到统治结束那年（303 年）举行，庆典的规模也颇为适度。

戴克里先与罗马传统的决裂不只表现在一个方面。比如，从统治伊始，他就对罗马城没有表现出任何特殊兴趣。晚至公元 3 世纪，皇帝还约定俗成地住在帕拉丁山上，这与其说出于对神圣往昔之记忆、对世界首都之圣所怀有虔诚，不如说是因为它所处的中心位置、它的雄伟壮观以及它所提供的无尽享乐使之特别适合作为皇帝的宅邸，同时也因为，除了自身的古老，它仍保留了实权的一丝残迹。因为罗马是元老院所在地，后者至少在最近还罢免、任命和认可了皇帝。只有埃拉伽巴努斯才敢将元老院驱逐出罗马城，不过，他是空前绝后的。其他人践踏它的尊严，试图使它意志消沉；精明点的皇帝与它建立起友好关系；至少在更有才干的统治者那里，对不安分民众以及禁卫军余孽的忧惧只是促使他们对元老

40

院表示敬意的次要因素；而对于软弱的帝王来说，罗马内外完全充满了同样的危险。

但是，一旦边境防御的需要导致必须分割皇权，罗马就再也不能继续作为两位或四位统治者其中之一的驻地。维护帝国边境比与元老院保持和谐关系来得重要，毕竟任何一位对罗马怀有真正感情的帝王都不难做到后一件事。马克西米安把驻地设在米兰，阿勒曼尼人的步步紧逼在普罗布斯去世之后卷土重来，米兰已差不多变成边境要塞。人们指望用它来保护高卢，就像阿尔卑斯山以南任何起类似作用的地方一样。同时，它也使其占领者能够监视意大利或干预阿非利加。连年征战的恺撒君士坦提乌斯最常驻守特里尔，稍后则在约克。戴克里先常驻比提尼亚的尼科美底亚，位于马尔马拉海一处纵深海湾的端角，那里可以监视哥特人以及威胁下多瑙河地区的其他本都部落的动向，同时又可以向上幼发拉底河的平原进发，这里是与波斯人交战的战场。的确，在他统治的早年，根本不可能有固定的驻地。两位奥古斯都从一个战场匆忙赶往另一个战场，很快，两位恺撒也步其后尘。但这丝毫没有影响到戴克里先对大兴土木多少有些病态的热情。他将尼科美底亚一处变成大型的常住皇宫，其设计如同后来在萨洛奈建的宫殿一样，兴许模仿了军营的轮廓外观。它包括长方形会堂，一座竞技场，一家铸币厂，一座兵工场，以及为妻子女儿准备的几处独立宅邸。这座城市自然会遵循皇室驻地的一般规律而发展起来。在 4 世纪初，尼科美底亚据说很像罗马的一个区（*regio*）。在米兰，大多数受到 4 世纪诗人奥苏尼乌斯①赞美的建筑可能都是马克西米安建造的。

即使没有遭受任何外部损失，罗马也一定对自身地位的变化非常敏感。一份带有敌意的文献（出自拉克坦提乌斯之手）声称，马克西米安攻击了富有元老，诬陷他们企图篡位，元老院的光彩因而不断遭到扑灭，其双眼被刺穿。种种责备或开脱的企图，无论立场

---

① 奥苏尼乌斯（Ausonius，约 310—393/394 年），波尔多的修辞学家和诗人。

如何，都是无益的。在所有刻画与评价戴克里先性格的人中间，惟有左西莫斯接近真实和全面，但他的历史记载中缺了二十年。在狂热的基督徒看来，其中对最后一次大迫害的描述或许显得过于偏袒迫害者；他们发现，与其驳斥它，不如删掉它来得容易，正如异教徒当时删改西塞罗的著作《论神性》，以防止基督徒在辩论时从中寻找反对多神教的武器那样。

戴克里先登基后，没有与元老院商量就任命了同僚，这是元老院和皇帝们关系紧张的起因。元老院接下来只能承认他们，并出于形式需要而不时授予他们执政官官衔。戴克里先对这种殊荣满不在乎，以至于有一次，他居然在就职典礼开始前几天离开了罗马。在291年米兰的那次皇帝会晤中，元老院代表团也出席了，显然是为了摆出效忠的姿态。颂辞作家马莫提努斯当着马克西米安的面感叹道："元老院将一个自身权威的复制品赐予米兰，因此，当两位皇帝在那里会面时，这座城市就会拥有作为帝国中心的尊贵。"语气似乎并不友好，我们也不知道有何反响；不过，它确实意味着，在那一年，皇帝们与元老院之间尚未公开反目。双方关系在何时以及如何恶化的，仍是一个谜。马克西米安生性残暴狡诈，而戴克里先或许在这个僭越可以轻易得逞的年代并无僭越之举。这两人都觉得罗马人"自由但还称不上大胆的说话方式"非常讨厌。对新统治者而言，尤其刺耳的是那些事先策划好的口号，元老们在元老院内、民众在竞技场内有节奏且重复多遍地喊着这些口号向皇帝效忠或进言。假如事态确实恶化，而我们的作者又没有用惯技将细枝末节夸大成可怕的罪行，那么可以肯定，没有充足理由的话，皇帝们不会牺牲元老院的领袖。

但对于罗马民众（这里避免使用已遭亵渎的"罗马人民"这个术语），戴克里先及其同僚后来显示了格外的恩宠。他们在维米纳尔山上修建最庞大的罗马浴场，仿佛罗马缺少享乐去处似的。以前的皇帝和私人慈善家建造了十座左右的浴场，其中以内设巨厅的卡拉卡拉浴场令人印象最深。卡拉卡拉浴场的拱形结构跨度惊人，建筑艺术至此已臻于极致·但戴克里先浴场的面积比卡拉卡拉的还大。绕一周要走上一千两百步,里面还包括三千个房间。令人叹为观止的中心建筑如今成了加尔都西会①教堂的核心部分,其中花岗石圆柱的周长达 15 英尺;浴场的其他遗迹在一个大圆环内四散于修道院、葡萄园和荒凉的街道。同一年,马克西米安开始在迦太基建造浴场,也许带有相似的安抚民众的考虑。迦太基以前是篡位者崭露头角的主要舞台。史料还提到这一统治时期在罗马建造的其他建筑:曾在卡里努斯在位期间毁于大火的元老院会堂,连同恺撒广场、朱利亚长方形会堂和庞培剧院都被修复了。除浴场外,新建筑还包括分别称作朱庇特与赫丘利的柱廊,三处带有喷泉、雕像和花木的休憩场所,伊西斯和塞拉皮斯的神庙,以及一座凯旋门。戴克里先为挑剔而危险的安提阿居民提供了许多豪华建筑,或许意在转移当地人对政治的关注。在安提阿的建筑中,留名史册的有奥林匹斯的宙斯、赫卡忒②、涅默西斯③和阿波罗的神庙,城里和郊外各有一座名为达佛涅④的宫殿,数座浴场和谷仓,以及一座露天体育场;其中绝大部分是新建的,有些则是重建的。

在罗马,公共配给和竞技娱乐并未中断。只是在 305 年戴克里先和马克西米安退位后,伽莱里乌斯才敢废除所有对罗马的特殊照顾。不过,戴克里先在另一方面冒犯了罗马,这在上文已经提到。在三面为奥勒良城墙包围的浴场后面,有一个后来属于耶稣会财产的大葡萄园,连带着一些倚城墙而建的荒废的拱顶小屋。这里以前是禁卫军营房,里面住的人曾频频让皇帝的紫袍在他们刀尖所向的寒气中瑟瑟颤动。先前做过许多努力解散和排挤他们;但到 3 世纪,原来的惯例似乎又恢复了,又从罗马附近和毗邻意大利的地区征募了几千人,这些人不充当皇帝卫队,而组成首都的卫戍部队。如今,戴克里先大规模裁减他们的人数,肯定不仅仅

---

① 加尔都西会(Carthusians),天主教修会组织,于 1084 年在法国创立。
② 赫卡忒(Hecate),有三种形貌的希腊冥府女神,在天上称路娜,在地上称狄安娜,在冥府称珀耳塞皮娜。
③ 涅默西斯(Nemesis),希腊神话中的报应女神。
④ 达佛涅(Daphne),希腊女神,为躲避阿波罗的追求,请求父亲把她化为月桂树。

是担心其中不安分且要求多的意大利人，而且也有经济方面的考虑，还因为随着事态发展已经出现了一支能够替代他们的新部队。从德西乌斯开始，一批伊利里亚皇帝就拯救了罗马帝国；毫不奇怪，三十年的战争在他们周围培养出一帮忠心耿耿的同胞，与禁卫军里的拉丁人和萨宾人相比，他们与皇帝更亲密。这些伊利里亚人善于运用本民族的武器，由此备受欢迎。他们组成各六千人的两支军团，如今根据两位皇帝各自的附加名（agnomina）而被光荣地称作朱庇特军团和赫丘利军团；先前，他们被称作大力神投手（Martiobarbuli），得名于每人携带的系在盾牌上的五只（或五对）铅球，他们能用箭一般的速度和威力掷出这些铅球。现在，这两支军团受到的官方宠爱超越了所有其他军团，但未必永久驻扎在皇帝身边。尽管禁卫军在罗马激起的情绪主要是恐惧和仇恨，但解散他们现在仍被视为侵犯了首都的尊严。共同的憎恶结成了纽带，少数几个留在军营的罗马禁卫军士兵后来与元老院和人民达成默契，参与了针对伽莱里乌斯的汉乱。

罗马人或许应该抱怨和痛恨形势的变化，但他们实际上毫发无损。最终，皇帝仍然作为罗马本地人，甚或作为意大利生活和民众的执法官与代表，以及皇帝仍然以这些人的名义统治这个世界的巨大幻想肯定烟消云散了。就算戴克里先没有通过搬迁皇帝驻地、引入东方宫廷礼仪、贬低元老院和缩减禁卫军人数而从外部证实罗马首要地位之丧失，基督教也必将很快以自己的方式实现相同的功能，因为基督教有必要为其权力创建新的重心。此刻，我们必须叙述的是，在何种强大可怕的情形之下，戴克里先的革新举措收到了实效——当时他和同僚可是被迫在所有边境地区捍卫帝国，并从篡位者手中一点点收复失地啊；我们要评价戴克里先，就不能忘记这些。

至于宫廷礼节和新仪式发展到的新高度，肯定有人热烈欢迎。在像戴克里先这样的过渡时期，皇帝依然感到有必要接收公众赞美；而一个彻底的军事独裁政权不需要这类认可，非但如此，还会对此表示蔑视，甚至憎恶。但人们才刚刚走出古代世界，仍一如既往地公开参与公共事务或者对此兴趣盎然,这种参与或兴趣是古代生活所不可或缺的。教育仍然以重视修辞术为特征,公开演讲在人们生活中占据着现代世界无法想象的重要地位。这些演讲包括一些颂辞,由罗马城或周边一些杰出演说家,在每年节日或其他庄重场合上,当着皇帝或一些高级官员的面发表。我们至今保留着小普林尼著名的献给图拉真的《颂辞》;此后,经过很长一段空白时期,突然冒出一大堆歌颂戴克里先的同僚和个别献给后期皇帝的颂辞。作为史料,这些演说自然需要谨慎使用。但它们告诉我们许多有价值的东西,绝不能视为文学作品而不屑一顾。它们的阿谀奉承无疑延续了3世纪那些散佚颂辞的风格。演说家用近乎鲁莽的现实主义风格将自己等同于亲自在场的皇帝,后者在他心目中无比崇高。他接连不断地揣摩皇帝的想法、计划和情绪;这时,善于察言观色的廷臣会适时制止,因为即便理想化的虚构也可能流于轻率,更不用说事实真相了。但明察秋毫的演说家立即应之以大量赤裸裸和欣喜若狂的溢美之词,意在取悦马克西米安这类人,虽说马克西米安没有足够的学识来领会巴结的典故和联想。马克西米安的绰号赫丘利被人做了许多文章,其个人经历也常常与赫丘利的个人经历混合起来,进行对比;但即使赫丘利的威力也相形见绌,因为比起马克西米安对巴高达的镇压,前者之战胜革律翁①简直不足挂齿。通常只把资深皇帝比作朱庇特,这种比喻让颂辞作家有了进一步发挥的余地。朱庇特的童年,就像在多瑙河畔长大的马克西米安一样,充满战争警报。演说家不厌其烦,用一个又一个意象歌颂皇帝们的和谐融洽:他们的统治普通得就像日光之于眼睛那样;由于他们同一天出生(参看边页码第35页),他们的共治就像赫拉克勒斯的子孙在斯巴达的统治那样;罗马如今比罗慕路斯和勒莫斯的时代更幸福,因为他们两人中的一个杀死了另一个;罗马现在可以同时称自己为赫丘利和朱庇特。就像赫丘利的经历被用来美化马克西米安一样,宙斯的神话同样也被用在

46

---

① 革律翁(Geryon),希腊神话中的巨人,被赫丘利用箭射死。

戴克里先身上,尤其是宙斯无所不在这方面,皇帝匆忙的行程似乎可以与之匹配。但在这些时期整齐划一的步调中,却回响着对马克西米安的大胆而无耻的偏爱,这位皇帝或许乐于听到这种声音,虽说不会喜形于色。"通过接受共治,您施予戴克里先的,要多过受之于他的……您比得上西庇阿·阿非利加努斯[1];戴克里先比得上您。"马莫提努斯竟然敢在特里尔皇宫当着整个朝廷的面慷慨激昂地说出这些句子。当然,对两位皇帝滔滔不绝、词藻华丽的阿谀奉承也点缀在这些句子中。"正如在马克西米安于莱茵河畔取胜之后河水定然干涸一样,既然戴克里先已经跨过幼发拉底河,那么就再也不用靠它来保护叙利亚了……由于新胜利源源不断,你们两人都推迟了凯旋式;你们总是紧追更伟大的东西。"许多极不起眼的业绩也被大肆吹捧。为了291年的那次会晤,戴克里先从东部匆忙赶往米兰,而马克西米安则在仲冬时节穿越阿尔卑斯山到达那里,马莫提努斯于是赞颂道:"没有与您同行之人很可能认为,太阳与月亮把昼夜兼程的马车借给您。您帝王之尊的威力为您抵挡住刺骨的严寒。和煦的春风与温暖的阳光追逐着您的脚步,而其他地方皆冰天雪地。汉尼拔,一旦你翻越阿尔卑斯山,就该死!"与这种自负颇为协调的是,这些皇帝的统治标志着土地肥力的陡然增长。几年前,诗人卡尔普尔尼乌斯·希库卢斯[2]曾经(在第八首或第四首牧歌中)用一种类似但更显著的田园诗风格赞美恺撒努梅里安:在他面前,森林肃然起敬,羔羊尽情嬉戏,羊毛羊奶丰盛充足,田野果园郁郁葱葱,因为在他凡人的躯体里,潜伏着一位神,也许就是至高无上的朱庇特本人。

　　在某种程度上,演说家尤曼尼乌斯[3]对待有教养的恺撒君士坦

47

---

[1]　指大西庇阿(Scipio Africanus,公元前236—前184?年),罗马将军,以战胜迦太基大将汉尼拔,结束第二次布匿战争著称。为此,罗马授予他"Africanus"的称号,表明他是"阿非利加的征服者"。

[2]　卡尔普尔尼乌斯·希库卢斯(Calpurnius Siculus),戴克里先时期的拉丁诗人,他的名字说明他生于西西里岛。

[3]　尤曼尼乌斯(Eumenius),拉丁颂辞作家,活跃于公元300年前后,生于高卢。

提乌斯·克罗鲁斯的态度更微妙。例如,他提及他曾陪同高卢青年来到一幅巨大的世界地图前,它绘在奥顿①大会堂的墙上,大会堂位于阿波罗神庙和带有密涅瓦圣所的卡匹托林神庙之间。"在那儿,让我们看看戴克里先的仁慈如何平定埃及的疯狂叛乱;马克西米安如何削弱摩尔人;在您,君士坦提乌斯王的手上,巴塔维亚人和不列吞人②如何从丛林湖泊中再次愁容满面地走出来;或者您,恺撒伽莱里乌斯,如何将波斯人踩在脚下跪地发抖。如今观看五颜六色的陆地也成了赏心乐事,因为在上面找不到不属于我们的地方。"他对这个新黄金时代的生动刻画使我们能体谅这位演说家为四人共治所精心设计的有趣象征。他视数字"4"为构成宇宙秩序的基本要素,体现在四大元素、四季乃至四块大陆上;罗马的人口普查每四年举办一次,并非毫无意义;在天空中,四匹马拉着太阳的马车飞驰而过;天上两大发光体即太阳与月亮由晨星与晚星两个次一级的光源伴随。如果高卢某地发掘出一幅镶嵌画,这些观念在上面得到艺术表现,这并不奇怪。造型艺术和修辞术为了完成此类任务,必须经常借助相似的表现手法。顺便说一下,尤曼尼乌斯不仅以自身的机智与才华有别于其他颂辞作家,我们还可以在他身上发现他其实是真诚的爱国者,不仅仅为了个人利益而去恭维。在这里如同在成百上千的其他例子中一样,历史评价必须仔细辨别,哪些是时代和环境强加于个人的,哪些又是个人根据自己决定作出的选择。

48　　我们不清楚,语言在戴克里先的宫廷里是否多了几分奴性,是否受到阿谀之词的污染。无论怎样,与皇帝本人有关的礼仪要求依然相当简朴。当然,它们无法与后来拜占廷的宫廷礼节相提并论,在后者那里,10世纪的皇帝君士坦丁·波菲罗格尼图斯本人被迫充当宫廷内务大臣,创作了一篇向时人和后代系统介绍宗教习俗的文章。在教会与宫廷礼仪相互渗透、相互促进之后,连无限神

①　奥顿(Autun),高卢城市。
②　不列吞人(Britons),古代居住在不列颠南部的凯尔特人。

圣和上帝宠爱的专制君主也逐渐被迫服从这些宗教习俗了。

如果说皇位以下由官衔和品级构成的等级制逐步支配了罗马社会，这未必是戴克里先的错。如今困扰古代生活的僵化使出现此类情况势所难免。在很长一段时期内，政权几乎是纯军事性的。这类政权必然总是按照自己的形象改造国家机器；服从是其灵魂，必须按照品级和等级来组织，分级标准还得严格、明确。许多这类制度容易被看作由戴克里先首创，其实很可能由他的前任推行。国家的彻底转变直到君士坦丁时期才发生。

戴克里先的确大大增加了官员人数。这种成倍增长的负担与其说是由四个朝廷，不如说是由四套行政班子造成的。根据拉克坦提乌斯记载，戴克里先的统治极易受到这种可怕的指控："四位统治者每人为自己保留的士兵比以前皇帝总共保留的还要多。赋税方面出现前所未有的增幅。赋税的索取者远远多于支付者，被榨干的农民遗弃农田，耕地退化为森林。为了使恐慌无所不在，行省被分割成几个部分，每一地区和城市都因为成群的官员、税吏、各类行政长官的代理等等而变得不堪重负。结果，非但公共利益无所建树；反而只剩下不计其数和无穷无尽的财产没收、判刑公告①、敲诈勒索，其间还伴随着不堪忍受的暴力。"此外，戴克里先还被指责聚敛了数不清的财富。

我们现在来听听一位在其他方面与拉克坦提乌斯同样偏激的基督徒的说法。尤西比乌斯如是说："什么话足以形容大迫害之前的富裕幸福时光呢？那时皇帝们向我们展示了和平与友善，人们在一片祥和的气氛中以喜庆、奇观和欢宴来庆祝皇帝在位二十周年。"拉克坦提乌斯的任何一项指控能够成立吗？

戴克里先扩大军队是绝对必要的，因为，正如我们将看到的，他必须从篡位者和野蛮人手中夺回被强占的半壁江山。为达到这个目的需要多少兵力，不会有人比他更清楚。我们无法确知他增加的比例。任何人只要愿意，都可以相信这位小说家的话，他说戴

49

——————————————

① 专指古罗马张贴的一种文告，上面宣布应予以处死和没收财产的公敌的名单。

克里先的军队超过奥勒良或普罗布斯的达四倍之多。

接下来,我们瞥一眼聚敛财富的指控,没有一个君主能够逃脱这项罪名。事实上,许多统治者积攒了大量贵金属,但对其绝对值估计错误,并无法在适当时机予以有效的利用。东方专制国家通常为这一弊端所苦,而且其臣民会效法专制君主,将每一枚银币埋入地下。但戴克里先的情况很难用吝啬来解释。对于留在国库里的任何过大的盈余来说,恢复和重建分崩离析的帝国所需的花费肯定太庞大了。即便在他统治较为平静的后期,单单边境防卫——从尼德兰一直延伸到红海的堡垒及其驻军——的开销就会令任何盈余化为泡影。

罗马帝国有必要精打细算,而且,如果目标大体上能像戴克里先那样被出色而成功地达到,统治者起码不应受到这种庸俗的指控,即他折磨民众只是为了将其金银财宝据为己有。事实上,他的众多建筑的确会引起铺张浪费的猜疑,可其中很大一部分似乎是作为政治礼物赐予特定城市的,以此减少驻扎军队的必要性。与君士坦丁的奢华建筑相比,戴克里先的花费微不足道。不错,萨洛奈的皇宫占地面积巨大,但其单个房间无论高度还是大小都不突出,无法与罗马浴场的巨厅媲美。为了改造尼科美底亚,也许侵占了一些财产,就像以前希腊化时代的国王在城市奠基或以后重建拜占廷时会做的那样。但只有轻信之人才会相信,戴克里先对他所见到的任何拥有可观财产和美观住宅的人治以死罪。许多富裕人士因为对金钱的迫切渴望而遭到毁灭,令人十分遗憾;但这无疑是由残暴官吏造成的,由于这些人,政府早在戴克里先时期之前很久就遭到诅咒。

如果没有恰当而充足的理由,像戴克里先这样的政权肯定不会将帝国重新划分为101个行省和12个大区(dioceses),也不会增加官员数量。戴克里先本人就是帝国最勤奋的官员。除了军事战役,他时常行色匆匆,奔赴各地,始终在管理和决策。例如,293年和294年的巡行路线几乎可以通过他的批复上的日期而一周周、一天天地还原出来。法律汇编中包括了他就私法问题作出的一千两百多条批复。如果我们需要提出明确理由，以解释帝国为什么被重新划分为更小的行省以及官员数量为什么增长，那就是皇帝觉得现有机构不够用，他认为更严厉的监督和更好的执行命令是绝对必要的。他只能使用容易到手的资源，没有人比他更清楚，资源多么令人不满。无论如何，如今在统一管理的趋势下，行省之间的差别终于废除了。戴克里先开启的事业将由君士坦丁完成和完善。 51

所有人都同意，罗马的财改体制总体上是糟糕的、压迫性的，而且没有任何理由设想戴克里先对改善国民经济有何高见；这位最能干的皇帝没有这种见识。欧洲大国的现状显示，彻底理解这些问题与实际废除弊端之间的鸿沟何其巨大。不过，作为戴克里先最公允的评论家之一，老奥里略·维克托对他的一项特别指控很容易被解读成赞美。在一段不幸遭到涂改且语意含糊的文字中，他被指控对"意大利的一部分"征收某项普通税和关税（*pensiones*）；"在当时普遍的限制之下"，这一局面尚可忍受，但在 4 世纪期间，它所产生的后果将要毁灭这个国家。无论这些赋税性质如何，意大利应当帮忙分担帝国的重负，既然它再也无力拯救帝国或统治帝国了。

关于对罗马财政体制总体上的批评，必须参考这一课题的专业研究成果。不过在这里，我们必须简单涉及一个要点。对于公元302 年，各种编年史都这样记载："当时，皇帝下令应该有廉价商品"，即，戴克里先制定了食品的最高限价。按照今天流行的观点，没有一种措施会比制定最高限价受到更严厉的指责；维持限价是以断头台不断有节奏的上上下下为前提的，就像法国国民公会清楚展现的那样。这种措施要么设想了极度迫切的需求，要么全然不顾价值和价格的真正概念。不可避免的后果接踵而至。商品遭囤积，尽管有禁令，它们反而比以前更贵了，无数销售商应当被判处死刑，直到这项法律被废除。

有关这一措施的确切记载保留在著名的斯特拉托尼契亚①铭 52

---

① 斯特拉托尼契亚（Stratonicea），小亚细亚西南部的城市。

文中,它复制了整篇敕令以及好几百项指定的价格(一部分字迹模糊且难以解读)。在前言里,皇帝们大致表达了这种意思:"运进市场或每天运进城的物品的价格迄今为止已大大超过所有限制,无论大丰收还是商品充裕都不能阻止无穷的贪婪。……我们的军队服从公共福利的命令,但无论行军到哪里,肆无忌惮的贪欲就会在哪里出现,不仅出现在村庄和城市,而且出现在所有大道上,结果造成食品价格不止上涨了四倍、八倍,简直无法估量。一次购物往往可以抢走一个士兵的军饷和我们的赠予。……我们的法律应该制定措施限制贪欲。"接下来就是严厉惩罚违法行为的种种威胁。

这项措施出台的原因与敕令的条款一样令人费解。最现成的解释,是东部投机商串通一气,使必不可少的食品的价格飙升,涨价累及所有人,军人所受之累预示着最严重、最直接的危险。帝国收入的大部分是实物,但它也许无法在紧急时刻为单支驻军提供现成而充足的储备物资。挽救局面的决议或许是在匆忙之间或情绪紧张之下作出的,这项措施波及各级人民和各类商品,对城市人口帮助尤其大。

这几块碑铭是首屈一指的重要文献,因为它们提供了当时商品价格和服务价格之间的官方指数。将每项价格换算成现代货币则困难重重。[①] 学者仍然未能就敕令中仅以一个星号所表示的单位的价格达成一致意见;有些人将它理解为银币(silver denarius),另一些人则主张是铜币(copper denarius)。若是银币,这些价格似乎高得可怕;若是铜币,它们便与我们现今没有很大区别。所以铜币的可能性大一些,只要我们关于重量单位和计量标准的假定是正确的。在铜币基础上得出的主要结论如下:固定工资似乎要比三

53

---

① 戴克里先物价敕令的原文、译文和解释可以在特尼·弗兰克《古罗马经济概观》(Tenny Frank, *Economic Survey of Ancient Rome*, Baltimore, 1940)第5卷的附录中找到。所列价格的实际购买力无法确定,因为我们没有类似小麦价格这种在其他地方被用来确定购买力的固定参照物。故迄今为止,最好承认布克哈特用他所处时代的法国法郎所做的估算;它们给出了商品之间正确的价格关系,这基本上就是该敕令所能告诉我们的一切。——英译者注

十年前(1820 年)法国统计的平均工资低一些,换算出来为 1.25 法郎。农场工人每天挣 65 分;石匠、木匠、铁匠、面包师和石灰工每天 1.25 法郎;赶骡人、牧羊人、运水工、排污工等,除去膳食外每天 50 到 65 分。在教师中,(严格意义上的)*paedagogus*[①]照料一个小孩的月薪为 1.25 法郎,教授阅读和写作的老师同样如此;另外,算术和速记老师挣 1.9 法郎;教授希腊语和希腊文学的老师为 5 法郎,教授拉丁语和几何学的老师也照此标准。鞋的价格如下:农民和马车夫穿的,3 法郎;士兵穿的,2.5 法郎;贵族穿的,3.75 法郎;妇女穿的,1.5 法郎。当然,质量和手工不同,价格也不一样。每罗马磅(相当于 12 盎司)的肉类价格如下:牛羊肉约 28 分;羔羊肉和猪肉约 35 分,更别提被详细列出并描述的各种香肠,以及特制的美味佳肴了。每塞克斯塔里(*sextarius*,相当于半升)的普通葡萄酒较今天稍微便宜点,即 20 分。陈年美酒为 60 分;上好的意大利葡萄酒,包括萨宾和法勒纳斯产的,75 分。啤酒(*cervesia cami*?)要 10 分,一种廉价的大麦酒(*zythum*)5 分。这些数据来自马勒(Dureau de la Malle)的估算,它们无疑太低了,但有助于说明商品价格之间的比例关系。不幸的是,没有给出小麦的价格,这是可靠的指数。敕令中的价格无疑被定在较高水平上,因为如果定价低,那么从一开始就失去了意义。我们切不可被伊达提乌斯[②]编年史中的说法所蒙蔽:"皇帝们……下令应该有廉价商品。"

在戴克里先的所有措施中,最高限价政策也许最为人所诟病。就这次而言,专制国家在依赖强制手段方面判断失误;尽管如此,我们不能忽视皇帝的善意。这在他统治最后一年(305 年)下令在帝国全境展开的新税登记工作中一目了然。史料告诉我们,的确,"他下令丈量土地,使之承担重税";但他的初衷显然不仅仅是为了提高赋税,而是更公平合理地分摊它。

54

[①]　特指监督小孩并接送他们上学的奴隶。

[②]　伊达提乌斯(Idatius),5 世纪主教,生于西班牙,写有一本起自 379 年迄于 469 年的编年史。

　　总而言之,戴克里先的统治堪称帝国有史以来最成功、最仁慈的统治之一。如果我们不因为迫害基督徒的可怕场景,不因为拉克坦提乌斯的歪曲夸大而心存偏见,那么这位伟大统治者的品性将会呈现出截然不同的一面。当时一位将作品献给他的人也许算不上是合格的见证者;但还是应该提到,根据《奥古斯都史》中马可·奥勒留传(第 19 章)的作者所言,马可是戴克里先在道德、社会行为和仁慈方面的楷模,在戴克里先的家族膜拜中占据首要位置。一位晚期作家同样值得援引。老奥里略·维克托绝不会忽略戴克里先统治的阴暗面,甚至敌视他的意大利政策,但这样形容他:"他听任别人称他为君主,但行为举止却像一位父亲;毫无疑问,他希望用智慧显示,真正要紧的不是邪恶的名字而是邪恶的行径。"在列举戴克里先的战役之后,他进一步写道:"和平的制度同样由于公正的法律而得以加强……他始终对粮食供应、罗马城和官员的福利非常热心,并通过提高效率和惩处罪犯提供了改进的动力。"最后,谈及退位时,维克托总结道:"在敌对的观点中,对真实形势的认识趋于模糊。在我们看来,他的统治缺少一种可以鄙视一切虚荣浮华、能够退入平凡生活的崇高特征。"

　　此外,这位专制统治者虽然被迫从篡位者手中逐步夺回统治疆域,却能以宽广的心胸废除政治上的间谍活动。显然,他发现他的权威因为分权而得到充分保障,不再需要这类活动的效劳。无论如何,搜集政治情报之前已落入一个有可能对政权本身构成威胁的集团手中。原先,*frumentarii* 是军需供应官,先军队而行;稍后他们成了军械军官;最终被用来传达和执行各种各样可疑的命令。他们结党营私,尤其在边远行省利用虚假指控和人们对虚假指控的恐惧,敲诈勒索有名望的公民。我们对他们知道得不多,不过可以想象他们的栽赃嫁祸非常可怕。这帮歹徒受到高度保护,沆瀣一气,狼狈为奸,窃听并利用皇帝们的丝丝疑心。他们还利用职务之便,恐吓高卢、西班牙或叙利亚的世家,迫使他们倾其所有,以免被指控参与了莫须有的阴谋。在君士坦丁时期,尽管他通常对告密者显得颇为厌烦,但同样的事再次出现,只不过换了头衔。管理

皇帝交通的官员再次扮演了卑劣角色，这次顶着 *agentes in rebus* 或
*veredarii*① 的头衔。

在其他方面，罗马皇帝的专制统治不会如此煞费苦心地监督琐
事，不会规范每一项生活细节，尤其不会左右和支配文化潮流，像
现代国家有可能干的那样。皇帝们的统治由于对个体生命关心得 　　56
如此少，赋税施加得如此重，公共治安又保障得如此差，故而名声
不佳；他们的统治只满足于达到最基本的目的，也不会对行省的当
地生活横加限制，既然这里曾因征服而血流成河。另一方面，当政
府满可以这样做的时候，却没有介入。这样，它任凭地方差异和阶
级差别持续下去，并不断扩大。于是形成了一个免税的贵族阶级，
其中包括元老家族、由国家任命的教师和医生，以及其他几个类
别，基督教神职人员最终也跻身进来。关于新的、有活力的国家组
织的任何想法再也不会出现了；连戴克里先这样的统治者最多能
指望的，也不过是保持帝国现有的疆域，并适度改善内部腐败。

---

① "frumentarii"最早由哈德良皇帝设立，负责在行省搜集粮食，这个职位要求与行
　省百姓广泛接触，能获得大量情报，所以又被哈德良作为间谍使用。但它很快
　臭名昭著，社会反响恶劣。戴克里先废除了这个职位，此举大受欢迎。但不久
　就出现执行同样功能的"agentes in rebus/veredarii"，这些人充当皇家信使，由于
　送信不像搜集粮食那样容易冒犯百姓，故组织得更好，也更有效。

第三章　西部各行省与邻国

　　前一章没有充分概括晚期罗马帝国许多最重要的问题,对此我们未加掩饰。所缺少的是一个基本基础,即对各行省之状况的认识。历史学家的零星记载、大量已经收集到的铭文和纪念性建筑的遗迹提供了确凿有用的事实,有些是直接的,有些靠推断得出;但其中无法填补的巨大空白反而更加令人困惑。这里,我们只能以插话的方式汇集行省的基本事实;作为生病国家开裂的伤口,这些事实无论如何值得仔细关注。首先,我们来看看当时与不列颠命运密切相关的高卢。

　　高卢杰出的专制君主一度挫败入侵的日耳曼人,有力保卫了西部。但他们继位过程中的暴行,对外来敌人的持久战事,以及最终发生在特垂库斯与意大利皇帝这两派之间的内部争斗(为奥勒良的高卢战役和他在马恩河畔的卡伦斯战役所终结)——这些都导致难以忍受的普遍苦难增加了,使一切政治和道德约束瓦解。现在,针对法兰克人和阿勒曼尼人的战事重新开始;后者在奥勒良统治期间(274年)曾经被君士坦提乌斯·克罗鲁斯将军击败于温迪什,克罗鲁斯的儿子君士坦丁恰恰在同一天诞生。不过,胜利似乎仅仅把更多不知疲倦的年轻民族从莱茵河对岸招了过来。让酒量好的军官先灌倒他们的使者,再套出机密,这一招不再管用了。他们不再惊叹于精心设计的盛大场面:皇帝在新月形的队列前接见他们的代表,皇帝本人身披紫袍站在高坛上,他面前有军团的金鹰、帝王塑像以及镶金并带有银枪标记的军旗。在普罗布斯统治时期,战争再次规模庞大,假如缺少这位皇帝的才干和勇气,高卢肯定失守了。即便如此,还是兴起一个新的派别,主要分布在里昂及其周边地区,它仿效波修姆斯和维克多里亚的所作所为,公然争取高卢帝国的延续。戴克里先日后在分割皇帝权威之时,或许考虑到这些情况。不过此前,普罗布斯在日耳曼南部征服的土地再次丢失,不幸的高卢再次受到日耳曼游牧部落的蹂躏。卡里努斯确实击败了他们,还给高卢留下一支军队;然而,为了准备与篡位者朱利安和不断逼近的戴克里先的战争,他必须召回这支军队。整个高卢的社会组织随即走了样。

这时,农民突然之间以惊人力量崛起,从此以后这种现象在古代法兰西的大危机中一再重复。农民当时生活在从古代流传下来的奴隶制状态中,尽管人们并不总是用奴隶制来指代这种关系。许多农民其实是农场奴隶;另一些是农奴,被束缚在土地上;还有一些人称作 *coloni*(隶农),即上缴一半收成给领主的佃户。同时也有处境较好的承租人,他们以货币支付租金;最后是一大批所谓的自由劳动者和工资挣取者。但现在所有人因为共同的不幸团结起来。为了分割后的国家的需要,地主们被横征暴敛掠夺殆尽,而希望从农民身上取回损失,就像法国贵族在普瓦蒂埃战役[1]结束后做的那样,当时他们需要赎金以换回与好人约翰一道被俘的骑士。前者造成的后果叫巴高达运动,后者的叫扎克雷起义(1358 年)[2]。农民和牧羊人成群结队离开自己的茅舍,像乞丐一样四处游荡。在到处吃闭门羹并被城市驻军驱逐后,他们聚集成 *bagaudae*(巴高达),意为"团伙"。他们宰杀自己的牛,狼吞虎咽地吃肉;他们以农具武装自己,骑上农庄的马,跃过平坦的乡村,不仅仅为了果腹,还要在丧失理性的绝望中蹂躏它。接下来他们威胁到城市,城市中一贫如洗的无产者急欲抢掠,常常为他们打开城门。普遍的绝望和高卢土著切望铤而走险的情绪,使他们的军队在短期内迅速扩

59

---

① 普瓦蒂埃战役(1356 年 9 月 19 日),英法百年战争时法国国王约翰二世(即好人约翰)遭到惨败的战役。

② 扎克雷起义(1358 年 5—6 月),中世纪法国最重要的农民起义。

充,以致他们大胆推举埃利安努斯和阿曼杜斯这两人为皇帝,由此重新提出建立高卢帝国的主张。这些乡巴佬皇帝的宫廷一定鱼龙混杂、稀奇古怪;3世纪已经将许多勇敢的农民和奴隶之子推上世界王座,但这些人一般首先在军队而后在帝国总参谋部里见习过皇权。埃利安努斯和阿曼杜斯可能没有这样的资历,但也许他们可以提出另一点,足以压倒所有其他劣势。从7世纪开始,基督教的文献传统把他们变成基督徒,从而为他们反对崇拜偶像的皇帝的立场提供了合法性。有把握断定,在参加巴高达的劳苦百姓中,许多人是基督徒,还有形形色色受迫害之人,甚至罪犯。

比起遭受蛮族压力更大的高卢北部和东部,高卢南部和西部似乎较少受这次运动影响。在距万森①一小时路程之处,马恩河汹涌的水流在即将汇入塞纳河之前冲击成一个半岛,在它的山脊上后来建起圣莫代福赛的本笃修道院。古代凯尔特人对于选择这种位置作为要塞(*oppida*)表现出非同一般的偏好,当然在埃利安努斯和阿曼杜斯将它作为"巴高达要塞"之前,半岛本身已经拥有壁垒、壕沟和围墙。"巴高达要塞"这个名字已历经几个世纪,尽管在公元285到286年间上面几乎已经无法建造更多东西了。他们以这一任凭涉水或摆渡都无法靠近的牢不可破的要塞为据点,对远近各处发动突袭,再把战利品带回要塞。后来胆子越来越大,不仅不费周折地勒索弱小城市,还围攻较大的城市。他们成功攻占了历史悠久且土地广阔的奥古斯都努姆城(奥顿),对于这座城市的神庙、长方形会堂或浴室,他们毫不心慈手软;一切遭到劫掠和破坏,城内居民被驱逐流放。

在巴高达用相同手段摧毁一座座城市和防御蛮族入侵的各处要塞之前,必须将之铲除。这是当时的恺撒马克西米安努斯·赫丘利的职责,胜利为他赢得奥古斯都的头衔。我们只知道他不费吹灰之力就迅速完成任务,他通过直接进攻粉碎了几股团伙,又在一场瘟疫的帮助下靠断绝粮草迫使其他人投降。引发这次起义的

---

① 万森(Vincennes),法国巴黎市郊的皇家城堡。

横征暴敛是否直接得以缓解，这点非常值得怀疑，因为赋税过多的抱怨不减反增了。不过，国家的总体形势间接得以改善，日耳曼人消沉了几十年，篡位举动也停歇了。但在5世纪，甚或4世纪，类似的起因又制造了类似的后果。巴高达重新抬头，几乎可以据此推测，它从未完全平息过。

　　让我们还是回到戴克里先时期。高卢的许多地区依然衰败凋敝。例如，奥顿城的地主深陷债务，直到君士坦丁时期仍未恢复元气，无法推进原有的灌溉和开垦工作。他们的土地退化成沼泽和荆棘；勃艮第的葡萄藤枯萎了，野兽出没在树木繁茂的山丘中。"远至索恩的平原地带一度安乐富足，只要能将水治理好的话；如今低地化为河床或泥沼。一望无际的葡萄藤变成灌木丛，新的植株也无法种下。……从大道转向贝尔吉卡高卢①的那点（也就是从奥顿）望过去，满目荒芜、寥寂和阴郁的旷野。甚至连军事大道亦崎岖不平，产品运送和信件往来因而困难重重。"再次出现这种情况是在中世纪，约在圣女贞德时代，当时情况如此糟糕，可以说从皮咯特到洛林见不到一座直立的农舍。但在二十年间，一个生气勃勃的民族就可以从似乎是对衰老民族的致命一击中恢复过来。

　　马克西米安和君士坦提乌斯的千辛万苦、持续不懈的努力代价几何？他们投入最高的技能和勇气来保住莱茵河，这为收复内陆提供了可能，但还不是收复本身。尽管如此，两位君主的努力产生了实际效果，日耳曼人长期感受到他们的打击。马克西米安好几次像普罗布斯一样，强行跨过莱茵河，征服了（287—288年）勃艮第人、阿勒曼尼人、赫鲁利人和法兰克人。君士坦提乌斯将巴塔维亚人的国家从法兰克人手中解放出来（294年），并击败阿勒曼尼人；后者通过可怕的朗格里斯之战（298年；根据一些学者的说法，是300年）再度入侵，此役他们有六万人阵亡。的确，罗马人得到日耳曼人一次内部危机的帮助，遗憾的是，我们对这场危机知之甚

61

---

① 贝尔吉卡（Belgica），由奥古斯都建立的高卢地区的行省之一，这里最重要的城市是特里尔。

少，只知道"东哥特人消灭了勃艮第人，但阿勒曼尼人为战败者拿起武器。西哥特人伙同泰法勒人，向旺达尔人和戈皮迪人进攻……勃艮第人夺取阿勒曼尼人的地盘，但为此付出沉重代价，如今阿勒曼尼人希望重新夺回丧失的土地"。显然，这里解释了在君士坦丁大帝统治下罗马人和日耳曼人签署过的一份独特的停战协定，它仅在短期内被撕破。君士坦丁大帝将要带来的具有深远意义的变革，得以在不受过分外来干扰的情况下实行。同时，在远东，297 年的和约以及萨珊波斯沙普尔二世的年幼，也肯定有利于达到相同的目的。

62　　　与此同时，马克西米安和君士坦提乌斯已经完成莱茵河边界的防御工事。"沦为森林般漆黑的、野兽出没的城市"获得重建，这次著名的重建定然局限在河边"驻扎着骑兵和步兵队伍的堡垒"的附近，虽说颂辞作家用这些话来歌颂一个重现的黄金时代。在曾经矗立过城市的地方，4 世纪只剩下军事堡垒，即便如此，差距仍然很大。

　　　也许只有北方的皇帝驻地特里尔才在重建过程中恢复了几分宏伟壮丽。从法兰克人来袭，或许还有巴高达侵犯所留下的废墟中，兴起一个大竞技场、几座长方形会堂、一个新广场、一座庞大的宫殿以及好几幢奢华的建筑。不幸的奥顿找到热心的鼓吹者尤曼尼乌斯，他在这里展现出较好的一面。他是君士坦提乌斯的私人秘书（magister sacrae memoriae），可能因为工作重要而领有一份超过两万六千法郎的津贴，同时还兼着奥顿一些学校的总监的闲职，其祖父是雅典人，曾在奥顿谋有教职。如今他立志把自己的全部收入用于对这些学校有益的事情上，尽管他也有家庭；此外，他先后把君士坦提乌斯和君士坦丁的仁慈的注意力引向这些破坏严重的机构与这座荒废的城市。正是由于这种追慕古风的爱乡情结，我们才能接受并同情许多公元头两个世纪的希腊和亚细亚的智者，他们的生平保存在菲洛斯特拉托斯①的《智者列传》中。我们必

――――――――――

①　菲洛斯特拉托斯（Philostratus），公元 3 世纪前半叶雅典的著名智者，著有《智者列传》、《泰安纳的阿波罗尼乌斯传》等。

须试着理解这一时期产生的一种奇特混合体，它交织着崇高庄严与阿谀奉承。尤曼尼乌斯说，"带着谦卑的崇敬我接受奖赏，但对授予我的荣誉，我希望将之作为礼物。……对于一位现在情绪低落、不愿力争荣誉的人来说，他能不希望建造一座纪念碑，在身后留下美名吗？"重建后的学校将教导人们如何得体地赞美统治者；口才用在这里再合适不过了。老马克西米安被很不恰当地比作"Hercules Musagetes"，意即缪斯的首领；因为对他来说，任命奥顿一所学校的校长与骑兵队或禁卫军打交道同样重要。但是，这座城市整体上的重建还得等上很长一段时间；只有君士坦丁才有能力通过有效的免税和直接的财政补贴给予它真正帮助。尤曼尼乌斯对君士坦丁入城（311年）的描述几乎是催人泪下的："为了您，我们倾尽可怜的资源，装饰了通往帕拉蒂乌姆的街道。尽管如此，我们至少还举着所有行会和团体的标志，举着所有神像。您数次见到仅有的几件乐器，那是因为我们不断抄近路匆匆追上您的缘故。您大概已经注意到穷人善意的虚荣。"

在荒凉的高卢北部和东部地区，克劳狄和普罗布斯统治时期所推行的组织体系，无论好坏还得维持下去：日耳曼战争的俘虏被安置为农场奴隶，一些人则作为自由农民，另一些人甚至成了边境守卫。颂辞作家发现，值得赞美的是，所有的市场大厅里坐满了等待命运发落的俘虏；卡玛维安人和弗里斯人①曾经是身手敏捷的盗贼，现在却满头大汗地耕田种地，还把牲畜和谷物拿到市场上出售；这些往昔的野蛮人如今服从罗马的征兵和军事纪律；君士坦提乌斯将法兰克人带离最偏僻蛮荒的海岸，教他们在高卢的荒野上农耕和服兵役，等等。事实上，这些是迫不得已才进行的实验，的确孕育着危险；北部高卢已经半日耳曼化了。一旦这些俘虏的同族人再次入侵高卢，就会在当地居民中找到忠实的盟友，除非中间相隔了很长时间。

---

① 卡玛维安人（Chamavian），莱茵河畔的法兰克人；弗里斯人（Friesian），罗马时代以来住在从莱茵河口到石勒苏益栋的沿海地区的居民。

君士坦丁的好运、才能和冷酷成功阻止了不测之事的发生。在父亲去世后第一年（306年），仿佛命中注定似的，他打败了法兰克人联盟，联盟成员属于后来所谓的里普利安法兰克人①（显然包括卡蒂人、阿姆普西瓦里人和布鲁克特里人）。当父亲在世时，他们曾经越过莱茵河；如今他击败他们，俘获了他们的大王阿斯卡里希和莱伽斯（梅洛伽斯）。两人被扔给特里尔圆形剧场里的野兽，让人印象深刻的剧场废墟至今仍可在葡萄园中看到。同样命运还降临到许多布鲁克特里战俘的身上，这些人"作为军人太不可靠，作为奴隶又太任性"；"作为牺牲品，他们人数之多，连野兽都感到乏味"。

公元313年和大约319年，对法兰克人发起的两次短期战役被历史学家一笔带过，其重要性因而肯定微不足道。君士坦丁甚至重新夺回莱茵河右岸的部分地区，在科隆建造了一座巨大石桥，它一直保存到10世纪中叶，终因倾圯毁坏和摇摇欲坠而被鄂图大帝②的兄弟布鲁诺大主教推倒。桥头堡是狄韦提亚军营，即今之道伊茨。人们定期举行节日，即法兰克节（ludi Francici）来庆祝胜利。在313年的凯旋式上，注定一死的法兰克人迫不及待地冲向野兽。

试图全面描摹戴克里先和君士坦丁统治下古代高卢的画卷，乃徒劳无功之举。因为直到瓦伦提尼安一世③时期，我们才有更翔实的材料。上文已让我们大致了解了乡村人口的命运。但高卢人对贫困的体会要比帝国许多其他民族更加深切。体格卓越、高大强壮的高卢人注重容貌，喜爱干净，讨厌衣衫褴褛地走动。这些十足的酒鬼尤其钟爱葡萄酒和其他易醉的饮料，却具有与生俱来的军人气质，到老都不知害怕，不畏困难。一般认为这归功于强健血液的供应充足，人们还将他们与瘦弱的南方人对比，后者一天吃一个

---

① 里普利安人（Ripuarian），公元4世纪居住在莱茵河流域科隆附近的古代法兰克人。

② 鄂图大帝（Otto the Great），德意志国王，936—973年在位，962年加冕为神圣罗马帝国皇帝。

③ 瓦伦提尼安一世（Valentinian I），西罗马帝国皇帝，364—375年在位。

洋葱还会饿①，在战斗中却惜血如命，也没什么多余的鲜血。连美
丽健壮的高卢妇女亦不怕战斗；她们在伸出白皙的双臂、"炮弹般"　65
拳打脚踢的时候真可怕。这类农民不能逼迫太甚，一定程度的不
幸就会不可避免地引起一次大爆发——后来果真如此。

　　不过，贫穷和饥馑同样在城市里蔓延。在这个几乎完全农业型
的地区，城市居民最重要的财产就是土地，要么出租给佃户，要么
由奴隶耕种；因此，城市居民充分体会到乡下人的苦难。此外，这
里与整个帝国一样，国家通过城市议会的机制压制富人②，它让占
有土地超过二十五英亩的人负责征收被摊派的、常常任意增加的
地区赋税。一些人有时为了逃避责任，不惜借助极端手段，后来甚
至逃到蛮族那里。尽管如此，如果我们还能找出极其富有、穷奢极
欲的例子，最现成的解释是所谓元老家族的留存，这些家族的地位
来自世袭，除了拥有 clarissimi（最杰出的）的头衔和其他荣誉称号，
还享有免于担任市议会成员的权利，这一职位让其他城市居民破
产。另一种解释包含在古代高卢人引人注目的民族性格中：他们
偏爱各种派系，容易在必要时结成庇护关系，由强者保护弱者。到
朱利乌斯·恺撒时期，这种关系已过度膨胀，恺撒发现民众受贵族
奴役。五百年后，几乎同样的抱怨再次出现。萨尔维安③哀叹小佃
户的命运，他们因压榨的官员和不公的法官而陷入绝境，将自己和
自己的财产都交给大土地主。"就这样，他们的块块土地变成大
道，自己成了富人的隶农。儿子不能继承任何东西，因为父亲曾经
要求过保护。"个别高官显贵、公有地的独立承包者之流由此得以
将广袤无垠的大地产（latifundia）连接起来，然后依照古代传统，

---

① 希腊罗马的民间常用洋葱来治疗充血、消化不良和败血症等疾病。
② 罗马帝国某些城市具有自治或半自治权，可以通过地方城市的市议会管理城
　市，市议会成员（decuriones，一译市元老）的主要职责是完成罗马定额的赋税，为
　此必须以自己财产为抵押，垫付不足部分。进入 3 世纪后，市议会成员的经济
　负担沉重到了时常破产的程度。
③ 萨尔维安（Salvian），5 世纪马赛的长老。他将日耳曼人的入侵解释为上天对堕
　落帝国的惩罚。

向自己所在的城市或行省展示慷慨,例如建造辉煌的公共建筑,而与此同时,与他相关的一切皆听任其意愿或消失或留存。即使无法举例说明,这点依然是高卢城市为什么外表华丽气派(这并非拜皇帝慷慨所赐),然其贫穷却声名狼藉的惟一解释。就神庙、圆形剧场、剧院、凯旋门、喷水池、浴场以及纪念性城门而言,南部高卢的城市尤其能与大多数意大利城市媲美,这点已得到有关遗迹证实。即便在今天,它们依然是当地的装饰物,正如当它们完好无缺时曾令诗人奥苏尼乌斯赏心悦目一样。除馈赠外,市议会成员无疑还经常使用自己的或城市的资源,帮助支付必要开支。

　　现在该谈谈高卢的教育机构了。通过保护引以为豪的罗马文化,它们确保了这方土地的重要地位。任何重返旧式凯尔特生活方式的念头消失了:每一份努力都旨在成为罗马人。民众必然尤其卖力,譬如,忘却自己的语言;单靠罗马的殖民和管理,根本不可能如此彻底地压制它。或许可以拿阿尔萨斯的语言环境同古代高卢的进行类比;古老的语言继续在日常生活中使用,但在所有高等教育或官方事务中,新语言已经占据显要地位,人人都以使用它为荣,无论他所掌握的新语言多么不济。高卢古老的宗教也必须披上罗马式外衣,众神不仅在名称上,还要在造型呈现上服从(只要行得通)罗马的风格;那种风格一旦敢从南部懂得艺术欣赏的古城中冒出来,就显得非常土气和讨厌。不过至少有一次,人们要求古典雕塑家表现一个纯粹的凯尔特偶像,即神秘的大母神,她通常以三联神形象被崇拜,发式花哨,膝上摆着盛放水果的碗。一大群当地神祇的名字无法翻译成拉丁文,只能靠不带偶像的题献性铭文来表现。

　　作为强大的祭司阶层,德鲁伊特教徒曾经掌管高卢宗教,现在又如何呢?很久以前,他们与当地贵族一起构成统治阶级。贵族控制政府和战争;德鲁伊特教徒则充当法官,掌管秘术,营造浓厚的迷信氛围,由此将民众的整个生活罩在巨网之下。他们的禁令是可怕的惩罚;谁要是被排除在祭祀典礼之外,就被视为不洁,不受法律保护。因为献身给神,德鲁伊特教徒享有免税权,无需服兵役。也许他们的圣所（或者神庙，如果能这样叫的话）占地广阔；他们肯定拥有贵金属宝藏，而且数量多得名扬天下。

德鲁伊特教徒早已从这种崇高位置上跌落下来，但我们说不出什么时候或怎样发生的。朱利乌斯·恺撒的巨额勒索肯定殃及神庙财产，影响到德鲁伊特教徒的势力。这种势力再经过罗马崇拜与自身崇拜的混合，经过引进罗马祭司，而进一步缩减。在奥古斯都和提比略统治期间，不满的震动已然出现；至少提比略不得不"取缔高卢的德鲁伊特教徒和类似的占卜者和医师"。但他们甚至在克劳狄之后仍有活动。据苏维托尼乌斯说，克劳狄"彻底取缔了他们极其残忍的、奥古斯都早就禁止罗马公民信奉的宗教"。这里指的是人祭。克劳狄还反对德鲁伊特教徒使用危险的护身符——例如某些据说能保佑人们在争论和向皇帝申诉时取胜的毒蛇蛋。这一阶层的凝聚力如今定然丧失了。德鲁伊特教在德勒（Dreux）和夏尔特尔（Chartres）之间召开会议的次数逐渐减少。教徒前往不列颠的举动也告终止，自古以来，不列颠的学校就被当作传授德鲁伊特教智慧的最高学府，但那里现在也罗马化了。不过德鲁伊特教徒直到基督教时代仍在活动，毫无疑问是因为民众在日常生活中无法抛弃德鲁伊特教徒所奉行的迷信仪式。他们在公元 3 世纪的处境不难想象。有教养阶层早已采纳罗马式生活方式，断绝了与本民族原有祭司的任何联系。结果，祭司们丧失了崇高的精神权威，变成巫师、江湖骗子和占卜师——这种转变与埃及祭司的转变类似。德鲁伊特教的女祭司尤其触动我们，她们仿佛是日见衰落的古代世界的吉普赛人。奥勒良就帝国皇位继承事宜询问她们中的许多人——或许询问一个女祭司团，这肯定不是开玩笑，因为开这种玩笑是危险的。有时候，她们未经请求就说出预言。一位大胆的妇女毫不顾忌后果，以高卢方言对亚历山大·塞维鲁喊道："走吧，不要指望任何胜利，不要相信你的士兵！"在通格利人[①]的领土上（靠近列日），一位信奉德鲁伊特教的女房东与低级军官

[①] 通格利人（Tungrii），贝尔吉卡高卢的古代民族。

戴克勒斯,即后来的戴克里先,一道清算日常伙食费,她告诉他:"你太贪吃,又太小气。""我有朝一日做了皇帝,就会大方的。"他答曰。"说真的,"女主人应道,"你杀死一头野猪后,就会当上皇帝。"

布列塔尼和诺曼底西部依旧保留着凯尔特特征和语言的痕迹,德鲁伊特教肯定在这一地区坚持最久。我们知道,4世纪一个信奉德鲁伊特教的家族来自这一地区,其家族成员位列波尔多学派最有学识的修辞学家之中。他们享有一定声望,因为家族世袭了凯尔特太阳神贝莱努斯的祭司职位。但意味深长的是,他们发现,把这种联系希腊化,称自己为福玻修斯和德尔斐丢斯①是有利的。

在他们继续存在的地方,德鲁伊特教徒大概尽力维持这一膜拜的活力,直到基督教时代晚期,普通民众把古凯尔特人特有的巨大而不成形的石制纪念物献给这一崇拜,诸如柱子、石板、圆柱、长凳、神道等,在这些地方,人们夜间点燃火把和牺牲,尽情狂欢。但深深的黑暗掩饰了凯尔特异教的衰落。到后来,由于时间间隔久远,德鲁伊特教徒作为巨人,德鲁伊特教女祭司作为仙女继续留存。那些石制纪念物在人们眼中显得神秘兮兮,教会枉然地对它们施以驱邪术。

在马克西米安让高卢顺从的同时,不列颠又发生叛变。这一方面是伽列努斯统治期间三十僭主接连篡位的尾声;另一方面亦为最终失去不列颠的前奏,这大约发生在一百四十年之后。

自普罗布斯时代起,不列颠岛附近水域就像高卢海岸一样,云集着如今称作法兰克人(后来的塞利人)、撒克逊人的海盗。要对付他们,需要一支舰队,它事实上就驻扎在布伦港(格索里亚库姆)。马克西米安将这支舰队的指挥权授予卡劳修斯,一位熟悉这片海域并在巴高达战争中表现英勇的士兵。卡劳修斯是门奈比人②,出身神秘,可能没有罗马人血统。他不久就利用职权,使出非

---

① 福玻修斯(Phoebicius)之名出自希腊神话中的太阳神福玻斯(Phoebus);德尔斐丢斯(Delphidius)之名出自德尔斐(Delphi),著名的太阳神阿波罗的神谕所。
② 门奈比人(Menapian),贝尔吉卡高卢的古代民族。

同一般的计谋：先纵容海盗畅行无阻地劫掠，再在他们返回途中截击，以便将战利品据为己有。他的财富引起注意，察觉一切的马克西米安下达了处决命令，但卡劳修斯成功逃脱。他用丰厚礼物收买了士兵以及法兰克人和撒克逊人，这样，他还在高卢时，就自荐为皇帝（286年），可他不打算留在那儿。他将自己的整支舰队转移到不列颠，那里的罗马士兵立即拥护他，整个不列颠一下落入他的掌控；马克西米安缺乏追捕他的最基本的手段。他统治这个当时富庶的岛屿长达七年，捍卫了北部边境不受夙敌古苏格兰人的侵犯。他将布伦及其附近地区留作避难和抢掠的桥头堡，即中世纪末期加来港扮演的角色。作为不列颠的统治者，卡劳修斯试图保护罗马教育和艺术，但由于他与低地国家的法兰克人联盟，他和手下的罗马人穿上了他们的服装，并将他们的年轻人吸纳进陆军和海军，这里可以学到罗马人所有的战争技艺。假如英格兰在卡劳修斯和其他类似继承者那里再这样孤立下去一段时间，就会毫无疑问地蛮族化，而无法接纳并将自身融入罗马-基督教教育中去，这是古代世界最重要的遗产。另一方面，这个岛屿突然意识到自己海上霸主的未来角色，造就了一番令人叹为观止的景象；以此为基地，一个大胆的暴发户统治了塞纳河口与莱茵河口，他的恐怖行动扩及整片海岸。不过，他受人拥戴的惟一基础是：现今为他效劳的海盗不再骚扰沿海；此外，他要保卫北部边境。

70

　　马克西米安被迫装备一支新舰队（289年），不过这一努力似乎失败了，所有有经验的船员都在为篡位者效劳。出于担心卡劳修斯进一步扩张，皇帝们决定妥协（290年）。他获得这个岛屿和奥古斯都头衔；不管怎样，不再阻止他继续使用这个头衔了。但皇帝们决心不让他得逞很久。他们一收养两位恺撒，就找到某个借口，或许是布伦的形势，来违反协议（293年）。君士坦提乌斯·克罗鲁斯包围了布伦。卡劳修斯的海军耐着性子，听任它所驻扎的海港被一道防波堤封锁，继而落入围攻者手中。这些事件或许影响到英格兰岛内的情绪，让篡位者信赖的一个战友阿莱克图斯有了刺杀他的勇气；民众和军人立即承认阿莱克图斯。现在，君士坦提乌斯不慌不忙,为未来征服不列颠打下广泛而坚实的基础,首先要保证右翼安全,为此需制服那些占据巴塔维亚的法兰克人。他击败他们(294年),将他们中的大部分迁到特里尔和卢森堡附近的罗马人的土地上。与此同时又装备了一支新舰队,并在两年后(296年)为发起总攻做好一切准备。阿莱克图斯在怀特岛部署了一支舰队,以监视敌军动向;但正在塞纳河口航行的帝国海军将领阿斯克勒皮奥多图斯依靠浓雾的掩护,在西海岸某处登陆。在这里,他将船只付之一炬,显然是因为兵力不够,无法划分出一支攻击队和一支海军护卫队。阿莱克图斯原本预计君士坦提乌斯会利用布伦舰队在伦敦附近发起主攻,现在不知所措,不得不在毫无准备的情况下仓皇西逃,途中遭遇阿斯克勒皮奥多图斯。这可能是发生在几千人之间的一场相当微不足道的战斗,但阿莱克图斯的战死却决定了英格兰的命运。当君士坦提乌斯在肯特登陆时,他发现这个岛已被征服。让颂辞作家聊以自慰的是,这场战争中流的血来自蛮族雇佣军。

君士坦提乌斯有必要将这个岛在卡劳修斯统治下享有的相同好处再次赐予它,尤其是在保卫边境和长期驻留此岛这两个方面。由于法兰克人现已臣服,前一方面不难达到;至于后一方面,在和平时期,他来回奔波于特里尔和约克之间,后来就死在约克(306年)。

正因为如此,才拯救了相当可观的罗马文化,它在英格兰与哈德良长城以北的苏格兰、在英格兰与隔海相望的爱尔兰之间造成的差别,至今仍可察觉。5世纪的劫难来得太迟了,无法全然抹去罗马文化的深刻痕迹。

现在,我们的主要任务是描绘当时日耳曼人的情形,不仅包括生活在帝国边境上的,还包括踪迹远至北部和东部的日耳曼人。作为帝国的未来继承人,他们值得仔细关注,虽说君士坦丁的时代对他们而言恰好是不景气和内部分裂的时期。必须重视哪怕最简短的札记和评语,以便尽可能逼真地再现那一长串零零星星、转瞬即逝的民族。

不过面对这一任务,作者的兴致却消沉下来,因为古代日耳曼

历史这个主要问题激起人们多年的科学讨论,而作者没有学力对
此贡献只言片语。雅各布·榇林①《德语史》一书的结论,不仅会在
许多方面改变迄今为止关于西部日耳曼人的流行假说,还会将日
耳曼人的起源或近或远地追溯到多瑙河与本都地区的古老民族那
里,特别是达契亚人②和盖塔人③,甚至西徐亚人④,并把盖塔人与
后来的哥特人等同起来。这会彻底改变人们关于日耳曼人势力范
围的现有观点;也将在同等程度上改变斯拉夫人的古代历史,人们
会认为,斯拉夫人作为古代的萨尔马提亚人,居住在上述日耳曼诸
民族之间,并与他们混居。

　　然而,在从戴克里先到君士坦丁去世的半个世纪里,即便我们
至少可以精确地展示从尼德兰到黑海的边境民族的处境、迁徙和
混居,其内部状况依然是个谜。日耳曼人的特性自塔西佗时代以
来是如何发展和转变的?几次大的部落联盟的原因何在?促使本
都的哥特人突然在3世纪走上征服之路的动力是什么?他们在4
世纪上半叶为什么又同样引人瞩目地消歇下去?关于这些问题的
材料,我们去哪儿找呢?到哪儿才能找到标尺,可以衡量罗马生活
方式渗入日耳曼边境地区的程度?有些日耳曼人为罗马帝国所接
纳,但我们甚至对这些人的习惯和状况都知之甚少,无论他们作为
士兵还是隶农。因此,我们只能满足于简短地提一下帝国北部边
界上遗留的战争,就像前文提到莱茵河战争时做的那样。从一些
扼要的文字记载来看,这些北部战争不可能有什么重大意义;几乎
所有附带情况,连地点和方位都被不声不响省略掉了。

---

① 雅各布·格林(Jakob Grimm,1785—1863年),格林兄弟中的哥哥。他最早探索
　了日耳曼语言的历史发展脉络,《德语史》力图将语言的历史研究与早期历史的
　研究结合起来。

② 达契亚人(Dacians),古代民族,生活在喀尔巴阡山脉和特兰西瓦尼亚地区(现罗
　马尼亚中部偏北和西部)。

③ 盖塔人(Getae),古代民族,居住在多瑙河下游两岸及附近平原地区。

④ 西徐亚人(Scythians),一译斯基泰人。古代泛指东南欧大草原的游牧民族;特指
　一支混有其他种族血统的印欧语系游牧民族,他们于公元前9世纪从阿尔泰山
　脉东侧移入南俄罗斯。

"马科曼尼人①被彻底击败了。"马科曼尼人在马可·奥勒留统治下组成一个大联盟的核心力量,它真正威胁到帝国存亡。在很长一段时间里,这句话是我们关于这个民族的惟一记载(299年)。

73　　巴斯塔奈人和卡皮人显然是下多瑙河地区的哥特人,他们被戴克里先与伽莱里乌斯打败(294—295年)。继十万巴斯塔奈人在普罗布斯统治期间定居在罗马领土上之后,所有卡皮人也经历了相同的命运。

萨尔马提亚人显然是多瑙河地区时常让人发愁的斯拉夫人。戴克里先起初单独向他们发动战争(289年),后来又联合伽莱里乌斯一道征讨(294年);同样把他们中的许多人迁移进帝国。君士坦丁以一场远征(319年)惩罚了他们后来的入侵,取了他们的国王劳西莫德的命。但在晚年(334年),君士坦丁据说把不下三十万萨尔马提亚人纳入帝国,在他们因为一次奴隶起义而被驱逐出家园之后,那些奴隶显然是他们先前征服的一个民族。不幸的是,几乎所有评判如此大规模接纳整个民族的背景说明竟告阙如;我们既无法区分强制和自愿迁徙之间的界线,也无法推测导致罗马统治者采取这些措施的军事或经济考虑。哪怕只有一份条约留存,也会比所有猜测更具说服力,而我们必须借助猜测和类比来重构事件的整个过程。

史料还提到哥特人的一次入侵(323年),显然与先前及以后入侵的性质不同,或许是因为某一单个部落受罗马暗中纵容而穿过防守糟糕的边境。据说君士坦丁以进逼威慑敌人,而后击败之,迫使他们交还掠走的俘虏。如果联系到他对李锡尼的进攻(将在下文交待),整场战争就多了一丝暧昧色彩。几年之后(332年),君士坦丁及其同名儿子在不堪骚扰的萨尔马提亚人的请求之下,向哥特人的地盘、大概是摩尔达维亚和瓦拉几亚②进军。据说有十万

---

①　马科曼尼人(Marcomanni),从美因河上游移居波希米亚的日耳曼部落,是早期罗马帝国的劲敌。

②　摩尔达维亚(Moldavia),今罗马尼亚东北部和俄罗斯东南部;瓦拉几亚(Wallachia),罗马尼亚南部地区,在南喀尔巴阡山脉同多瑙河之间。

人（显然包括双方）因饥寒交迫而死。国王阿里亚瑞克之子被扣作人质。紧接着就发生了上面提到的对于萨尔马提亚人内部事务的干预，以及他们的迁徙。

始终出现的一个问题是，何谓哥特人和萨尔马提亚人？这两个名称包含了一整系列的部落，它们最初是一个整体，但早已另立门户；其教育水平在本质为罗马城市文化与野蛮狩猎生活这两极之间的各个程度和梯度上都有表现。由果及因地来看，乌尔菲拉斯①的哥特语圣经（出现在君士坦丁身后不久）的存在和性质不啻说明，即使早在君士坦丁时代，相关部落的教育状况已可得到高度评价。不过其他遗存则暴露了野蛮人的粗俗。将现有的一个个特征全部纳入一幅画卷，既非本书作者意图所在，亦非他力所能及。

同样无法充分关注哥特人这幅画卷的边饰，即罗马的或曾经属于罗马的多瑙河地区的达契亚（特兰西瓦尼亚、下匈牙利、摩尔达维亚和瓦拉几亚）、潘诺尼亚（上匈牙利，包括西部和南部的邻近地区）和摩西亚（塞尔维亚和保加利亚），因为作者没有掌握这些地区的大量新发现。在我们所论述的这一时期，这些地区属于军事边境，多多少少与今天一样，所不同的是，当时是为了防御北方，如今却为了防御南方。自阿拉伯人菲利普之后，战争警报在这一地区从未停息，奥勒良实际上被迫将图拉真好不容易征服的达契亚让给哥特人。但这之前和之后，在受威胁较小的地区内肯定流行着一种意义重大的罗马文化；即使在因为多次迁徙而被连根拔起的土壤中，罗马文化的影响也没有被彻底抹掉，一直可以辨识地流传下去，例如在瓦拉几亚人的罗曼语中。像温都波那（维也纳）、卡伦图姆（圣佩特罗内尔）、穆尔萨（奥西耶克）、陶如努姆（塞姆林）和最重要的瑟缅（米特罗维卡），以及后来南部的奈苏斯（尼撒）、萨蒂加（索菲亚）和希默斯山上的尼科-波利斯，这些城市连同整个富饶的沿多瑙河一线，必然包含在财富和重要性上远甚于莱茵河边界的环境条件。假如有朝一日，现代人能够把多瑙河地区这些古老城

74

---

① 　乌尔菲拉斯（Ulfilas，约311—383年），哥特人的使徒，曾将圣经译成哥特语。

75　市中斯拉夫人和土耳其人的瓦砾碎片清理掉,这些地区罗马人的生活必将重见天日。在这些地区,假如一支能够接收文化的日耳曼人,通过与精力充沛的北部伊利里亚居民融合,而成功建立起一个强大而持久的王国,那么世界历史将会迈向不同的方向。

　　日耳曼人和其他蛮族最终在黑海遇见希腊人的殖民地,其中大部分是米利都人的。这些殖民地作为历史超过八百年的希腊文明的北部前哨,已将本都变成"好客海"(*Euxeinos*)①。它们中的一些早已同某些蛮族部落合并,组成所谓的博斯普鲁斯王国,范围涵盖大半克里米亚以及离刻赤海峡更远的高加索山麓,由此控制了通往亚速海的入口或许还有沿海的大片土地。钱币和铭文证实,这里的王位继承直至亚历山大·塞维鲁时期都没有中断;接下去断断续续出现了伊宁提墨诺斯、忒兰内斯、托索西斯、法雷安泽斯这些名字,在君士坦丁统治下的 317 到 320 年,还有过一位名叫拉达姆萨德斯的国王。

　　罗马将其东部边境上的小王国接连变为行省,只有亚美尼亚和博斯普鲁斯保留下来,这些王国越来越疏远罗马,毫无疑问地蛮族化了。在戴克里先统治时期,博斯普鲁斯人与萨尔马提亚人结盟,对他们沿着整个本都东部的邻邦发动了一场不成功的战争。君士坦提乌斯·克罗鲁斯在小亚北部同他们作战,他号召锲尔索尼苏斯人从西部侵入博斯普鲁斯人的土地,这一策略非常成功。博斯普鲁斯人被迫妥协,将远至刻赤地区(即潘提卡皮乌姆,米特拉达梯大帝②的古都)的几乎整个克里米亚拱手让给锲尔索尼苏斯人。此前,希腊殖民地幸好承认了自己作为罗马帝国之附庸的责任;而博斯普鲁斯的统治者却以为,帝国反正陷入普遍危机,故可以不尽任何义务。像沿黑海的希腊城市那样,这些国王依然只称作执政官(archons),这个头衔原用于古希腊城市的首席行政官;但他们又76　像非希腊人那样,毫不犹豫地采用了"众王之王"的称号,波斯统治

---

① 希腊人对黑海的称呼。

② 指米特拉达梯六世(公元前 120—前 63 年),本都国王,是罗马的劲敌。

者一度使用过它。

我们还是从这个小王国回到西部。富饶的古希腊殖民地的发现才刚刚开始充实俄国南部的博物馆,其中两个殖民地尤其让人心生同情,因为它们不顾自己所处的环境,为保留希腊生活的纯粹和完整而热情努力着。维克多里厄斯·锲尔索尼苏斯城(今之塞瓦斯托波尔)是本都的赫拉克勒亚城的殖民地,因此也间接是墨伽拉的殖民地①。附近的帕尔森尼乌姆海岬带有宗教记忆;这里依然矗立着陶里人②胡搅蛮缠的阿耳忒弥斯的神庙,在伊菲革涅亚当祭司之前,女神需要人祭安抚。城市的钱币上铸有女神像。在罗马统治下,锲尔索尼苏斯再度繁荣,到戴克里先时期,正如上文提到的那样,其领域甚至扩了;在内部,它保留了全部希腊制度,并因为胜利而享有完全的免税权。公民依旧组成一个 *demos*(德谟)③;在领导议会的执政官中,有一人的名字被用作当年的名字,如同在雅典一样。执政官之下是各级官员,像将军(strategoi)、市场管理员(agoranomoi)、体育训练司理(gymnasiarchs)——这些通常是荣誉性质的任命,要为国家服务,而这些服务一定常常让任职者付出高昂代价。例如,异教时代末期的一块碑铭表彰阿里斯托吉尼斯之子德摩克拉特斯,不仅由于他的立法提案、演说和两度出任执政官,还由于他几次自费充当使节前去觐见皇帝(戴克里先和君士坦提乌斯?),并出钱支付各种节日和公务的开销,勤勤恳恳地管理一切事务。铭文这样结束,"献绐保护人、无与伦比者、故乡之友,来自高贵的议会、威严的人民"。他得到的奖赏就是这块碑铭,以及每年正式宣读一份特别的荣誉法令。如同中世纪晚期帝国的自由城市一样,锲尔索尼苏斯拥有性能出色的大炮。在对博斯普鲁斯

① 　赫拉克勒亚(Heraclea)位于小亚细亚西北部,黑海南岸,传说由赫拉克勒斯所建,故名。在公元前 560—前 558 年间,这里被位于科林斯地峡北部的墨伽拉城(Megara)殖民。赫拉克勒亚城的人约在公元前 422 年建立锲尔索尼苏斯城。
② 　陶里人(Taurians),克里米亚南部沿海山区中的古代居民,常把海上遇难的外乡人作为祭品献给他们的童贞女神,希腊人把这位童贞女神混同为阿耳忒弥斯。
③ 　"德谟"这里指锲尔索尼苏斯城的公民群体。

人的战争中,它同时使用了载有弩炮的战车;其炮兵赫赫有名。

77　　历史悠久且一度强大的奥尔比亚(今之奥查科夫附近)为米利都人所建,它同样关注对自身希腊特征的保护。奥尔比亚人自称在语言习俗上承袭爱奥尼亚人。他们对《伊利亚特》耳熟能详,但忽略非爱奥尼亚的诗人;许多有名望的晚期希腊作家是奥尔比亚人。其内部制度和官职与锼尔索尼苏斯相比毫不逊色。这个城市基本可以避开居住在周围的蛮族的骚扰,但不时需要缴纳贡赋。安东尼·庇护曾支援奥尔比亚抵抗陶里—西徐亚人;至于它后来是如何在日见骚动的强大哥特人的包围下谋生的,尚有待发掘。

　　仿佛为了藐视持续受到威胁的自身处境,希腊人,包括那些远居本都北部的希腊人,都对阿喀琉斯这一民族英雄理想的古老化身怀有特别敬意。他是本都的真正统治者,许多铭文用 $Ποντάρχης$(本都执政官)称呼他。在奥尔比亚,如同沿海所有其他城市一样,他拥有辉煌的神庙。人们"为了和平、丰产、城市的勇敢"而向他供奉牺牲。为纪念他,人们举办低音长笛和投掷铁饼的节日竞赛;男孩们的竞走尤其著名,比赛在附近称作"阿喀琉斯跑道"的沙丘上进行,因为据称英雄本人曾在同一地点举办过竞走比赛。如果说亚细亚出身的蛮族(规模不大的辛德斯人)居住在这个沙丘上,那么离多瑙河出口不远的位于本都的琉克岛就完全属于阿喀琉斯的幽灵。一座白色峭壁(像古人描绘的那样①)从黑海中挺拔而起,部分为悬崖环绕。无论海滩上或僻静的山谷里,住宅人声皆无;惟有成群白鸟盘旋于峭壁之上。航行经过者无不深怀敬畏。上岛之人

78　　没有一个敢留下来过夜;在造访神庙与阿喀琉斯之墓,查看访客自古以来存放的还愿供品以后,航行者便在傍晚时分再度启航。波塞冬曾向忒提斯神允诺,此地留给她儿子,不仅仅用作葬身之地,

---

① 假如光从字面上理解古人描述,琉克的方位在今天就像福佑群岛(Isles of the Blessed)或赫斯珀里得斯(Hesperides)群岛一样难以确定。但如果这只是一个能与神话及其丰富想象力扯上关系的大致方位,那么多瑙河出口附近的任何小岛,或许现有沙丘上的某处地方,都可能是琉克。像阿米亚努斯这样的作家肯定掌握了一些确凿证据,才会坚持他对琉克的说法。——作者原注

也为了他幸福永享。但阿咯琉斯并非惟一的居住者。渐渐地,传说又把其他英雄和受祝福的灵魂派来与他作伴,这些灵魂生前过着无可指摘的生活,死后宙斯不愿将他们留在奥库斯①的幽冥之界。那些形似神翠鸟(halcyon)的白鸟受到毕恭毕敬的对待。或许,它们就是那些幸福灵魂的化身,这种命运正是异教徒近来魂牵梦萦的。

---

① 奥库斯(Orcus),罗马的死神。

第四章　东部各行省与邻国

　　我们转向东部边疆；在这里，帝国同样为它的生存而奋斗。戴克里先继承了叛乱和血腥的战争；他和共治者必须付出无尽艰苦的代价，以保卫和局部地收复东部。

　　其实，注定成为最可怕的敌人仍在睡眠。阿拉伯人有朝一日终将带着刺刀和《古兰经》遍及整个东部，但现在仍然住在叙利亚和巴勒斯坦以东，他们分成上百个部落，专注于占星术和偶像崇拜，致力于占卜和祭祀。一些人已经皈依犹太教，接下来一个世纪里甚至出现几个信奉基督教的部落。这个民族的中心在麦加的克尔白①，由以实玛利（易司马仪）所建。附近的欧卡兹每年举办为期二十天的集市②，除贸易和祭拜之外，还有诗歌竞赛，竞赛遗存的七首《穆阿莱嘎特》(*Mu'allaqāt*)③一直流传至今。与罗马的零星接触是友好的。阿拉伯骑兵在罗马军队中服役。阿拉伯人造访巴勒斯坦的古老圣地也不少见，这些圣地同时充当市场，例如位于幔利的亚伯拉罕的橡树④；但他们多数情况下是危险的邻居。我们只知道戴克里先将战败的萨拉森人⑤当作俘虏，而不清楚具体细节。在皇帝们对美索不达米亚和埃及的争夺战中，他们只在 4 世纪末期才

---

① 克尔白（Kaaba），意为"立方体形的房屋"。中国伊斯兰教称天房。
② 欧卡兹（Ocadh）集市当时从每年 11 月 1 日至 20 日举行。
③ 又译作《悬诗》，据说这些诗被公认为当时杰作，用金水抄于布上悬挂起来。
④ 亚伯拉罕曾在幔利的橡树下为神筑坛（《创世记》13：18）。
⑤ 萨拉森人（Saracens），公元最初三个世纪，古典作家对西奈地区阿拉伯人的称呼；中古时成为基督徒对中东地区阿拉伯人和穆斯林的泛称。

被首次提到，显然，他们的时代尚未到来。

自亚历山大·塞维鲁时代以来，更大、更近的威胁来自萨珊波 80
斯王国。假如考虑到这个王匡规模中等、人口稀疏，罗马人显然占
尽各种优势。难道帝国不能轻而易举地抵挡这些分布在从上幼发
拉底河到里海与波斯湾、向东延伸至霍尔木兹海峡的民族的进攻
吗？实际上，萨珊人的进攻更像掠夺性的侵袭，而非征服战争。但
危险在当时和以后都是巨大而麻烦的，因为皇帝们常常同时受到
来自日耳曼人的威胁，再加上频繁的叛变和篡位，故无法将全部资
源用于东部。由于它是罗马帝国的宿敌，且考虑到其引人关注的
内部局势，这里需要简单介绍一下萨珊王国。

首先，萨珊王国类似于仿制品，它宣称要恢复一种久已消失的
局面。亚历山大征服波斯人的古代王国，王国大部分落入塞琉西
王朝①手中；美索不达米亚和东部山地国家的叛乱，致使帕提亚王
国的阿尔萨克王朝②崛起，该王朝被迅速蛮族化。作为小亚细亚的
继承者，罗马人不得不对阿尔萨克王朝发动艰辛的战争，之所以困
难，与其说由于这个松散的联盟国家具有特别的内在力量——它的
最高国王其实受到大诸侯的牵制，不如说是由于这一地区的性质
根本不利于军队进攻。在最后一位国王阿塔巴努斯迫使卡拉卡拉
的继任者马克利努斯签署耻辱的和约并撤退之后，他由于阿尔达
希尔·帕佩克（阿尔塔薛西斯·萨珊）③的篡位而倒台，后者声称自
己有波斯古代统治者的血统，并立刻纠集法尔西斯坦的波斯人在
他身边整装待命，以便依照东方传统用一个新的统治民族来取代
占统治地位的帕提亚人。他不仅想恢复大流士和薛西斯的古代阿
契美尼德王朝④及其制度，还想用琐罗亚斯德的古老教义取代帕提

---

① 塞琉西王朝（Seleucids），公元前 312 年到前 64 年间的马其顿王朝，以叙利亚和
美索不达米亚作为统治基地。
② 阿尔萨克王朝（Arsacids，约公元前 247—公元 224 年），帕提亚（安息）人统治的
伊朗王国。后为崛起于伊朗西南部法尔西斯坦的萨珊家族推翻。
③ 他是萨珊王朝的创建者阿尔达希尔一世（Ardashir I，约 224—240 年在位）的父亲。
④ 阿契美尼德王朝（Achaemenids），伊朗王国，约公元前 559 年到前 330 年。

81　亚人的占星术和偶像崇拜。数千名麻葛聚集在一次会议上;据说已被遗忘的道地的拜火仪式又奇迹般恢复了;国王成了麻葛的首领;麻葛的建议和占卜具备与国王同等的权威。作为回报,麻葛授予他神的头衔,实际上授予了天使(*yazata*)①的头衔,即奥尔穆兹德的仆人;他具有与星辰相同的出身,可以自称为太阳月亮的兄弟。基督教徒不承认任何这类说法,结果他们的命运比在罗马帝国更加不济;罗马虽然要求人们向皇帝献祭,但没有这里盛行着的教条式狂热。似乎许多基督徒在帕提亚时期已经逃到这里,阿尔萨克王朝或许出于政治考虑而宽容了他们;如今这些人全都落入麻葛手中。后来,在沙普尔二世统治期间(310—382年),在波斯权势非常大并得到皇后支持的犹太人据说参与了大迫害,不下二十二位主教在这次迫害中丧命。

在离波斯波利斯不远的一座峭壁上,可以看见古代波斯国王的陵墓,它们以简朴的古波斯风格雕刻而成,形制庞大。萨珊王朝不愿放弃这一圣地;底部添加的一系列浮雕表现了战争、仪式和狩猎的场景,国王在所有画面上皆作为首要人物出现。敌对的罗马帝国似乎为这一工程提供了能工巧匠(或许是战俘);至少那些雕塑在大体上与少数残存的建筑一样,显示了衰落的罗马艺术的影响。主要遗迹是一些通往带有圆形拱门的山洞的入口,以及菲鲁兹—阿巴德和萨比斯坦两地的宫殿,它们按照罗马浴场式样设计,带有巨大的壁龛般的通道和拱顶的房间,但非常粗制滥造。严格讲,没有神庙;膜拜的中心地点是圣火庙或祭火坛;正是在祭坛台阶上,我们能定期发现为麻葛所簇拥的国王。

82　宗教正统已经成为这个国家的基本原则。改革家摩尼希望从基督教、帕西人的拜火教和佛教的因素中提炼出新的、更崇高的统一体,他劳而无功地携带五味杂陈的学说出现在波斯。白赫兰一世让自己的大学者在辩论中击败他,然后剥掉他的皮,将之绷在戎

---

① 在琐罗亚斯德教中,天使(yazatas)是奥尔穆兹德创造出来协助他摧毁阿里曼和治理世界的幕僚。

迪沙普尔的城门上,作为普遍警示。然而,我们却发现,有一次一位国王试图将臣民从麻葛的压制下解放出来。伊嗣俟一世(400—421年)让儿子"斑马"白赫兰远离宫廷,由一位崇拜偶像的阿拉伯酋长,即后来皈依基督教的希拉的诺曼抚养成人。但王子最后却得不到承认,"因为他接受了阿拉伯人的习俗",他要同由贵族拥立的国王克斯拉(或赫斯鲁)争夺王位。在离王室驻地玛丹的不远处,萨珊王朝的王冕被放在两头饥饿的狮子中间,要看两个王位竞争者谁能先拿到。克斯拉主动让"斑马"白赫兰先行试探,白赫兰杀死两头狮子,立即将王冠戴在自己头上。但宗教正统依旧如日中天。科巴德国王后来(491—498年)遵循宣扬共产和共妻的异端导师玛兹达的指示,反对他的大起义便出现了,他被迫在"废弃的城堡"里度过一段时间。只有在这个王国的最后岁月里,才能感受到大规模的信仰衰竭。

政治事务方面呈现出常见的亚细亚专制的场景。民众只能表达崇敬。在新国王发布首次告谕时,所有人身体俯卧,脸贴地面,保持这个姿势直到国王下令起身。即使在罗马帝国东部,谦卑发展到这种地步也用了很长时间;在戴克里先统治下,俯卧仍限于宫廷内殿。这个姿势还包含了喜悦的成分,东方人对显著的仁慈或公正行为的喜悦,提供了在专制面前人人平等的心理安慰。但国王被一群身份不明的贵族包围,他们也许是阿尔达希尔从法尔西斯坦带来的世家大族。这些显贵似乎在宫廷中同麻葛分享了权势,还不止一次尝试自行革命。正是这些贵族迫使白赫兰二世(296—301年)和大麻葛(祭司[Mobed]中的祭司)屈服,正是他们推举不情愿的白赫兰三世登上王位(301年),也正是他们砍断沙普尔三世营帐的绳索,使他在帐篷倒塌时窒息而死。但在王位继承的许多问题上,这些显贵以如此谨慎的方式行使决定权,以至于罗马帝国很可能对波斯人政治生活中的这一因素羡慕不已。他们担心王朝的延续是很自然的,因为他们自身的地位就取决于世袭权利。罗马皇帝之替换像转动的万花筒,与此形成巨大反差的是,霍尔穆兹二世死后(310年),波斯的世家大族将王冕放在他一个怀孕

83

的妻子身上！她坚称孩子一定是男孩,霍尔穆兹本人很久以前就从占星术士那里获得答复,说他将生下一位伟大而胜利的国王。男孩果然出生了;显贵称他为沙普尔二世,他们替他掌管王国直到他成年。他每天在宫廷里正式露面十次。幸运的是,他刚强有力,很早就显得越来越独立;他的生命和统治延续了七十二年,实际统治时间恰好与路易十四一样长。与路易的另一个巧合在于,他也强迫贵族离开自己的乡村城堡,定居在他视线所及的首都玛丹(古代的泰西丰和塞琉西亚)。

不过皇位继承,正如已经提过的,并非不带暴力,尽管国王们试图通过在有生之年加冕一位王子来避免暴力(参看边码第36页)。显贵通常支持萨珊家族内的各王子,麻葛可能也一样;连公认的国王也担心亲戚篡位。为了消除父亲沙普尔一世的疑虑,霍尔穆兹一世给他送去自己切下的右手(这带有将象征物转化为实物的东方特色),但父亲拒绝接受这种无力再统治的高尚表白。

相对于一贯粗鲁的帕提亚人,萨珊政权在内部显然使用更高明的手段来达到更高目标。好几位萨珊国王的善行义举见之于文献记载,一向被当作东方君主的理想:保护农业,建设灌溉工程,维护正义,编纂法典,兴修实用和装饰性的建筑(至少在皇家大道上),奠基新城,资助远近的学者和艺术家。对于所有国王,他们的外表和思想都被遵照亚细亚方式,用琅琅上口的韵文加以有效传播。

王朝缔造者阿尔达希尔一世的话,听上去像是王国总体命运的座右铭:“没有军人则没有王国,没有钱则没有军人,没有民众则没有军人,没有正义则没有民众。”国王必须通过这种迂回路线才能洞见国家的道德目标。在任何情况下,军事安全都是首要任务。对于这个如此困扰罗马帝国的王国来说,它自身同样承受着来自外部的威胁。阿拉伯人开始从南方步步进逼,据说麻葛甚至在当时就知道他们有朝一日会征服波斯。在沙普尔二世未成年时期,他们已经从波斯疆域内夺取了大片土地,如今这位国王在他统治的第十六个年头(326年),对阿拉伯人展开可怕的复仇战役。他在波斯湾建造一支舰队,又航行穿过阿拉伯半岛。在经过对巴林岛以及对泰明、贝克·本·瓦伊尔、阿布多尔凯斯和其他部落的大屠杀后，他在幸存者的肩上钻孔和穿绳，由此驱使他们；相形之下，君士坦丁只不过将日耳曼俘虏扔给特里尔竞技场的野兽。

另一危险敌人来自北方的里海地区，即厌哒人，或被误称作"白匈奴人"①，他们属于突厥部落之一，似乎生来就注定要在几个世纪里给近东带来劫难。"斑马"白赫兰（420—438年）打赢他们的战役属于冒险经历，有多个描述版本，构成他传奇生涯的一部分；不过他将这些游牧部落赶过阿姆河大概确有其事。然而，他们此后不久就找到机会，干涉伊嗣俟二世两个儿子之间的王位继承战（456年）；对于遭到废黜而逃往他们那儿寻求庇护的大儿子菲鲁兹，他们以大军作支持，重新将他扶上王位。从那时起，萨珊王朝不再拒绝他们的影响乃至干预，还常常向他们交纳岁贡。

这一王国后来的盛衰荣辱及其在科什鲁·努希尔万②统治下的最后辉煌，无需在此交待。我们将注意力转向戴克里先和君士坦丁时代的特别事件。

在伽列努斯和三十僭主时期，帕尔米拉王国支持罗马反对波斯人。奥登纳图斯打败了曾经击败过瓦勒良的傲慢的胜利者沙普尔一世，一直追击他到泰西丰。伲后来奥勒良进攻帕尔米拉人时，萨珊的政策转而支持后者，目的是维持一个较为弱小的邻邦。白赫兰一世派军队去帮助芝诺比娅，而这支军队同女王本人一样，被罗马皇帝击败。必须以礼物向奥勒良及随后的普罗布斯求取和平。然而，普罗布斯还在筹备波斯战争，这场战争实际上由他的继任者卡鲁斯发动。辉煌的胜利再次使罗马军队越过底格里斯河，但却因为卡鲁斯突然驾崩和其子努梅里安返回罗马（283年）而失去意义。正如可以预料的，白赫兰二世经过些许犹豫之后，迫不及待地利用戴克里先继位之际整个罗马帝国的大混乱，巩固了自身，并扩张至西部。在一段时期内，皇帝们只能随他去，因为眼前的麻烦占

① 厌哒人（Ephthalites），血统不明的游牧民族，拜占廷人称之为"白匈奴人"。
② 即科什鲁一世（Koshru Nushirwan），萨珊国王，531—579年在位。

据了注意力。他们必须先对付亚美尼亚。

86 这个国家由已经覆灭的帕提亚阿尔萨克王朝皇室的一个旁支统治,原本享有罗马的保护。但当罗马帝国在瓦勒良和伽列努斯统治下开始解体时,沙普尔一世在当地派系的帮助下征服亚美尼亚。被害国王考斯罗之子特里达特斯仅仅因为王室仆人的忠诚才保住性命,后在罗马皇帝的保护下长大成人。他天生惊人的力量和崇高的精神,甚至在奥林匹克运动会上赢得胜利,看上去特别适合复兴父辈所建的王朝。尼禄曾经将亚美尼亚授予与他同名的祖先,如今戴克里先据说也对特里达特斯作出同样的举动(286 年)。特里达特斯发现自己的国家正遭受有组织的压迫,甚至宗教压迫。异族统治者信奉不宽容的帕西人的拜火教,他们砸碎亚美尼亚国王的神像和日月神像,而在巴伽旺山上建造祭奠圣火的圣火庙。贵族和平民很快聚集在他周围;波斯人遭驱逐,财宝被夺回,甚至出现了一位获救的公主。马姆哥带着追随者倒向新统治者,此人自称西徐亚人,但可能是曾被沙普尔流放到亚美尼亚的土库曼人的酋长。但纳尔萨召集人马重新征服亚美尼亚,迫使特里达特斯再次寻求罗马人的保护。

这时,戴克里先与他的共治者已经控制住多数敌人,现在得以将注意力转向东部。当这位资深皇帝率军前去征服已叛乱一段时间的埃及时,他把对纳尔萨战役的指挥权授予他的恺撒伽莱里乌斯;他们的联合指挥部设在安提阿。不过两场无关大局的战斗以及由于伽莱里乌斯的过分冒进而丢掉的第三场战役,再次使位于卡里和幼发拉底河之间的荒凉平原浸染了罗马人的鲜血,以前克拉苏曾在这里断送十个军团①。与此同时,马克西米安的恺撒君士坦提乌斯·克罗鲁斯收复了反叛的不列颠,这样,罗马武力只在幼发拉底河显得低人一等,已征服埃及的戴克里先为此倍加恼怒。战败的恺撒在返回途中和他在叙利亚碰面;尽管恺撒本人身披紫

87 袍,戴克里先还是罚他在士兵和宫廷的众目睽睽之下,在自己的战

---

① 指公元前 53 年罗马将军克拉苏在美索不达米亚败于帕提亚人的一场战役。

车旁边跑上一英里。这一事件再清楚不过地体现了戴克里先统治的真正风格。伽莱里乌斯的忠心没有丝毫减弱；他的惟一要求是允许他用胜利洗刷耻辱。现在，能耐稍逊的亚细亚人被难以对付的伊利里亚人取代，后者连同一支作为辅助军的哥特雇佣军大举进攻；他们总共只有两万五千人，但都是一流战士。这一次（297年），伽莱里乌斯渡过幼发拉底河，转移至亚美尼亚的山区，在那里，他发现民众支持罗马行动，而主要由骑兵构成的波斯军队不像在平原作战中那样可怕。（在波斯人中，据阿米亚努斯说，步兵仅仅被当作随营人员。）伽莱里乌斯本人在只有两人陪同的情况下，侦察了疏于防守的波斯军营，然后发动突然袭击。他大获全胜。一场大规模屠杀之后，国王纳尔萨负伤逃往米底；他和他的显贵的堆满丰富战利品的营帐落入胜利者手中，妻妾和许多亲属也成为俘虏。伽莱里乌斯了解此类抵押品的价值，以仁慈和关照对待这些俘虏。

有关这场战争的现有纪录简单贫乏，但关于随后和平谈判的记载却细致入微。纳尔萨的心腹阿帕布翁单独向伽莱里乌斯提出初步建议，其中，夸张的亚细亚式谄媚奉承相当逗人。罗马和波斯对他而言是世界的两盏明灯、两只眼睛，绝不能互相刺激。只有伽莱里乌斯这样伟大的统治者才可能征服纳尔萨；即便如此，世事无常。波斯的局势究竟多么危急可以从如下事实中体现，国王听凭罗马人的"慈善"来决定所有政治条款，仅仅要求归还他的家人。伽莱里乌斯先对使节严词相向，提醒他瓦勒良皇帝曾被波斯人折磨至死，但接着又对他温言软语了几句。再后来，皇帝和恺撒在幼发拉底河上的尼西比斯城会面。这一次，作为胜利者，伽莱里乌斯受到最高礼遇，但他再次表现出对戴克里先至高决断的忘我服从，谢绝原本轻而易举的对于近波斯的征服，后来只兼并了那里更具价值的边境地区。一位秘书希克里乌斯·普罗布斯被派往纳尔萨那里，后者已撤到米底，以争取时间、聚集部队给疲乏的罗马使节留下印象。普罗布斯在阿斯普鲁杜斯河受到接见，缔结了一项条约，规定纳尔萨割让五个行省，包括库尔德人的领地和远至旺湖的

88

整个上底格里斯河地区。条约将他们早前占有的上幼发拉底河地区指定给罗马人，同时又为他们的保护国亚美尼亚竖起屏障，当然，这在帕提亚征服之前原本属于亚美尼亚人。另外，东南部的一大片土地也割让给他们，特里达特斯再次被任命为国王。伊比利亚的国王从此也变成罗马人的附庸；这是一个巨大进步，因为亚美尼亚以北这个崎岖不平的山区（差不多相当于现代的格鲁吉亚）及其境内好战的居民可以作为前哨阵地，应对从高加索山方向来的蛮族入侵。这些条款一达成，扣留在安提阿的纳尔萨的家人就被送还。

整个边疆如今都配备了堡垒和驻军。近亚细亚随之而来的承平时期持续了将近四十年，直至君士坦丁逝世。获胜的皇帝们很难意识到，他们伟大的胜利实质上为基督教的和平传播铺平道路，而基督教恰恰是他们痛恨的。波斯通过摩尼教及其五花八门的迷信对罗马帝国施加的负面影响将在下文涉及。

尽管后来掺杂了甚至包括什叶派伊斯兰教①教义及其文化在内的成分，从 4 世纪阿米亚努斯和 6 世纪阿加塞阿斯②的描写中，仍能部分辨别出波斯民众及其习俗。他们鼻子上方是连到一块儿的弯眉，眉下是暧昧的眼神和精心修饰的胡子。现今仪式所通行的某些规则还与过去一样。至于他们古老的节制名声，尚有一丝残存。脂粉气的奢侈浪费与高涨的个人勇气之间的奇特结合，与厚颜无耻的自夸与追求私利的狡猾一样，依然是他们特有的品性。他们宽大而鲜艳的服装和亮闪闪的饰品引起罗马人注意，今天依然耀眼。习俗取决于宗教信仰，比如，将尸体喂给狗和吃腐肉的鸟，就只有在帕西人之拜火教流行的地方，才能顺理成章地存在下去。他们的许多迷信被伊斯兰教根除或者转化为神话故事。对萨珊时期的波斯人来说，一切日常生活，包括走的每一步和每个转弯，充满了或危险、或诱人的巫术，圣火庙里的圣火不断发布神谕。

① 什叶派伊斯兰教是伊斯兰教两大教派之一，该派认为伊斯兰教创始人穆罕默德的女婿阿里是他的合法继承人，而不承认实际继承穆罕默德的三个哈里发。
② 阿加塞阿斯（Agathias，约 531—580 年），拜占廷历史学家和诗人。

伟大的沙普尔二世还不知足；在正宗的麻葛中，一些人懂得招魂，他们必须在危急关头为他招徕魂魄，甚至庞培的魂。

常有人评论萨珊习俗至少在某些方面与西方中世纪习俗非常吻合。首先是麻葛的僧侣式禁欲，以及他们能够与贵族并肩而立的教士般的地位。遗憾的是，我们不知道与这点有关的细节，连对他们如何确保自己作为一个阶层的方法都一无所知。贵族本身及其虚张声势的骑兵，却是十足西欧式的。它与国王的关系从形式上看属于封建类型，其首要职责是在战争中提供协助。正如纪念碑上所表现的，这些波斯武士身披铠甲，头戴缀羽饰的帽盔，手持矛剑，驾驭装备豪华的骏马，非常像我们中世纪的骑士。同骑士一样，他们行动的灵魂是冒险，无论在战争抑或爱情方面。传说很早就把"斑马"白赫兰之类的形象转化成此类人物的光辉典范；而神话时代的英雄，如鲁斯特姆或费里敦，也受到崇高礼遇。这种浪漫精神其实与任何不切实际一样，与罗马方式形成鲜明反差。

让我们再回头看看亚美尼亚。迄今为止，这个国家连同其勇敢而可教育的民众一向留意外来的影响与痕迹；它仅仅取得一种相对初级的文化，并很快屈服于新的、持久的贫穷与奴役。但特里达特斯时期——同时也是皈依基督教的时期——构成一个辉煌的间隔期。以亚美尼亚教会为表现形式的基督教，有朝一日会成为亚美尼亚民族主义的主要支柱。

亚美尼亚编年史家克雷涅的摩西（活跃于 440 年前后）如是记载：照耀者格列高利来自阿尔萨克王朝皇室的一个旁支，他在孩童时代经过一连串奇特遭遇，被劫到罗马的卡帕多西亚，在那里由基督教家庭抚养长大，后来娶了一位信基督教的女人玛丽亚。经过三年婚姻生活，他们分开了，以便在自愿禁欲的情况下献身上帝。他们两个儿子中，年纪小的成了隐修士，大的继续过家庭生活。格列高利接着跟随当时还是异教徒的特里达特斯回到亚美尼亚，他面对极大危险，开始使民众皈依。

从其他资料中，我们得知一位女圣徒里普辛与他共患难，她后来甚至殉教而死，不过皈依工作进展迅速。在戴克里先 302 年的

90

迫害之前,格列高利为特里达特斯和很大一部分民众施行了洗礼。因为谦卑,他不愿参加尼西亚公会议,从 332 年起,他作为一名隐士在今天称作马尼亚岩洞(Mania Caves)的群山中度尽晚年。他亲自任命自己的儿子阿里斯塔克斯作为继承人出任主教或大祭司。他的死不为人知,牧羊人将他埋葬;很久以后,尸体被发现,隆重下葬于索丹。

特里达特斯比君士坦丁活得长,他在 342 年被贵族毒死。不久,内战和外来的干预就将阿尔萨克王权以及同样世袭的阿尔萨克祭司卷入巨大的不幸和混乱。不过,在经过接下来的所有异族政权之后,皈依的印记依旧保留下来。基督教通过僵化了的一性论①形式,至今仍然团结着散居远及奥地利的亚美尼亚人,但不包括(属于罗马天主教的)东仪天主教会的信徒②,后者目前包含了他们民族最好、最高级的一些文化因素。

这就是罗马东部友善和敌对的邻国的情况。在戴克里先和君士坦丁时代,帝国亚细亚各行省安享的太平仅仅因为大的帝国战争中断了一小段时间。描绘这一时期的叙利亚和小亚细亚,需要大量的专门研究。我们将仅仅局限于指出在几个世纪里让帝国蒙羞的一处毛病,即伊索里亚人③的强盗国家,它在整个罗马帝国的历史上始终是棘手问题。

随着亚历山大大帝的后继王国逐渐衰落,西利西亚人早期的海盗和奴隶贸易渐趋活跃,这点众所周知,因为西利西亚长期以来是全地中海海盗的根据地和避难所,但它最终在难忘的共和国末期被庞培大帝剿灭。甚至从那时起,古老的伊索拉就被当作内陆的匪穴之一,在伊索拉北面,所有位于西利西亚本部北面的地区开始被称为伊

---

① 一性论,主张耶稣基督的人性完全融入其神性的基督论学说。反对正统教派所主张的基督神人二性虽互相联合,但仍继续互不混淆地并存之说。一性论于公元 451 年被查尔西顿公会议定为异端。今亚美尼亚教会、科普特教会、叙利亚教会等仍信奉此学说。
② 指采用东方礼仪(非拉丁礼仪)且与罗马教会保持共融的东派天主教会的信徒。
③ 伊索里亚(Isauria),小亚细亚南部的内陆地区,此地的山区居民以好战著称。

索里亚。由火山构造的丘陵地带崎岖不平,山峦险峻,坐落其中的城市更像城堡。不知是不是因为残留的强盗习性自海盗战争以来在这个偏远地区得以保存,还是三帝国下层民众因为完全缺乏监督而刚刚采取了这种生活方式,总之,3世纪的伊索里亚人是小亚细亚南部的祸患。他们在三十僭主时期发现,将首领屈白良立为皇帝有利可图。他在伊索拉拥有宫廷,铸造货币,在这个荒山僻野称霸了很长一段时期。我们不知道伽列努斯的将军考西索琉斯是怎样抓到他的。不管怎样,他的死并不意味着这个国家被征服了,伊索里亚人由于担心罗马皇帝进一步报复,反而更加团结了。在克劳狄·哥特库斯统治期间,又对他们发起新进攻。这次战争很成功,皇帝现在可以92拟定计划,将伊索里亚人南迁到西利西亚安置,并由一位忠实的部下替他接手他们杳无人烟的地区;这样一来就不会出现叛乱。不过,克劳狄的早逝似乎妨碍了这项计划实施,伊索里亚人很快变得像以前那样大胆活跃。在普罗布斯统治时期,他们的一个盗匪首领莱迪乌斯令吕西亚和潘菲利亚岌岌可危。他不仅通过待在易守难攻的克雷默纳(位于彼西底亚)而免遭任何攻击,还通过播种和收割消除饥饿之虞。至于那些遭他驱逐,而罗马指挥官又不得已想送还的不幸居民,他把他们从城墙上掷到峡谷里。一条地下通道起自克雷默纳,从罗马军营下穿过,通往野外一个遥远的秘密地点;莱迪乌斯的人利用暗道不时将牲畜和粮食带进城,直到敌人发现为止。于是,莱迪乌斯感到有必要通过杀戮将团队人数减少到不能再少的程度;少数妇女被留了活口,供大家共同享用。最后,他手下最好的一个炮兵与他吵翻,投奔了罗马人,他从罗马人的营帐中向城墙上的一道口子发射炮弹,莱迪乌斯用这道口子作瞭望台。这个盗匪首领身负致命重伤,他逼迫手下人发誓,不放弃要塞;但无济于事,他一死,誓言就破了。不过,这一胜利取得的最佳效果,是在一段时间内保住彼西底亚;东邻的伊索里亚依旧掌握在盗匪手中。这一点在戴克里先时代的一段评论中表达得相当清楚:"自屈白良时代起,伊索里亚人就被看作野蛮人。由于他们的土地位于罗马疆域内,他们便被一种新式边防军所包围,仿佛这里是敌对边境似的。他们只有靠地理位置保护自己,因为他们既没有突出的体格，又没有制造危险的勇气；既没有出众的武器，也不特别聪明。他们的惟一实力就是所居的群山易守难攻。"

至于那种新式边防军以及他们针对盗匪民族的作战方式，我们通过4世纪的好些实例已经相当熟稔。帝国单单为这个目的，招募了不下三支军团，后来至少又招了两支。参谋总部显然设在西利西亚的大数和潘菲利亚的锡德，佩雷阿斯则是军需品的临时存放处，而部队要么驻扎在内陆的村庄和堡垒里，要么以流动纵队的形式四处活动，但再也不敢冒险深入群山，因为经验已经告诉他们，只要有大块卵石从陡峭的山坡上滚下，任何罗马战术都将无济于事。一旦伊索里亚人进犯西利西亚、潘菲利亚、彼西底亚和利考尼亚，就必须在平原守候他们；在这里，可以轻而易举地击败他们，再把他们就地正法，或者送到像伊康①这种热衷寻欢作乐的大城市的圆形剧场的狩猎区。但就连西利西亚海岸都无法一直得到保护；山地民族旧有的海盗习性不时猛烈爆发出来，以致在很长一段时期内（例如在355年左右），他们占据沿海的大片土地，逼迫船只紧贴着对面的塞浦路斯海岸航行。在他们看来，围攻西利西亚的第二大城市、重要的塞琉西亚·特拉切奥蒂斯，似乎不算什么胆大妄为之举；只有靠一支庞大的罗马援军才能让他们撤围。接下来，他们凭借由堡垒和城墙组成的防御体系，再次成功躲进山区好几年，直到359年又大规模出动，以抢劫恐吓这一地区。据说，有效的威胁而非惩罚才让他们再度息事宁人。据记载，他们在368年重新入侵潘菲利亚和西利西亚，杀掉所有落入手中的人。一队轻装罗马士兵及其指挥、帝国最高级别的官员之一、新柏拉图主义者穆索尼乌斯，在逼仄的峡谷里遭遇攻击，全军覆没。此后，伊索里亚人被步步进逼和四处追击，不得已只能求和，他们在交出人质后获得和平。日耳曼尼克波利斯是当地最重要的人士之一，一向充当喉舌，在这些和谈中又为他们代言；文献不曾提到任何一位特别有权势的首领或王公。八年之后，在瓦伦斯统治时期，伊索里亚人

---

① 伊康（Iconium），利考尼亚（小亚细亚中南部地区）的首府。

再次进入人们的视线。大约公元 400 年时，将军塔西佗被迫肃清西利西亚的盗匪；404 年，将军阿尔巴赞修斯击败伊索里亚人，但他收受了贿赂，后者于是依旧横行霸道，历多年而不断。所以他们一直到拜占廷晚期才消失，其间伴随着进攻、防御和表面上的臣服。这一民族人数不多，必定彻底蛮化了。罗马人只把他们当作敌人；可以理解但不无遗憾的是，对于伊索里亚人的政治、道德和宗教状况，我们没有相关描述。在许多方面，他们之于罗马，仿佛切尔克斯人①之于俄罗斯，但本质上又不同。伊索里亚起码经过表面上的希腊化，后来才逐渐蛮化。这个过程能够不受阻挡地进行，本身就是对罗马帝国内部形势在不止一个方面的重要表现。

现在转向地中海南岸。在罗马帝国最不幸的领土中，我们再次发现埃及。自居鲁士之子②征服以来，这里就充斥了无数次叛乱，戴克里先残酷镇压了其中的一个，从而给自己招致恶名。

罗马人对待埃及的态度是一种奇特的混合物：一方面，他们从骨子里藐视本地人（埃及人连同移居这里的希腊人和犹太人），对他们严加控制；但另一方面，他们历来尊重有上千年历史的法老时期的记录和纪念建筑，以及现存的遗迹——我指的是那种神秘的祭司宗教，其伊西斯③膜拜、象征符号、咒语和巫术是晚期罗马世界最不可或缺的。以横征暴敛控制埃及的一个罗马总督或上将军（*epistrategos*）④会前往有百座城门的底比斯⑤和斐莱⑥朝圣，并让人

---

① 切尔克斯人（Circassians），伊比利亚—高加索人西北支系各部落总称。居住地地势险要，历史上长期夹在敌对帝国之间。
② 指冈比西斯二世，伊朗阿契美尼德王朝国王（公元前 530—前 522 年在位），即位后入侵埃及。
③ 伊西斯（Isis），古埃及司生育和繁殖的女神。
④ 罗马时期的埃及在戴克里先之前曰总督（prefect）治理。下分三个行政区，各区负责人叫上将军（epistrategos），但只有行政权而无军权。各行政区下分几个省（nomes），省长叫将军（strategos），由上将军任命、总督批准。
⑤ 底比斯（Thebes），古埃及首都。荷马提到其盛况时称"百座城门的底比斯"。
⑥ 斐莱（Philae），埃及尼罗河中小岛，是伊西斯女神的圣地，有"庙岛"之称。

把自己名字刻在门农石像的小腿上,再加上一段话,宣称他在黎明时分听见著名的回声①。古物研究者和游客的世俗好奇心,以及有教养人的浪漫向往主要是冲着埃及和她古老的文明而去。以弗所的色诺芬与赫利奥多罗斯所著传奇的发生地就在埃及。他们有趣的爱情故事描写了安西娅与哈布罗克莫斯,提阿哥妮斯与卡瑞克莱亚这两对情侣;其中,埃及盗匪团伙扮演的角色与现代小说家通常赋予意大利匪帮(banditti)的角色一模一样——更不用说锡尼西乌斯的富有象征意义的传奇了,他给阿卡狄乌斯时代的事件穿上古埃及的外衣。② "关于埃及的各种传闻,"赫利奥多罗斯说,"都让希腊听众极度着迷。"在造型艺术上,埃及风格很时尚,尤其在哈德良统治期间。再往后不少年,又兴起对埃及风景的喜爱,诸如神奇动物、三桅小帆船、凉亭和哺育生命的尼罗河岸边的娱乐场所,有点像我们今天的流行时尚偶尔会采用中国式图案。著名的帕莱斯特里纳的镶嵌画就属于这类性质。

但埃及的实际情形却残酷而可怕。古代文明如果在历经辉煌之后落入异邦人和相对野蛮的征服者手中,又在漫长的几个世纪里被无动于衷地转手,就容易呈现出一种令外来统治者觉得消沉暴躁的特质,虽说这种名声只是部分贴切。波斯征服标志这一态度的肇始;埃及人不仅因为征服和压迫本身,也因为其古老宗教公然遭到藐视而一直怀恨在心。波斯人朴素的光明崇拜与新臣民的众多半动物的神祇发生冲突;一方的圣物在另一方眼中恰恰污浊不堪。由此兴起无休无止的叛乱,即使血流成河也无法平息。

波斯人之后的希腊统治者在这方面没有这么格格不入;希腊式信仰在近东和埃及的多神教那里所急切寻找的,不是区别,而是亲

---

① 门农(Memnon),希腊神话中黎明女神厄俄斯之子,埃塞俄比亚国王。他在特洛伊战斗中被阿喀琉斯刺死。埃及底比斯附近有两座门农巨石像,据说其中一座每天清晨阳光照临之际,能发出乐音,仿佛以此问候母亲的黎明之光。

② 锡尼西乌斯(Synesius)为公元5世纪前半叶的主教和作家。阿卡狄乌斯(Arcadius)为395到408年在位的罗马皇帝。

缘关系。对于把宙斯当作自己祖先的亚历山大大帝而言,阿蒙大神[①]等同于宙斯。甚至早在亚历山大之前,希腊人就毫不怀疑,阿波罗就是埃及的何露斯[②],狄俄尼索斯是奥西里斯[③],得墨忒尔是伊西斯;如今他们终于在尼罗河上找到一半奥林匹斯众神的对应者。 96
在亚历山大的将军瓜分他的巨大遗产时,拉古斯之子托勒密[④]获得埃及,托勒密与他组建的新王国的直接继承人一样,尤其关注在某些事务上安抚埃及人。沿袭波斯人残暴的统治方式并不符合他们的利益,波斯人没有必要把每种民族习性踩在脚底,这只能激起绝望的叛乱。他们的利益毋宁在于建立组织完善且独立自主的军事和官僚等级制,目的仅仅为了施加必要压力,以便将国家财源汇入王室金库,那里的储备金额多得不可思议,尽管这个国家有十五万士兵和四千艘船只。埃及原先的古老土地划分单位省(nomes)照旧保留下来。即便社会等级制度也不构成威胁,因为土著的武士等级不复存在。祭司及其对神庙的统治受到鼓励,他们的崇拜由于王室的隆重参与而得到发扬,虽说他们同时被勒索了大量赋税。施主托勒密(Ptolemy Euergetes)[⑤]建造了富丽堂皇的埃斯内(Esne)神庙,其风格与古埃及风格没有显著区别。与他同一世系的国王继续对自己的尸体做防腐处理,并被当作"拯救神"同伊西斯和奥西里斯一起受人崇拜,地位甚至更高。这最明显象征了一种融合,它通过下面这个事实被日益充分地领会,即希腊人在外国殖民地上不再与世隔绝,他们散居在这个国家中,与埃及人混居。不过,新的大都会亚历山大里亚依然以希腊文化为主导。在这里,希腊风格已经国际化,并以我们称为希腊化的形式传播,散发出最耀眼的光芒。世界上一度没有任何城市可以在壮观、在物质和精神活动上同亚历山大里亚媲美;但也没有任何地方像亚历山大里亚这

---

① 阿蒙(Ammon),古埃及太阳神。
② 何露斯(Horus),古埃及太阳神,伊西斯和奥西里斯之子,形象为鹰或鹰头人。
③ 奥西里斯(Osiris),古埃及冥神和鬼判,伊西斯的丈夫。
④ 即托勒密一世,埃及国王,公元前305年到前282年在位。
⑤ 即托勒密三世,埃及国王,公元前246年到前221年在位。

样如此集中地呈现出腐败,此城的三个民族(包括犹太人)通通偏离了纯朴的民族习性,他们需要的不是政府,而是治安。

97 在阿克兴胜利①之后,奥古斯都接管了这个已经有点衰落的国家,它存在的惟一理由这时突然变成伺候罗马,即作为罗马的财源和粮仓。没有一个行省像它这样被密切监视,既因为当地民众危险的本性和不祥的预兆,又因为它非凡的重要性。未经皇帝允许,任何罗马元老或骑士不得访问这里;埃及总督一职非常重要,任职者受到高度信任,因为没有任何其他地方需要如此尽心地防止叛乱和篡位。自然,总督必须被授予全权;他的外在举止旨在刻意向埃及人体现他们的古老王权,至少总督令人印象深刻的公务巡行确实让人想起古埃及的皇家威仪。人们可以看见他领着一大群随从,包括祭司在内,沿着尼罗河上上下下,所乘坐的镀金精致画舫是托勒密王朝引进的奢侈品。隶属总督的各级官僚体系事实上维持了托勒密时期的原样。民众几乎不在考虑之内;我们不知道他们能否挑选哪怕最低级的官员,也不知道除了对皇帝效忠以外,他们能否因任何其他目的而集会。这里防止内忧外患的占领军寥寥无几,即使相对于精简的罗马体制来说也是如此。奥古斯都之后不久最多只有两万军队,而当时居民有八百万(其中一百万是犹太人)。与后来的阿拉伯人一样,罗马人也把孟斐斯地区当作最重要的战略要地,尼罗河就是从这里开始分流的;因此一支军团永久驻扎在巴比伦,即现代开罗旧城。在承平时期,士兵需要疏通尼罗河水道、排干沼泽等等。普罗布斯甚至动用他们建造神庙和其他纪念性建筑。假如这里能产出预期的利润,花费就不会过大。为了获取预期利润,罗马张开海口。整个粮食产量的五分之一(相当于

98 法老统治下的要求),或者作为土地税的部分等价货币,甚至有可能是双倍的什一税再加上土地租金,必须上缴国家。寺庙财产也不能豁免。这样,每年上缴的谷物超过一百五十万英担,除此之

---

① 阿克兴战役(公元前31年),屋大维(即后来的奥古斯都)战胜马克·安东尼的决定性战役。

外,还需缴纳人头税和高额的进出口税。这些关税比托勒密王朝时期的还要多,因为整个罗马世界已渐渐习惯于使用主要通过埃及转运的某些印度商品。据称,关卡从尼罗河口一直设到上埃及和红海;税吏都是埃及人,显然,没有其他人更适合这份可恨的差事了。至于矿井,也许只有一小部分对国家直接有利。埃及价值不菲的矿石、科普托斯的祖母绿、赛伊尼①的红色花岗岩、克劳狄山的斑岩,作为奢侈品点缀在服饰和建筑上。除了尤其擅于发现矿藏的阿拉伯人,数千罪犯也在矿井内干活。

　　至于民众的职业和经济状况,我们可以假定,上埃及和中埃及能被尼罗河水灌溉的地方完全致力于农业,而活跃的各类纺织品、玻璃器皿和陶器的制造局限于下埃及,位于此处的尼罗河三角洲及其邻近地区也为农业提供了巨大便利。在上游地带,我们可以想象伟大的古代城市事实上已经荒废,只剩下毁坏不了的神庙和宫殿;至少后来建造的托勒密城(在吉尔贾附近)超过了所有这些城市,可以同孟斐斯媲美,虽说并没有超过很多。可以十拿九稳地推测,下游地带的人口主要由靠工资为生的无产阶级构成,他们一无所有,索取的也很少。他们的勤奋至少在亚历山大里亚让哈德良赞誉有加:"这里没有人无所事事。一些人吹玻璃,其他人造纸,还有些人纺织;人人都有职业,并以此为天职。连风湿患者和盲人都有工作,那些双手残废者也不闲着。"这是否表明地产极度分散,或恰恰相反,表明它集中在少数人手中,尚不能确定,因为我们不知道,例如,下埃及的寺庙财产和皇室领地究竟有多大。但由于巨额赋税,甚至自由领地实际上也不是免税的。

　　有记载附带提及一个地区,叫布科利亚,位于现代达米埃塔附近,一支或许被忽略了多个世纪的古老民族在此发展出盗匪政制。在意大利本土,帝国有时让匪帮肆行无忌。正是在强大的塞普提米乌斯·塞维鲁及其战无不胜的军队的眼皮底下,非常能干的布

---

① 赛伊尼(Syene),即今之阿斯旺。

拉·菲利克斯伙同六百人,对整条阿庇安大道强制征税达两年之久。几十年后,又有记载附带提到,在阿尔班加附近的热那亚·里维埃拉①,有一个著名而富有的盗匪家族,它可以雇佣两千名武装奴隶。前文已说过伊索里亚以及那里被容忍的情形。但对埃及的布科利亚人,连马可·奥勒留也不得不发动战争。"他们揭竿而起,"狄奥·卡西乌斯说,"并且鼓动其他埃及人起来反抗;一个祭司[和]伊西多鲁斯领导他们。他们先诱捕了一名罗马军官;他们装成妇女接近他,似乎想贿赂他,让他释放他们的人。接着就杀死他和他的同伴,用这个同伴的内脏起誓为盟,再吃掉他们。……他们公然与罗马人交战,并获得胜利,还差点夺取亚历山大里亚,要不是阿维丢·卡西乌斯打败他们的话。卡西乌斯从叙利亚赶来处理,他的手段是瓦解他们的团结,再分而击之,因为不能冒险用战斗去对付那群疯子。"

真正的布科利亚人不足几千人,假如人数重要的话,他们很可能就在罗马帝国史上被省略掉了。假如行省历史不致如此湮没无闻的话,我们应该能在帝国其他地方找到类似例子,即古老而受压迫的民族沦落为新蛮族的例子。布科利亚人(Bucoles)之名意为"牛倌",这暗示它所代表的古老社会等级的一丝残余;但这些人显然同牛没有任何关系,除去或许是偷来的那些牛。尼罗河中部一港湾的涨潮注入靠海一个大湖,湖周围芦苇丛生的沼泽就是这些为社会遗弃之人的住所,或至少是藏身地;这里也许是埃及最不卫生的场所,因而没有人争论它的归属。在这里,布科利亚人部分住在驳船上,部分住在小岛上的茅舍中;幼童被一条长度恰好能防止落水的皮带系着。特有的独木舟穿行在莎草中,出入水道只有他们自己找得到。有记载提到盗匪村落,或许指的就是湖边那些定居点。任何人只要不赞成寻常有组织的社会,都可加入布科利亚人;他们发展出的个性体现在马可·奥勒留统治期间的暴动中。

① 热那亚·里维埃拉(Genoese Riviera),法国戛拉与意大利拉斯佩齐亚之间的地中海沿岸地区。

这些人连相貌都可怕,头发垂到眼睛,后背披着长发。拿相距几天路程的地方与之对比,反差非常显著:富裕而勤奋的亚历山大里亚;沼泽地中的盗匪集团;玛瑞提斯湖西部的最后一批犹太隐居者;附近尼特里克沙漠中的最早一批基督教隐修士。布科利亚人自愿不与基督教有任何关系;即使到 4 世纪末期,这些"疯狂的野蛮人"中也没有一个基督徒。

现在,是时候考虑埃及人在晚期罗马的性格和特殊命运了。"埃及人会感到羞耻,"阿米亚努斯写道,"如果不能展示他那黑瘦的身躯,上面留有因拒绝纳税而领受的条条鞭痕。迄今为止,尚未发现任何严酷刑具能让铁了心的埃及强盗供认姓名。"这就是下层阶级对待长官的态度。在任何一场波及广泛的灾祸中,无论战争还是歉收,抱怨一上来总是针对政府的。民众叛乱成性,即使面对较开明的统治者亦如此。在平时,这表现为恶毒的挖苦,它一旦发自奴颜婢膝的奉承就没完没了。一位受人尊敬的罗马贵妇不得已作为总督夫人住在埃及,她从不在公共场合露面达十三年之久,也不允许任何埃及人进入她的屋子,这样起码可以被人忽略。那些无法这样保护自己的人则不得不忍受最下流的流言与歌谣,"在亚历山大里亚人看来非常惬意的事,对于受害者却是恼人的。"至于卡拉卡拉,就我们所知,他们却找错了对象;他屠杀成千上万人来报复,这场大屠杀让人回味了很多年。奥古斯都和尼禄要聪明些,他们毫不在意亚历山大里亚人的嘲弄,反倒在他们巴结和谀扬的才能中找乐子。 101

埃及人特别显得偏爱吵架斗殴,也爱好无与伦比的欺诈和争讼,不仅对上级如此,对自己人也一样。这些平时阴郁的人有时会因为燃烧的怒火和疯狂的辱骂而面红耳赤,起因或许仅仅是一声问候没有得到回应,或在浴室里没有被让出地方,要不然就是狂热的虚荣心受到伤害。由于最轻微的骚乱可以被心怀怨恨的数千人当作发泄内心不满的信号,此类事变总是包含普遍的危险;这样,在埃及负责秩序和顺从的官员,就能找到实施非人道镇压的理由,至少皇帝在场时可以如此。众所周知,和平只有在流血之后才能恢复。亚历山大里亚的特色在于,对竞技场赛车手狂热的派系支持通常导致暴力和杀戮,这种局面的出现比帝国任何其他地方都要早,或许早在托勒密时代就有了。

有一件事尤其能煽动这类古老、遭误解、受凌辱的民族做出疯狂举动,这就是他们的宗教,尽管已经退化并丧失了所有道德活力,宗教依然取代了失落的民族纽带。所以对埃及人来说,先是他们的异教、然后甚至连基督教都可以作为通道,以排泄无形的、受压抑的怒火。释放宗教狂热的需要是现实存在的;时间和命运决定了目标。异教的罗马小心翼翼,不在这些事情上冒犯他们。在访问这个国家时,皇帝们参加仪式和祭祀;在纪念建筑上,他们始终以古代埃及国王的形象出现,还用铭文这样写,"永生的,伊西斯的宠儿,卜塔①的宠儿";神庙由他们建造或竣工,或者作为他们的还愿品。不过在埃及境内,因为寺庙之间彼此妒忌,宗教仇视始终存在,这表现在崇拜不同的神圣动物上。尤维纳尔和普鲁塔克为我们留下这方面的风俗画。如果他们对世上这一最古老文明的朦胧勾勒缺乏神圣庄严的成分,而我们又不愿看见这种成分完全被践踏在尘土中的话,不妨带着纯粹的愉悦来欣赏这些画。一个城市的正统信仰并不反对食用在另一个城市受到崇拜的动物。"在我所生活的时代,"普鲁塔克写道(《伊西斯和奥西里斯》,72),"奥克西林库斯(意为'狗鱼镇')的人抓住一条狗,作为牺牲宰杀,再吃掉它,仿佛狗肉以前就是祭肉似的,实则因为塞诺波利斯(意为'狗镇')的人食用奥克西林库斯,即狗鱼。他们因此卷入战争,相互残杀;不久,因为罗马人的惩罚,他们又都恢复秩序。"尤维纳尔(第15首诗,第33行以下)讲到坦提拉人对奥姆比人的可耻进攻,后者当时正在欢度节日,酩酊大醉,未加防范;坦提拉人不仅残肢和杀戮,还吞食一具遭肢解的尸体,就像上文所说的布科利亚人那样。下面的传说很容易流传开来,上古一位国王深谋远虑,为不同地方指

① 卜塔(Phtha),埃及神祇,创造宇宙万物,保佑工匠。被希腊罗马人混同于火神赫淮斯托斯(伏尔甘)。

定了不同的动物膜拜,因为如果没有由此酿成的持续敌对,就无法控制人数众多又不安分守己的埃及民众。在概括异教的章节中,我们还得回过来讨论这一强大的宗教,以及它的祭司、术士和它对希腊罗马异教的傲慢态度。

埃及人的语言后来以科普特语①的形式保留下来,但不再是这一宗教的主要媒介。来自帝国各地的人迫不及待地服膺于时兴的迷信。亚历山大里亚以希腊文化为主导,然其作坊和港口积聚了一帮乌合之众,像尼罗河流域的其他地方一样疯狂,让基督徒深感痛惜。一个占卜师在这里用疯狂的即兴讲话把民众鼓动起来,德西乌斯的迫害于是整整提早了一年(251年)。行刑技艺同样在这里得以改进,这在受压迫的民众中间是很自然的。那些遭迫害之人的脸庞和眼睛被尖尖的芦苇杆刺穿,又被拖到走道上,敲掉牙齿,打断四肢,等等,更不用提正式审判所受的严刑拷打了。

实际上,这一民族的整体性格令罗马人十分厌恶。在广阔的罗马帝国境内,只要与游走四方的埃及人打交道,就能预见粗俗莽撞的举止,"因为他们从小接收的就是这种教育"。当着官绅,甚至皇帝本人的面,他们呼喊和尖叫,让人无法忍受。因而在通过惩戒让埃及恢复理智的时候,几乎不会有良心的不安。3世纪中叶以后,普遍的灾难以战争和瘟疫为形式折磨着帝国,致使人口减少;除此之外,埃及还经受了特有的灾祸。

伽列努斯统治时期(254—268年)发生了一件事。一个亚历山大里亚官员的奴隶受到军方鞭笞,因为他带着几分埃及式嘲弄说,他的便鞋比士兵穿的要好。群众同情他,暴民聚集在埃及总督埃米利安努斯的住宅前,尽管一开始并不知道谁是这场骚动针对的目标。不久,人们开始扔石头,拔剑,怒骂之声不断高涨;显然,总督要么沦为暴民的牺牲品,或者,就算他所作的努力能够控制住暴民,等待他的只有免职和惩罚。在这次危机中,他自命为皇帝,显然是应军队的要求,军队既痛恨懒散的伽列努斯,又需要有人领导

①　科普特语,基督教初期至八世纪通行于埃及的语言,系最后阶段的埃及语。

104　他们对付正在骚扰埃及的蛮族,而不必纠缠于琐碎职责。他率军穿过埃及,将入侵民族击退,并把粮食扣压在国内。也许人们正盼望着此类救援,就像西部在这一时期通过波修姆斯及其继任者也得到了类似救援。然而,就在埃米利安努斯为穿越红海的一次远征做准备的时候,埃及却把他交给伽列努斯派来的将军蒂奥多图斯,后者把他作为囚犯送给伽列努斯。他或许在罗马图利乌斯监狱①里被绞死,那里曾是朱古达②被饿死的地方。

在复仇过程中,伽列努斯是否对这个国家施以额外特殊的惩罚,不得而知。无论如何,这不可能给他带来好处,因为他很快再次失去埃及(261 年),虽然只有很短一段时间,但情形很可怕,虽说具体情形只能猜测。我们不知道,在马克里阿努斯主宰东部的十年间,亚历山大里亚掀起什么战斗,也不知道作战双方是谁。不过在这一时期末尾,主教狄奥尼西对这座城市的描绘几乎因为暴行而认不出来了;主干道,也许就是著名的三十斯塔德③长的街道,像西奈半岛的旷野一样荒凉;已荒废港口的水域被鲜血染成红色,附近尼罗河水道上漂浮着尸体。

伽列努斯重新夺回埃及,但在他的继任者克劳狄·哥特库斯与奥勒良在位期间,伟大的帕尔米拉女王、托勒密王朝的孙女两次以她的名义征服埃及,或至少征服了亚历山大里亚。对于一个平素不好战且老境颓唐的民族而言,这显示了最后一次大规模的民族骚动(如同好几个行省里类似的运动);芝诺比娅在埃及既有效忠者又有反对者,两派都很强大,而土著军队似乎同时增援两边军队。帕尔米拉人胜利了,但他们自己的王国不久便毁于奥勒良的伟大战役(273 年)。埃及人中间曾经敌视罗马的帕尔米拉派,现在只能指望接受最严厉的惩罚;可能出于绝望,菲尔姆斯这个定居埃及的富有的塞琉西人起来当皇帝。关于此事的惟一资料使我们肯

---

① 罗马的国家监狱,由王政时代的第六王塞尔维乌斯·图利乌斯建立。
② 朱古达(Jugurtha),努米底亚国王(公元前 118—前 105 年在位),曾与罗马打仗。
③ 斯塔德(Stade),古希腊长度单位,1 斯塔德约 607 至 738 英尺。

定,作者并没有把同一时期阿非利加历史上出现的三个同名人物混为一谈;但他对此处涉及的这个埃及篡位者的描述矛盾重重,几乎不可能指同一个人。他说的菲尔姆斯骑在鸵鸟背上,能消化河马肉和一整只鸵鸟,遑论与鳄鱼亲近了;他身上放有一架用大锤敲打的砧琴。同一个人还是芝诺比娅的朋友和近臣,以及埃及最大的商人和实业家之一。他吹嘘他单凭造纸厂的盈利即可维持一支军队;他手上握有为阿拉伯人和布莱米耶人供给的大笔合同,这些人控制了同红海及非洲内陆的贸易;他的船队经常航行到印度。在其他地方,披上皇帝紫袍的人是官员、行省贵族和冒险家;但在埃及,意义重大的是,尽管接连不断的战争以毁灭威胁过他,一位大商人居然敢斗胆称帝。

奥勒良希望迅速铲除"王位窃贼";他在战斗中击败他,然后将他围困在亚历山大里亚。这里,菲尔姆斯及其党羽似乎在原来的皇家堡垒布鲁奇翁一带坚持了一段时间;至少,在奥勒良逮住和杀死菲尔姆斯之后,他认为将市内那庄严堂皇的一带全部夷为平地是适宜的。因此,托勒密王朝的宫殿化为灰烬,王朝宏伟的陵墓、维系晚期希腊文化所有精神联想的博物馆,以及上面竖有高高穹顶的神殿入口处的巨大圆柱都未能幸免于难,更不用说遭到毁坏的剧院、长方形会堂、花园等建筑。这究竟是报复,抑或只是胜利者的战略考虑? 我们切不可忘记,假如叛乱的埃及限制粮食出口,正如菲尔姆斯所做的,那么帝国的某些地方就会遭受饥荒。但假如必须作出如此牺牲,以使一个城市无力叛乱和防御,那么对于统治者和被统治者来说,同样是可悲的征兆。

对于埃及人而言,这一破坏只充当了又一个刺激。在普罗布斯统治期间(276—282 年),或许更早一些,最精力充沛的一个将军,即高卢的萨图尔尼努斯来到埃及,大胆的亚历山大里亚人立刻拥护他为皇帝。萨图尔尼努斯被这种想法吓坏了,逃往巴勒斯坦。由于他不了解普罗布斯宽宏大量的性格,他在进一步思索之后依然手足无措,于是含泪把阿佛洛狄特神像上的紫色褶子短裙裹在身上,而他的党羽纷纷向他效忠。让他感到安慰的是,起码他不会

97

独自毁灭。普罗布斯不得不派出军队,篡位者不幸被俘,在违背普罗布斯意愿的情况下遭绞死。稍后,普罗布斯被迫再次在埃及挑起战事,因为长期造成危险的努比亚的布莱米耶人已经占领了部分上埃及,尤其是我们已经提过的尼罗河上的托勒密城。难以和解的造反居民同布莱米耶人暗中串通。布莱米耶人是瘦弱、黝黑、油滑的沙漠民族,已经控制了红海与尼罗河港口城市之间的交通;要征服或毁灭他们同样不切实际,因此至少有必要不时加以遏制。这一次,罗马将军同样占到上风,必然施加了严厉惩罚。但在戴克里先时期,埃及全境再度叛乱,为时长达数年之久,因为皇帝们在此期间不得不从几乎未曾征服的高卢出发,去重新征服不列颠,推翻迦太基一个篡位者,击退摩尔人部落的入侵,并沿着几乎所有边境发动战争。当布莱米耶人再次控制上埃及时,亚历山大里亚一个此前不甚知名之人,即 L. 埃尔皮迪乌斯·阿基莱乌斯自称为奥古斯都(286 年)。十年过后(296 年),戴克里先才干涉。他在二十二岁的君士坦丁的陪伴下,穿过巴勒斯坦向埃及进军,后者高大威严的仪表使皇帝相形见绌。由此再度形成对亚历山大里亚长达八个月的包围,引水渠在此期间被摧毁;杀掉阿基莱乌斯之后,又迎来另一个可怕惩罚。军队大概恼羞成怒,把整座城市洗劫一空,篡位者的党羽被张榜通缉,一大批人遭处决。据传,戴克里先在骑马入城时命令军队,要一直杀到鲜血没过他坐骑的膝盖;但在离城门不远处,这匹马被尸体绊倒,膝盖沾上血,杀戮命令立刻取消。此地长期立有一匹铜马。

在中埃及,布西里斯城完全被毁。上埃及也好不了多少;这里富饶的集市科普托斯自然是布莱米耶人的立足之处,它遭受的命运与布西里斯相同。这一次,戴克里先(根据尤特洛皮乌斯[①]的说

---

① 尤特洛皮乌斯(Eutropius),罗马历史学家,写有一本从罗马建城到公元 364 年的罗马史。

法;借鉴尤特罗皮乌斯的基督徒奥罗修斯①则对此不置一词)发布了许多有后续效力的谨慎法规。无疑基于充分理由,他废除奥古斯都为这里创建的区域划分和组织,将埃及分为三个行省,以与帝国其他地方的组织相一致。实现贸易往来的安全靠扶持诺巴特人,他们是来自大绿洲的另一支阿非利加部落,如今成了布莱米耶人的竞争对手。诺巴特人受帝国长久雇佣,赛伊尼上游一片狭长的不毛之地割让给他们,他们从此居住在那里,守护边境。

　　由于兵力与财富耗尽,有必要使出这类权宜之计,也不得不向诺巴特人和布莱米耶人交纳贡赋,这些并非戴克里先的错。但让这些人保证履行义务的方式却很有戴克里先的风格。位于边境的斐莱岛顺带获得簇新而牢固的防御工事,神庙和祭坛得以重建,或者是将现成的神庙和祭坛重新献给诺巴特人与罗马人共同的圣物(sacra),并配备双方共同的祭司。两个沙漠民族都奉行埃及人的信仰,布莱米耶人有人祭的特殊嗜好;他们如今得到或保留了一种权利,即在特定的神圣季节将伊西斯神像从斐莱运到他们的领地,在那里保留一段时间。一块现存的碑铭描绘了圣舟在尼罗河上运送女神神像的庄严过程。

　　与此同时,一座新城在上埃及已遭毁坏的科普托斯附近兴起;108皇帝将它命名为马克西米安波利斯,以向最年长的共治者表达敬意。这里也许只是驻军要塞,也有可能是原来阿波罗波利斯的新叫法。

　　沉浸在悲哀和消沉中的亚历山大里亚至少获得些许安慰;因为戴克里先再度将定量粮食配给这个城市,这种恩惠意大利以外的许多城市都开始享受。作为回报,亚历山大里亚人现在按照戴克里先的在位时间纪年,而总督庞培乌斯在 302 年出于对他的敬意建造了纪念柱,它被误称为庞培的纪念柱。柱上的铭文依然可见:"献给万分神圣的独裁者,亚历山大里亚的保护神,不可战胜的戴

---

① 奥罗修斯(Orosius),5 世纪前半叶基督教历史学家,应奥古斯丁之邀,著有七卷《反异教徒史》。

　　总督庞培乌斯在 **302** 年出于对他的敬意建造了纪念柱,它被误称为庞培的纪念柱。柱上的铭文依然可见:"献给万分神圣的独裁者,亚历山大里亚的保护神,不可战胜的戴克里先。"

至今依然矗立在埃及亚历山大里亚的纪念戴克里先的纪念柱,但至今依然被当地旅游部门当作纪念公元前 1 世纪罗马将军庞培的柱子宣传。

克里先。"这块巨石取自一座早期的公共建筑、或者原来打算用于一座一直未能完工的建筑,它高高矗立在难以辨认的塞拉皮斯神庙的废墟之上。

最后,一段有点晦涩难解的晚期记载告诉我们,戴克里先下令收集古埃及人关于金银制造的所有著作,再付之一炬,让埃及人无法再通过这类方法获得财富,也就无法趾高气扬地反对罗马了。精明的评论认为,如果戴克里先真的相信炼金术,他肯定是为了自己和帝国的需要而把这些书保留下来。而不大可能像吉本推断的那样,戴克里先的措施纯粹出于善意的教化。或许,炼金术同埃及其他令人厌恶的迷信有关,后者是这个以自身方式虔诚信教的统治者希望阻止的。

戴克里先结束了埃及的造反,稳定持续了很长一段时间。他真的能够用智慧从根本上帮助这里,改善当地居民的性格,或至少让他们长时期屈服吗?通行的帝国新法规真的足以令叛乱不再有吸引力或不可能了吗?最有可能的解释已经做出。首先,皇帝权威之分割在行省内部防止了土著和地方篡位者崛起。此外,君士坦丁以后,埃及人的激情在基督教会的辩论中找到发泄口,对于这个不幸民族不断衰竭的精力而言,这显然比绝望地反抗罗马官员和军队要合适一些。基督教刚刚合法,梅利提派和阿里乌派的争吵就挑起一连串神学上的骚乱。但在埃及,异教徒同样狂热地投身于自己的宗教,不惜以流血起义来捍卫它,这种情况在帝国其他地方不曾出现。

从某种角度来看,埃及与阿非利加所有地方一样,是罗马帝国最高枕无忧的属地;除了一些半野蛮的部落——他们的入侵只需适当努力即可轻易击退,边境上只剩下漫漫黄沙。当莱茵河、多瑙河和幼发拉底河上的边境受到强大敌对民族的威胁时,这里相对薄弱的驻军只要合理布防,就足够应付了。因为在当时,做梦都想不到一种宗教的、耀武扬威的狂热有朝一日会在阿拉伯半岛兴起,并势不可挡地席卷和同化罗马帝国的整个南部和东部。在 3 世纪,阿非利加北部沿海肯定比后来任何时候都人丁兴旺。阿尔及利亚

109

的纪念碑,后人记载的大量主教辖区,相当可观的文化活动及其在晚期罗马文学史上的地位,这些所暗示出的情形,无法通过相对贫乏的表面事物而予以公正评价。尤其是恺撒所收复的迦太基,凭借地理位置已跻身帝国一流和最危险的城市之列。这座城市的道德堕落后来腐蚀了勇猛的旺达尔人,就像卡普亚①的穷奢极欲腐蚀了汉尼拔的士兵一样,但这还不是最糟糕的;狄多②为天神阿斯特洛克建造的神庙才是让帝国致命的,并非由于其媚态丛生的庙妓,而是由于它所发布的颠覆性神谕以及对不止一位篡位者的支持。天神神像立于狮身之上,手中挥舞着闪电和权杖,从神像上垂下的紫色长袍被披在不止一个皇帝反对者的肩上。如今,在戴克里先登基之际,又有某个名叫朱利安的人起来反对他。我们对此人的出身和下场一无所知;他定然是所谓的五民族联盟(Quinque-gentiani)的首领,马克西米安曾被迫讨伐这个联盟,我们对此亦知之甚少。他们无疑是毛里塔尼亚人,即来自北非的西半部分,阿特拉斯山至今在此构成一道屏障,使这里许多小民族受不到正面进攻。如果罗马官员没有玩忽职守的话,无需担心这些民族任何重大的占领。马克西米安休整好些年之后才打了这场战役(297 年),由此可以推断,危险并非迫在眉睫,运送到意大利的粮食也未曾中断。由于埃及的叛乱直到前一年才结束,帝国可能差不多快要放弃来自阿非利加的粮食了。

---

① 卡普亚(Capua),意大利西南部城市,以奢侈生活著称,汉尼拔曾打算把它作为意大利的首都。
② 传说中迦太基的女王和建国者。

第五章 异教:众神混合

殉教与几次大迫害中基督徒的血流,给戴克里先和马克西米安的末期统治蒙上令人畏惧的名声。迄今为止,种种确定这几次迫害之规模和牺牲人数的努力,那怕只是确定个大概,都是徒然的。罗马帝国没有当时基督徒数量的可信材料,而没有它就无法估算。根据施陶德林的说法,基督徒占全部人口一半;根据麦特的说法,占五分之一;据吉本推算,只有二十分之一;而拉巴斯蒂认为占十二分之一,这可能最接近真相。更准确地说,我们可以推测,基督徒的比例在帝国西部占十五分之一,在帝国东部占十分之一。

不过,这里暂且撇开数值关系,先考虑当时基督教与异教这两大敌对组织的内在情况。

基督教被高度的历史必然性带到世上,它作为句号结束古代,又作为断层与之决裂,但它还部分地将之保存并传给新的民族,如若不然,这些民族作为异教徒很可能会把一个纯粹异教的罗马帝国完全蛮化和彻底摧毁。人们与感官和超感官事物缔结新关系的时代来临了,因为对上帝、对邻人的爱以及与尘世事物的分离,取代了关于众神和世界的旧观点。

经过三个世纪的岁月,基督徒的生活和教义已稳固定型。屡受
威胁和频遭迫害既让基督教社团免于早早瓦解,又有助于克服严重的内部分裂。基督教社团成功把醉心于苦修的人(孟他努派和其他派别)剔除在外,同时也不接纳热衷于思辨的人(诺斯替派),后者设法利用基督教为柏拉图的、东方的思想体系搭建框架。这方面最新、最强有力的尝试来自摩尼教,与摩尼教的斗争才刚刚开

始。阿里乌派学说的先驱以对三位一体的第二位格的种种争论体现出来,但当时似乎已得到有效解决。无数针对教会原则个别要点的争吵确实出现了,但在大迫害时期,分歧并不像它们后来在教会几个世纪的凯旋中表现的那样危险,此类问题日后才成了永久分裂的起因。

在基督教内部,人们欣然赞同的许多东西后来才发现是无法调和的。4、5世纪的人理所当然会对奥利金的学说感到惊讶,教会过去怎能一直容忍他对经文进行思辨和象征性的解释。此外,许多人在教会草创和奋斗时期被尊为教父,但再后来却被视为半个异端。旧教会的慕道友来自太多不同地方,他们以前受的教育多所不同,加入教会的动机亦大相径庭,故无法就生活和教义取得完全一致。如同在俗世间常见的,那些充满深刻灵性又能实际奉献的人士定然少之又少;绝大多数人受吸引,是因为基督教强调宽恕罪孽,因为它承诺灵魂不灭,还因为其秘仪,毫无疑问,此类秘仪以圣事为中心,在很多人看来与诸种异教秘仪差不多。奴隶受吸引是因为基督徒的自由和兄弟般的情谊,另有众多平凡的皈依者是因为那些大量公正发放的施舍,特别是罗马城基督教社团发放的施舍。

英勇的殉教者不时刺激着基督教社团已然松弛的紧张精神,再度向信徒灌输对死亡的藐视。大批殉教者与其说证实了教会的内在完美,不如说见证了未来的胜利,胜利对于一个怀有献身精神的事业而言无可避免。对立刻升入天堂抱有的坚定信念,想必启示了许多人,他们内心困惑,不惜贬低自己,甘愿杀身献祭;不管怎样,在那个困苦而专制的岁月,赋予生命的价值比在希腊罗马统治的几个世纪来得轻微。有时,自我牺牲简直成了传染病;想引人瞩目的基督徒奋力冲向死亡,导师则不得不告诫他们要保全生命。殉教很快成了一生的光辉理想;不折不扣的膜拜开始在殉教者埋葬之地出现,他们在上帝面前的代祷成了基督徒的最高期望之一。殉教者的地位高于其他圣徒,这容易理解:没有哪个宗教像基督教那样如此荣耀见证鲜血的个人,也没有哪个宗教把自身奋斗如此

113

保存在记忆中。殉教现场成了古迹；皇帝们早些时候的迫害，尤其是德西乌斯的几次，应当已经让此类古迹在脚底下随处可见。鉴于利用殉教者膜拜已成为传统，戴克里先的迫害似乎从一开始就考虑欠周。

　　大约与此同时，教会组织已经显示出正规教阶制的最初迹象。诚然，精神领袖的选择，或至少他们的批准，依旧掌握在各地社团手中，但他们越来越清楚地从"平信徒"（laity）中分离出来，而成为"教士"（clergy）。主教之间种种差别的产生，乃是依据各自所在城市的地位，并特别考虑到某些会众的使徒传统的基础。宗教会议出于诸多不同原因而召集，它们有利于把主教们联合成一个更高的等级。在主教内部，严重的堕落早在 3 世纪已明显。我们看到，他们中的许多人沉沦于俗不可耐的浮华，成了罗马官员、商人，甚至高利贷者；撒摩沙塔的保罗[①]是个极端恶劣的例子，但他在当时决非绝无仅有。自然，这些俗人身旁也有截然相反者，即那些从世俗事务、国家和社会中抽身而出，没入孤独的人。我们会讨论遁世运动的起源，以及此处涉及的其他几点。

114

　　大量传阅甚广的文献细致讨论了上述问题，其中有几种现代史学的最佳著作，每种都是根据作者所采纳和读者所需要的观点而写。本书不会招人嫉妒，因为其观点并非为了陶冶性情，这是尼安德尔[②]之类的学者会采纳的。

　　如果想简要了解基督教社团在最后一次迫害之初的真正力量是什么，我们会发现，它不是社团的数量，不是成员一贯优越的道德，也不是内部制度的卓越，而是对灵魂不灭的坚定信仰，这一信

---

① 撒摩沙塔的保罗（Paul of Samosata），3 世纪主教，生于幼发拉底河畔的撒摩沙塔城。他认为耶稣只是凡人，因此被判为异端。但由于得到帕尔米拉女王芝诺比娅支持而拒不离任，更不交出教会产业。他还被指控从希望得到皇室宠幸之人那里受贿，并前所未有地把妇女安排进教会唱诗班。

② 尼安德尔（Johann August Wilhelm Neander，1789—1850 年），德国新教史学家。为反对大卫·施特劳斯对耶稣生平所作的批判性研究而发表《耶稣传》，宣扬虔信。

仰感染了每个基督徒。我们不久会展示,晚期异教毕其全功于同一目标,但它走上阴暗曲折的偏僻小径,而且缺乏基督教的必胜信念;从长远看,它无法同基督教竞争,因为基督教彻底简化了这个问题。此外,就满足古代世界的政治需要而言,罗马的强力统治已带来对政治的绝望,而基督教提供了一种新的国家、新的民主,甚至新的市民社会,只要它能保持纯洁的话。许多古代的雄心抱负在罗马国家中找不到一席之地,被迫沉默不语,但却能在教堂会众里找到通往主教教座之路,故至少为伸张自我挽回一些余地。另一方面,最杰出和谦卑的人定然把教堂会众当作神圣庇护所,在此躲避罗马此时已无所不在的腐败的压力。

面对这些巨大优势,我们发现异教处于分解过程中,它分解得如此彻底,以致基督教即使没有出现,也很难设想异教会继续存在。为了便于理解,我们不妨设想,如果基督教方面没有做任何准备工作,穆罕默德就径直将狂热的一神教引入地中海世界,那么这里的异教肯定也像近东地区的异教那样不堪一击。由于内部解体,由于随心所欲地与外来因素混合,异教已被削弱得奄奄一息了。

这里讨论的起点,必然是帝国的国家宗教,即希腊罗马的多神教,它由两种膜拜的史前联系及其后来的融合塑造出来。从各种生活处境下出现的自然神和守护神中诞生了超凡出众的人物,各地古人又从他们的神话中认出与自己的相似之处。道德与这种宗教的联系颇为稀松,主要取决于个人看法。人们确实相信众神会赏善罚恶,但只把众神设想为生命与财产的给予者和保护者,而非高人一等的道德力量。除却种种民间信仰,林林总总的秘仪没有给希腊人提供一种更纯洁的宗教,甚至连关于神圣物质的睿智启蒙都没有,而仅仅提供了一种秘密崇拜仪式,它使众神尤其讨入教者的喜欢。一种有益的影响至少碰巧包含了有关洁净的特定要求,还在于能激发民族情感,这是各种秘仪和希腊人各种节日竞技的特点。

哲学与这种宗教针锋相对,哲学一旦被置于宇宙起源论的诸问题之上,就多多少少清楚宣告了神的统一。由此,通往至上虔诚和

115

最美好的道德理想的路开辟出来了，但这条路还通往泛神论甚至无神论，后者可以要求享有民间信仰所享有的那类自由。不否认众神存在的人像泛神论者那样，把众神解释为宇宙的基本力量，或者像伊壁鸠鲁学派那样，任凭自己无所事事和对这个世界漠不关心。"启蒙"在这杂乱一群中也有一席之地；犹希迈罗斯及其追随者很久以前曾把众神当作古代的统治者、战士等等，还理性地把神迹解释成幻觉或误解。他们误入歧途，教父和护教士后来在评价异教时常常被他们误导。①

116

所有这些混乱罗马人在接收希腊文化时照单全收了，而专心致志于这些问题成了有教养之士的节操和时尚。怀疑与迷信一道在上层社会阶级中滋生，尽管真正的无神论者可能寥寥无几。然而，到了 3 世纪，由于罗马帝国非同寻常的危机，怀疑显著减少，一种信仰崭露头角，尽管它有利于各种外来膜拜，而不利于旧的国家宗教。但在罗马城，古老的本地膜拜与国家联系得如此紧密，相关迷信又如此根深蒂固，以致人们无论信不信外来膜拜，都必须在维斯塔圣火②、教规所订之秘密誓言、国家占卜（auspices）③等相关问题上展现冠冕堂皇的罗马式虔诚，因为罗马之永恒倚赖这些神圣事物。皇帝不但是大祭司（pontifices maximi），身负明确的仪式义务，他们拥有的"奥古斯都"头衔更意味着超自然的祝圣、称义和豁免。神化、神庙、祭坛和祭司制度作为皇帝特权的象征持续了三百年，在基督教把它们统统废除之后，迷信终于把 daimones（精灵）的

---

① 犹希迈罗斯（Euhemerus），活跃于公元前 300 年左右的希腊作家，认为神话中的诸神起源于曾统治人而后又被人所神化了的国王或英雄，这一理论称为犹希迈罗斯主义。后来的基督教解释者受其影响，认为异教诸神是源自恶人的邪恶存在，这样，希腊文"daimon"（复数为 daimones）一词从此被专门用来指"妖魔"。但在希腊罗马时代，"daimon"原指介于人和神之间的精灵，其中有善有恶。中译本把异教语境中的"daimon"译为"精灵"，基督教语境中的"daimon"译为"妖魔"。

② 维斯塔贞女（Vestal Virgins）由六名女祭司组成，负责照看象征罗马权力保证的圣火，防止它熄灭。

③ 占卜（auspicia），由占卜官（augures）解读的来自神的预兆。通常以鸟的飞行姿态、雷鸣电闪、神鸡的进食方式等为依据。进入帝国后，只有皇帝才有权占卜。

身份授予皇帝,这不光是阿谀奉承。

　　毫无疑问,即使在异教统治的最后岁月,真正的希腊罗马宗教在许多人心里并没有被外来神祇代替,没有被巫术和咒语取代,也没有被哲学抽象驱散。这点无法直接论证,既因为崇拜旧神并不排斥崇拜新神,又因为在众神的互换中(这点下文将会涉及),新神会以旧神的名义被崇拜,反之亦然。不过这种可能性却不可否认,一旦我们注意到,在强力推动下,健全的古人与众神、与命运之间古老而天真的关系会时不时地突然出现。"我崇拜您,"阿维埃努斯①向埃特鲁里亚地区的命运女神诺提娅致辞,"我为沃西努姆人所生,在罗马定居,两次出任代行执政官,潜心诗艺,天真无邪,不怨天尤人,与妻子普拉奇妲享有鱼水之乐,为自己健康活泼的子女感到高兴。至于其他的,但愿能够依据命运之安排而得悉。"

　　在其他情况下,旧的宗教及其生命观得到鲜明展示,虽说其中已掺入种种创新。戴克里先自己的信仰必然带有这种特点。至少他相信埃特鲁里亚的脏卜师,他们当时与新柏拉图派的法师还没有起冲突,不像后来在朱利安的宫廷中那样;他的守护神依旧是朱庇特;他就最紧要的事向米利都的阿波罗神谕所咨询。他的立法所反映的道德和虔诚与德西乌斯的最为契合;他对好皇帝——尤其被当作 *daimon*(精灵)崇拜的马可·奥勒留——的膜拜,也是步亚历山大·塞维鲁的后尘。另一方面,旧宗教的许多部分和含义早已消亡,为人遗忘。众多罗马守护小神可能被当作小古玩,虽说基督教作家将它们视为顽固的存在而大加挞伐。人们几乎不再把拉特兰努斯神②与炉灶、把雯克西娅③与涂油、把辛克西娅④与腰带、

---

① 阿维埃努斯(Rufus Festus Avienus),约公元4世纪的拉丁诗人,生于埃特鲁里亚的沃西努姆城。

② 拉特兰努斯(Lateranus),罗马神祇。司炉灶边的砖地(later),这里被当作家庭生活的中心。

③ 雯克西娅(Unxia),罗马司婚姻的女神之一,负责涂油礼,即新娘在新郎家的门槛上涂油(ungere),经过这一礼俗,新娘成为"妻子"(uxores)。

④ 辛克西娅(Cinxia),罗马司婚姻的女神之一。负责正确地系(cingere)新娘的腰带。

把普塔①与修枝、把诺杜提斯②与谷秆、把美洛尼娅③与养蜂、把利曼提努斯④与门槛联系在一起。一种截然不同、十分普遍的关于 *genii*（保护神）⑤与 *daimones*（精灵）的观念早已深入人心。许多早些时候的信仰地方特色十分鲜明，这时仍然如此。

在帝国时期，希腊对各种地方膜拜和神秘崇拜的敬意尤其深情款款。鲍桑尼阿斯在 2 世纪写下希腊风土纪行，为人们了解各城各地对众神和英雄的专门崇拜、了解负责此类崇拜的形形色色的祭司提供了充足证据。出于虔诚的义务，他对各种秘仪缄默不语，后人应当感谢他的略过不提。

正如罗马国家需要一些 *sacra*（圣物）以确保长久存在——这使得，比如，维斯塔贞女在进入基督教时代很久以后依旧照看圣火——同样，个体从摇篮到坟墓的私生活也与种种宗教习俗交织缠绕。在家里，宴请与献祭密不可分。在城市街道上，人们邂逅行进的队列和壮观的场面，有的庄严而堂皇，有的喧闹而迷狂，这些充斥着希腊生活，就像各种宗教节期填满了罗马日历那样。在乡村中，无穷无尽的献祭在小会堂、洞穴、十字路口和古树名木下举行。新近皈依基督教的阿诺比乌斯，讲述了他以前作为异教徒走过树干或巨石时感受到的虔敬，这些树干挂满彩带，而泼在巨石上的油留下了条条痕迹。很难在一种看上去非常浅薄而轻佻的膜拜中发掘出道德内涵，许多人否认能够找到这种内涵。一千五百年以后，几乎同样的问题不也出现在地中海世界的天主教节日中吗？彻底

118

---

① 普塔（Puta），罗马女神。司修剪（pu-are）树枝。
② 诺杜提斯（Nodutis），罗马神祇。司谷类作物的茎秆，尤其是茎秆上节点（nodus）的成长。
③ 美洛尼娅（Mellonia），罗马女神。司蜜蜂与蜂蜜（mel）。
④ 利曼提努斯（Limentinus），罗马神祇。司门槛（limen）。
⑤ genii（单数为 genius），原指男人的保护神，保佑他生儿育女（genii 字面意思是"生育者"）。家庭的保护神被认为附在家中男主人（paterfamilias）身上，故在男主人生日这天礼拜家庭保护神。"genius"的概念后来被泛化，以致一个群体、一个地区，乃至一个国家都有保护神。

感官的乐音回荡在大弥撒①中,为圣餐礼伴奏,其间不时被阵阵经
文诵读声打断;熙熙攘攘的集市、琳琅满目的食品、林林总总的娱
乐活动,还有晚上不可或缺的烟花组成节日的第二部分。一个人
即使反感这一切,也无法免俗;但我们切不可忘记,此类外在行为
并非宗教的全部,最崇高的情感在不同的人那里会因不同的手段
引发。如果抛开基督徒的罪恶感和谦卑感——这两者不为古代世
界所理解,我们可以更公正地评价他们的崇拜。

　　神话的种种细节决非信仰问题,早在琉善令人捧腹地戏弄它们
之前很久,它们就已经被彻底抛弃。基督教护教士试图从纷繁芜
杂的神话中把丢人现眼的内容辑录成册,通过把性质毫不相干的
各种因素加以曲解和混合来大肆奚落古代信仰,这样做有点不光
彩。他们必然知道,这种取自古代诗人和神话搜集者的攻击与自
己所处的世纪关联甚微。这就好比新教也应当为许多传说的荒谬
之处负责一般。民众的宗教意识几乎对神话漠不关心,而对各种
神作为自然与人之生命的统治者和保护人的存在感到满意。当时
的哲学如何彻底摒弃了神话,我们将在后文看到。但异教徒不断
把武器往基督教辩士手上送,因为他们依旧戏剧性地呈现神话,而
且常常呈现那些最令人作呕的成分。

　　在一个领域内,神话一直高高在上地统治到最后岁月,即艺术
和诗歌领域。荷马、菲迪亚斯②和悲剧作家一度为创造众神和英雄
推波助澜,消失了的信仰这时被保留在石头、徽章、面具、著作和赤
土陶器上。然其生命与其说是真实的,不如说是貌似真实的。关
于造型艺术的命运及其衰落原因,稍后会讨论;这里必须注意到,
造型艺术支持古老神话的能力由于这个事实而丧失了:造型艺术
开始服务于把哲学甚至把各种外来膜拜神话化。戏剧在很大程度

①　弥撒是圣餐仪式的庆典,罗马天主教将整个礼拜叫弥撒。典型的仪式包括祈
　　祷、诵经、讲道和圣餐。大弥撒(High Mass)形式完备,除诵经之外,一切项目由
　　人声演唱;与之相对的小弥撒(Low Mass)则除唱赞美诗外都不用音乐。
②　菲迪亚斯(Phidias,约公元前490—前430年),雅典的雕刻家。

上或许完全被地方上的摹拟剧(mime)，被只有音乐和舞蹈的无声哑剧(pantomime)取代。所有的宗教成分，比如曾经使阿提卡戏剧成为一种崇拜形式的那种成分，都消失了。阿普列尤斯《金驴记》第十卷描绘了一幕优雅的科杯斯舞剧《帕里斯在伊达山上》，它表明，到了安东尼王朝时期，希腊的剧场只展示悦人耳目的壮丽场景。在这里，我们起码可以说，它仍是一种精致的、程式化的艺术；而在帝国说拉丁语的地区，尤其在那些只有半罗马化或只经过军事殖民地熏陶的地区，如果当地剧场上演任何堪称戏剧的东西，如果剧场不完全用于角斗、狩猎的话，此类演出定然粗俗不堪。神话中低级庸俗的那面被刻意彰显。朱庇特的每次通奸——甚至他化成动物犯下的通奸，维纳斯的各种丑闻，都伴着下流笑声粉墨登场。众神的类似行为甚至出现在摹拟剧中。亚里士多德时期的观众能容忍此类事物而无损于信仰，但在病态的时代，它们给予整个旧宗教以致命一击。 120

如果从舞剧名角和舞台设计师享有至高地位的领域转到诗歌领域，只要我们从 3 世纪末的少量遗物中搜寻神话因素，仍可找到描述神话的伟大才能的零星证据，这在整整一个世纪后的克劳迪安[①]身上体现得最辉煌；但内在信仰的最后一抹痕迹早已黯然失色。例如，里波希安努斯大约活跃于公元 300 年左右，他作有一诗，描写马尔斯与维纳斯偷情，它的意图与刚才说的哑剧的意图如出一辙：猥亵场景的周围满是感官诱人的形象。维纳斯一边等候战神一边跳舞打发时间，诗人以善解风月之心描摹了她的不同姿态；接着马尔斯出现了，他让丘比特、美惠三女神和毕布罗斯的少女(maidens of Byblos)为他宽衣解带。但这是怎样一个马尔斯啊！他被刻意塑造得鲁莽粗俗，一如维纳斯被刻意塑造得勾魂摄魄。他像铅块一样扎进饰满玫瑰的闺房，即使在描绘他小憩的段落里，

---

① 克劳迪安(Claudius Claudianus)，4 世纪晚期的诗人，生于埃及的亚历山大里亚，但用拉丁语创作。

读者也能听到情欲充沛的鼾声。当鲁本斯①用自己的风格处理古代神话时,他传达的那种虽误入歧途但强大的精力予人的感受使我们可以宽宥他;但这里正处于古代传奇所退化到的最底层,除了优美的诗句,得不到其他报偿。存心讽刺的基督徒差点完全达到目的,而我们或许也会认可对这首诗作此类解释,如果诗人没有生动描写丘比特的话。丘比特好奇地查看马尔斯丢在一旁的武器,用花朵装饰它们,接着,吃醋的伏尔甘吵吵嚷嚷登场了,他则悄悄爬到头盔下,躲了起来。

有些诗人完全沉溺于神话,而流于细碎。内梅西安努斯②大声说:"谁没唱过尼俄柏的丧亲之悲③,没唱过塞墨勒之悲④,没唱过……[接下来是三十行涉及多个神话的六韵步诗句]。一切已被众多伟大诗人写完;古代世界的传奇山穷水尽了。"诗人因而转向青葱的森林与草地,但并非写山水诗,而是引入他自己的主题——猎狗之饲养。写完这一主题之后,他不忘颂扬庇护人卡里努斯恺撒和努梅里安恺撒的功绩。

类似的情感长久以来使人们明显偏爱教诲诗,而非史诗,罗马人尤其如此;但这种偏爱从未表现得像现在这般露骨。卡尔普尔尼乌斯·希库卢斯有一首神话题材的迷人诗歌《巴库斯》(《牧歌》第三首),在此提及,是因为它明显借助造型艺术,让人想起菲洛斯特拉托斯对蜡像的描述,但风格上更胜一筹。我们甚至发现须发

121

---

① 鲁本斯(Rubens,1577—1640年),佛兰德斯画家,巴罗克艺术的代表人物,布克哈特最喜欢的艺术家。

② 内梅西安努斯(Marcus Aurelius Olympius Nemesianus),3世纪北非的拉丁诗人。

③ 尼俄柏(Niobe),忒拜王安菲翁之妻。曾夸耀自己子女众多,嘲笑女神勒托只生下阿波罗和阿耳忒弥斯—·子一女,勒托复仇心切,命其子女将尼俄柏的子女全部射杀。

④ 塞墨勒(Semele),忒拜王卡德摩斯之女,同宙斯生酒神狄俄尼索斯。宙斯向她许下有求必应的誓言,赫拉吃醋而骗她,让她设法使宙斯答应以其全部雄伟姿态出现,来证明爱的真诚。宙斯只好以雷鸣电闪出现,凡人塞墨勒无力承受,被燃成灰烬。

灰白的西勒诺斯①充当保姆，把婴儿巴库斯揽在怀中轻轻摇摆，惹他笑，打着响板逗他乐，和蔼可亲地让他扯自己耳朵、下巴和胸毛。后来，长大的酒神教羊人们初啜葡萄酒，直到它们因这种新饮料而酩酊大醉、酒糟沾身，并绑架居住在山林水泽的仙女（nymphs）。这种放纵作乐的场景——酒神甚至让他的坐骑黑豹从兑酒杯②中喝上一口——出现在最后一批具有生动之美的古代作品中。

上述皆可证明，对于日益汩沦的古典宗教，神话是负担而不是支持。至于用哲学解释来维系神话，为神话辩护的尝试，我们将在下文述及。

古典宗教还受到另一因素的侵扰和冲击，即与被征服行省和异域的膜拜相混合。我们正处于诸神合一崇拜（众神之混合）登峰造极的时代。

混合的实现不是因为帝国各民族间的融合，也不光是因为心血来潮和跟风，而是因为各种多祖宗教具有想互相接近、想找到彼此共同点、想把共同点转化为同一性的古老冲动。在所有时代中，与之类似的冲动设想了一种共同的原始宗教的有趣观念，每个人根据自身倾向构造这种宗教，多神论者与一神论者构造的截然不同。因此，崇拜相似神祇的人——有的出于无心，有的则带着哲学意图——寻寻觅觅，最终发现他们站在相同的祭坛前。希腊人的阿佛洛狄特被欣然混同于近东地区的阿施塔特、埃及人的哈索尔和迦太基人的天庭女神③；其他神祇也遭遇类似混同。必须特别留意这个甚至适用于罗马统治晚期的因素：众神的混合也是对众神的替

122

---

① 西勒诺斯（Silenus），酒神狄俄尼索斯（即罗马神话中的巴库斯）的抚养者。由于常常酗酒，他通常让长着山羊尾巴的羊人（satyrs）搀扶，羊人是酒神的随从，性好欢娱，耽于淫乐。

② 古希腊人认为饮用没有兑水的酒是野蛮人的行径，故先在兑酒杯（krater）中把水和酒兑好，再舀入酒杯。

③ 天庭女神（Dea Caelestis）是迦太基月亮女神塔尼特（Tanit）的罗马名称。其膜拜直到皇帝塞普提米乌斯·塞维鲁时期（193—211年在位）才在阿非利加境外流传开来。

代；外来诸神不仅被放在本地神祇旁边一并传播，还依据内在的亲缘关系替代了本地神祇。

诸神合一崇拜的第二个原因见诸一种带有政治意义的承认，希腊人、罗马人和多神论者一般都会把它赋予其他民族的神祇。他承认它们是神，即使不是他自己的神。本地信仰的边疆上没有严格的教义体系把守。祖先的各种迷信虽然被死板遵循，但对待其他迷信的态度是友好而非憎恨。神谕与其他超自然的告诫，责令将某些神祇从一地隆重移到另一地。于是，西诺普①的塞拉皮斯在托勒密一世时期移到亚历山大里亚，佩西努斯②的大母神在第二次布匿战争期间移到罗马城。不去冒犯诸多被征服民族的众神，而向它们表达敬意，甚至将它们接纳为自己的神，这在罗马人那里几乎成了一条自觉的原则，它是半政治、半宗教的。各行省的态度则相当分歧。小亚细亚乐于半推半就。埃及却不屈不挠；它把从托勒密王朝和罗马人那里接过来的东西转化成自己的仪式和艺术形式，而罗马人却想讨好埃及人，他们用接近埃及崇拜形式的方式崇拜埃及神祇。最后还有犹太人，他们看来与罗马宗教没有任何瓜葛，而一些有品位的罗马人却守犹太人的安息日，皇帝们还前往摩利亚山上的圣殿进行崇拜活动。诚如我们马上会看到的，众神混合的发生，部分是积极的，部分是消极的。

接纳外来膜拜的第三个原因在于畏惧和焦虑，这压抑着开始怀疑古老众神的异教徒。"无所不在的众神"几个世纪前尚且讨人喜欢，但如今不再如此。相反，富有思想的人天天寻找新象征，缺乏思想能力的人则寻找物神③，物神的起源越遥远越神秘，似乎就越好。一个特别因素加剧了混乱状态。各古代文明的多神教同时残

① 西诺普(Sinope)，小亚细亚北部、黑海南岸的古代城市。
② 佩西努斯(Pessinus)，小亚细亚中部的古代城市。因拥有一块从天而降的大母神阿格迪斯提斯(Agdistis，被混同于库柏勒)的膜拜石而著称，圣石于公元前205年被运到罗马。
③ 物神(fetish)，拜物教的崇拜对象。被认为具有神秘能力的物件，可为自然物，亦可为人造物。

留在其发展的所有阶段。作为拜物教，它继续崇拜陨石和护身符；作为拜星教[①]，它继续崇拜星星和元素；作为神人同形同性论（anthropomorphism），它继续崇拜不完全的自然神和不完全的守护神。与此同时，有教养之人早已在心灵深处将这些空洞之物抛弃，而摇摆于泛神论和一神论之间。各种异教的所有这些阶段眼下正与希腊罗马的异教相互作用。这方面我们拥有一些引人注目的实例，有时读来令人沮丧。尼禄在罗马宗教的氛围中成长，但他很快就蔑视罗马宗教，只信奉叙利亚女神，不久又抛弃了她，作践她的肖像，这时他只信一个不认识的平民送的护身符，一天向这个护身符献三次祭。

　　这是众多可用的例子之一，它为大体上理解各种外来神祇膜拜的性质提供了线索。人们对待外来神祇的态度，同他们对待旧的奥林匹斯诸神的态度不一样；由于将它们从自然环境中抽离，由于与罗马的生活、政府和风土格格不入，外来神祇只能作为精灵和怪神给罗马人留下印象，只有通过秘仪和巫术，或许还可以通过耗费大量物资才能劝诱它们。琉善认为外来神祇地位更高，并非无缘无故。在《宙斯唱悲剧》中（第八章），他依据造神所用材料的贵贱，建立了众神的等级制度。迷信迫切希望用最贵重的金属造神。"你看看希腊人的这些神多古怪：它们文雅好看，工艺也精良，可都是大理石或青铜做的，最贵的也不过是象牙的，外面贴着薄薄一层金，闪着可怜巴巴一点儿金光；即使这种最贵的，里面也是木头做的，还藏着一窝窝老鼠。再看看这边的本狄斯，那边的阿努比斯，隔壁的阿提斯，以及密特拉和蒙神，哪个不是实实在在金子做的，沉甸甸的，都很值钱。"[②]但此类膜拜败坏了对待古代民族神祇的态度。

124

---

① 拜星教（Sabaism）流行于古代阿拉伯和美索不达米亚。

② 本狄斯（Bendis）为色雷斯的月神；阿努比斯（Anubis）为埃及死神，奥西里斯之子；阿提斯（Attis）为女神库柏勒的爱人；密特拉（Mithras）为密特拉教的崇拜对象，源出波斯；蒙神（Men）流行于小亚细亚，司康复和保护墓地，亦被当作月神。这几个神都是外来神祇。

现在,我们再(从罗马人的角度)看看积极的众神混合,即罗马人在其中扮演的角色是给予者而非接受者。

显然,积极的混合能够实现,主要因为罗马人接管的民族正处于半开化状态,多亏了这种状态,罗马人优越的文化和宗教才得以传播;这些被罗马接管的民族分布在高卢、西班牙和不列颠。不幸的是,我们只是在高卢主要借助题献性铭文和雕像,才了解到宗教方面的一些情况。

帝国晚期的罗马人沉浸于真正普遍的迷信,他们像参加其他地方的膜拜那样参加高卢的膜拜,只要它还有一线生机。他们不仅向德鲁伊特教徒咨询未来——这点前文已说过,还参加实际的仪式。比如,帝国晚期的佩西安尼乌斯·尼格尔皇帝就郑重参加过高卢的一次秘仪,它只邀请大陆人。但没有一个高卢神祇传到意大利、阿非利加或希腊。(如果在阿奎莱亚发现凯尔特人的太阳神贝莱努斯,在萨尔兹堡和施蒂利亚发现其他凯尔特神,在士瓦本的拉乌因根发现阿波罗·格纳努斯等神,我们不应当认为这些是在诸神合一崇拜时期引进的,而应视之为日耳曼人、斯拉夫人和阿瓦尔人在渗透进阿尔卑斯山脉前,原始的凯尔特人曾出没于这些地区的最晚证据。)在高卢本土,人们用各种办法让民间宗教穿上罗马服装。众神不但取了罗马名字,还采用古典的神人同形同性的艺术形式。塔兰称作朱庇特,并被描绘成朱庇特;特乌塔特斯称作墨丘利;赫苏斯或卡穆卢斯称作马尔斯。其他神祇起码保留了原有的名字,要么单独一个名字,要么与一个罗马名字合在一起。于是,我们有了贝莱努斯或贝莱努斯·阿波罗,常见的还有阿波罗·格纳努斯、马尔斯·卡穆卢斯、密涅瓦·贝丽萨娜,等等。此外,罗马化了的众神还获得特有的第三个名字(cognomens);其中有些取自地名,有些可以通过猜测加以解释,还有的干脆无从索解。于是我们有了狄安娜·阿布诺芭(Abnoba,这是黑森林的称呼)[1];狄安

125

---

① 阿布诺芭(Abnoba),德国西南部的黑森林地区的凯尔特女神,司狩猎和森林。

娜·阿多伊娜（Ardoinna，可能是 Ardennes）①；马尔斯·文西乌斯
（Vincius，源自地名旺斯［Vence］，位于法国南部）；赫丘利·马古萨
努斯和萨克萨努斯（Magusanus and Saxanus，尤其见于荷兰）；马尔
斯·拉卡乌斯（Lacavus，在法国南部的尼姆）；阿波罗·图提奥里克
斯（Toutiorix，在威斯巴登）。罗马化了的神祇还会与一个没有罗马
化但可能有亲缘关系的神祇联在一起；这样，维瑞奥格杜穆努斯在
亚眠与阿波罗联在一起；息诺娜在波尔多和德国南部在某种程度上
被当作狄安娜或密涅瓦（像贝丽萨娜那样）。但罗马化就此止步。许
多神祇保留了凯尔特名字，通常在前面缀以"神"（Deus 或 Dea），"神
圣的"（Sanctus 或 Sancta），甚或"庄严的"（Augustus 或 Augusta），后
者用在这里与皇帝头衔无关。初看之下，人们容易把所有这些神祇
当作地方性神道，其中许多确实如此，比如贝尔格扎本的沃塞古斯、
尼姆的内茂苏斯、阿文提库姆的阿雯提娅、贝桑松的韦崧提乌斯、卢
克维尔的卢克索维乌斯、奇尔利的凯勒娅；但有些没有这种意义，比
如康文涅斯的阿贝利奥、奥尔良的阿西奥娜、巴涅尔的阿格霍、巴黎
的贝米卢西乌斯、科隆的哈亚萨、特里夫斯的英塔拉布斯。此外，许
多神出现在迥然不同的地区，塔拉鲁库斯②出现在海尔布隆和达尔
马提亚，水仙女内哈勒尼娅出现在法国和荷兰。人们一有条件，就
迫不及待地把这些神罗马化，这还表现在用罗马的分类名称为无
数小神、个性不鲜明的神命名：Matres③，Matrones④，Campestres⑤
（战地的神灵），Silvani⑥（森林中的神灵），Bivia，Trivia 和 Quadrivia⑦

---

① 　阿多伊娜（Ardoinna），凯尔特女神，为法国东北部和比利时东南部的阿登高地
　　（Ardennes）的地方神。
② 　塔拉鲁库斯（Taranucus）与前文提到的塔兰（Taran）都是凯尔特雷神，被混同于罗马
　　神祇朱庇特。罗马诗人卢坎（Lucan）认为它是需要人祭的三个凯尔特神祇之一。
③ 　意为"母亲"。此乃凯尔特大母神，通常以三联神的形貌出现，在雕像上表现为
　　三位并肩而坐的妇女。主要在欧洲西北部被崇拜，其别称与属性繁复多样。
④ 　原文如此，似应作"Matronae"，"妻子'、"已婚妇女"之意。此处为 Matres 的别称。
⑤ 　守护军营和练兵场的罗马女神。
⑥ 　司处女地、树林、农业、狩猎和分界线的罗马神祇。
⑦ 　Bivia，Trivia 和 Quadrivia 分别意为"二岔路"，"三岔路"和"四岔路"。

（交叉路的神灵），Proxumi 和 Vicani①（街坊的保护神），等等。Sulevi 和 Comedovi②属于同一类，但难以翻译。严格说来，像"此地的保护神"或"此区域的保护神"这类表述，只暗示罗马仪式性的习惯做法，但用在这里很可能体现了凯尔特用法。不管怎样，到 4 世纪晚期，最强大的神一直是特乌塔特斯③-墨丘利，它仍精力旺盛地反抗图尔的圣马丁；这位圣人认为朱庇特愚蠢而乏味（brutus atque hebes）。

126　　诚如我们评论的那样，这些西方宗教对罗马的反作用微不足道，或者说根本没有。

　　东方、波斯、小亚细亚和闪米特人古代文明各自的处境差别悬殊。对于闪米特人，地理分布广泛的定居点是一大优势，罗马人不是在叙利亚首次获悉他们的偶像崇拜；闪米特人的宗教很久以来就由腓尼基人和迦太基人传遍整个地中海世界，甚至传到赫丘利之墩④以外地区。随着罗马逐步吞并西班牙、阿非利加和一些岛屿，罗马接管了迦太基人的广大领土和迦太基人的膜拜。罗马人恨迦太基人，但不恨他们的神。另一方面，波斯的二元论，尤其是后来经过萨珊王朝君主的正统性复兴之后的二元论⑤，像犹太人的一神教那样强烈抵制任何与希腊罗马众神的混合与妥协。但波斯早些时候还贡献过一种变了味的帕西人的拜火教，它已朝迷信方向退化，罗马正是从这里引入密特拉的。

　　从幼发拉底河到地中海、爱琴海和黑海——讨论从这里开始是

---

① Proxumi 和 Vicani 分别意为"邻居"和"村民"。

② 两者皆为以三联神形貌出现的凯尔特大母神。

③ 特乌塔特斯（Teutates），凯尔特神祇。可能意为"部落保护人"，主要出现在高卢和不列颠的铭文上。是需要人祭的三个凯尔特神祇之一。通常被混同于罗马战神马尔斯，有时也被混同于墨丘利。上文提到威斯巴登曾发现与阿波罗混同的图提奥里克斯（Toutiorix），它与特乌塔特斯被当作同一个神。

④ 赫丘利之墩（Pillars of Hercules），指直布罗陀海峡东端两岸的两个岬角——欧洲的直布罗陀和非洲的穆塞山，相传由赫丘利置于此地。

⑤ 指琐罗亚斯德教，被公元 3 至 7 世纪的萨珊王朝（226—624 年）奉为国教。

恰当的——的近东地区各民族决非源于同一种族，但各种族的宗教自远古以来是如此相互影响，以致对正在讨论的晚期时代而言，我们可以将它们作为一种宗教看待。确定诸种源头在此无关紧要，而且容易离题千里。此外，早在罗马战胜安条柯大帝①之前，还出现了另一次众神混合，即近东众神与希腊众神的混合，它始于小亚细亚的希腊化时期，在亚历山大大帝继任者的统治下得以加速。这一混合类似于希腊与东方的语言文化融合。壮观的希腊城市在亚历山大继任者的土地上拔地而起，无处不在，数量之多，令人难以置信。但在乡村，特别在远离大海的地方，旧的语言仍然多少顽固地存在着，其活力在后来随着希腊影响力的内在枯竭而居然增强了。在巴勒斯坦，尽管有重重可怕的动乱，亚兰文却在一种坚决排外的宗教和生活方式的保护下得以幸存。在叙利亚，一旦意识到问题不再是如何写得古色古香，而在于怎样写才能打动大众，作家们很快就操起本地语言，这在 2 世纪叙利亚诺斯替教派的巴尔德撒纳斯②和 4 世纪的厄弗冷③身上体现出来，在圣经的诸种叙利亚文版本那里体现得最明显。我们对小亚细亚的语言状况知之甚少，但只要民间语言在，民间的众神也在。

127

　　我们正在讨论的这些宗教的普遍基础是星辰崇拜，但它因为一种偶像崇拜而难以辨识，这种偶像崇拜部分是外来添加物，部分是内在发展的必然结果。一种繁复的祭仪试图用祭品安抚众神，祭品主要是动物，但也会定期和不定期地使用人祭。这些做法冥顽不灵地存在着，尤其在腓尼基文化的地域上；它们在迦太基灭亡和重建后很久一直残存，以致提比略皇帝不得不继续严厉惩处。巴力和阿施塔特（太阳和月亮，晨星和晚星）是最高的一对神灵，它们在罗马时期的名称和化身极其繁多，并在无数神庙中作为一切生

---

① 安条柯大帝（Antiochus the Great），省安条柯三世，叙利亚塞琉西王国的国王，公元前 223—前 187 年在位。

② 巴尔德撒纳斯（Bardesanes，154—约 222 年），叙利亚诺斯替教派的代表人物，在叙利亚传播基督教的先驱，其主要作品以叙利亚文写就。

③ 厄弗冷（Ephraem，约 306—373 年），叙利亚的基督教作家。

命的主宰和主妇留存下来。旧约中的巴力西卜、巴力毗珥、巴力比利土等名字可能早就被遗忘了。在帕尔米拉,巴力似乎一分为二,代表两种神灵,即作为阿格利波尔和马拉齐贝尔分别代表太阳和月亮,这两者在藏于卡匹托林博物馆的一块很晚时期的帕尔米拉浮雕上得到表现,浮雕上刻有捐赠人的希腊罗马式姓名:安东尼·哈德良之子卢西乌斯·奥勒琉斯·赫利奥多罗斯。埃美萨①辉煌的神庙宽敞而高大,其中放着一块黑石(陨石),它被当作太阳神埃拉伽巴努斯的化身,受到广泛崇拜。埃拉伽巴努斯的祭司身穿长长的紫色绣金短袖束腰外衣,头戴宝石冠冕。希拉波利斯②的神庙里除了有著名的叙利亚女神(她将在后文讨论),还立着一尊巴力的金像,它被塑造为宙斯,站在公牛拉的战车上。在赫利奥波利斯(巴力贝克),巴力以一种晚期半罗马化风格的化身形式被崇拜;它的金像不仅持有罗马太阳神的鞭子,还握着朱庇特的闪电。安东尼·庇护皇帝在它巨大的旧址上建了一座新庙,其遗迹至今让人感到,它当时被算作世界上一大奇迹是合情合理的。尽管如此,安东尼将此圣所奉献给宙斯,然宙斯之名不应由于这个事实而误导我们,即古代地名指巴力而希腊文地名指赫利俄斯(Helios)。③ 与埃美萨的神庙一样,这座神庙也因神谕而享有盛名,人们可以写信求神谕,这种做法在小亚细亚的神谕所里并不鲜见。罗马帝国还留下一些令人生疑和意义不大的巴力崇拜遗迹,可以忽略不计;我们只要知道这点就够了:此类膜拜多多少少得到改造,但仍然是近东地区首要的崇拜,一些最重要的神庙为此而建,众多其他神庙很可能也是如此,尽管这点得不到证明。迦密神在与它同名的山上④

128

---

① 埃美萨(Emesa),叙利亚的古城。

② 希拉波利斯(Hierapolis),叙利亚北部幼发拉底河西岸的古城。

③ 赫利奥波利斯(巴力贝克)(Heliopolis〔Baalbek〕),黎巴嫩的古城。"Baalbek"系该城古称,得名于"巴力"(Baal)一词;而希腊文"Heliopolis"的字面意思是"太阳神(Helios)的城市(Polis)"。布克哈特意思是说,应看清此地在希腊罗马时期是以太阳神之名行崇拜巴力神之实。

④ 指迦密山(Carmel),它坐落在叙利亚和犹地亚之间。

拥有一座祭坛，在那里发布神谕，它或许也是巴力的一种变形。这种膜拜在南部的前哨是加沙的马尔纳斯神，如果它真是大神的话。整个 4 世纪，马尔纳斯让那个地区的基督教教师和定居者感到绝望，使加沙及其周边地区几乎成了攻不克的异教避难所。我们不久会看到圣希拉里昂①把它作为私敌对待。

　　这个闪米特人的主神如今以不止一种形貌强行闯入罗马宗教。生活在或曾经生活在东方的罗马人可能把它当作宙斯或朱庇特崇拜。但太阳神崇拜在较晚时期变得如此显眼，多半因为有巴力和密特拉参与的缘故。人们对古代索尔-赫利俄斯（Sol-Helios）②的关注相对较少。埃拉伽巴努斯最终在罗马万神殿中获得——至少在很多年内——巨大而显赫的一帝之地，要归功于一位疯狂少年，他当过它的祭司，在登上世界王坐后继续当，并采用了它的名字。③当这位安东尼乌斯·巴希亚努斯将埃美萨的黑石运到罗马时（在 218 至 222 年间），诸神合一崇拜便臻于极致了。这位新神获得一座宏伟的神庙和诸多庞大的献祭，很快又获得一位妻子。这位皇帝从迦太基把天庭女神的偶像和珍宝接来，把她嫁给埃拉伽巴努斯；从神话角度看，这一结合无可非议。罗马和意大利奉旨欢庆婚礼。帕拉斯神像④、维斯塔圣火和其他古罗马的 *sacra*（圣物）被搬进新神的神庙。这位皇帝祭司遭谋杀后，据说黑石又被护送回叙

129

---

① 圣希拉里昂（St. Hilarion，约 291—371 年），巴勒斯坦隐修生活的创始人。

② 索尔（Sol）是罗马人的太阳神，而赫利俄斯（Helios）是希腊人的太阳神，两者往往被混同。对索尔的崇拜从公元前 1 世纪开始变得重要，但它在这一时期主要集中在罗马和意大利，并与东方的那种太阳神崇拜不同。后者直到公元 2 世纪才开始影响罗马，对索尔的崇拜逐渐衰落。

③ 埃拉伽巴努斯（Elagabalus），罗马皇帝，218—222 年在位，本名 Marcus Aurelius Antoninus。15 岁登基，此前是埃美萨的腓尼基太阳神 Elagabalus 的祭司，故名。他于 219 年夏天携黑石抵达罗马城。

④ 帕拉斯神像（palladium），希腊女神帕拉斯·雅典娜的神像。传说由宙斯送给特洛伊城的建立者。罗马人认为埃涅阿斯从特洛伊城的大火中把它拯救出来，护送到罗马，因而是保护罗马的强大法宝。它放在维斯塔神庙中，由维斯塔贞女照看。

利亚。显然是因为看到它，就会唤起令人厌恶的回忆。

然而在罗马帝国，名目繁复的大女神崇拜远比巴力崇拜兴盛得多。大女神与太阳神合流时代表月亮；就更宽的意义而言代表了自然，是一切生物之母。从远古时代开始，近东地区就带着狂热的酒神式躁动为她举办庆典，这种庆祝方式适合于那种全无任何道德特征的神灵。欢乐的呼喊与哀悼的哭泣，放荡的舞蹈及忧伤的笛音，女人的卖淫和男人的自阉总与这种出乎天性的、对酒色生活的膜拜形影不离。关于这些庆典，人们编造了一个流传不太广泛、但根据地点和时间而具有不同形式的神话，它为很晚时期的罗马人从事各种怪异的秘仪创造了机会。

我们暂且忽略埃及的伊西斯，她与大女神同宗、平行，并在形貌上仿效大女神，这些形貌到 3 世纪仍然可以辨别出来。

旧约称她为亚斯她录，[①]憎恨她，当时腓尼基仍然有阿施塔特的神庙；琉善就知道西顿有一座。他在著名的《论叙利亚女神》中匆匆提到它；这篇文章是我们了解史实的原始资料，但同样有趣的是，它还展示了这个轻佻的、受过希腊教育的叙利亚人对待异教膜拜的态度。琉善的讥讽从未发挥得如此淋漓尽致；为了让这一荒谬的偶像崇拜显得更滑稽，他故作天真，还模仿体面的老希罗多德的风格与爱奥尼亚方言。但我们还知道，这个惯于冷嘲热讽的人年轻时身处什么环境，而这种环境又怎样影响他，使他最终与所有膜拜和宗教决裂。没有一个雅典人能写出琉善的著作。

这种崇拜以天庭女神之名从腓尼基远播到整个地中海地区，又与古典膜拜混合。希腊人把这个女神当作"天神阿佛洛狄特"（Aphrodite Urania），罗马人称她为"天神维纳斯"（Venus Caelestis），这些名字后来甚至流行于闪米特人的国家。这个阿佛洛狄特并非爱与美的女神，而是丰产女神。塞浦路斯岛是希腊文化与闪米特文化交汇处，这里主要崇拜这位女神；岛上帕珀斯城和

---

① 参看《列王纪上》11:5、33；《列王纪下》23:13。

阿马苏斯城为她举办的宗教仪式有口皆碑。基西拉岛[1]和西西里岛珉克斯(Eryx)山上的圣所也属于天庭女神(Urania)。在迦太基，她至少在后来的变形中是最重要的神；城市名盖德斯，即盖德拉（今之加的斯）[2]，或许意味这里有一座天庭女神的神庙。这些圣所的布局与希腊众神的庙宇截然不同。偶像立在露天中，置于高高的、没有屋顶遮蔽的壁龛上，通常只由一块圆锥形石头构成；圣所四周环以栅栏、走廊和庭院，庭院中养着鸽子。这些区域内还有一些独立的柱子，让人想起立在耶路撒冷圣殿前的波阿斯柱和雅斤柱。

阿施塔特一个别名叫阿塔伽提斯，此女神上身人形、下身鱼形。她无疑在亚实基伦仍然拥有她那些一度出名的神庙，它们附近是非利士人的鱼神大衮的祠庙；她还在其他地方拥有神庙。在相当晚期的希腊化的一种形式中，她被置于叙利亚南部希拉波利斯的著名神庙的王座上，琉善描述过这座神庙，它可能完好保存到4世纪。在后面一个凸起的只有祭司能进入的区域中、在上文提到的巴力—宙斯像旁，有女神的金像，位于一辆狮子拉的战车上。她的属性借自诸多希腊女神：手持节杖和纺锤，身束天庭女神的腰带，头顶射出缕缕光线的城墙冠[3]，上面有块宝石，于夜间照亮整个神庙。此外，神庙区还发现了供奉各种其他希腊或希腊化了的神祇的空间。那里有一尊留胡须、披长袍的阿波罗，他在有人请求神谕时微微晃动；在这种情况下，祭司举起他，把他带在身边，按他的指示去做。向前动表示肯定答复，向后动表示否定；据说阿波罗这时会大汗淋漓。庙里还有一尊阿特拉斯、一尊赫耳墨斯和一尊爱蕾希娅[4]；庙外，在神庙主要入口前的露天大祭坛之上或附近，有很多铜像，象征从远古直到塞琉西王国时期的君主和祭司；此外，尚

131

---

① 基西拉(Cythera)岛，位于希腊南部。
② 盖德斯(Gades)，今之加的斯(Cadiz)，西班牙西南部港口城市。古代还称之为盖德拉(Gadeira)。
③ 城墙冠，一种胸墙形金冠，古罗马奖给首先登上敌方城墙插上军旗的士兵。
④ 爱蕾希娅(Eileithyia)，希腊的生育女神。

有众多取材于荷马史诗的画像。但最引人注意者,不是形形色色的塑像,而是相关的膜拜,其浩繁杂乱只有在这里才能领会。在大庭院里,圣牛圣马和被驯服的狮熊四下游荡,自由自在;不远处有一池塘,里面满是圣鱼,水中央设有祭坛,虔诚的信徒天天游到那里,以圆满完成各自立下的誓言。神庙周边住着一群笛手、阉人祭司(噶路斯)和口吐疯言的女人;他们用喧嚣壮观的游行、献祭和所有可能的猥亵打发时间。欢庆春天的节日里,大批朝圣者从全叙利亚涌到希拉波利斯,这里似乎完全陷入疯狂。不但一半森林和形形色色的祭品(动物、衣服、值钱的物品)值此节日遭到焚毁,它还是征募噶路斯的时节;许多不幸的男人纵情狂欢,兴奋得无法自制,乃至以自宫向女神表达敬意。这座神庙是近东地区最受尊敬的神庙之一;卡帕多西亚与西利西亚也像亚述与腓尼基那样向它进贡。爱奥尼亚式柱廊矗立在带有巨大入口的砖石结构的露天台阶上,位于俯瞰城市的山丘之上,构成辉煌耀眼的奇景。值得注意的是,这个神庙连同其荒芜的景色,还为后来的高柱修士提供了样板。两根象征阳具的巨大石柱从入口处拔地而起,这在小亚细亚拥有任何类似膜拜的地方司空见惯。每年会有一个人爬上柱顶,在那里祈祷七个白天和七个不眠的黑夜;有些人希望他代祷,会把一件恰当的礼物放在石柱脚下。在基督教时期,一名苦修的圣徒能够为如此猥亵的膜拜更好地赎罪吗?这位圣徒爬上柱顶,以自己的方式侍奉上帝,在那里不是呆几星期,而是连续呆几十年。[1]

最后,对这位女神——她这里又被称作阿佛洛狄特——最令人作呕的礼拜,与黎巴嫩阿帕贾树丛中遗世孤立的神庙有关。卖淫行为与太监[2]的种种猥亵之举置任何廉耻于不顾;但崇拜者依然年复一年前往此地,将名贵礼物抛进神庙附近的湖中,等待奇迹发生:一个火球出现在高山上,接着沉入湖中。人们相信这就是天庭女神。

---

[1] 这位高柱修士指西缅(Simeon,约 390—459 年),约三十岁时,他在特拉尼撒(Telanessa)筑一高柱,居其顶端默想上帝,历时四十年(419—459 年)。

[2] 指大女神的阉人祭司。

　　这位圣徒爬上柱顶以自己的方式侍奉上帝，在那里不是呆上几个星期，而是连续呆上几十年

　　西缅蹲坐高柱之上，睥睨象征邪恶的大蛇。出自6世纪叙利亚圣徒遗物盒上的金质饰板。

除了这位形貌繁多的生命之母,还出现一个她所派生者的化身,它同样形貌多样,在春天萌芽、冬天死亡。这一化身有时是她的儿子或女儿,有时是她的丈夫,更多时候是她的情人。春节的狂欢结束后,接下来为逝者服丧和哀泣,以此庆祝大女神的悲哀。诚如伊西斯在埃及为被弑的奥西里斯服丧,天神阿佛洛狄特也在腓尼基为阿多尼斯服丧,这位"夫君"(Lord)完全融入塞浦路斯岛,深深渗透进希腊膜拜,以致罗马人视他为希腊神祇。但这种礼拜最华丽的庆典出现在亚历山大里亚,它在基督教进入此城之后一个世纪依然可见,尽管难以再现托勒密王朝初期由谛阿克列多思①(在第 15 首《牧歌》中)展示的那种盛况。随着一列妇女走向海边,将一尊阿多尼斯像沉入浪涛,节日结束。在安提阿,欢庆阿多尼斯的节日也显示出顽强的生命力。

如果这个神因为在古典神界资格老而被当作希腊罗马的神,那么他在小亚细亚呈现出的一种特殊形貌则不是希腊罗马式的。在弗里吉亚及邻近的乡村地带,我们遇见以库柏勒、大母神、阿克德斯提斯(Acdestis)、丁迪墨涅(Dindymene)、贝勒辛西娅(Berecynthia)、佩西努提娅(Pessinuntia)等形貌出现的大女神;还会遇见她和情人阿提斯(Atys 或 Attis),人们哀悼他的阉割和死亡。佩西努斯②的古老神庙,连同其帝王般统治的祭司及其殷实的收入,早已把它的偶像和膜拜传给罗马,而希腊人甚至更早就在各种名目下接纳了这位女神,以致她头顶城墙冠、驾驭狮车的形象在各地为人熟知,连那些弗里吉亚的阉人祭司也在罗马得到承认。但罗马至少一开始还坚持那群太监、笛手、号手、打鼓的女孩等异类不能从罗马人中征募。他们可以行乞的准许后来未被撤销,或许是出于把这种膜拜从罗马生活中更清楚地划分出去的算计。遵照西卜林神谕和德尔斐神谕的指示,这种膜拜此前已获得认可,但共和时期的罗马并不倾向于在各行省中宣传它,帝国时期的罗马在

①　谛阿克列多思(Theocritus),公元前 3 世纪前半叶的希腊诗人。
②　相传阿提斯就葬在佩西努斯。

很长一段时间内也是如此。尤维纳尔发现喝得醉醺醺的太监与水手、小偷、逃奴和刺客一起睡在小酒馆的角落里，身边放着铃鼓。然而，通过行乞，头戴弗里吉亚帽子的大女神祭司得以进入罗马富人家中；他们利用妇女的迷信，并为了换取鸡蛋和旧衣服等礼物而就盛夏凶险的热病提供一些好意见。从参与贵妇的梳妆打扮到成为她们的座上客，并不需要跨出一大步。在那个年代，各种迷信因为荒谬得享繁荣。不久，我们发现大女神的祭司——*archigalli*（大噶路斯）和大女祭司——留下的铭文，他们取了罗马人名字，而这一膜拜的圣所开始遍及整个意大利和高卢。四方巡游的祭司阶层形成了，这些不折不扣的社会渣子到处游荡，用驮在驴背上的小神像的名义从事最恬不知耻的乞讨。他们穿着华丽俗气的女装在铃鼓长笛的伴奏下唱歌跳舞，他们自鞭自残直至流血，不过是为了用盗窃和说不出口的暴行来获得补偿。这些就是琉善和阿普列尤斯在安东尼王朝时期描绘的乞丐祭司。后来，至少在罗马，大母神膜拜定然展现了值得尊敬的一面，特别是放弃了阉割行为；要不然无法解释一些声名卓著的公民的参与，这在纪念碑上得到公开承认。至于种种起码到 3 世纪仍然与这种崇拜有关的秘仪，我们稍后再说。

134

　　每年四月举行的盛大节日上有种种象征性举动，其意义早已无从了解，它们令教会作家尤为恼怒。节日始于春分。阿提斯曾在松树下自残，所以人们在森林里砍伐松树，然后列队运往位于罗马帕拉丁山上的女神神庙。后来的铭文上几次提到一种特殊职衔，即 *dendrophori*（运树人）。噶路斯此时作蓬头捶胸状，仿佛痛苦万分。次日，伴着阵阵号角声，人们寻找迷失的阿提斯。第三天称作血日，因为噶路斯为了纪念阿提斯，要在一棵装饰着紫罗兰花环和这位不幸少年之像的松树的树阴下自伤。这天是阴郁的，充满了无节制的哀伤，还需要禁食苦行。在第四天，即所谓的"希拉里亚"①，欢乐无拘无束，整个罗马城沉浸在欢乐中，可能因为早些时

---

① 希拉里亚（Hilaria），意为"愉快的"。

候的春节已与这个节日合而为一；要不然，这一庆典意味着阿提斯被当作不死之神。第五天一切中止。第六天，女神的偶像——镶嵌在一尊银像中的黑石造的头——与各种神圣器皿一同被运往水边（在罗马则被运往阿尔莫［Almo］溪），经冲洗后，再被赤脚、混乱的队伍运回神庙。

帝国西部的人无法根据原本的神话意义欣赏这个节日，之所以完全屈从于它，只是把它当成习惯和发泄的良机。这一典礼是异教徒最不情愿放弃的典礼之一；尽管时过境迁，教堂前树立的五朔节花柱（Maypole，在意大利叫 *piantar il Maggio*）可能就是大母神庆典的最后回响。这一膜拜产生的另一后果可以从太监扈从那里推知，这些扈从在罗马显贵家族中变得常见。到 4 世纪，太监即使出现在虔诚的基督教家庭中，也被视为合情合理；这一习俗纯属东方风尚，要不是护送佩西努斯的女神的熙攘人群使人们逐渐对看到一群失去性征之人的丢人现眼的场景司空见惯，它不可能在罗马取得进展。

这里还应简单提提大女神的另一形象，即小亚细亚东部的阿奈提斯（厄尼俄①），她的膜拜同样放荡。她在卡帕多西亚拥有一座统治科马纳（Comana）城的权力很大的神庙，里面有无数男女庙妓。有人认为她被混同于古罗马女战神柏洛娜，柏洛娜的祭司每年在一次狂欢中切割自己的手臂。后来，到 3 世纪，在出现的同名秘仪上，柏洛娜祭司的血被接在盾形物中，分发给那些想入教的人。

除了这两位闪米特人的大神，还有不容忽略的第三位大神，虽然它与希腊罗马宗教的混合并非始于帝国时期，而是始于远古。这就是腓尼基人的麦尔卡特，希腊人的赫拉克勒斯只是这个神的一个方面。他的膜拜尽管这时采取了罗马名字，但要远溯到腓尼基人和迦太基人向外移居的时期；它最著名的神庙之一位于盖德斯（加的斯）。在意大利和希腊，宙斯和阿尔克墨涅之子②的古典观

────────────────

① 厄尼俄（Enyo），希腊女战神，与罗马女战神柏洛娜（Bellona）混同。
② 指赫拉克勒斯。

念广为流行；但后来的诸神合一崇拜明确把所谓的推罗①的赫拉克勒斯也接进宽敞的万神殿。伽列努斯时代意大利南部的一块铭文题献给他，这有点像现代一些流传甚广、能行奇迹的偶像的名字和仿制品在许多祭坛上被复述和再现那样。

尽管说了这些，我们仍然勾画不出小亚细亚和叙利亚的宗教状况在晚期帝国的真实或逼真的图景。无论如何，混合极其多样，取决于总体意义上的希腊生活能否渗透或遭到限制。那些为杂乱的小亚细亚偶像而建的希腊罗马风格的宏伟神庙，不啻是令人郁闷的景象。最高贵美好的事物被用来伺候最令人厌恶的东西，因为有些神庙的管理人员已积聚起足够的土地、金钱和馈赠，能修建纪念性的奢华建筑。事实上，日渐风行的迷信驱使越来越多小亚细亚的希腊罗马人聚集到东方诸神的祭坛旁，甚至聚集到突然出现的新兴诸神那里，只要他们的解释者和祭司足够厚颜无耻。从琉善那里我们得知一个 2 世纪的骗子亚历山大，他先用小小蛇神骗了阿玻诺忒科斯城附近的帕佛拉戈尼亚人②，然后骗了整个小亚细亚，包括最显赫的罗马官员。

不幸的是，缺乏关于神庙管理的晚期历史情况的充分报道，而斯特拉波在奥古斯都时期对此有不少了解。即使在帕尔米拉，捍卫太阳大庙及其财库的武士贵族和商业贵族之间的关系如何，也不清楚。有多少罗马时期的近东遗迹沉默无语地伫立着！首先想到的，是辉煌的阿拉伯的佩特拉和约旦河东岸的格拉森的柱城，若非惊讶的近代游客发现它们遗世独立的壮美，我们很难从帝国时期的作家那里获悉这两个地方的名字。

接纳近东神祇，只需要新的迷信并对崇拜加以扩展；这些膜拜没有给罗马带来新的文化因素。埃及众神参与了大混合，虽然令人印象深刻，但性质颇为不同。希腊人自古以来敬重埃及祭司的智慧，埃及众神得到这种敬重的伴随，人们指望用这种智慧尽善尽

---

①　推罗（Tyre），一译提尔，古代著名港口，现属黎巴嫩。

②　帕佛拉戈尼亚位于黑海南岸中部。

美地发现神学、天文学、博物学、医学和预言能力。我们在埃及需要面对的,不是胡言乱语的太监,而是祭司阶层,它一度控制了法老和人民,还遗留下一些雄伟纪念碑。

这一阶层在托勒密王朝时期显得十分潦倒;神庙拥有的财产被拿去为国家负担作贡献,而未遇到抵抗。对祭司神秘智慧的古老尊敬随着亚历山大里亚的兴起而消失,这座亚历山大的城市从尼罗河三角洲的沙地上拔地而起,成为希腊学者和受过希腊式教育的埃及人的实验室,他们为新发现的各种科学收集与研究的模式建造了最伟大的中心。马其顿君主及其官员和士兵不再受神庙支配,故不再值得尽量完好无损地维系祭司知识的旧体系。斯特拉波在游览下埃及的赫利奥波利斯时曾报道:"我们还看见祭司住的宽大房屋,他们一度是哲学家和天文学家;但团体责任感和传统现已消逝。至少我们看不到此类代表,只有一些负责献祭的官员,以及一些向异邦人解释趣事的管理者。"他游览的其他景点中,有个地方据说柏拉图住了十三年之久,但仍未能获悉祭司秘密的精髓。任何人把这些事当真,会遭到当时有教养者的嘲笑。但在迷信领域内,埃及很快就重新获得已在知识领域内失去的影响。

首先,旧宗教在埃及根深蒂固(参看边码第 95 页)。这部分是由于埃及人天生顽固,他们找不到更好办法来维持反对外来统治者的民族意识,部分是由于传统的组织。古代世界没有哪个民族像埃及人那样,让全部生命彻底依赖神圣的教义教规。几千年来,通过种种象征符号,这个民族最充沛的精力被导向颂扬他们与超自然事物的关系。各种神庙建筑、节日、献祭和埋葬占据显赫地位,与之相比,平常的市民生活、农业和商业只有次要的重要性。这种状况从来没有被彻底废除,或者没有被任何本质上不同的东西替代,所以肯定继续产生很大影响。大多数神庙依然完好无损地矗立着;冈比西斯①和波斯人带来的毁灭让埃及人深恶痛绝,对

---

① 指冈比西斯二世,波斯帝国的国王,公元前 530 年到前 522 年在位,于公元前 525 年入侵埃及。

这段历史的记忆直到罗马时期仍然栩栩如生。祭司照旧占有神庙附近和神庙中的宫殿，他们无疑尽一切可能保留神谕和献祭的全部辉煌和庄严，尽一切可能举行种种游行，游行队伍穿过宽敞的厅堂，穿过斯芬克斯像和公羊像林立的走廊，极尽各种壮观之能事。如果我们设想整个祭司阶层依然大量留存，这在托勒密王朝时期是显而易见的，那么它将由一大群被视为神圣的祭司组成。当然，这根危险长矛的矛头被折断了；托勒密王朝的君主将自己神职人员中的大祭司作为全埃及大祭司，并在亚历山大里亚给他指定了职位。罗马人也懂得如何应付这种危险；起码在哈德良统治时期，"亚历山大里亚和全埃及的大祭司"由一个名叫 L. J. 维斯提努斯的罗马人出任，他同时兼任亚历山大里亚博物馆馆长。但毫无疑问，大多数祭司仍然是埃及人。祭司中有 *prophetes*（预言者），负责发布神谕或执行某些特别神圣的献祭仪式；有 *hierostoli*（司神袍者），负责看管偶像们的全套衣物；有 *pterophori*（佩翼者），他们头戴翼形物；有 *hierogrammateis*（司神圣文书者），他们曾经掌管全部神圣智慧，但这时可能退化成梦境解释者；有 *horoscopi*（占星者），即看天宫图占卦之人；有 *pastophori*（运圣器者），负责在游行队伍中运送放置众神偶像的器物；有歌手；有在用于献祭的动物身上盖章的人；有神圣动物的照看者；有各种等级的尸体防腐处理者和葬礼侍从；最后还有众多庙奴，他们部分充当自愿与世隔绝的僧侣，部分充当四方化缘的乞丐。在塞拉皮斯神庙周围，尤其孟斐斯附近的塞拉皮斯神庙周围，自公元前 2 世纪以来就有一些"禁闭者"的单人小屋，住在里面的人希望通过在塞拉皮斯神附近终身禁闭获得纯洁——这显然是基督教隐修士亦步亦趋效仿的、不可否认的样板；他们只通过小小窗口接收食物，最后死在自己的洞穴里。无论是不是被全数供养，这一大群人只有一种兴趣：用一切手段保留埃及人的迷信，并尽可能让罗马人印象深刻。

除了为数众多的多少带有地方色彩的神祇，埃及主神伊西斯、奥西里斯和阿努比斯的神庙遍及各地。在亚历山大里亚和其他几个城市里，还得算上塞拉皮斯神，他从西诺普引进，与奥西里斯一

139

131

起被当作死神。塞拉皮斯的神庙①是古代建筑里的奇迹之一,周围
环绕着各种建筑,那里的博物馆在奥勒良统治期间被毁,即使如
此,一些非常重要的科学机构依然存在,其中就有两座大图书馆中
的一座。鲁菲努斯②给这座非凡建筑留下评论,尽管难以置信和含
糊不清,仍然值得一听,因为这里能比其他地方更清楚地显示,在
这个所有迷信的发源地,希腊文化可以在多大程度上适应当地的
国民特性。塞拉皮斯神庙坐落在带有一百级台阶的底座上,高耸
于城市中,其形制为一巨大的穹顶建筑,四面环以会议厅、楼梯和
秘密走廊,上面甚至还有祭司专用区和供忏悔的小房间。四重柱
廊或蜿蜒在建筑主体周围,或环绕着一方露天庭院。造价最贵的
材料,包括黄金和象牙,被毫不吝惜地用于建筑的任何地方。巨大
的中央殿堂立有塞拉皮斯神像,比例庞大,伸展的手臂竟能触摸到
两边墙壁;它效仿外包黄金象牙的塑像的样式,由各种材料在一块
木质芯子上制成;未包到的部分可能由某种神圣木料制成。墙壁
上镀有青铜,亚历山大里亚居民幻想里面另镀有一层银,最里面还
镀有一层金。整个大厅黑漆漆的,设计为人工照明。只有在一个
喜庆的日子里,太阳神的偶像被带来造访塞拉皮斯,朝东的一条小
缝隙才会在某个特定时刻打开,灿烂的阳光照射到塞拉皮斯像的
嘴唇上,这被称为太阳之吻。神庙肯定也像剧场那样装备了其他
光学设置或机械设置,但要么没有详细描述,要么听上去太离谱,
比如天花板上有一块磁铁,吸着由薄铁皮制成的、盘旋在空中的太
阳的像;同样的说法后来被用于穆罕默德的棺材。与所有塞拉皮
斯神庙一样,这座神庙也因所谓的庙宿而闻名。生病之人要么睡
在那里,要么派其他人睡在那里,以通过神派遣的梦获取治疗处
方。希腊人在阿斯克勒庇俄斯的神庙中也采用类似方法,这就为
把这两个神混同起来创造了基础。

此外,城里每一墙壁和门柱上都标有这位大神的象征符号,每

---

① 这里指亚历山大里亚的塞拉皮斯神庙。

② 鲁菲努斯(Rufinus Tyrannius,约345—410年),古代基督教拉丁教父。

条街道上另有无数其他神祇的神庙、小礼拜堂和偶像。据信，其他神庙中也发现或被认为配备了容易造成幻觉效应的装置。因此，在一位拉丁文文献称为萨图恩①神的神庙中，巨大的偶像靠墙而立，内部中空，以便祭司走进去，通过神像张开的嘴说话；神庙中的枝形烛台经过巧妙安装，可以突然熄灭。但此类机械设置有的可能不是故意骗人的，而是人人知道和认可的，旨在为壮观的象征性庆典添光加彩，埃及自古以来就屡见不鲜；如果头脑简单的狂热使人视之为神迹，祭司自然不会打消这种想法。我们还发现祭司从事通灵术和驱邪术；但他们自己也分享其中的妄想，或至少不像骗子那样完全不为妄想所动。因为迷信在这里简直成为生活中必不可少之物；在很晚时期，埃及的神圣家族抽出新枝，譬如塞拉皮斯和可憎的坎诺普斯，后者形似大罐子，有人形头颅和手足，在尼罗河三角洲以他名字命名的城市中得到崇拜。在斯特拉波时代，坎诺普斯市连同市内的小酒馆是亚历山大里亚人喜爱光顾的地方。远游通过尼罗河的运河实现，条条驳船不分昼夜，运行河中，船上的男男女女应着笛声翩翩起舞，耽于形形色色的放纵。当时的一座塞拉皮斯神庙仍然是城里的主要建筑，人们来此请求治愈疾病的梦；后来，坎诺普斯的圣所占据这里最显著的位置，在 4 世纪变成修习各种巫术的高级学校。

141

关于各种动物膜拜的经久不衰和相互敌对，前文已有述及。每个省或地区崇拜特定的动物，如绵羊、狼、狒狒、鹰、狮子、山羊、鼩鼱等。两头著名的公牛受到普遍崇拜：姆尼维斯牛，它晚至斯特拉波时代仍然安置在赫利奥波利斯神庙附近的小礼拜堂里；阿皮斯牛，它被当作奥西里斯灵魂的化身，放在孟斐斯。不总是能找到前额有白点、肋腹有新月的黑色公牛；在 4 世纪某一场合，曾花费很长时间寻找这样一头牛。找到后，虔敬的人们列队将它送往孟斐斯，同行的还有生它的母牛；百名祭司欢天喜地地迎接，把它护送到神庙，这里成了牛棚。在神庙和神庙前的庭院里，访客们审视

---

① 萨图恩（Saturn），罗马的农神，被混同于希腊神话中的克洛诺斯（Cronus）。

它,从它的一举一动中寻找各种征兆。神牛曾拒绝从日耳曼尼库斯手中进食,被视为凶兆。① 在阿尔西诺伊,尚有祭司知道怎样驯服当地人崇拜的鳄鱼,或起码知道怎样喂食。在这些接收崇拜的数不清的自然物中,必须提及最强大者,全埃及的存在都依赖它。尼罗河拥有自己的阉人祭司团,他们用种种献祭"侍奉和款待"它,让它可以赐福给土地。据尤西比乌斯记载,君士坦丁想废除这个祭司团,但他的意图没有得到执行,因为祭司团在他身后很久依然存在。他能做的一切,恐怕只是把测量尼罗河的仪表从塞拉皮斯神庙迁到一座基督教教堂里。

关于其他埃及祭司,比如图拉真时期的,普鲁塔克对伊西斯祭司的描述有点过于恭维,他处处毕恭毕敬地解释他们象征性的习俗和仪式。他们与众不同之处是白色亚麻衣服和剪得很短的头发。他们戒酒,禁绝很多食物,既为了防止肥胖,又出于众多象征性原因。他们还避免接触海和盐。相关膜拜尽管悲叹之声不绝于耳,却毫无精神高贵可言;膜拜之地满是放荡的喧哗呼叫和疯狂的手舞足蹈。这里一头驴子被投入悬崖,那里一头涂成金色、身披黑袍的公牛被牵着到处转悠。叉铃(sistrum)是制造噪音的特殊乐器,祭司以为可以通过嘈杂声抑止堤丰(Typhon,一种毁灭的本能)。这一膜拜的许多方面带有后来无意义的发明物或借用物的印记。伊西斯神像的服饰五颜六色,有深有浅,代表日与夜、火与水、生与死。熏香随一日时序之变更而替换:早晨点松香,驱散夜间雾气;中午点没药;晚上点奇菲(kyphi),它由十六种成分配制而成,用于常规祈祷。奇菲还可制成饮品,是一剂特效药,其各种成分有象征性解释,但药效定然起麻醉作用。

普鲁塔克用完全严肃认真的态度写这个主题;但他指出,也有

---

① 这里说的是阿皮斯牛,崇拜中心在孟斐斯。充当神牛的公牛必须黑色,前额有白点,右侧有象征新月的白斑。如果它从人手中进食,是为吉兆;反之为凶兆。1世纪罗马将军、皇室成员日耳曼尼库斯访问埃及时曾以此自测,神牛拒食,他不久被人毒死。

一些埃及人认为迷信，尤其是动物膜拜令人厌恶。"软弱无力者和头脑简单者陷入绝对的迷信，"他写道，"而更大胆、更骄傲的灵魂必然折服于无拘无束的无神论思想。"

我们现在必须确定，鼎盛时期和随后衰落时期的罗马在多大程度上采纳了这种宗教，并且是以什么样的精神采纳的。

纯粹的艺术借鉴把大量埃及图案和装饰主题引入罗马，这在哈德良时期尤其显著。除此而外，几个世纪以来，几乎只有与伊西斯相关之物才受到希腊罗马诸种宗教的欢迎。

伊西斯是大地，甚至就是受祝福的埃及本身；奥西里斯是尼罗河丰产的水流。埃及人设想两者为一切生命的总象征，所以容易成为其他民族神圣膜拜的一部分。这对神可能从闪米特源头那里继承了一种附带的含义，即作为月亮和太阳，但这层含义到希罗多德时期已不为人注意。希腊人一致把伊西斯当作得墨忒耳，把奥西里斯当作狄俄尼索斯，但并不因此完全忽视伊西斯作为月亮女神的功能。事实上，她逐一参与了截然不同的神祇所掌管的事务；她是冥府女神、梦女神、分娩女神，甚至海神。随着亚历山大征服埃及，埃及并入希腊—东方式乞活的大联合体，结果是伊西斯崇拜传遍希腊世界，最终在苏拉①的时代抵达罗马，尽管到一百年后才遇到公众强有力的反对。在罗马人那里，伊西斯有时由丈夫奥西里斯伴随，但更多时候由塞拉皮斯伴随，塞拉皮斯这时作为冥府的奥西里斯；由狗头的阿努比斯（他是奥西里斯的私生子，作为众神和冥府间的信使，被等同于赫耳墨斯）伴随；最后由何露斯伴随，他的希腊名字为哈耳波克剌忒斯，伊西斯在奥西里斯死后生下他。

即使对这些神灵原本的神话意义非常熟悉，仍然不足以让我们了解罗马人赋予他们的种种意义。除康复神之外，塞拉皮斯还是太阳神；许多外来神，甚至一些本地神也开始具有这样一面。但这种概念无损于他对活着与死后的灵魂的统治。同样，伊西斯和其他神祇在普遍意义上化为拯救之神，在特定意义上化为康复神，但

①　苏拉（L. Cornelius Sulla，公元前138—前78年），罗马军人和政治家。

144　不会因此失去与冥府的联系。在此阶段难以区分伊西斯和赫卡式,后者是有三种形貌的冥府女神:在天上称路娜,在地上称狄安娜,在冥府称珀耳塞皮娜。另一方面,对哀歌体诗人而言,她是令人畏惧的、时常需要抚慰的情妇。随着她对生活方方面面的支配越来越多,想要以常规来界定罗马人为她设想的性质,就变得越来越不可能。她见之于迥然不同的种种变形,甚至成了命运女神①,更不用说后来纯粹的哲学解释在她身上发现普世大神。伊西斯在形象上早已罗马化,不再使用常见的埃及式头饰。女祭司的服装似乎代替了女神原先的服装。女神在绘画和塑像上的永久标记如今是流苏披风,系于束腰短袍上,位于双乳下,打着一个特有的结;另一永久标记是手中的叉铃。

　　罗马军队把伊西斯崇拜传播到帝国边境,如荷兰、瑞士和德国南部。与闪米特大女神②的膜拜相比,伊西斯崇拜对私生活的渗透更彻底,在时间上更早。它只在韦帕芗以后受到皇帝们的青睐,韦帕芗曾在亚历山大里亚特别表现出对塞拉皮斯的恭敬。他的儿子图密善不久在罗马城修建伊西斯庙和塞拉皮斯庙;两位神祇此前不得不呆在不起眼的小礼拜堂,好在位于城墙以内。后来,罗马城里有了好几座相当大的伊西斯圣所。庞贝城在最后毁灭之前十六年修复了一座神庙,那里在放置神像的底座的后面,有一排秘密楼梯和一个空荡荡的坑,旁边还有一个带地下室的小型附属建筑。这一格局令考古学家和诗人们浮想联翩,但这些不足为道的建筑既无空间又无道具让他们进行如此夸张惊人的猜想。

　　伊西斯的祭司在较大城市中联合成众多团体(如 *pastophori*
145　[运圣器者]之类的),晚至 1 世纪时始终名声不佳。据说他们的所作所为包括安排幽会,如同前文所述,伊西斯在庙里定然为此提供保护。尤维纳尔极度藐视身穿亚麻、剪着短发的这群人,他们带着

---

① "命运女神"原文作"Fortuna and Tyche",分别为罗马和希腊的命运女神,两者常被等同。
② 这里指叙利亚的大女神阿施塔特。

祭司特有的哀号闯进体面的罗马妇女的房间，此前，叙利亚大女神的太监刚刚离开。后者仅仅乞讨；但打扮成阿努比斯的伊西斯祭司的领袖还口出危言，并为某些令人惬意的罪愆开具补赎之道。即便开出的方法是隆冬时节跳入台伯河，她也会照做，因为这位妇女信仰坚定，相信自己在睡眠中听见了伊西斯的声音。

从 2 世纪开始，伊西斯崇拜像大母神崇拜那样，由于有皇帝和上等阶级参与而格调高雅起来，很可能更庄严了。这时的实践与早些时候相比，差别非常大，以致出现了这种理论，即康茂德或卡拉卡拉首次将伊西斯膜拜引入罗马。从此，罗马举行的盛大游行中出现一些"停靠站"（pausae），可能用特定建筑来确定。康茂德曾把这样一次欢庆游行用镶嵌画表现在花园厅堂上。每逢这些场合，他把头发剃得像祭司，亲自运送阿努比斯像，用它拱出的鼻子敲打走在身旁的伊西斯祭司的头部。但对伊西斯游行队伍最详尽的描述，来自阿普列尤斯《金驴记》最后一卷，它堪称衡量这一时期所有此类队伍的标尺。场景设置在放纵的科林斯。游行队伍以风格华丽、气氛狂欢的形形色色的化妆人物起首，有士兵、猎人、角斗士、头饰优雅的妇女、官员、哲学家（身披长袍，拄着手杖，脚登拖鞋，贴着山羊胡）、猎捕野禽者和渔夫。后面跟着一头驯服的熊，坐在轿子上，打扮成老妇模样；一只扮作该尼墨得斯①的猿，头顶帽子，身穿橘红色衣服，手持金杯；甚至还有一头插着翅膀的毛驴，作为对珀伽索斯的滑稽模仿，身旁跑着一个象征柏勒洛丰②的跛脚矮子。正式的游行队伍至此开始。佩戴花环的妇女身穿洁白衣衫，146作为为伊西斯梳妆打扮的侍女，她们抛洒鲜花香水，拿着镜子梳子手舞足蹈。接下来是一大群男男女女，手持油灯、火把和烛台，仿佛在赞美星际中的神灵。再后面是竖琴手、风笛手和衣衫洁白的

---

① 该尼墨得斯（Ganymede），宙斯的侍酒童子。
② 柏勒洛丰（Bellerophon），希腊英雄，曾驾驭飞马珀伽索斯（Pegasus），射杀喷火的三头怪物，并战胜亚马孙人和吕喀亚的战士。但他后来妄图驾飞马登上奥林匹斯山，触怒宙斯，使飞马发狂，坠地跌成跛子。柏勒洛丰在科林斯受到崇拜。

合唱团成员;接下来是塞拉皮斯的长笛手,吹奏神庙中用于敬神仪式的乐曲,以及开道的信使。随后走来各阶层、各年龄段的善男信女,他们身穿白色亚麻布衣,女人戴着透明面罩,头发涂着香油,男人剪着短发;他们摇动着的喧闹的叉铃,依各人财力,或为银制或为金制。再下去,祭司出现了,他们携带女神的秘密象征:油灯、微型祭坛、棕榈枝、蛇形杖、摊开的手掌、几种奇形怪状的器皿。其他祭司运送众神:阿努比斯像,其狗头①半为黑色半为金色;一只直立的母牛;一个神秘的小匣子。最后走来的是大祭司,怀里搂着金罐,上面带有蛇形吊钩,象征女神本身。游行队伍按此顺序走出科林斯城,往下行至海滨。这里停泊着五光十色的"伊西斯之舟",船表饰有象形文字,诸多庆典将船里填满香料和供品,船在看得到海岸上搭建的圣坛的地方解缆起锚,驶入大海。启航时的题字("为新年航行一帆风顺"),以及从其他史料中得知的启航时间(3月5日,这天到处在庆祝罗马的 *navigium Isidis*[伊西斯之舟]),为整个节日提供了解释:它庆祝的是冬季封海后海路的重新开通。因为恰恰是伊西斯作为大海统治者这一最新的、非埃及的特征,才使她在地中海世界受到特殊崇拜,科林斯城两边都有海湾,当地人因而尤其信奉她。游行队伍返回神庙,一名祭司站在庙门前的高高讲坛上,为皇帝、元老院、骑士、罗马人民、航海和整个帝国诵读祝辞;他用套语 *laois aphesis* 作结,这与基督教崇拜中的 *Ite, missa est*②意义相同。在整个庆典中,由崇拜者组成的欢乐人群与秘仪的入教者有区别,我们将在下一章谈入教者。

147

就我们所知,与这一场合或其他场合有关的神圣文书部分由象形文字、部分由其他神秘符号组成,可能确实书写正确;但罗马、希腊或高卢的伊西斯祭司虽然保存了这些文书,可能还抄写、朗诵它们,但肯定对意义一无所知。事实上,罗马根本没有从以祭司闻名

---

① 阿努比斯的形象原为豺头人身,但罗马人常常把他表现为狗头人身。

② "Ite, missa est"为弥撒结束时的惯用语,意为:"去吧,会众解散了"。希腊人常用"laois aphesis"表达相同意思。

的埃及（它的鲜明特征无论如何已不再是教条了）那里汲取任何深刻的科学，而只不过笼统接纳了名目繁多的众神，并且置神学一致性于不顾，任加曲解。这点已在伊西斯身上得到验证。另一个雄辩的例子是哈耳波克剌忒斯的外形，他的食指指向嘴，这一姿态用来表示他由伊西斯哺育；但在卡匹托林山丘上一尊哈德良时期的雕像杰作那里，取代这位埃及偶像的是年轻的丘比特，作为 *deus silentii*（示静神），他指按双唇，以示安静。另一方面，尽管阿努比斯被等同于赫耳墨斯，但仍然保留了狗头；在罗马装饰物上，狗头与人身的结合有点令人反感。

　　一些黄铜制的手各地皆有发现，它们被当作还愿贡品（*ex votos*），由产妇献给伊西斯，感谢她在临产的阵痛中帮助接生。这些手体现了一整套象征观念。铜手的手指作起誓状，手心和手背上满是各种象征：神秘的器皿，伊西斯、奥西里斯、塞拉皮斯和阿努比斯的半身小神像，后者象征狄俄尼索斯和赫耳墨斯。此处不是列举这些象征的地方；其数量可能与请愿时的需要相符。

　　上述的外来神祇远远没有穷尽种种膜拜之混合这一主题；许多可以归入此类的神将在下文适当之处概述。迄今为止，我们只讲了讲获得官方认可，并被广泛宣传的 *sacra peregrina*（异邦圣物）；个体崇拜者可以不受任何限制，用大量来自所有国家和宗教的偶像和符号包围自己。埃拉伽巴努斯和亚历山大·塞维鲁这对堂兄弟性格迥异，两人在这方面的态度截然不同，故而更加意味深长！埃拉伽巴努斯把他的闪米特偶像、罗马的帕拉斯像与拉奥迪西亚的狄安娜神庙中的俄瑞斯忒斯的石头①随便堆成一堆。像埃美萨的黑石娶迦太基天庭女神的偶像那样，这位皇帝—祭司本人也娶了维斯塔贞女的领袖。据说他甚至扬言，要把他的中央圣所变成

148

────────────────

①　指狄安娜石像。俄瑞斯忒斯弑母后为复仇女神追杀，向阿波罗求援，阿波罗嘱他前往克里米亚，把陶里人的、据说降自天上的狄安娜像送到雅典。古典文献对此像后来的存放地说法不一。

撒玛利亚人、犹太人和基督徒的联合崇拜所。一切神灵要在他的大神面前俯首称臣，一切秘仪要汇聚起来由大神的祭司掌管。另一方面，亚历山大·塞维鲁为各宗教的创始人举办庆典，将他们作为人类理想的化身，并在私人礼拜堂中树立他们的像，于是，亚伯拉罕、基督、俄耳甫斯和泰安纳的阿波罗尼乌斯放在一起，俄耳甫斯被当作诸种希腊秘仪的创始人，而阿波罗尼乌斯被当作行奇迹的新哲学家。早期最好的皇帝在他的小礼拜堂中也占有一席之地，就像他们的巨大塑像树立在涅尔瓦广场上一样。另一个小礼拜堂中放着维吉尔、西塞罗、阿喀琉斯和其他伟人的塑像；这位高贵而郁郁寡欢的君主试图用所知道的精英组建新的奥林匹斯。但此类崇拜既然在罗马的帝国宫殿中被大规模奉行，就必然以各种形式被小规模重复。许多高贵些的灵魂将欣然接收基督教能为人理解的某些方面；而一般迷信将更热切地寄望于基督教肯定具备特殊魅力的种种秘仪，因为它们向信徒传达了一种对待生命和死亡的非同寻常的态度。很难设想大多数异教徒的感觉，它混合着反感与渴望，这方面几乎没有任何直接相关的记载，如果我们不愿把撒玛利亚人术士西门①的传说当作此类记载的话。关于这两种宗教在哲学方面的和睦关系，后文会有论述。

　　一旦对外来神祇的反感彻底消失，一旦神秘主义无法抵抗的诱惑——尤其是东方膜拜的诱惑——变得可以感知，就无法预测把外来因素据为已有的做法会在哪里打住。罗马世界已经遭到入侵，继新柏拉图主义哲学和摩尼教之后，不仅受波斯宗教准则，甚至受印度宗教准则的入侵。任何东西只要能呈现出某种神秘的方面，只要能声称与罗马的神灵观念契合，就必定受到欢迎。

　　正是从罗马史的晚期阶段开始，我们发现无数铭文题献给"所有的神和女神"、"所有天上的存在"、"众神的集会"等等。无疑，铭文刻写者故意将外来众神包括在内，这样不会得罪任何人。许多

---

① 西门为新约时期撒玛利亚的著名术士，事迹见《使徒行传》（8∶9—24）。

本地和外来神祇的属性常常复放在一个形象上，在当时称作 *Deus Pantheus*，或"万神之神"。这样又出现了 *Silvanus Pantheus*（万神的林神）和 *Liber Pantheus*（万神的酒神）；命运女神的偶像除了带有与身份匹配的桨和丰饶角①，还带有密涅瓦的护胸甲、伊西斯的莲花、朱庇特的霹雳、巴库斯的幼鹿皮、埃斯科拉庇俄斯②的公鸡等物。这或许仅仅是对整群神祇一种简明扼要的表达，因而有别于哲学上的一神论，后者（下文将论及）把所有神祇实际上的同一性当作至高无上的存在。

　　哲学家蒂米斯提乌斯③有一段著名陈述，写于很晚时期，当时信奉阿里乌派的瓦伦斯皇帝正在对信仰正统的基督徒大肆迫害。哲学家写道："基督徒中间的信仰分歧不值得大惊小怪；与异教徒各种宗教见解之繁多与混乱相比，它实在微不足道。异教徒中的教派超过三百；由于上帝④渴望以多种多样的方式受人崇拜，并且由于他更值得尊敬，人们对异教教派知道得越来越少。"蒂米斯提乌斯的数字可能过高了；此外，这些异教教派和信条并不相互排斥，如同基督教的那样，个体因而可以同时隶属于其中几种。然而，这三百种不同的崇拜方式就算不相互抵牾，也预示了异教的分裂，产生分裂的原因不可能仅仅是引进了外来众神。我们接下来必须说明：无限的多样性是如何通过有形的膜拜物，并在更大程度上通过其内在准则被引入日见衰落的异教中的；与此同时，强大的简化趋势又是如何运作的。

150

---

① 丰饶角为象征丰饶的羊角，角内满载花果、谷物。桨象征为人类的命运掌舵。
② 埃斯科拉庇俄斯（Aesculapius），罗马医神，即希腊神话中的阿斯克勒庇俄斯（Asclepius）。
③ 蒂米斯提乌斯（Themistius），生活在君士坦丁堡的异教修辞学家，活跃于公元350年前后。
④ 这里指基督教信仰的神。

第六章　不朽及其秘仪：异教的精灵化

　　除了古代外来的崇拜和膜拜，怀疑情绪也早已在有教养阶级中弥漫开来，上文已经提及。在最可称许的一些例子中，这种怀疑带有哲学色彩。但在 3 世纪，由于受降临于帝国的各大灾难的影响，上等阶级的心态有了明显变化。一方面，他们被普通民众那种对奇迹和迷信的趣味吸引；另一方面，他们被供给了一种新的精神处方，它设法把哲学与最极端的迷信——所谓的新柏拉图主义——联系起来。

　　这两种趋向在当时的生活中并非截然不同，我们叙述时也无法将之彻底分开。很难说民间的信仰止于何处，而哲学的迷信又始于何处；后者通常承认前者，以便在自身体系中，尤其是在关于精灵（daimons）的学说中为它留出空间。

　　3 世纪历史的每一页都显示了一些别具一格的现象：对种种神迹的轻信日见增多，异教徒的盲信，神秘主义和狂热分子的苦修主义。但总体印象却是，对超自然事物的态度整体上已发生了重大改变。一旦我们开始考虑人类终极命运方面的新观点，这一变化就显而易见。

　　基督教的仇敌常常指责基督教是来世的宗教，它认为尘世间的生命只代表一个阴森恐怖、磨难重重的准备阶段，是为即将来临的世界中的永恒生命做准备。相形之下，异教被礼赞为一种乐观的学说，它教导古人以自己特有的方式无拘无束地表达潜能、爱好和个体命运。这里需要立刻否认，即使处于鼎盛时期的希腊人，他们的世界观也远远不像通常认为的那么乐观。但不管怎样，必须认识到，3 世纪的异教肯定不是毫无保留地当得起如此礼赞，如果有人非要这么说的话；此外，异教也成了来世的宗教。基督教信条将关于死亡与不朽的教义放在关于人的教义的末尾；而我们现在必须从死亡与不朽开始，因为理解晚期异教完全依赖这点。

国家与社会的糟糕状态，定然大大有助于来世观念的发展，但还不能充分解释它。此类新趋向从不可测的深渊中汲取本质力量；不能仅仅把它们推断为先前环境的种种后果。较早的异教观点无疑承认死后有一种持续状态，但只将它作为一种虚无飘缈的形式、一种了无生气的梦一般的生命。那些假装更有智慧的人效仿埃及或小亚细亚的方式谈论灵魂的轮回。只有个别诸神的友人命中注定能在极乐世界或极乐岛①逗留。异教陷入危机后，受神垂青之人的圈子一下扩大了，很快，人人都宣称享有永恒的幸福。我们在无数石棺上发现特里同和海中神女的列队，它们属于晚期作品，象征前往极乐岛的旅行，雕刻得相当有品位。墓志铭对此确认无疑。其中一条写道："闷闷不乐的生者为死亡哀泣，但男女众神啊，为你们新的公民同胞欢庆吧！"

其他墓志铭还公然宣称，真正的生命只从来世开始。"只有现在你才过上幸福生活，远离一切世间厄运；在高高的天庭上，与众神一同享受琼浆仙果。"人们甚至指望这种不朽的欢乐由一个八岁女童享受。"虔敬者的崇高灵魂啊，引领天真无邪的玛戈妮拉穿过极乐地的田地和牧场，去你们居住的地方吧！"还有人在铭文上替一个十个月的婴儿说："我在天上的神圣灵魂不会下到阴间；宇宙和群星收容了我；大地只接收了我的身体，这块石碑只接纳了我的名字。"一名鳏夫声称知道妻子居住的星座在哪里：位于仙女座附近的长发星座②。相形之下，某人儿子的祈祷更质朴些："冥间众神

153

---

① 极乐世界（Elysium），希腊神话中英雄或好人死后居住的乐土。极乐岛（Isles of the Blessed），希腊神话中英雄亡灵的归宿处。

② 长发星座（Lock of Berenice），得名于昔兰尼王之女贝伦妮斯。她嫁给托勒密三世（公元前221—前204年在位），她夫君有一次外出涉险，她向众神献上一绺头发，保佑他平安回来。这绺头发后来神秘消失了，皇宫内的星象学家拍马屁，说它被神带到天上，化为当时尚未命名的一个星座，故名。

啊,为我父亲拨开小树林,永恒的日子在那里灼灼闪着紫光。"还有一种特定的愿望是重见死者,但只见于一块晚期的异教石碑,属于4世纪。我们还发现,信仰不朽有另一合乎逻辑的后果,即相信死者能够为生者代祷。一位高官说道:"诚如我在尘世关心你们的福祉,而今我位列仙班,仍然关注。"有人至今声称此类铭文多来自基督教,这是错误的;铭文上明确的神话成分无疑反驳了这种可能性。

这些不朽的观念在戴克里先时代广为流传,相关证据是阿诺比乌斯对异教徒的一段告诫:"夸夸其谈的圣贤宣称自己由上帝所生,不受命运法则约束;假如他们的品性整体上正直的话,还会宣称上帝的宫廷向他们敞开,他们死后能畅通无阻地上升到那里,宛如回家一般。你们要是听到这些虚幻的愿望,切莫自作多情。"所有此类愿望的最好结果是:从此以后,对人间得救预定论(earthly predestination)的根深蒂固的信仰,起码不再彻底与宇宙的伦理秩序针锋相对,因为人在来世的命运得到了承认。

其实,从异教观点来看,这些听起来虔诚的信仰所涉及的,似乎仅仅是一种开明的一神论和一种严格的伦理,就像斯多噶派在原则上和在部分实践中奉行的那样。但对当时的人而言,这个问题不能如此简单地表述。在他们本身和他们的存在这些最高问题之间,有无数神组成的神界和诸神体系,必须考虑这些作为精灵存在的神。即使在这一时期异教徒所谓的一神论那里,我们也能发现,异教徒引人注意地依附于一种次要神圣存在的观念,必须按照其自身方式来崇拜和取悦这类神圣存在。通过立竿见影的道德和宗教行为而轻易投入永恒的怀抱,这远远不能满足对不朽的渴望,个体感到不得不去走一条漫长而迂回的道路。现在,古代的崇拜总与某些秘密仪式联系在一起,它们不但把入教者和神祇拉得更近,而且与不朽建立了一种多少明确的关系,与大抵虚幻的冥府(Hades)之于不朽的关系相比,前者显得更美好。在崇拜得墨忒耳及狄俄尼索斯的希腊秘仪那里,这种希望与对自然——尤其对谷物——之死亡和复活的庆典联系起来,但又不显得突出,以致成了膜拜必不可少的成分。这些秘仪照旧举行；皇帝或其他达官显贵无论何时造访希腊，都会迫切要求入教。基督徒菲尔米库斯致君士坦丁儿子们的著名文章，[①]乃把厄琉西斯的入教仪式、克里特岛上的狄俄尼索斯秘仪、科律班忒斯[②]的 sacra（圣物）当作依旧存在的事物加以谴责。或许可以大胆设想，众多秘仪在公元 2 世纪鲍桑尼阿斯时代的希腊大量涌现，它们完整或部分地——即使以缩水的形式——持续到狄奥多西时代。

然而，尽管秘仪的举行方式非同寻常，但这里无需纠缠于细节，既因为如果穷根溯源的话，它们反映了较早时期的希腊文化，更因为它们具有地方特色，甚至取决于公民权，因而无法进一步扩张。出于同样原因，我们必须忽略罗马的玻娜女神[③]秘仪以及类似的秘仪。但如果涉及帝国时期的普世性秘仪，情况则完全不同，它们遍及帝国全境，通常崇拜外来神祇。

秘仪的核心方面依然不为人知，多半纯粹依赖猜测，这不是现代学者的过失。首先要注意，从不同的地区、阶级和团体来看，参与此类秘密崇拜的性质和规模仍然基本上是个谜。入教者的数量可能高达数千人，甚至数十万人。个别地区没有参加，要么是因为意外，要么是因为某些内部原因，但同样可能是因为铭文和纪念碑等证据尚未出土。不过，有把握做出这个总的假定：这些秘仪在罗马早就出现了，有些甚至出现在共和时期，但当时处境卑微，甚至遭人藐视。到 3 世纪，参加秘仪的人数和入教者的重要性都增长了。由此带来崭新的、更深刻的内容，其核心要点是对不朽的承诺。

155

----

① 菲尔米库斯（Firmicus Maternus），公元 4 世纪的基督教作家，此文指《论异教之谬误》。一些学者，如蒙森与本书作者，还认为他写过一本论占星术的著作，即后文提到的《算经八卷》。

② 科律班忒斯（Corybantes），库伯勒的祭司，库伯勒的秘仪传到罗马后，他们被称为上文提到的"噶路斯"（galli）。

③ 玻娜女神（Bona Dea），其称号为"德善女神"，罗马的丰产女神。她的祭仪只能由妇女参加。对她的崇拜局限于意大利境内，在罗马城和拉丁姆地区尤其流行。

这座迷宫的入口处站着两个俊美形象,阿摩耳和普绪喀①,这是基于柏拉图人类灵魂观的一对隐喻。两者可能在早些时候的个别纪念碑上出现过,但据我们所知,这些成对的大理石像没有一对早于2世纪;此外,从2世纪直到异教时期终结,这两个形象得到反反复复的表现,或分立或拥抱;或喜或悲,尤见于石棺。相关神话惟一详尽的文学描述出自安东尼王朝时期阿普列尤斯的著作,但容易误导读者。阿普列尤斯描述了一个神话故事,它与那对隐喻的类同之处仅仅在于:他笔下的这对恋人因一方过失而长期分离,由此郁郁寡欢,后来一次幸福的团圆使两人永不分离。阿普列尤斯只部分地、前后矛盾地利用了隐喻的意义,他只在故事中使用了主要人物的名字,而没有充分将自己富有诗意的叙述改编得与这对隐喻吻合一致。当时关于人类灵魂的种种观念继续留存,阿普列尤斯的故事却没有触及。灵魂尽管起源神圣,但已经堕落,在尘世旅途中受到错误摆布;通过审判和净化,它必须再度为幸福生活做准备。天上的厄洛斯护佑灵魂,把它作为新娘领回家,这不啻为神的启示:把迷途的人类引回神那里,使人神合一。

这个象征在罗马时期是否有特别的崇拜或仪式,今已不得而知。它只是笼统显示出某种思想倾向。在艺术领域和诗歌典故那里,它被扩大,吸收了各种旁系的形象。普绪喀在众多场景中化为蝴蝶:帕拉斯降到普罗米修斯塑造的人的头部;她在他死时飞离尸体,由赫耳墨斯引领,前往冥府。与这一清晰形象相联系的,是普罗米修斯的最终解放,他被链条拴在悬崖峭壁上,赫耳墨斯用弓箭将他从老鹰的啄食下解救,从此,他在奥林匹斯山上过起神仙般的生活。

下面就从这个晚期罗马渴望不朽的笼统象征转向秘仪,我们这里也能识别出一些相似的内容。

巴库斯秘仪在帝国境内仍然广为流行,但或许不应考虑。其内

① 阿摩耳(Amor)为罗马爱神,与希腊爱神厄洛斯对应;普绪喀(Psyche)意为"灵魂"。

容在这一时期无法确认；我们只知道它们依然包括吞食小孩血淋淋的生肉，只知道入教者在神圣的疯狂中把大蛇缠绕在身体上。

拥有三种形貌的冥府女神的秘仪，即赫卡忒（路娜、狄安娜、珀耳塞皮娜）秘仪似乎与信仰不朽密切相关。古典作家没有留下这方面信息，但在铭文上，这种崇拜与最重要的秘仪——如密特拉和大母神的秘仪——相提并论，因此肯定具有一定重要性。特兰西瓦尼亚的赫尔曼施塔特发现过一座三种形貌的女神（diva triformis）的像，带有一组浮雕，似乎表现了入教的不同场景和各个阶段。用于秘密崇拜的资源，可以从戴克里先在安提阿建造的赫卡忒神庙的规划中猜测一二：如果我们依据的报道可靠，那里有 365 级地下台阶。

维纳斯秘仪最晚近的形式只有零星报道，同样不为人知。但最重要的神秘仪式与某些外来神祇相关。

有两种秘仪与弗里吉亚的膜拜有关。较早的一种形式早在希腊鼎盛时期便已出现，是对萨巴鸠斯的秘密崇拜。古代色雷斯人奉他为太阳神，弗里吉亚人把他当作阿提斯；但在希腊，他一般作为狄俄尼索斯的化身，因而享有公众膜拜。它的主要特色效仿了小亚细亚的风尚，由铙钹和小手鼓发出的喧闹歌声以及疯狂的羊人舞蹈①组成。关于希腊时期奉行的秘密入教仪式，我们只知道它们的某些外在方面：身披鹿皮（nebris），从兑酒杯中畅饮或喷洒，净化等等，最后，入教者依照传统喊道，"我逃离了恶，找到了善"，还要带着篮子（kiste）或簸谷箕（liknon）四下走动。关于它的秘密教义（克劳伊泽尔认为与天体演化有关），我们一无所知，而且简直无法设想其中包含了任何崇高的意图，因为入教仪式结束于最粗鄙不堪的夜间放荡，这很可能是大多数人参加的目的所在；整个萨巴鸠斯崇拜因此遭到强烈反对。后来这种秘仪在罗马帝国相当流行，可能带有一些新的宗教或哲学内容；它们还与下文将要讨论的

---

① 羊人舞蹈（sikinnis），是羊人剧（satyric drama）中羊人所跳舞蹈，得名于创始人 Sikinnos。

密特拉膜拜有某种联系。现在（如果不是发生得更早的话），一条金蛇连同几行象征性短诗被向下放进入教者的外衣，再从下面收回，大概以此纪念宙斯和得墨忒耳的爱情。接着，入教者被领进圣所最隐蔽的房间，口中宣称"我已从小手鼓中进食并从铙钹中畅饮，我现在成了一名入教者"，其他费解的套语就不提了。我们还可以推断，至少在 3、4 世纪，萨巴鸠斯的入教仪式除了获得新的意义，还得到些许敬意。基督教作家视金蛇为撒旦脱去假面后的真身——撒旦在此终于以真名示人，如果仪式仍然笼罩在普遍的放浪中，这些作家肯定不会缄默不语。此外，地位高的人定然参与了秘仪；菲尔米库斯（约 340 年）提到一些信徒身穿紫色衣服，发上饰金，戴着桂冠。

弗里吉亚秘仪的第二种出现在罗马帝国，要非同凡响得多，但遗憾的是并不广为人知，这就是公牛祭。这种秘仪与大母神和阿提斯直接相关，包含了对不朽的直接承诺。

从安东尼王朝时期开始，就有铭文显示 *taurobolium*（公牛祭）和 *criobolium*（公羊祭）被献给大母神和阿提斯。献祭者声称 IN AETERNVM RENATVS，即"再生于永生"。我们对传达这种希望的教义一无所知，只对其中涉及的仪式略知一二。在罗马城，举行入教仪式的著名场所位于梵蒂冈高地，可能正是从这里维系着与各行省持久的联系。仪式通常发生在午夜（*mesonyctium*）。地里挖出一个深坑，坑口覆盖着木板，上面钻了孔，仿佛滤器。入教者站在下面，穿着带有金饰的具有象征意义的衣服。一旦上面屠宰献祭的动物，如公牛、公羊，有时还有山羊，他就设法把鲜血尽量截取到脸庞、头发和衣服上。这种令人恶心的一本正经不会就此结束，还会要求入教者在公共场合永远穿这件血迹斑斑的外衣，将自己暴露在嘲弄和尊敬之下。通过鲜血实现的净化似乎只有二十年有效期，为了无损于前面提到的永生，期满后必须重复仪式。这就是最普通的一种入教仪式，不仅为入教者本人举办，还为其他人、为皇室的福祉，甚至至少在 2、3 世纪为整个城市举办。随着整个社团参加进来，仪式发生了什么变化，并不清楚。有些例子表明，这类入教仪式受到大母神的指示，显然是在梦中举行的。尽管我们或许难以将高尚的思想与这些粗鲁的实践相联系，但这个不寻常的时代在 *vires aeternae*（永生的力量），即在永恒的用于献祭的公牛血中找到慰藉。一位入教者拄任过阿非利加省的总督（Proconsul）和罗马城的市政长官（City Prefect），他诚挚地感谢众神，感谢他们从此照看他的灵魂。

在题献性铭文上，尤其在晚期的此类铭文上，常常把阿提斯称作蒙诺提拉努斯（Menotyrannus）；这显示了他本来的属性，或表明他后来被混同于蒙神，即小亚细亚的月神，但这对于解释这种秘仪提供不了更多帮助。

伊西斯秘仪更重要，当然也更优雅，并在文献中留有更清楚的痕迹。有些书的写作目的似乎主要就是为了唆使人们信奉这种秘仪。阿普列尤斯的《金驴记》便带有这种特征，同属一类的还有以弗所的色诺芬的《安西娅与哈布罗克莫斯》，这是一本 2 世纪的传奇。伊西斯在书中成了历经千难万险的情侣的保护神。她被大大美化，不再举办淫荡的集会，像以前在她众多神庙中干的那样；相反，她守护处女的端庄，后者的胜利是这几种晚期传奇值得称道的主题。

我们这里谈的，不是古老纯正的埃及的伊西斯庆典，即寻找和发现遭肢解的奥西里斯，而是帝国时期普遍的伊西斯神秘崇拜。这种崇拜的含义和内容现已很难精确地辨认，因为罗马人关于伊西斯的民间信仰在形式上变化多端。阿普列尤斯的《金驴记》最后一卷提供了惟一前后一致的描述，但我们不能肯定，他笔下的卢西乌斯究竟是以思辨的哲学家还是以虔诚的入教者的口吻说话。有一点却毋庸置疑：这种秘仪尽管花样繁多，但还是承诺了令人愉快的不朽。"伊西斯女王"将自己显示为孕育万物的大自然，以及一切神圣存在的本原，她要求不幸的卢西乌斯必须永远牢记，从今以后，只要一息尚存，他的全部生命都属于她，以此作为她把他从驴子变回人的代价。"但你将在我的庇佑下幸福而荣耀地生活；而一旦走完人生，进入冥府，你还会在那里发现我，正如你现在看着我

160

149

一样,我将在那里照亮幽暗的冥河(Acheron),统治阴森的深渊,而你成了极乐地的居民,将不断为我的恩典祈祷。"与此同时,伊西斯又向卢西乌斯承诺了阳间的长寿,如果他能以勤快的侍奉和悔过使她高兴的话;接着,大祭司向他保证,会直接保护他,不让他受一般由星象控制的人类命运的摆布。看来当时依然有人轻信这类幻想。

传授给入教候选人的神圣教义大概出象形文书,恐怕并不深刻。外在的壮观仪式过分突出,容不下任何崇高的精神因素、情感的波动乃至持久的节制,故无法影响入教者的精神。入教者是否真的清楚伊西斯既是大自然又是一切神圣存在的总和? 或者这只不过表达了阿普列尤斯一己的偏见? 如同上文所示,我们只知道这种秘仪是人们中意的一种手段,它通过仪式和巫术,帮助人们对付尘世生活的灾祸,防范来世的不幸生活或死后的彻底灭绝。在这些秘仪中,惟一可以系统对待人的精神本性的,是一些经常出现但肯定不是完全无意识的梦,伊西斯对一切事物的意志正是在梦中被领会的。撇开纯粹的外来错觉——因为梦境可以被轻声细语地灌入睡眠者的耳朵——不论,持久而人为的神经兴奋是可能的。

161 另一方面,外在实践要么从埃及生吞活剥而来,要么被精心设计以留给人一种容易唤起的想象。入教指导阶段的准备工作,通常是大多数秘仪共有的:整整十天禁酒戒肉节欲;沐浴,喷洒圣水等等;从朋友和准备一同入教的人那里接收礼物。是否举行入教仪式,取决于梦,举办仪式的夜晚要在神庙中度过。一开始先穿上亚麻长袍,接着更衣十二次,直到最后接过一件带有花饰的外套、一条绘有各种神秘动物的庄严圣带。至于展现在入教者眼前的队列和奇观,卢西乌斯只能暗示必须经历象征性的死亡,再通过伊西斯的恩典(*precaria salus*)复活。"我走过死亡之门,迈过普洛塞耳皮娜①的门槛,又在横穿一切元素之后再度踏上归途。午夜时分,我看见最光芒耀眼的太阳。我走近天上和地下的众神,在伸手可及

---

① 普洛塞耳皮娜(Proserpina),罗马的冥府女神,混同于希腊的珀耳塞福涅(Persephone)。

处向他们祈祷。"我们永远无法弄清这些话语的指涉。每场入教仪式上会不会使用光学和透视技艺？用今天的标准看，此类技艺哪怕对于造成表面的错觉也是必要的。让当时的人相信各种咒语或幽灵鬼怪的手段固然很多，正如我们将在另一相关之处会揭示的那样，但这个时代的特征仍然充分沉浸在种种象征符号的价值中，以致仅仅通过仪式性地展示醒目的感官形象，就能让人产生对幻想事物的深刻印象。相形之下，现代世界对于象征符号彻底无动于衷和如此轻蔑，以致我们几乎无法理解不同的见解，并对任何仪式或庆典缺乏耐性。我们带着同样态度评断历史，不愿承认象征符号的深刻效用，而宁可假定是昂贵的光学和机械设置造成了错觉，即假定这其实是欺骗。

我们还是回到科林斯的伊西斯神庙。此时已接近破晓。卢西乌斯身穿色彩斑斓的服装，手擎燃烧的火炬，头戴棕榈叶编成的带穗的华冠。他站在女神雕像前的木坛上。忽然，帷幕在眼前拉开，聚集在神庙中央木坛周围的人群把他视为一尊活生生的太阳神像。庆典结束于盛宴和狂欢。 162

然而，伊西斯崇拜者真正的 *sacrosancta civitas*（圣城）是罗马城，卢西乌斯不久也来罗马的伊西斯神庙定居。次年，他在梦境中得知要留意奥西里斯，并去寻找某个运圣器的祭司（pastophorus），自然，祭司本人肯定也梦到卢西乌斯。在经历部分由手头拮据造成的诸多困难后，这位受苦受难的虔诚者又参加了奥西里斯的入教仪式。这位"至高至强的神"甚至向卢西乌斯已从事的律师职业承诺了明确的祝福，并再次在梦境中将他任命为运圣器的祭司团成员。作者没有透露入教仪式的细节。据他自己讲，他已参加过希腊绝大多数秘仪的入教仪式，但显然最看重伊西斯以及与伊西斯相关神祇的入教仪式。

迄今为止，最强大的秘密宗教是密特拉崇拜，它也宣称要确保拯救和不朽。

最古老的波斯宗教中有个太阳神，叫密特拉。后来琐罗亚斯德的教义由于无法消除他,遂为他安排了一个中介的位置——介于奥尔穆兹德与阿里曼①,即介于光明与黑暗之间。密特拉成了天堂中的首要天使(*yazatas*),他(与落日有关)还是死者所在疆域的保护者,站在裁判之桥(Djinevat)上评断人的灵魂。但他首先是大地、农业和丰产的保护者,其象征物公牛从远古时期起就与他联系在一块。众多祈求他帮助的符咒被保存在《阿维斯陀注释》(Zend-Avesta)中。

但指望古代密特拉神在正统波斯人那里的种种特点,会一成不变地出现在日见衰落的罗马帝国的密特拉神身上,那就错了。巴比伦信仰后来对波斯人影响强大,已将密特拉变为太阳神和行星世界的领袖。此外,传到罗马人那里的密特拉传统,从一开始就属于异端:它由波斯王国的一个宗教派别发展出来,而这个派别敌视麻葛。它最终通过转手获得承认,而且看上去非常混乱,特别在庞培大帝发动战争剿灭海盗的时刻,那些海盗绝大部分是西利西亚人。我们得知,这些人举行各式各样的秘密仪式,包括引进了密特拉秘仪,由此传了下去。出于某种不为人知的原因,这个经过亚述不完全改造的波斯宗教的碎片在小亚细亚生了根。在对密特拉的学术研究中,奇奇怪怪的假设数量过多,我们必须谨慎从事,不去添加不必要的新假设。然而,专家们也许会允许我们提一个问题:密特拉崇拜是否率先在西利西亚海盗中成为尚武的强盗们的宗教?这使它后来非常适合作为罗马士兵的宗教。不管怎样,西利西亚人贩卖奴隶,游历甚广,他们每到一处都带着自己的膜拜。

众多浮雕表现了密特拉教谜一般的神话,但没有解释,它们能在欧洲许多古物收藏者那里找到,有些很庞大,艺术价值却微不足道,年代上最多不会早于安东尼王朝时期。浮雕上可以看见一个洞穴,洞的上方显示了象征日出和日落的马车拉的太阳,或太阳月

---

① 奥尔穆兹德(Ormuzd)为琐罗亚斯德教中光明的化身、善神阿胡拉·马兹达(Ahura Mazda)的希腊文;阿里曼(Ahriman)为该教黑暗的化身、恶神安格拉·曼纽(Angara Mainyu)的希腊文。

　　迄今为止，最强大的秘密宗教是密特拉崇拜，它也宣称要确保拯救和不
朽。……众多浮雕表现了密特拉教谜一般的神话，但没有解释

　　　法国卢浮宫朗斯分馆所藏的密特拉屠牛浮雕，约公元100—200年间。

亮在一起。洞中有个身着弗里吉亚服装的年轻人,即密特拉本人,他跪在一头公牛上,将一把匕首插入牛的咽喉。牛尾上抽出谷穗;一只狗跃向公牛,一条大蛇舔着牛血,一尾蝎子咬着牛鞭。两名火炬手分立两旁,一人举着火炬,另一人垂手拿着火炬。密特拉上方有只乌鸦,它通常被当作预知未来的鸟,或许还能解释为战场之鸟。右手方向的角落里有时能看到一颗狮头,可能也是光明即太阳的象征。个别密特拉石碑上还有无数其他添加物,我们就此略过。

164   这些象征符号的最初意义已得到相当有把握的解释。首先是太阳神——英雄对公牛的胜利,公牛象征月亮或一般意义上时间的迅速变更,它必须死去,新的一年才能诞生。谷物象征新一年的丰产,狗代表贪婪的天狼星①,蝎子意味着秋天(即日渐来临的自然的死亡)。火炬手(有时被当作晨星和晚星)象征春分和秋分。洞穴两旁和上方的浮雕——这在一些富丽堂皇的浮雕上才有——现在被部分解释为星际的和自然元素的事件;以前则被认为代表了秘密入教仪式的各个阶段。不过,仍然有许多东西没有得到解释。显然,所有这些保留了较多古波斯时期的含义。

  罗马晚期赋予这些形象的意义与最初含义已大相径庭。幸运的是,碑铭提供了清楚线索。它们刻着:"献给无敌的神,密特拉","献给无敌的太阳,密特拉","献给太阳,无敌者",等等。最后一句碰巧是君士坦丁大帝的钱币上最常见的套语之一。君士坦丁可能终其一生从未完全放弃密特拉崇拜的外在方面。毫无疑问,无敌者同时也是胜利的赐予者,因此特别适合作为战神;近期研究认为,即使在古波斯时期,这起码是密特拉神的次要功能。最后,密特拉是灵魂的向导,灵魂坠入尘世生活,是密特拉引领它们升到它们从中流溢出来的光明之境。这种观念被晚期罗马世界司空见惯的情感所吸收;罗马人并非仅仅从东方人和埃及人的宗教和智慧

----

① 天狼星(Sirius),希腊文意思是"炎热的",它一出现,一年中的炎热季节就到了。古人像敬畏神灵一样敬畏它,期望炎暑不致危害人畜和庄稼。

那里——更不用说从基督教那里——才获得了这种观念,即尘世生活不过是向更高生活的一种过渡。罗马人自身的痛苦和对衰老的意识,让他们清醒地认识到,尘世的存在充满艰辛与苦涩。在日益衰落的异教中,密特拉崇拜成了拯救宗教之一,并可能就是其中最重要的。

　　然而,古人在体验到悲哀情绪的同时,并没有体验到罪恶感。因此,通过言语恕罪对他无所助益;他需要一种相当特别的拯救。为了与救世主联系起来,每个人必须成为自己的救星,办法是经过可怕的自我折磨,在这里自我折磨要比在所有其他秘仪中严肃得多。于是,密特拉的入教仪式发展出所谓的各种考验,相形之下,公牛祭和伊西斯的考验真是小儿科。此处我们面对的精心设计,当然不光要阻挠那些并非真正"受召唤的人"和一般大众;这些考验被称为"惩罚"(castigations),肯定要了众多入教候选人的命。惩罚包括八十道不同步骤,譬如斋戒五十天,游一大圈泳,触摸火焰,在雪地里躺二十天,经历各式各样的折磨,被鞭打两天,躺在老虎凳(torture bench)上,忍受引发疼痛的姿势,再在沙漠中绝食一次,等等。入教仪式有七个名称不同的阶段,但顺序无法确定,其中包括"乌鸦"、"战士"和"狮子",最高阶段的入教者叫"长老"。我们不知道在哪一个阶段举办被同时代基督徒简称为圣事的单独庆典。在"狮子"阶段,参加者用蜂蜜洗手,发誓不犯任何罪行。在某一处要用到面包和一杯水,还有一间涤荡罪恶的浴室。接着,挂于剑上的一个花环被抛向"密特拉战士"的头颅,他需要用手挡住花环并压在肩膀上,因为密特拉才是他的花环和王冠。

　　由于众多皇帝、朝廷官员和社会名流参加过这种膜拜,一直有人坚持认为,入教仪式和惩罚不能照字面意思理解,其中许多已被简化为象征性姿态,甚或只需嘴上说说而已。譬如,谁敢命令康茂德去经受这些怪异的折磨?一般说来,各种秘仪的祭司长难道会不对达官要人毕恭毕敬吗?但史料对这些实实在在的惩罚叙述得明确清楚,无法作为无根据的揣测置之不理。也许可以坦率承认,由于没有常见的等级制度来维持和指导这种膜拜,仪式的操办在帝国不同地区可能采取了不同形式。据笔者所知,洞穴两旁和上方有许多图像和浮雕的密特拉石碑全部发现在莱茵河流域,在蒂罗尔州(Tyrol)和特兰西瓦尼亚;它们来自距法兰克福不远的赫登海姆(Heddernheim)、海德堡附近的纽恩海姆(Neuenheim)、内卡河(Neckar)和陶伯河(Tauber)之间的奥斯特勒肯(Osterburken)、距卡尔斯勃格(Karlsburg)不远的阿普勒乌姆(Apuleum),以及也位于特兰西瓦尼亚的萨尔米泽杰图萨(Sarmizegethusa)。在蒂罗尔州的莫斯(Mauls)发现过一块非常重要的样品,现藏于维也纳;浮雕主体两旁的两排小图像上的场景,被认为象征了入教过程中经历的各种折磨:站在雪地和水中,使人痛苦的床,用火烧烤,等等。对此,当前可能有不同的解释,但需要注意到,人们在这些地区感到有必要使用一种依环境而定的图像语言,其原因如今已完全无从知晓。另一方面,意大利发现的许多石碑根本没有这种特点。各地方分会(如果我们记得不要过于一丝不苟地看待此类并不严谨的表述)彼此间可能在入教、教义和膜拜方面差异甚大。上面列举的纪念碑主要出自 3 世纪,对异教而言,这段时期躁动不安。由于感受到内在的解体,异教至少部分地寻求复兴和强化自己,并在某些地方发展出一种突发性的狂热。除地区差别之外,时间上的差异可能也是一个因素。

上面已提到了阿尔卑斯山和多瑙河以北地区的密特拉石碑,它们很可能都来自罗马士兵,这在部分石碑那里是不言而喻的。入教者在军营的日常生活中扮演了什么角色?这种宗教仪式是怎样与高级官员的军事与政治职责联系起来的?它是否构成他们相互联系的有效纽带?这种宗教在道德上是否对 3 世纪后半叶罗马品质的精神再生有所贡献?只要我们的相关知识来自屈指可数的几段主要由基督教作家留下的文字,所有这些问题肯定回答不了。密特拉石碑发现在一些天然或人工的洞穴中,有时也会在通常只有几英尺见方的独立建筑里发现,浮雕占据着建筑的后墙。举办仪式的空间最多只能容纳几个人;如果有一群人参加的话,他们要站在外面。即便位于赫登海姆的密特拉大庙也不足四十英尺长;

其二十五英尺的宽度基本上被毗连的小隔间阻断了,所以只留下一条八英尺宽的通道。纽恩海姆的密特拉小庙有八英尺见方,庙内被祭坛和诸如赫丘利、朱庇特和维多利亚①等相关神祇的塑像占据,里面还有各种器皿、灯具和其他碎片。诸如装饰华美的柱子之类的扩充建筑表明,这些圣所无需遮遮掩掩。谁敢亵渎它们?在那里秘密崇拜的士兵可是世界的主人。

罗马城的密特拉洞穴位于卡匹托林山丘的斜坡上,据信要宽敞、宏伟得多,无疑与帝国其他大城市中的密特拉洞穴相仿佛。在亚历山大里亚,圣所位于地下深处。人们在基督教时期为一座教堂打地基而发掘圣所,当时仍然流传着许多阴暗故事,说原址上犯过多起谋杀,而实际情况可能是那些"惩罚"要了许多入教者的命。后来实地发现了头盖骨,它们被误当作一些受害者留下的,而之所以遇害,是为了检查他们的内脏和召唤亡灵。密特拉崇拜与此类活动全然无涉,但埃及人的想象力总是充满了残忍,正如我们不久会看到的那样。

约有一百件浮雕和碑铭显示密特拉崇拜传遍帝国全境。可能还有几千件仍然长眠地下,但愿未来的发掘者能够像赫登海姆、纽恩海姆和奥斯特勃肯的发掘者那样称职和胜任。一个保存完好的密特拉洞穴内的发现物,可能对了解这个古代最引人注目的秘密膜拜具有决定意义。

但无论如何,当时其他的迷信大潮也影响了密特拉膜拜。首先,许多人无法从秘仪中获得满足,因而既从三种形貌的狄安娜、大母神的公牛祭、巴库斯膜拜、伊西斯崇拜,又从密特拉那里寻找安慰。将所有异教的神秘崇拜融合起来,这到4世纪成了惯例,但它在早些时候肯定不少见。随着一切神性具有统一性的教义流行开来,人们自然越来越不在乎各种膜拜之间的显著差异,故而每种膜拜都从其他膜拜中自由借鉴。新柏拉图主义哲学像进入所有秘仪那样进入密特拉教,波菲利是最杰出的新柏拉图主义者之一,他

168

---

① 维多利亚(Victoria),罗马的胜利女神,即希腊神话中的尼斯(Nike)。

对这个主题的处理几乎是惟一留下的异教文献。但波菲利的论文《论岩洞中的仙女》所针对的，与其说是他同时代的崇拜状态，不如说是这种崇拜的最初意义，并为了对他那个学派有利而呈现一种片面的、在象征使用上难以琢磨的方面。我们得知，岩洞是宇宙（cosmos）的象征，因此，琐罗亚斯德在波斯的群山中献上一个洞，洞内繁花似锦、水源充足，借此向密特拉这位世界的创造者和向导表示敬意。这个最早的洞中使用了世界元素和地域的各种象征；后来所有的洞穴秘仪都源于此洞。另一方面，整篇论文与荷马描写的位于伊塔卡①的岩洞有关（《奥德修纪》第 13 卷 102—112 行、346 行以次），而波菲利以此作为他的象征体系的核心。波菲利以笨拙的方式在神话中寻找同一性，并总是将一个重复与另一个重复联系起来。但孤立的单个线索价值很高，比如，他把世界洞穴的北门和南门分别指派给降入尘世诞生的灵魂和死后升到众神那里去的灵魂，指派给创造和远离创造②，他还泛泛谈及灵魂的净化和生命。

169　　　　最后，密特拉还与希腊罗马的太阳神有天然的联系，无论被当作阿波罗，还是被当作索尔或赫利俄斯。我们可能永远不知道密特拉与太阳神融合的程度；"无敌的索尔"（Sol Invictus）在 3 世纪中叶以后常常出现在钱币和铭文上，可能到处被当作密特拉，即使他在公开场合只象征太阳神。早先的皇帝们的太阳崇拜，如埃拉伽巴努斯的，很可能源于闪米特人的一种膜拜。至于奥勒良的太阳崇拜，我们仍然对相关特征一无所知。他母亲是下多瑙河某地的太阳神女祭司，而她是密特拉神的女信徒也并非没有可能，这点曾被零星提到，她或许是一只"母狮"。另一方面，帕尔米拉的太阳神神庙遇到抢劫后，奥勒良命令手下一位将军修复它，并附上一句话："我将写信给元老院，请求派一名祭司重新为神庙祝圣。"这暗示了惯常的罗马仪式，尽管这次涉及的是闪米特巴力神的圣所。但奥勒良在罗马城建造了一座庞大而辉煌的太阳神神庙，他在里

---

① 伊塔卡（Ithaca），希腊西部近海岛屿，奥德修斯的故乡。
② "远离创造"是对原文"apogenesis"的直译，意即"死亡"。

面存放了一万五千磅黄金（这种礼物肯定放在这里而不是别的地方）；而这座建筑依奎里纳尔山丘（Quirinal hill）而建的方式，不能排除它作为密特拉神庙的可能性。因为密特拉以前是、当时仍然是"出自岩石的神"，故其所有圣地多多少少具有洞穴特征，即使洞穴本质上不被当作可感知的世界的象征。前文已经提到，出现在纪念碑上的屠杀公牛发生在洞穴中。无敌的索尔出现在奥勒良的钱币上。以后那些皇帝与密特拉膜拜的关系难以确定；我们在论述君士坦丁的时候，将回到这个问题上。

讨论密特拉膜拜之后接着谈摩尼教，这看起来颇奇怪，因为从波斯进入罗马帝国的摩尼教不属于秘仪。但不能只把摩尼教当作一个基督教教派，相反，它应被当作一种特别的拯救宗教，其异教特征极为鲜明。它在罗马人那里呈现出的罗马式异教特征，是否比它在萨珊王国中可能具有的异教特征更鲜明，需要进一步研究，就像它随后对基督教会的入侵也需要进一步研究那样。它的二元论尤其与古典信仰抵触，因为它将万物解析为彻底的象征，并通过象征表达两大基本原理——光明与黑暗、上帝与物质。最高的概念，即这个体系中的救世主［Christ］（显然与密特拉有关），是世界的灵魂、永恒之光的儿子和拯救者；他在历史中的显现被视为幻影。因此，拯救不是一蹴而就的行为，比如被当作祭品宰杀，而是持续的；救世主时常在精神与物质（或善灵与恶灵）之间互相斗争的、道德上不自由的状态中帮助个人上升到光明之域。要确定这些观念与精确构想的个人不朽有多接近，是困难的；不管怎样，这个教派的"基本书信"（basic epistle）①提到"永恒而荣耀的生活"，可能正是这一承诺给罗马改信摩尼教的人留下最深刻的印象。这里不宜进一步讨论这个引人注目的体系。

摩尼教的创始人摩尼聚集了一些使徒，尽管遭到迫害，他给社

170

----

① 摩尼自称"耶稣基督的使徒"。《新约》中保罗的书信最多，摩尼既然以新时代的保罗自居，遂以其书信作为摩尼教主要经典之一。敦煌出土的汉文《摩尼光佛教法仪略》称有关书信为《律藏经》或《药藏经》。

团留下教阶制的萌芽。在他殉教（272—275 年）之后不到十或二十年，他的教义就传到罗马帝国。皇帝写给阿非利加总督朱利安的一封批复（287 或 296 年）显示，摩尼教已传到阿非利加行省。由于这个新教派的煽动，那里肯定发生了诸多骚乱。它对待罗马的态度与几个东方宗教一样，不是和睦共处，而是惟我独尊。此外，由于起源于波斯，故既令人可疑又遭人蔑视。戴克里先的措施堪称严厉；他下令焚烧摩尼教的领袖和典籍，而其他参与者要么被处死，要么被发配去采矿（如果他们属于上等人①或担任显要职位的话），并将财产充公。采取严厉措施的动机主要是新宗教敌视传统宗教；传统宗教觉得自己作为神与人的基本社会体制而拥有最神圣的权利。这封引人注目的批复之后几十年，摩尼教从我们的视野里消失了。它在君士坦丁逝世前不可能起任何大作用；至少在关于异端的重要敕令中没有提到它的名字。只是到了 5 世纪，摩尼教的势力才抬头，一度成了教会最危险的敌人。

以上讨论表明，晚期的异教徒并不只向众神祈求丰产、财富和胜利；对来世的阴郁的焦虑使他们不能自已，驱使他们向往最特别的教义和仪式。

但这个世界现在也已不同于以往了。有关伊西斯秘仪的论述显示，费力获得一位大神的保护怎样提供了一种希望，它不仅免于灵魂毁灭，而且避开由星象决定的多灾多难的尘世命运。我们现在必须揭示，一切超凡因素与尘世生命的关系发生了什么变化；占星术、巫术和精灵信仰是怎样占到先前的献祭、神谕和苦行赎罪上风的。这些因素以前一直存在，荷马甚至把喀耳刻②描绘成所有巫

---

① 晚期罗马帝国的居民分为"上等人"（honestiores）和"下等人"（humiliores）。前者包括元老、骑士、地方城市市议会成员和退伍军人，其他自由人都属于后者。通常不对上等人判处死刑，对他们的最高量刑是流放。

② 喀耳刻（Circe），精通巫术的女仙，旅人路过她居住的岛屿会受她的诱惑，被变为牲畜或猛兽。她曾把奥德修斯的同伴变成猪。荷马的记载详见《奥德修纪》（第 10 卷 135—545 行，第 12 卷 8—164 行）。

术的原型。柏拉图提到一些流浪的行奇迹者，他们宣称能用秘方带来祝福和诅咒；我们还听说术士们宣称可以左右天气和丰产，既能兴风作浪又能恢复风平浪静。塞萨利①一直到帝国晚期都是情爱巫术流行的胜地，通过各种口头符咒和秘密符箓的方式。古代意大利在这方面紧紧跟随希腊；比如，念咒召集众神就在古代罗马的膜拜中享有一席之地，曾给图鲁斯·豪斯提里乌斯带来灾难②。普林尼《博物志》第二十八和三十卷充分显示了巫术与许多迷信的家常疗法相结合的程度。埃特鲁里亚人、萨宾人和马尔喜人（即意大利中部的大多数居民）的巫术尤其闻名。除各种使人康复的巫术外，罗马人还相信此类技艺可以让庄稼地着魔，控制天气，引发爱憎，把人变为动物，还能行其他奇迹。这种信仰还反映在一些非同寻常的妖精上，其中有吸血的拉弥亚和恩浦萨③。但愿那些用有益的反巫术（counter-magic）适当保护自己的人快乐！为达此目的，他们从头到脚挂满了护身符，甚至出现用巫术防卫的整套系统，关于这套系统，个别细节需要略加介绍。

　　上面提到的巫术实践的大量细节很可能让人相信，它们牢牢束缚着整个古代世界，并在日常生活的各个阶段不断制造恐惧。然而，早些时期这些势单力薄的迷信对古代宗教产生的有害影响，以及它们对人神之间天真关系的扰乱，都远远不及后来那种在帝国境内逐渐盛行的系统的迷信。

　　首先，我们必须谈谈占星术，它被当作东方人的古老专利，精通此道者往往称作迦勒底人，尽管真正来自幼发拉底河下游地区的人寥寥无几。至少他们当中名气较大的人，如提比略的特拉叙

① 塞萨利（Thessaly），希腊东北部一地区。

② 图鲁斯·豪斯提里乌斯（Tullus Hostilius），罗马王政时期继努玛之后的王（公元前 672—前 641 年）。他希望像其前任那样把朱庇特召到自己面前，因不知道确切符咒而做了诸多尝试，结果天神被搅扰得不胜其烦，用闪电将他劈死。

③ 拉弥亚（lamias）和恩浦萨（Empusae）都是希腊神话中的凶神恶煞。前者为女头女胸的蛇身妖精，常诱捕婴幼儿吮吸其血；后者能变成各种形状，吓唬妇女、儿童和行人，她们也吸食儿童的血肉，并化成女妖，掐死钟情于她们的人。

172

路斯和奥托的塞琉西斯和托勒密①,取的是希腊人名字。除了巴比伦人的智慧,还要提到埃及人的智慧,它与两个人的名字联系在一起:佩托西里斯(Petosiris)和奈凯佩索(Necepso),他们被当作最流行的占星术著作的作者。

占星术士不仅仅满足于占星术,还染指其他更令人畏惧的探知未来的方法。尽管如此,占星术本身为通往无神论提供了强力推动。忠实信奉占星术,就会蔑视一切道德顾虑和宗教,因为它们既不能提供安慰,又无法帮助人们抗争由星象显示的命运。主要由于实践这种秘密科学,才让1世纪的诸位皇帝饱经最可怕的诅咒。迦勒底人经常遭到流放,因为他们的智慧不能成为帝王的专用品,全世界吵着要求得到他们的预言;而他们又常常应召返回,因为没了他们又不行。如果谁带着因在爱琴海某个岛屿上戴脚镣而留下的疤痕返回罗马,那么人们肯定会争着引起他的注意。简单讲,这门科学的内容,是将一系列命运与行星在黄道十二宫中所处的各种可能的位置结合起来。一切取决于时间;可以根据星象预测大多数日常活动,比如为一次愉快的远足或步行前往浴室预测,也可以预测人的一生——只要知道他诞生时的星象。明察秋毫者可以认清此种虚妄之徒然,并像圣希坡律图②那样明确指出它的无益。在任何特定时刻,在美索不达米亚观察到的诸星座的形状位置和在多瑙河或尼罗河附近观察到的截然不同,所以星座怎么能够对人的命运产生任何明确而一贯的意义?为什么同时诞生的人没有同样的命运?为什么星座在诞生之际而非在受精之时意义更大?为什么出生时间的千差万别在人们共同经历诸如地震、城市遭劫、海上风暴之类的毁灭时不起作用?星辰可能具有的对命运的主宰会不会波及苍蝇、蠕虫和其他害虫?当时是否还有更多未知的行星(提这个问题就已暗示了正确答案)?说到底,所有通情达理之

① 参见塔西佗《编年史》6;21;苏维托尼乌斯《奥托传》4。
② 希坡律图(Hippolytus,约170—约236年),早期基督教教父,有《驳斥诸异端》等多种著述。

人都同意：预知未来不是幸福；不管怎样，幸福的对立面是获得关于未来的错误观念。

但世上没有合情合理的理由可以在一个民族中根除这种所谓的科学，这个民族即使在文化繁盛期也与神圣世界秩序的观念、与包罗万象的道德意图的体系格格不入，而且这个民族现在比以往任何时候更加困惑于人生各个问题的无常，并为之忧惧。迷信的需求随着个体用以对抗命运的自然能量逐步消失而渐渐增长。在晚期帝国，占星术也以同样引人注目的方式寻求获得伦理的内容，就像上述各种神秘膜拜那样。菲尔米库斯·马特努斯在君士坦丁死后不久开始写作，著有《算经八卷》一书，为我们了解这种转变提供了有力证据。此书集星象宗教理论之大成，其中第二卷末尾有一大段致占星术士的一本正经的训诫，用意在于将占星术实践中暧昧、邪恶和阴暗的成分最小化。算术家（*mathematicus*，占星术士被如是称呼）必须过神一般的生活，因为他要与众神交谈。必须显得容易接近、公正无私、不贪婪。必须公开作出回答，并事先告诉询问者答案会说得明白易懂，以避免不许可和不道德的问题。必须娶妻生子，有正派的朋友、体面的熟人；不可有秘密伙伴关系，必须光明正大地面对世人。必须远离所有纷争，不接收涉及损害或毁灭他人以求泄愤或报复的询问。举手投足必须像正人君子，不可将收受高利的金钱交易与自己的职业结合起来——这意味着许多名声狼藉的占星术士肯定这样干。既不可凭借神的名字起誓，也不可要求他人这样做，尤其涉及财务时。必须在力所能及的范围内对做错事的人施加有益影响，并在通常情况下努力将脾气暴躁之人引入正道，不仅通过星象这一正规方式，还要通过友好的劝告。应当规避夜间的献祭和庆典，无论是公开举办还是私下进行的。应当规避赛车竞技，这样不会有人认为绿队或蓝队的胜利与他的出席有关。有关父权的问题（此类问题总是很棘手）和为第三方占星的询问，应当勉勉强强、支支吾吾地回答，这样不会显得一个人是因为由邪恶星辰决定的行为而受到指摘。"*decretum*"（裁决）一词是时常出现的专用术语。

174

175　　　　至于占星术士遇到的最危险的请求,是对皇帝命运的询问,这在帝国头两个世纪常常要了他们及其客户的命。亚历山大大帝没有怪罪种种关于他命运的询问,反而嘉许之;但现在的情况远远不妙。由于没有实行王朝继承制,皇帝宝座被野心勃勃的人包围,这些人希望从星象中得知皇帝何时死和怎样死,谁又会继承他。但占星术理论找到办法回避这个问题。菲尔米库斯·马特努斯解释道,人们对于皇帝的命运一无所知,因为这不受星象左右,而由至高无上的神直接掌管。作为尘世的统治者,皇帝拥有精灵的级别,属于众多精灵之一,神把这些精灵作为能创造和保护的神灵派遣到世上,因此,象征低级力量的星辰无法预言皇帝。脏卜师在检视内脏以确定帝王命运时处于同样的境地;他们故意搅乱静脉和纤维,以防被迫作出预言。但在 4 世纪,这些让步对于占星术帮助不大;事实上,它与所有其他类型的迷信被绑在一块,遭到皇帝和基督教一视同仁的反对,连同巫术和其他秘密技艺一起受到全面禁止和迫害。限于篇幅,无法对菲尔米库斯的学说体系加以摘要,也没有哪个现代人会不厌其烦地读上一遍,除非他自己成了相同虚妄的牺牲品;或者除非他想出版菲尔米库斯此书的新版本,考虑到老版本难得一见,这倒是适时的。占星秘诀的正文——为了保存它们,作者要求在此书题献给的人(马沃提乌斯·拉尔亚努斯〔Mavortius Lallianus〕,一位高官)的至高之神面前庄严宣誓——包含在此书最后两卷中。秘诀对星座编排索引,这些星座决定一个人杀不杀人、乱不乱伦、脚跛不跛,或者决定一个人能否成为角斗士、律师、奴隶、弃儿等等。这种令人厌恶的虚妄会产生一个合乎逻辑的后果,即丧失任何道德顾虑,毫无疑问,这正是早先那些肆

176　无忌惮的迦勒底人的意图所在。但新唤醒的道德规范此时已有相当影响,以致这位君士坦丁时期的作者必须尽力与道德规范和谐一致,这对他来说可能的确不仅仅是一种言说方式。他表达了一种信念(第一卷第三章),即甚至连星象最可怕的裁决也可能因大量祈祷和用心崇拜众神而被抵消;比如,星象注定苏格拉底要忍受各种情欲的煎熬,他的命运清楚显示在面相上,但他通过种种美德征服了情

欲。"因为我们受的苦和燃烧火把［即情欲］对我们造成的刺痛属于星象；但我们自身的抵抗力量属于精神的神性。"义人的厄运和恶人的好运主要受星象影响。但此类安慰看上去仍然不过是这一体系的外在附属物，与几百页对开本里系统论述的胡说八道相比，实在微不足道。这个体系一上来把个体性情和人体部位在七个行星中分配，而把面貌、味道、气候、地区、身份地位和疾病在黄道十二宫中分配。譬如，巨蟹座代表浓度极高的咸味、浅白色、水生动物和爬行类、第七区、死水或活水、平庸，以及各种心脏和横膈膜方面的疾病。另一方面，占星术士不在意种族和民族特征的区别；对他而言，知道个体受星象控制就足够了。书中别的奇谈怪论可谓俯拾即是，无需赘述。

这个体系不时提到一个至高无上的神，与之相比，所有其他超凡的存在只作为中介力量而从属于它。哲学难道就不能彻底领会这种神的观念，并提出合理的有神论吗？

这是对人类精神面对强大的历史力量缺少自由的卑微见证。恰恰在这里，当时的哲学——它在真正高贵人物的身上得到部分体现，并用古代世界的所有科学武装起来——迷失在阴暗的小径中，而我们至少在 4 世纪初无法将它归于其他种类，只能把它作为两种迷信之间的中介，尽管它确实在伦理问题上标志着进步。　　177

2 世纪末以来的这种显而易见的精神转变，还与古代哲学流派的逐渐消失同步进行。伊壁鸠鲁派、犬儒派、逍遥派以及其他学派销声匿迹了，甚至连斯多噶派也不例外，其性情与罗马人品格的精髓结合得如此紧密。琉善的率直嘲弄与一种高度发达的理论上的怀疑论一起表明，区分种种流派没有意义。① 与此同时，一种新的学说作为一股逆流即将破门而入，它比先前所有哲学学派更加教条，因而在某些方面与新的宗教运动和谐一致。这就是新柏拉图主义。新柏拉图主义的先驱嗜好各种东方迷信，并对与古代毕达哥拉斯学派有关的记载勤加钻研，毕达哥拉斯学派这时早已湮没

---

① 琉善撰有《拍卖学派》一文，对公元 2 世纪各派希腊哲学大加揶揄。

不闻,它的智慧也被当作源自东方;除此之外,构建这种新结构的本质成分借鉴自柏拉图体系。作为 3 世纪中叶这个学派的代表人物,普罗提诺是重要思想家,地位显赫,为这个体系贡献了迈向神秘主义的冲动,以此作为一种可能的进步,而胜过此前占优势的旧的怀疑主义。万物之出现源于上帝,并以一种注定的神性递减的存在程度出现,而递减的程度取决于与物质或多或少的混合程度,这种学说包含一定的真理,甚至更加富有诗意。其他体系从未把更高的地位分配给人的灵魂;灵魂从神圣存在那里直接流溢出来,有时可以和神圣存在完全合为一体,所以高于一切平凡的生活和思想。但我们这里感兴趣的,与其说是这个学派的学说,不如说是实用的道德态度,特别是实用的宗教态度,新柏拉图主义将这种实用态度灌输给门徒,或者说允许门徒有这种实用态度。我们在这里反复看到一个既旧又新的现象,其中与信念相反的思辨体系成了惟一的黏合剂和意外的内聚力,但对于各种倾向和力量而言,它决非占据支配地位的中心点,即使没有它的贡献,这些倾向和力量也会出现。

必须立刻指出,古代最新的这个哲学流派在一神论方面没有显示任何进步。许多早些时候的思想家大大发展了一神论,远远胜过用"一"(One)、"太一"(absolute One)或其他任何新颖名称来描绘至高神祇或首要存在,后者被设想为是有意识能力的,但以一种泛神的方式遍布尘世。此外,所有的多神论以信仰精灵(daimones)的形式被包含进这个体系,精灵作为次要神祇主宰着每个国家、大自然和生活环境。精灵在希腊宗教中一直有,但形式各异,在不同时期多多少少区别于众神;哲学家很早将精灵纳入神学体系,由此产生的冲突并非没有。后来的民间信仰通常赋予它们一种邪恶、幽灵般的特征,认为它们偶尔惩处邪恶,充当保护者,但主要负责散布疾病。正如我们将要看到的,新柏拉图主义哲学家认为它们是起创造作用的(demiurgic)中介存在。

如此一来,古代众神变成多余的,除非它们被精灵化,并被纳入次一级的神灵中。自然,无法更多地利用民间神话,因此,各种神话被解释成自然真理、宗教真理和道德真理的外壳。有些解释捕风捉影，这种倾向是犹希迈罗斯主义更引人注目的一方面。在关于人类灵魂的教导中，新柏拉图主义尽管把灵魂高捧为神圣的流溢，但还没有去侈谈永恒的幸福，而只是谈论灵魂的迁移。然而，对于最杰出的灵魂，这种信仰被修改，转而谈论将灵魂分配到某个星辰；上文已说过，生者有时认为他们可以确定适合死者居住的星辰。实际上，瞥见幸福有时被赐予入教者，但只在极少数情况下赐予他们中间领悟较快和资质较佳的人，这些人相信自己见到了上帝的异象。

　　比这种通神论更基本的是，新柏拉图主义与这一时期典型的道德趋向和苦修趋势合流了，这确实是罗马帝国意味深长的一个征兆。这被看作尤其具有基督教特色，有时被用来和古代自由的道德对比，正如基督教的来世观被用来和古代对尘世的关怀对比一样；但如果研究 3 世纪的异教，会发现几乎没有理由做这种对比。我们在这里也认出下一个世纪的产物的引人注目的前兆或反射。

　　新柏拉图主义通过一些受神宠爱之人的传记，明确树立了异教理想。这些人奉行彻底的节制，在古代所有著名民族中四处游历，研究各民族的智慧和秘仪，并逐过与神祇不断交流而逐步变成行奇迹者和超凡的存在。神圣的柏拉图的生平太广为人知、知道得也太确切了，故不适合作为此类传记的素材，尽管这个学派一直像敬重精灵那样敬重他；譬如，雅典的某位尼卡戈拉斯曾在君士坦丁时代造访埃及的奇观，他在底比斯的地下室里写下自己的名字和这句祈祷："请在这里也仁慈待我吧，柏拉图！"而毕达哥拉斯则不同，他生活在足够遥远的神话时代，重写他的生平颇为诱人。亚姆布里修斯就在君士坦丁时代重写他的生平，波菲利紧随其后，以更加有理有据的方式描写毕达哥拉斯。另一方面，泰安纳的阿波罗尼乌斯这位行奇迹者尽管生活在公元 1 世纪，晚于基督，但他的生平神秘非凡，特别适合用来写别有用心的传奇；这项工作由塞普提米乌斯·塞维鲁时期的菲洛斯特拉托斯完成。这里不是分析这本

奇书①的地方；我们只想指出，它在古希腊的主观性和东方对奇迹
与节欲的趣味之间达成独到的折中。阿波罗尼乌斯身穿亚麻外
衣，赤脚走四方，不沾荤腥，不饮酒，不近女色，散发家产，通晓一切
并理解一切，甚至能理解动物的语言。他像神一样在饥荒和暴动
中现身，行一个又一个奇迹，祛妖除魔，起死回生。此人还肆无忌
惮地奉行希腊式的个人崇拜，时不时流露出装模作样的智者的自
高自大。他出身上等，仪表堂堂，操一口纯正的阿提卡方言②，幼年
时期便已精通所有理论体系。他以最庄严的仪态接收三教九流的
崇敬。他很早就察觉，自己已达到那种无需再钻研而只需将已钻
研的成果传授他人的境界。他身上至今找不到谦卑的痕迹；相反，
这位圣人不遗余力地贬损他人，任何人如果嘲笑他的言谈，会被他
判为着了魔，受到相应的祛除。一个世纪后，亚姆布里修斯从这里
借鉴了许多细节，为他毕达哥拉斯的理想画像添光加彩，要不然，
这幅画像只能依赖多少真实的古代传统了。为了把毕达哥拉斯表
现为"由阿波罗引领的灵魂"甚或阿波罗的人形化身，他不仅让毕
达哥拉斯过上苦修生活，而且让他创造奇迹，从迦密山突然降到海
岸上，念咒召唤动物，在几个地方同时现身，并做了许多类似事情。

　　显然，这些人身上体现出明显的苦修主义理想，这方面的原型
必须到各种东方宗教的苦行者那里去寻找，如犹太人中的拿细耳
人③和特拉普提派④，波斯禁欲的麻葛，还有印度的托钵僧⑤，希腊
人对后者也相当熟悉，他们称之为"裸体的智者"（gymnosophists）。

---

① 指菲洛斯特拉托斯的《泰安纳的阿波罗尼乌斯传》。
② 古雅典人说的希腊语。在阿波罗尼乌斯时代，一般人只会讲白话希腊文（Koine）。
③ 拿细耳人（Nazarites），古以色列人被选中或自愿奉献一生或一段时间，向神还愿的人。他们需要立誓言，在还愿期间不剃头、不喝酒、不接触尸体。
④ 特拉普提派（Therapeutae），古代犹太教一派，主要分布在埃及。主张闭门修行，一般隐居穷乡僻壤，一周内有三至六天守斋。
⑤ 托钵僧（fakirs），阿拉伯文 Fakir 意为"贫穷"。这里当指形成于公元 1 世纪的印度耆那教派别，信徒认为耆那教徒不应有私财，连衣服也不能有，所以必须裸体。重苦行，靠乞食为生。

同样，人类灵魂堕落的学说（这在理论上可能导致道德规范），以及灵魂被物质沾染因而需要洁净的学说也是东方的，甚至极可能来自印度。但是，如果类似的运动此前没有对民间情绪产生影响，无论苦修还是它的思辨基础都无法从东方传进来。这个体系与基督教的某些引人注目的接触，更确切地说两者彼此之间的互相影响，是不可避免的。

　　而这个以柏拉图之名自称的学派眼下被引向最最极端的迷信，有时完全沦落为真正的巫术和通神术（theurgy）。在从上帝那里流溢出来的巨大等级制度中，神灵对神灵、神灵对自然的影响通过巫术实现，而入教者掌握着启动巫术的钥匙。这种性质的法术由毕达哥拉斯或阿波罗尼乌斯式的带有部分神话色彩的术士操纵，君士坦丁时代的术士也被认为可以驾驭。新柏拉图主义者充当修辞学教师、智者、教育家和秘书，与早期帝国的哲学家没有两样；但在从事此类活动的同时，他们有时会忽然念咒召唤众神、精灵和灵魂，行奇迹治愈病人，设形形色色神秘难解的骗局。

　　在这个学派最高贵的代表埃及人普罗提诺（205—270 年）身上，这方面体现得还不算明显。他无可挑剔的品德和苦修主义，既启发了别人，包括许多杰出的罗马人，又赐予他洞察秋毫和预知未来的本领；他似乎只在迫不得已之际才念咒语。对他的敬重超出了对凡人的敬重，只要有异教徒，"他的祭坛永不冷却"。在他的门徒腓尼基人波菲利（生于 233 年）身上，甚至可以察觉对巫术的明确否定；波菲利对整套新柏拉图主义的精灵学说提出疑问，结果他自己也遭到这个学派的怀疑。他的疑问和反对后来遇到一篇答复，题为《论埃及人的秘仪》，这个标题不够准确；或许同样不准确的是，作者被当作凹地叙利亚人[①]亚姆布里修斯，他是君士坦丁时期这个学派的领袖，而真正作者可能是埃及人阿巴姆蒙。我们在古印度和中古日耳曼地区常常见到宏伟壮丽的神秘主义，它是一

---

① 凹地叙利亚（Coele Syria）特指黎巴嫩境内两个平行山脉，即西面的黎巴嫩山脉和东面的逆向黎巴嫩山之间的谷地。

种多少自觉的泛神论;但这里恰恰相反,我们看到的是一种多神论的神秘主义,尽管众神因变成地位各异、没有明确个性的精灵而显得苍白无力。这些神灵是怎样被崇拜、召唤和区分的? 神所宠爱的圣贤的一生如何被奉献给实践这种性质的膜拜? 简单讲,这正是这种可悲混合物的所有内容,这个学派在 4 世纪的基本倾向,正是明目张胆地为这种腐化堕落低声下气地吟咏伴唱;实际上,它承认通神术是与基督教搏斗的必不可少的武器。从此以后,此派学说和思辨中的柏拉图成分不过成了附庸而已。

匆匆看一眼驱邪术的体系在这里不算跑题。能否驱邪,靠的是驱邪者的灵魂转变成完全不带感情的状态,以及它与提升到同一境界的相关神灵存在的内在结合。与其说神灵通过符咒或强制而被召唤下来,不如说灵魂上升去见神灵。甚至驱邪所使用的外部器物也不仅仅是一些象征,而与相关神圣成分有着神秘联系。这里确实提到"一",即圆融自在的至高之神,但能与他结合的人寥寥无几,个人只有在崇拜精灵并与它们结合以后方可实现与他结合。神灵存在之级别,部分取自犹太神学,以从高到低的顺序排列:神、众神、大天使、天使、精灵、统治天使①、英雄、君主和灵魂。灵魂完全是个体的;级别越往上升,神灵们越接近统一或本体。后八个级别在一个大表格中按照形式、性质、易变性、容貌、美丽、速度、大小、显赫等等被分门别类。更重要的是他们作用于人的能力和本领。众神彻底净化灵魂,并赐予健康、美德、正义和长寿。大天使做的事类似,但做得不够彻底或不能持之以恒。天使将灵魂从物质的束缚中解放出来,并赐给类似的礼物,但针对性更强些。精灵把灵魂拉回自然事物,使身体承受重负,散播疾病、惩罚等。英雄引导灵魂专心致志于感官察觉的事物,激励灵魂向往伟大而崇高的功绩,但在其他方面类似于精灵。统治天使把握着尘世物质的走向,赐给世俗货物和生活必需品。君主属于彻底的物质领域,只能赐予凡俗的礼物。最后,当灵魂出现时,他们促进传播,但他们

---

① 统治天使(dominions),九级天使中的第四级。

的所作所为根据各自的美德而差别很大。每个神灵在次一级神灵的陪同下现身,比如,大天使曰天使陪同,等等。善的精灵随身带着它们的祝福;复仇精灵展示了未来的痛苦会怎样;恶的精灵随野兽而出现。所有这些神灵都有适合它们的形体,但形体因级别的差异而能独立自主。如果在仪式进行过程中犯了错,恶的神灵就会取代被召唤的神灵,装扮成后者的形貌出现;主持仪式的祭司可以通过妄自尊大的卖弄认出它们。但另一方面,即使念咒之人不是入教者,一个正确执行的仪式也能生效,"因为将献祭者与神结合起来的不是知识,要不然只有哲学家才能独享这种荣誉"。仪式对参加者漠不关心,这和摆脱激情的要求以及上文提到的灵魂的其他准备工作有着惊人矛盾;但这本书①在别处甚至还有更大的矛盾。

接下来,我们来了解一些外部设备和必要的套语。其他新柏拉图主义学说只认可不流血的献祭,相形之下,这里由于掺进明显的埃及成分,需要向每个神献祭勾物,而祭神的动物须是这个神主管的,他因此与这种动物有着神奇的关联。此外,还用到石头、草药、熏香之类物品。某些埃及法师的不良行为,如对众神恶言威胁,受到明确制止;此类行为只对某些小精灵有效,并为迦勒底人力戒。同样,有些人使用的符箓最多只能制造些许模糊的现身,进而让法师气馁,这时法师容易被邪恶力量和骗人的精灵左右。

让我们暂时走出这团虚妄的烟云,来问一问,这些现身究竟包含多大程度的客观实在;因为我们正在处理的,不是纯粹想象中的形象。我们知道,18 世纪的驱邪术大量运用了魔法灯笼,灯笼的影像反射在浓雾上,遂产生幻觉。类似的东西发生在波菲利时代的念咒中。有一门技艺被专门提到,它用火焰产生水蒸汽,让众神的幻影在有利时分出现在空中。亚姆布里修斯,或阿巴姆蒙,甚至不承认这种小把戏包含欺骗,尽管其中不乏真正的巫术效果;他声称此类幻影——它肯定随着水蒸汽的消散而迅速消失——受到祭司

184

---

① 指《论埃及人的秘仪》。

的轻视,因为他们见过神的真实形貌;这样,巫术只能触及外壳,即神的影子而已。但毋庸置疑,欺骗在很长时间内被大量实践。我们不能一股脑儿把利用孩子解释现身和预言也当成十足的欺骗,因为阿普列尤斯信这个,而此人在我们看来不是骗子。阿普列尤斯相信,孩童的纯真心灵尤其适合通过套语和焚香催化成半清醒的状态(*sorporari*),由此尽可能地接近真实的——神圣的——本性,以预知未来。他引用瓦罗①来说明,特拉勒斯②的居民正是通过一个男孩得到米特拉达提战争③结束的启示,这个男孩在盛水的容器中看见墨丘利的形象(*puerum in aqua simulacrum Mercurii contemplantem*——会不会在容器中放了一个真像,或只是一个幻觉?),然后用一百六十行韵文描绘了未来。但在 3 世纪初,希坡律图在《驳斥诸异端》中揭露了变戏法之人的诸多骗局。我们在此书中再次发现把男孩当作不幸受害者利用的例子,不过这次是哄他沉睡,就像后来卡廖斯特罗④在米托(Mitau)干的那样,再让他胡言吃语。但大体而言,对客户的所作所为是十足的愚弄。客户把向众神询问的问题用自己认为看不见的墨水写下来,而法师通过化学方法可以阅读它们,再做出适当回应。如果问题是让想见的精灵现身,法师会在一间漆黑的房间里"摇动桂冠和高声叫喊",如果什么也没出现的话,显然只能依赖客户对此称心如意了。法师会让客户明白,看见神灵现身是无法预料的;知道神灵存在就够了。接下来,男孩必须汇报精灵说的话,也就是汇报法师通过一根设计巧妙的管子向男孩传递的耳语。此外,还使用了球状熏香,里面填有爆炸物或能够发出血红光芒的物质;而明矾一旦液化,可以让祭坛上的灰烬看上去在流动,无疑加强了错觉。最后,准备好一些完全不知所云的神谕,随时发给好奇者。我们被告知的许多东西不

① 瓦罗(公元前 116—前 27 年),古罗马学者,博古家。
② 特拉勒斯(Tralles),小亚细亚西部的古城。
③ 米特拉达提战争,公元前 88—前 63 年间罗马与本都之间的战争。
④ 卡廖斯特罗(Cagliostro, 1743—1795 年),意大利江湖骗子、魔术师和冒险家,流窜欧洲各大城市,以兜售假药、算命等行骗。

仅为法师们所备用，时至今日在寻常变戏法的人那里仍有：内置的彩蛋，或玩火的把戏，要么把一只手放在火中，要么在火上行走，要么从口中吐火。更一本正经的还有表面上不损坏封条而知道文件内容的窍门。独到的念咒在这些把戏中随处可见。山羊和公羊因为神秘的手段而掉下脑袋；羔羊甚至会自杀。一匹马（经过某种海生物的汁液的处理）仿佛处在烈焰中。雷声可以人造。[①] 某个献祭品的肝脏上现出文字（因为骗子用浓墨水把字反写在左手上，再把肝脏放在上面）。一个放在地上的骷髅说话后就消失了，因为所谓骷髅只有一层蜡质外壳，附近的煤受热产生热量，它随之坍塌；躲起来的帮凶则通过用仙鹤食道做的管子说话。月光可以被弄得不让人察觉，直到所有其他光源熄灭；一束来自隐蔽光源的光照亮地上的圆水盆，再被反射到天花板上的一面镜子中。有些时候，天花板的洞里装了一个铃鼓，躲在上面房间里的帮凶得到约定暗号后，移开灯盖，将光线对准铃鼓。更简单的办法是把油灯放在细长的容器中，这样就能把一束圆光照在天花板上。[②] 星光灿烂的天空可以通过把鱼鳞贴在天花板上来模拟；即使室内照明微弱，它们也能隐隐生辉。现在我们再来看看众神实际的现身情况，法师们对此满不在乎，因为他们可以依赖客户的恐惧和顺从。在没有月光的黑夜，法师会露天展示赫卡忒临空飞过，他的帮凶一听到他念出套语，立刻放出用燃烧的缰绳牵着的不幸的雏鹰；客户事先已得到命令，一看见一团燃烧物从空中呼呼飞过，就要掩面，并默默趴在地上。又如，如果让燃烧的阿斯克勒庇俄斯现身，人工设计的成分则更多。阿斯克勒庇俄斯形象的深浮雕被塑造在墙上，可能与真人一般大小，浮雕上涂有高度易燃的物质；法师一开始念由六韵步诗行组成的咒语，它就被点燃，熊熊燃烧一阵子。最后，如果想让众神栩栩如生，能随心所欲四下走动，则更复杂，代价也更高。解决这个问题惟有靠地窖，里面有化好装的人跑龙套。在地窖上方的

186

---

① 令人遗憾的是，手稿中对制造地震的秘诀保存得不完全。——作者原注

② 这里说的是怎样在天花板上制造人工月亮。

房间里,信徒们通过一个嵌在地上的大水池向下观看;水池是石质的,但水池底部是玻璃。

如此看来,让众神现身常常与入迷和幻觉无关,而依赖客观的实际行为。撇开纯粹的江湖骗子不论,是否存在一些认真的通神者,他们利用错觉时只是将之作为诚恳的虔敬?这仍然是一个问题。另一个问题在于,亚姆布里修斯(或任何写了我们引用的这篇论文的人)是否想把他的著作献给此类诚恳的术士。

除驱邪术以外,这位作者还提供了有关超自然领域内其他问题的信息。比如,在神遣之梦方面,他告诉我们,这种梦并非得自熟睡,而是得自半清醒或完全清醒的状态,正是在这种状态下,一个人将听见简短的私语,"做这个或那个";他将感到自己为神灵的运动环绕,有时还看见一道纯洁而平静的光。另一方面,普通梦境所传达的预示意义被当作不足为道。据说,受神启示的个体一般说来不再过动物般的生活,而是过着神圣的生活;因此,他们既感受不到火烧,又感觉不到刺痛和其他的折磨。此外,神的出现可能只影响到灵魂,或只影响这个团体的个体成员,因此有些人跳舞唱歌,其他人则起身直立、盘旋在空中,甚至似乎为火焰环绕;与此同时,他们听见神的声音,时而清晰时而轻柔。由种种焚香、饮剂、套语之类东西引起的自发的神秘刺激要低级得多,人们由此察觉隐匿之物和水中之物,在清朗的夜色中,或在带有神圣象征的某些墙上。但前兆和预言的倾向是如此强劲地充斥于整个可见的世界,换言之,这个体系如此不愿放弃各种不同的民间迷信,以致可以从鹅卵石、芦苇、树林、谷物,甚至从疯子的喃喃自语中解读未来。鸟的飞行也被神力左右以显示征兆,这种脍炙人口的自由因此也不自由了。普通的占星术被轻视为没有出息的旁门左道,甚至是错误的,因为星座和元素不能决定命运,整个世界在灵魂降到凡间生命上那一瞬间所呈现出的姿态才最重要。但这并不妨碍占星术士着手接触这个体系,如同菲尔米库斯·马特努斯在许多段落中论述的那样。有一个特征应当顺便注意到,它清楚显示这种符咒魔法理论有一个非希腊的、完全野蛮的起源,这个特征就是不加掩饰地通过信口胡诌外国咒语,尤其是东方咒语来得到乐趣。这点我们实际上不是从亚姆布里修斯那里,而是从其他材料中得知的,这类材料有许多在巫术文献中传了下去,一直流传至今。之所以偏好外国名称,不仅仅因为更古老,或者因为不可翻译,还因为它们具有"非常鲜明的特色",换言之,它们听起来既令人印象深刻又意味深长。新近出现的关于许多符咒不起作用的抱怨只基于这个事实,即受人崇敬的古代仪式因为希腊人渴望创新而遭到更改。"只有野蛮人才在风俗习惯上严肃认真,坚持惯用的祈祷套语,所以受神宠爱并能被神听到。"

188

　　这个索然乏味的体系恐怕只有少数人才会当真,然而,它却多多少少对 4 世纪的所有哲学起了决定性影响,没有哪个有教养的异教徒完全不受它沾染。我们从尤纳皮乌斯①写的哲学家传记中可以发现,迷信之高涨一如灰雾之升腾。比如,亚姆布里修斯本人就让弟子相信,他在祈祷时会离地十尺,以金色之身盘旋空中。在叙利亚的加大拉镇,他召唤出两股泉水的保护神:厄洛斯和安特罗斯②。他们以男孩的形貌出现,一为金发,一为亮闪闪的黑发,让弟子和同伴大感惊异;他们偎依着亚姆布里修斯,直到他把他们打发回泉水中去。他的弟子埃德西乌斯忘记一位神仙在梦境中向他吟咏的六韵步咒语,醒来后发现它就写在左手上,遂对着左手祈祷。以弗所的女哲学家索西比娅从童年时期起就由两个精灵带大,它们早先装扮成田间干活的人而自雇于她的父亲;她后来的一生同样受到巫术和占卜的制约。至于其他传闻,有些非常绘声绘色,就此略过。显然,哲学家彼此间的观点决非吻合一致,无论关于生活的还是关于教义的。在新柏拉图学派内部,很早就有使用邪恶巫术的例子,亚历山大里亚的奥冰皮乌斯曾试图以此对付伟大的普

---

① 尤纳皮乌斯(Eunapius,349—约 404 年),希腊历史学家,异教徒,著有《智者列传》和一本起于 270 讫于 404 年的万史。

② 加大拉镇(Gadara)系低加波利(Decapolis)的一个城镇,此地在古典时期是希腊城市。厄洛斯(Eros)为希腊的小爱神,安特罗斯(Anteros)是厄洛斯的兄弟,司互爱,对负心的有情人施加惩罚。

罗提诺。一位法师当着亚姆布里修斯和其他人的面召唤阿波罗，但亚姆布里修斯证实，后来出现的幻影不过是一个近来死去的角斗士的幽灵（εἴδωλον）而已。一个人经常断言另一个人制造的东西微不足道。哲学家马克西姆斯相当成功，他让以弗所的赫卡忒神庙中的像露出微笑，并让神像手中的火炬自动点燃；但卡里亚①的尤西比乌斯认为这一点也不神奇。在最晚近的时代中，当沉沦的异教鼓足力量，此类纷争定然有所减少。哲学、巫术和所有秘仪形成的混合体是异乎寻常与令人困惑的，这决定了朱利安时代的面貌。通神术在君士坦丁及其子辈那里越是被迫转入地下，一旦它用虚妄包围那位虽然品德出众但却注定不幸的年轻君主②，它在短期内获得的统治地域就越发宽广。朱利安的老师埃德西乌斯对他说："如果参加过秘仪，你甚至会为生而为人感到羞耻。"事实上，令人惊奇的是，一个对神灵世界如此入迷的人竟然成长为一位如此胜任的帝王和战士。在这个相当晚的时期，埃及沿海的坎诺普斯成为传授一切巫术的中心，是"精灵活动的发祥地"。前往那里的人熙熙攘攘，索西帕特拉（Sosipatra）的一个儿子安东尼乌斯在那里定居后，来者更多了；安东尼乌斯本人并不实践通神术，但像先知和苦修者那样享有超凡的器重。经陆路和海路来到坎诺普斯的人都要履行宗教义务，定期拜访安东尼乌斯，倾听他的预言。他时常哀叹："这些神庙很快就要成为坟墓。"此话不虚，它们后来被改造成修道院，里面存放着殉教者的圣物。

这种活动产生的双重影响引人注目。一方面，这个体系要求转变和放弃道德；另一方面，没有任何东西比这种排他的符咒技艺更能处心积虑地摧毁真正的异教道德观和宗教观之残留，它只顾及入教者，却傲慢地忘记了老百姓，并一心挫败老百姓对古老的众神和英雄的信仰。因为神话虽然遭到拒绝，或被隐喻所解释，众神本身却被宣称为精灵，甚至连英雄们也被任意安插进这个体系。在

①　卡里亚（Caria），小亚细亚最西南部地区名。
②　指背教者朱利安。

君士坦丁统治时期，许多神庙受到搜查，合成偶像的金银部分被拿走熔炼，当时很多异教徒感到奇怪，在神庙或塑像的最隐秘处，并未发现精灵和能预言的存在，甚至连有影子的、飒飒作响的幻影都没有。人们已学会把神美丽的艺术形态与其精灵的本质彻底分开。这种精灵意义上的阿喀琉斯膜拜在 3 世纪以后得到强化，值得专门提一提。足以说明问题的是，对特洛伊平原上的居民而言，阿喀琉斯不再是理想的英雄美的化身，而是可怕的幻影。 190

　　我们可从以上论述推断晚期的异教一神论的命运。毫无疑问，当时仍然有纯洁的心灵和敏锐的思想家，他们以较早和更好时代的精神忠于神的惟一性。但在大多数人那里，这种信仰由于精灵的掺和而受到干扰。比如，阿米亚努斯·马赛利努斯这种人的异教就容易受人尊敬，因为他属于 4 世纪较杰出的人士之一，在他的英雄朱利安的宫廷中看透了那些披着哲学外衣的巫士；但他的一神论多么半心半意啊！单个神就算没有被直接当作精灵，但至少在实际上仍然具有人格化的特征。涅墨西斯是战斗中最高的正义之神，但被称为公正（Justitia）的女儿。忒弥斯①是永恒的法律，但私下里被认为掌管占卜。墨丘利被称作 *mundi velocior sensus*，大意为"推动宇宙之本"。最后，命运女神依然管理人类的命运。在晚期异教徒中间，至高之神必然将其首要特征，即人格特征，让给次要的神祇和精灵，当时的膜拜几乎专门膜拜他们。至高之神可能在太阳神崇拜者那里最大程度地保留了人格特征，这些人认为众神都起源于太阳，并把太阳当作一切存在的物质和精神之本崇拜。君士坦丁似乎青睐这种宗教，至少表面上如此，虽然他用密特拉的形式为之设想；我们现在进一步考虑这点。他的父亲君士坦提乌斯·克罗鲁斯被明确认为崇拜一位真正的神，除非尤西比乌斯再次把普通的密特拉教误解并美化为纯正的一神论。在这个所有宗教相互混合的时代中，犹太教的成分到处进入异教和帕西人的拜火教，比如在 4 世纪初影响到卡帕多西亚那些崇拜至高上帝的人 191

---

①　忒弥斯（Themis），希腊神话中掌管法律和正义的女神。

（Hypsistarii）。这些人真正信奉一神论，但只有地方性影响，这里无需考虑。最后，在君士坦丁的宽容敕令消除一切界线后，我们还发现一种没什么价值的一神论，它在急欲见风使舵、尽量避免所有冒犯的人那里随处可见。前面刻画过一些颂辞作家，其中一位写的祷文就属此类："我们恳求您，至高无上的万物的造作者，您的名字多如您赐给众民族的语言，虽然我们不知道您自己要求我们念哪一个！无论您身上是否有一种神圣的力量和灵性，由此您倾泻弥漫至整个世界，您确实与所有元素混合，确实无须借助外力即可运动自己；也无论您是否是一种力量，能凌驾于众天神之上并从高塔上俯视您的造物；我们乞求您，恳求您，永远保佑我们的君主吧。"我们看到，作者让人在无所不在的神和超然的神之间自由选择，他接着赋予这个含糊的无上存在以全能和仁慈的特性，但随即又以一句不恰当的用于祷文结尾的套语取消了这些特性："如果您否认他的美德能产生回报，您的力量和善良将会终止。"这位高卢演说家无疑是众多犹豫不决和深谋远虑之人的代表，这些人想观望君士坦丁的宽容敕令会不会有好结果。

　　既然已经考察了哲学上的精灵信仰，以及这种信仰对异教一神论产生的影响，我们必须再对这个过渡时期属于民间迷信范畴的各种迷信和巫术投上一瞥。诚如上文已指出的，两者之间的区别并非泾渭分明。

　　许多此类东西不过是对早期实践的延续。譬如，埃特鲁里亚的脏卜师 1 世纪时差点消失殆尽，但他们幸存下来，现在甚至愈加显赫了。官方在皇宫中利用脏卜师向众神请教，但脏卜私下也相当流行，至少在意大利是这样。从狭义上说，这种占卜从动物内脏和鸟的飞行姿态中获得裁决未来的预兆，通过闪电甚至通过把闪电引向地面推测天意，并为城市奠基及类似的许多事预卜凶吉。但随着时间推移，脏卜逐渐与其他迷信，尤其与迦勒底人的占星术合流了，我们的作者不总是能够彻底把它与其他种类的通神术区别开来。

　　神谕，即在特定圣地颁行的对询问未来的答复，也没有沉默不

语,尽管四方游走的法师成为令它生畏的竞争对手。帝国全境内
的各种异教一致认为,在某些持别的场所和地址领会众神意志,能
比在其他地方领会得更清楚。因此,所有行省中都有颁行神谕的
神庙、泉水、地上的神圣裂缝、岩洞之类的地方,其中有的年代久
远,可追溯到远古或前罗马时期,这些地方答复各种可能的询问。
睡在阿斯克勒庇俄斯和塞拉反斯的神庙,以求在梦里获得药方的
做法也属于求神谕;上流社会的精英通常在这种场合相聚。无论
如何,大型、官方和政治性的咨询已不复存在。想询问此类问题的
人竭力掩人耳目,他们情愿求助于法师。但即使不再有科列索司
听信六韵步的神谕而跨过哈律斯河①,各种身份和各种兴趣的朝圣
者仍然带着供品,前往声誉较高的神谕所朝拜。鲍桑尼阿斯出于
虔诚和好奇,接连拜访了希腊的全部神谕所。关于德尔斐神谕所
的一系列史料尽管颇为零散,但从未彻底间断过很长时间,一直延
续到君士坦丁时期,一度中断后又重新开始。个别史料还注意到
希腊和小亚细亚的神谕所,如阿巴伊、提洛岛、米利都、科洛彭等地
的,它们一直活动到很晚时期:我们不能被教会作家误导,对他们
而言,所有神谕在基督诞生以后就陷入沉寂,这差不多成了信条。
这种情况极可能发生在非常古老的多铎那②神谕那里。罗马保留
了西卜林神谕,仍然不时向它询问,它通常被视为决定国家命运的　193
最高权威。在君士坦丁之前,最后一次向西卜林神谕咨询发生在
奥勒良统治下的蛮族入侵时期,但似乎就在这种背景下,元老院里
出现一个开明或异端的团体。罗马附近最受欢迎的民间神谕所位
于普里奈斯泰③,那里庄严的命运女神庙连皇帝都前来咨询,它坐
落在高地上,俯视着周围地区。与"普里奈斯泰的签"相比,安提乌

---

① 科列索司(Croesus),吕底亚的末代国王(约公元前560—前546年在位)。他谋
　求击败波斯,受德尔斐神谕鼓励("如果跨过哈律斯河,你将摧毁一大片领域"),
　跨过王国的边界哈律斯河(Halys),但被波斯军队击败,将自己国家毁了。
② 多铎那(Dodona),希腊西北部城市,以宙斯的神谕著名,但德尔斐阿波罗神谕兴
　起后,此地遂少人问津。
③ 普里奈斯泰(Praeneste),拉丁姆地区的城市,距罗马东南部23英里。

姆和提布尔①的神谕所虽然也受到高度尊敬,但只能算作二流的。在上意大利,帕多瓦附近的阿波努斯温泉之所以享有盛誉,不仅因为泉水的疗效,还由于那里的神谕,它以维吉尔体的六韵步诗行来传达,至少对克劳狄·哥特库斯而言是如此。靠近斯波勒托(Spoleto)的科里图姆努斯(Clitumnus)泉及其至今非常迷人的周围地区,在小普林尼时期就是此类圣地,到君士坦丁时代无疑仍然是。在早期基督教时期,一度点缀此地的众多神庙和小礼拜堂只有一座保存下来,上面挂有基督教的象征符号,显然是为了驱除能预言的妖魔。

在阿非利加,迦太基的天庭女神直到戴克里先时期仍然因神谕而享有高度尊敬。连高卢也不是完全没有神谕所;位于奥顿的阿波罗神庙的温泉起码就誓言和伪证进行裁决。

至于帝国东部的神谕所,下列神庙有连续而单独的报道:埃该城的阿斯克勒庇俄斯神庙、塞琉西亚的萨佩顿(Sarpedon)的阿波罗神庙、马洛斯(Mallos)的神庙,三者都位于西利西亚;此外,尚有塞浦路斯岛上帕波斯城(Paphian)的维纳斯神庙,迦密山上没有神庙的神谕所,以及埃及的几处圣所。至于小亚细亚内陆的那些大庙,或许没有一座不宣称自己拥有神谕的权威。在4世纪末,巴力贝克神庙中的偶像被定期抬到露天下,(像希拉波利斯的阿波罗塑像那样)为抬它的人指示游行路线,这种指示被加以预示性解释。其他普通答复通过书面形式和象征符号颁行。帕尔米拉人的频频咨询颇为引人注目,他们向萨佩顿的阿波罗和阿帕贾的天神阿佛洛狄特求助,希望知道他们的领域能维系多久。

由于显而易见的原因,我们无法提供君士坦丁时代关于神谕流行程度的可靠统计数据。与神谕遥相呼应的,是对未来的日常询问,它通过观察许多非常表面的事件而不断进行,迷信认为这些事件可以预示征兆。"抽维吉尔的签"(即通过任意翻开维吉尔的一

① 安提乌姆(Antium)和提布尔(Tibur)都是拉丁姆地区的城市。前者距罗马以南31英里,后者距罗马以东18英里。

卷来决定)①是其中颇费智力的发明之一。我们已在第一章中注意到，塞普提米乌斯·塞维鲁执迷于俗气的虚妄，非但敬畏各种预兆，还敬重梦、占星术、巫术和阿提卡秘仪之类的东西。随着时间推移，古罗马的各种迷信与其臣民和东方的各种迷信混合了。人们忐忑不安，一举一动时时刻刻受种种预兆和征兆决定，甚至每迈出家门一步，都要向迦勒底人和埃及人的历书咨询。尤西比乌斯提到，马克西米努斯·戴亚如果没有得到预示或神谕，不敢挪动一下手指。

　　但这还不是反常现象的全部。部分为了发现未来，部分为了用巫术手段影响未来，早期帝国的罗马人常常求助于令人作呕的方法，不惜雇用上述那些从星象中解读未来的迦勒底人。由于要达到的目的通常是违法的，对于使用何种手段也就无所顾忌了。日耳曼尼库斯受致命巫术袭击，因此丧命，当时没有人关心这个问题：为了给巫师提供进行人体解剖的必要尸体，毫无疑问，凶手肯定还犯下其他几起谋杀。但就算这在当时还谈不上是证据确凿的巫术或实实在在的魔法，而不过是发现未来或防止不幸，相关程序通常也够吓人了。只要异教存在一天，检查人的内脏就不会彻底停止。甘愿为哈德良皇帝一死的愿望要了他所宠爱的安提诺斯的命。② 因巫术要求而被迫碎尸、对死尸念咒以召唤幽灵乃至用符咒招魂在当时依然为人熟知，决非少见的占卜方法，更不用说那些次要形式的巫术，尤其是春药了。公众对巫师的恐惧定然非常普遍，一些杰出和修养很高的人士会因巫术指控而身陷险境，恐惧程度由此可见一斑。

　　这些巫术实践与异教宗教观和道德观在 3 世纪出现的新倾向关系如何？与新柏拉图主义哲学的关系又如何？

195

——————

① "抽维吉尔的签"(sortes Vergilianae)，指随意翻开《埃涅阿斯纪》，根据第一眼看到的那句话占卜。

② 哈德良希望高寿，巫师告诉他方法是必须有人自愿替他死一回，娈童安提诺斯遂奋勇献身。

这些秘密技术中不直接犯法或不令人作呕的成分顺利留存下来,甚至得到官方支持,虔诚的亚历山大·塞维鲁把国家俸禄发给脏卜师和占星术士,要求他们就各自的专长开讲座。大多数皇帝有意回避更阴暗和涉及犯罪的巫术实践,尤其在接连不断的战争给宫廷带来更有力健康的风气、在德西乌斯把恢复传统宗教作为国家政策的时候。就我们所知,甚至迷信的戴克里先在这方面也显得无可指责,但我们会发现他的同僚却陷入令人沮丧的荒唐。

至于新柏拉图主义者,他们关于精灵的学说与普通巫术的某些方面太接近了,我们很难设想两者之间没有串通共谋。实际上,大体而言,他们的驱邪术部分取自民间的东西方巫术信仰。

第三,基督徒的妖魔信仰部分来自犹太教,部分来自民间,与异教徒的相类似。基督徒丝毫不怀疑存在着无数中介力量,能够对人的生命产生重要影响,而人可以将它们驱除;这些妖魔被视为堕落的天使,或者巨人,即天使的儿子和人的女儿。但这些神灵都是邪恶的,敌视天国和人的拯救。许多妖魔被当作自然之恶(如地震、瘟疫)和道德世界之恶的造作者;事实上,它们是整个无意义和不道德的异教的创始人,为了把人类控制在自己掌握中而得不到拯救,它们用异教迷惑人类。这些古老观念部分接收自犹太教,但随着时间推移而渐渐轮廓分明。我们可以参考拉克坦提乌斯,把他当作来自戴克里先大迫害之后不久时期的见证人:"这些世外和世俗的妖魔(daimones)对于未来知道得很多,但并不全知道;它们不知道上帝秘而不宣的真正意图。正是它们听从巫师的咒语,受巫师祈求,它们用令人眩目的花招迷惑人的心灵,使人看不见真相而相信所看见的假象。……它们制造疾病、梦幻和疯狂,为了用恐怖把人牢牢束缚在自己身旁。……但我们无需出于害怕而尊敬它们,因为只要人害怕,它们就会构成伤害;一提到上帝的名字,它们必然逃散,而虔诚之士甚至可以迫使它们揭示自己的名字。……它们教人制作死去的国王、英雄、发明家等人的偶像,并将之当作神崇拜;但它们自己就躲在这些名字之下,仿佛躲在面具下一样。巫师召唤一个妖魔,其实不是念所谓的神圣名字,而是念它真正的世外名字。……"此外，拉克坦提乌斯承认，妖魔实际上住在神庙中，行各种奇迹，以巩固不幸之人的虚妄信仰。由于原来是神圣的天使，它们确实拥有知晓未来的能力，但运用这种能力的动机是为了偶尔宣告神谕中的真相，借此获得是它们使事件臻于圆满的名声。同一时期阿诺比乌斯的陈述也可以参考，阿诺比乌斯通过非常宽广的视野承认了巫术完全的客观现实性，比如，基督和巫师的主要区别在于，基督通过自己名字的力量行奇迹，而巫师只通过妖魔的帮助行奇迹。术士西门行的种种奇迹，尤其是他的火战车，作为众所周知的例子被提到。实际上，在所有的乞灵和驱邪中，是否始终只有同一个幻象——撒旦——出现，并不能够确定。

以上的初步观察对于显示巫术信仰的流行必不可少。甚至连这一时期最杰出的人都无法完全摆脱此类信仰。相关细节将在列举不同种类的巫术时出现。

新柏拉图主义的法师把为人类灵魂驱邪单列为一类，这在上文已谈到。此类驱邪独立于新柏拉图主义的体系，时间上也早得多，它频频出现，因为任何时代的人都指望从死者那里获得许多重要信息，而在几个古代的宗教体系中，死者被直接当作 *genius*（保护神）。在头两个世纪里，此类招魂经常被人提及，有时在可怕的环境下进行；此处只要提尼禄和贺拉斯的卡尼迪娅①即可。3 世纪又出现了卡拉卡拉，他神志失常、情绪激奋，相信自己被两个手持宝剑的人追杀，一为父亲塞维鲁，一为被他谋杀的弟弟盖塔；他念咒召来一大群神灵，询问化解之道。康茂德和塞维鲁本人应召现身，但后者身边站着不请自来的盖塔的魂灵，受惊的卡拉卡拉非但没有求得安慰，反而只得到肆无忌惮的恐吓。实际上没有任何类似报道见之于后来的皇帝，但招魂术继续有人实施，基督教作家谈到它时惊恐万状，仿佛亲眼所见一般；对招魂的谴责和禁止自进入基督教时期以来一直不绝如缕。但在稍后的时代，不总是能够把它

---

① 卡尼迪娅（Canidia）是意大利西南部尼俄波利斯市（Neapolis）一妇女，贺拉斯曾在诗中痛骂她是女巫。

与对所谓的 *veneficium*（投毒）罪的指控和禁止区分开来,后者除包括配制毒药以外,还包括其他通过外在手段实施的非法行为。比如就包括巫术手段,赛车手认为通过它自己可以在竞技场上获胜。在罗马,仍然有"邪恶技艺的教师",如果谁不愿把儿子送去他们的学校学习,他可以派一个聪明的奴隶去那里达到同样目的。在 4 世纪中叶,有个撒丁岛的奴隶擅长"召唤害人的小精灵,并迫使鬼魂预言"。

　　真正的巫师能让尸体起死回生一阵子并开口说话。希腊一度拥有从古时候传下来的招魂神谕,但在我们讨论的较晚时代,埃及无可争议地成为这门令人毛骨悚然的技艺的大本营,连那些并非出身埃及的巫师,也喜欢采用埃及式腔调念咒语。在《金驴记》第二卷,阿普列尤斯在塞萨利的拉里撒城的广场上设下招魂场景,许多当地男巫也在场;然而,出场的却是埃及人扎赫拉斯,他身穿白色亚麻长袍,剃着光头,三次把某种草药放在尸体的嘴边和胸口上,再对着冉冉升起的太阳喃喃祈祷,从而完成起死回生的奇迹。赫利奥多罗斯的著作中也能发现同类故事,虽然叙述得没有阿普列尤斯那样幽默,但带有鲜明的埃及式细节。一位母亲召唤已经战死沙场的儿子,他的尸体吐露了真相,但在前一个例子中,我们拿不准一点,即巫师难道不会从尸体中唤出一个虚假、蒙人的生命吗?作者借英名的祭司卡拉西利斯之口反对招魂术,实际上,他在别的场合拿这种低级预言形式与更高的、真正的埃及智慧比照,后者仰望天堂、与众神对话等等。但这些是 4 世纪的借口,当时国家政权不再把巫术当成闹着玩的事情;巫术很可能还是普罗提诺—波菲利学派高贵学说的余波,这个学派有意避免实施巫术。然而,当我们在虔诚的基督教祭司中遇见个别招魂例子,它们不发生在中世纪而就发生在 4、5 世纪,我们会做何感想?圣斯皮里东是塞浦路斯岛上特里米松特(Trimithunt)的主教,后来出席了尼西亚公会议,他有个女儿叫伊瑞妮,一个熟人曾委托她保管一件贵重品。后来她死了,斯皮里东想归还财宝但不知道藏在哪里,遂通过念她的名字召唤她,直到她从坟墓中出来以实相告。后来讲述这个故事的人用这句话来软化它与基督教教义的冲突："他恳请上帝在复活的适当时机到来之前，向他显示曾经应许的复活，以作为一个例子。"事实上，这个故事显然是异教信仰残留的一个例子。在西罗马帝国的最后岁月，有一段对招魂术的描写，其动机更加重要，这在当时的语境中令人印象非常深刻。圣塞维林[①]在多瑙河的会众陷于绝望之际，将一个已经逝世的长老唤醒片刻，请求他同意上帝将再度让他活过来。但死者哀求塞维林，还是让他长眠吧，然后重新沉入了无生气的地下。这里潜在的心理结构截然不同，实际上就本质而言是基督教的；但我们不会进一步展开这方面。

最后，必须提到为了巫术目的而把滥用死尸的个别部分当作种种手段。要想确定这种特殊虚妄的原始形式，我们不得不深入所有巫术的本源；这里提及一点就够了：无论仅仅为了探询未来，还是为了实施巫术以影响他人，人的肉和骨头出现在千差万别的巫术种类中。最初可能是为了召唤人的幽灵而把部分人体从要召唤者的身上取下，但这种联系在晚期古代并不明显。使用这些手段变得流行起来，自希腊时期以降可以列出一长串单个例子。但慢慢穿越这个黑暗的国度并不惬意，举一个意义非常的例子即可。希罗多德著作中拉姆普西尼托司的财宝的故事为人熟知。[②]那个盗贼带着的割下来的手臂可能有巫术内涵；仅次于骷髅，右手总是尸体上最受重视的部分。此类事情如今又发生在君士坦丁统治时期，实际上又发生在埃及，这里是真正巫术的发祥地。据说一只切下来的手被用于巫术技艺，而使用者不是别人，恰恰是伟大的亚历山大里亚的亚大纳西，他受到指控，说他为了巫术目的砍下底比斯梅利提派一个叫阿森尼乌斯主教的手，实际上将他谋杀了。在推罗的宗教会议上，当着帝国首席主教的面，他在埃及教士中的对手

200

---

① 　圣塞维林（St. Severin，卒于 482 年），号称"奥地利的使徒"。453 年阿提拉死后，定居多瑙河以南的诺里库姆行省（Noricum Ripense），此地遭蛮族入侵者蹂躏；他重振教会，组织救济工作。
② 　参看希罗多德《历史》，第 2 卷第 121 章。

不仅提出控告，还出示所谓的罪证（*corpus delicti*），把一只真手——"一个人是因此遭谋杀还是因其他原因而死，只有上帝知道"——放在主教们眼前。亚大纳西凭借高超技艺彻底击溃指控，他把栩栩如生、肢体完好的阿森尼乌斯召来，现身在会议中。但敢于在这个圈子中提出此类指控的这个事实，无可辩驳地见证了这类虚妄的流行程度，以及巫术实践的频繁。

检查人的内脏在另一原则上继续着。古代多个民族曾实践此道，尤其在战俘身上进行。这是占卜本来的特征，但实施巫术被不可避免地包含进来，或者说被我们的史料不加解释地臆想出来，因为对尸体各部分巫术价值的民间信仰太根深蒂固，以致无法仅仅满足于 *extispicium*（用内脏占卜）。关于这种恐怖技艺的存续，再次举一个例子即可充分说明。这一时期的统治者几乎都异常迷信，马克西米安努斯·赫丘利之子马克森提乌斯受到特别指控，说他肢解孕妇和小孩以检查内脏，并用秘密方法召唤精灵。这个故事出自尤西比乌斯之手，此人对异教的看法大体上不总是很准确，寻求真实的愿望也不总是很迫切，尽管如此，考虑到马克森提乌斯邪恶而凶残的本性，没有理由怀疑这个故事。我们不觉得它不可思议，还因为另据报道，他在临终前两天离开血迹斑斑的皇宫，搬进一处私人住所，因为复仇精灵不允许他再睡在皇宫里。毫无疑问，同类例子频繁出现在整个 3 世纪。但这两种巫术绝没有穷尽利用人类尸体的巫术。比如，用鲜血也能获得称心如意的效果，根据当时流行的信仰，鲜血中包含了生命力的精华。连马可·奥勒留身上也传出一个类似的故事，既忧郁又肮脏，如果我们不得不相信它是真实的话；但就算是谎言，也将一道邪恶之光投射到一个时代上，那个时代有教养的人会信仰这种事物。

对整个巫术世界的客观实在性做历史探询，必然始终是徒然的。异教徒、犹太人和基督徒同样相信，神灵和死者可以通过念咒召唤。这里必须面对的不是被迫记载下来的证据，如同在近几个世纪的巫术案例中看到的那样；相反，我们不得不面对上百段未经思考、自发、因而高度多样的陈述，它们部分出自那些非常谨慎、道

201

德观也令人尊敬的作家之手。故意欺骗的成分有多少?虔诚的欺诈有多少?其中又包含了多少程度的自我欺骗和心醉神迷?这些必然始终是个谜,如同那些不知所云的新柏拉图主义的咒语。每个世纪都有自己对内在和外在于人的超感官事物的见解,后人永远无法完全进入它的信仰。

至此,我们对异教的论述只着眼于表现当时信仰中的一些基本趋势。在一个许多人只甘愿把小毒蛇当作善的精灵来崇拜而再也不相信其他任何东西的世纪中,如果要逐一引用所有遗迹,如果能大致记录下所有关于神界的分歧概念,甚至如果能一一列举出所有对护身符和象征符号的崇拜,那么我们有可能至少在理论上证实哲学家蒂米斯提乌斯所熟悉的三百个教派的存在。

正是这种"多神论者的疯狂"如今与基督教再次作着决定性斗争。幸运的是,这场斗争尚有文献记载。在这个关键时刻,阿诺比乌斯和拉克坦提乌斯是基督教的理性捍卫者,此二人的著作上文已频频引用,但他们关于日益沉沦的异教的描述对我们甚至价值更高。当然,他们站在前人,尤其是亚历山大里亚的克莱门的肩膀上,但仍为我们了解大迫害那十年和当时的态度,贡献出许多新的、真正有意义的内容。拉克坦提乌斯的作品显然是多方面深入研究的结果,令人高度尊敬。阿诺比乌斯的著述乃急就而成,洋溢着一个新近皈依者悲观而炽热的愤激之情,是对这一时刻最直观的见证,其中多有对异教起源和发展的情绪激昂的曲解之处。但现代读者不再因此心神不宁,他懂得如何接收这些教会作家的犹希迈罗斯主义,并渴望获取各和有价值的启迪,教会作家在提供谬误的同时也提供了启迪。

如果对上述内容做最后的小结,我们不但发现异教之解体总体上有利于基督教,而且发现解体的个别征兆包括了对基督教的预示以及实现它的途径。众神之混合本身就为一种新宗教精心准备了基础:它解构了神灵的民族特征,使之具有普世性;它碾碎了希腊罗马古老的本土膜拜中的自豪。对一切东方事物的偏好,经过

202

在幻想领域内的长期徘徊,也定然不可避免地有利于基督教。此外,晚期异教信仰的基本内容可以与基督教直接比较。生存的目标不再局限于尘世生活及其欢乐和宿命,而是延伸到来世,甚至与神结合。一个团体盼望凭借神秘仪式获得不朽;另一团体则希望通过沉浸于深邃事物或通过巫术的强制而逼近神灵。但所有人都向自觉的道德新观念表示敬意,这种道德观不惜诉诸严厉"惩罚",就算无法在生活中实现,仍至少作为一种理论上的典范而流行开来。对这种倾向的反思可以从哲学家对希腊神话的贬低或重新解释中感知,希腊神话与这种新观点不相协调。日见衰落的异教至少在有些时候接近一神论,达到引人注目的高度,虽说很快就给精灵信仰的蛛网缠住。异教徒是否走得如此之远,以致有了罪感,这点非常可疑;但产生此类罪感的先决条件在新柏拉图主义学说中得到鲜明呈现,它把灵魂进入尘世生活叫做堕落,把灵魂从尘世生活中浮现出来称为拯救。

　　基督教注定会在最后胜出,因为它为所有那个动荡时代深切关心和想要解决的问题提供了答案,而这些答案无与伦比地简单,并明确有力地表达在一个令人难忘和使人信服的完整体系之中。

第七章　古代生活及其文化之衰朽

　　如果古代世界生活中的危机无处不在地清晰显露出来，异教便处在暮色苍茫之中了，我们已努力还原其本色。现在出现的问题是，基督教是否有能力给各民族带来新的生命、给国家带来新的活力；它是否应当反驳异教徒从 3 世纪以来的抱怨，他们说这个新宗教一开始扩展，人类就在劫难逃了。异教徒在声明中强调，自从基督教出现，众神就放弃对人类命运的指引，他们离弃了（*exterminatos*）现在只剩下瘟疫、战争、饥荒、干旱、蝗虫、冰雹等灾难肆虐的罪恶世界，而蛮族也正从各个方向攻击着帝国。基督教护教士被迫对这些指控详尽反驳。"你们异教的众神多么言而无信，"他们说道，"他们常发小孩脾气。为什么他们没有赐予你们健康和幸福，也没有单单惩罚我们基督徒呢？天道没有变；太阳和月亮依旧闪耀，庄稼葱郁，林木开花，油和酒被榨取出来，生活一如既往。从亚述人尼努斯①的时代起，战争就延绵不绝，而基督降临以来战争实际上减少了。当前不可否认的种种丑恶现象正是必要的世界进程的一部分，而世间万物正是通过这一进程寻求自我更新（*rerum innovatio*）的。"

　　但是正像这个作者所感悟到的，更新的希望极其渺茫。让我们 暂且不管基督教成为国教后马上采取的单边做法，这种做法完全不能给帝国注入新生力量。确实，基督教的王国并不在这个世界，这个宗教的巨大优势在于，它并不像各种异教那样使自己承担责

---

①　尼努斯（Ninus），古代亚述国王，一生好战。

任,去指引或保证某个确定的国家或某种确定的文化;它所处的位置毋宁是,调和与调解不同的人和不同的时代、不同的国家和不同的文化阶段。基督教并不能赐予衰朽的罗马帝国以第二次青春,但它却可以为帝国的日耳曼征服者们做一些准备,使他们不至于践踏全部文化。一个世纪之后,在卡塔劳尼亚平原①上,当匈奴人正要像后来蒙古人席卷亚洲那样毁灭西方文明时,罗马人和西哥特人决定联手抗击匈奴人的进攻,基督教的未雨绸缪终于结出了果实。

对于帝国的衰朽和腐败状况——基督教并不对此负责——这个时代的整个历史有雄辩的证明,它们在本书中随处可见。但这里适合把古代世界年深日久的各种因素集中起来。此类集合有助于进一步澄清基督教的历史地位。

我们总能在各个年代留下的文字记录中发现对罪恶时代的抱怨,但罗马帝国的衰落以一种无可置疑的方式得到公认。人们感到,与想象中的光辉过去相比,当前的一切都显得微不足道,伴随这种感觉而增长的,是帝国及其利益的巨大的对外扩张。即使有人贬损昔日的伟大,他们也只是为了进一步菲薄现状。塞涅卡在其针对历史的哲学论战中,把马其顿的菲利普和亚历山大看作拦路抢劫的强盗,他补充道:"但我们却把这些人物视为伟大的,因为我们自己是如此渺小。"更多虽然沉默但却有力的证据在这样一个事实中被暗示出来:所有哲学家和演说家——还有诗人,只要他们不乞食于人——一句话,2至4世纪所有自由的文学作品若非迫于压力,从来不称颂罗马共和国之后的任何人或任何对象。这看上去似乎是约定好的。希腊的智者在传道授业中宁愿从希腊文化的繁盛期,从波斯战争和伯罗奔尼撒战争,有时也从亚历山大大帝那里选择主题。他们要么用色诺芬取代苏格拉底作为牺牲者,要么让梭伦为废除一些法律而与庇西特拉图进行争论,要么让德摩斯梯尼规劝雅典人从海上逃亡,或者选择其他此类的话题。图拉真

① 位于法兰西中部,罗马人和西哥特人于公元451年在这里抗击匈奴王阿提拉。

时代的狄奥·克里索斯托姆感到,他必须为他在一篇有关帝制时代事件的讲话中提到"现代的、不光彩的事"而正式道歉。他相信,他的反对者会认为他在胡言乱语,因为他没有遵循居鲁士或阿尔西比亚德斯①的习惯用法和措辞。一些据认为出自昆体良之口的高谈阔论,涉及的内容要么是远古的话题,要么是想象中的、不属于哪个特定时代的事情。有人认为政府会对有关帝制时代的评论感到不满,甚至会压制这种评论,这种简单化的推论完全错了。此类对文学和学校的监督不符合罗马帝国的实际,罗马帝国总的说来不在意对文化倾向进行规范和监督。事实上,以我们的标准来看,演说实践中最受欢迎的主题似乎是令人不快和危险的。在图密善时期的罗马,尤维纳尔抱怨一位演说家致命的陈词滥调,这位演说家一定要上百次听到"他的为数众多的民众杀死残酷的暴君"才肯罢休。布鲁图斯的故事以及哈尔莫狄欧斯与阿里斯托盖通②的故事家喻户晓,而帝制时代最引人注目的话题,比如犹太战争、图拉真的善举、安东尼王朝的统治等,从未被人自愿谈及,这些话题专门留给了官方的歌功颂德者。

　　不光演说家,就连希腊罗马那些特有的编纂家,他们有时候被统称为文法学家,也从不打算超越共和时期。譬如,奥鲁斯·盖利乌斯③只是在谈到他那个时代的教育和自己的研究时才越出共和国。伊良④的《历史漫谈》(*Historiae Variae*)几乎闭口不谈帝国。阿尔西弗翁⑤将其《书信集》设定在马其顿时代初期。阿西尼乌斯在关于古代娱乐的大百科全书中刻意回避了帝制时代。甚至两百年之后,马可罗比乌斯在《农神节》(*Saturnalia*)一书中除了顺带提

① 阿尔西比亚德斯(Alcibiades,约公元前 450—前 404 年),雅典政治家和将军。
② 哈尔莫狄欧斯(Harmodius)与阿里斯托盖通(Aristogiton),两人于公元前 514 年试图推翻雅典的僭主政治,未果,但仍受雅典人爱戴。
③ 盖利乌斯(Aulus Gellius),公元 2 世纪的拉丁文作家,著有《阿提卡之夜》。
④ 伊良(Aelian,约 170—235 年),希腊修辞学家,另著有《论动物的特征》。
⑤ 阿尔西弗翁(Alciphron),公元 2 世纪的智者,所作书信假托公元前 4 世纪雅典社会各阶层之人的名义创作而成。

及图拉真，对奥古斯都的逸闻趣事和诙谐言论的辑录就是书中最现代的素材了。专业语文学家比本书作者更熟悉相关文献，也许可以在广阔得多的范围内确认这些观察。

于是，这个被同时代人否认和忽视的时代，这个常常使同时代人发怀古之幽思的时代，忽然通过基督教获得新的内容。早就蓄势待发的基督教文献仿佛决堤的洪水，冲进这个世纪空荡荡的沟渠，迅速在数量上超过所有异教作家的存世著作。

然而，罗马作为统治世界的中心和理想仍然被认为是永恒的；Roma aeterna（永恒之罗马）是纪念碑和钱币上司空见惯的安慰之词，在 3 世纪下半叶尤其常见。对于基督徒而言，只要他们把罗马当作异教来看待和仇视，只要他们视之为《启示录》中的巴比伦，这种观念就是愚蠢的。正如阿诺比乌斯径直宣称的那样，他们把罗马当作"为了人类的腐败而创造的城市，为了它的统治，全世界被冤枉地征服了"。确实，也只有一位阿非利加人才能表达出这种情绪。即使在异教时代，罗马和帝国之间的界线亦被划分开来，祈祷像献给异教皇帝和军队那样被献给罗马的福祉。后来，在基督教皇帝的统治下，罗马统治世界的观念变得完全可以接受了。普鲁登提乌斯发现神意的最高历史应验："啊，所有凡人都归附于罗慕路斯的统治，截然不同的生活习惯和思想融为一体；这样，一切都已经事先安排好了，基督徒名字的荣耀可以直接拥抱整个世界。"但是，关于这个话题最动人的言论却来自一位晚期的异教诗人，克劳迪乌斯·卢提里乌斯·努曼提阿努斯（约 417 年左右）抚慰了罗马，他像深陷悲恸的母亲一样俯下身去，从罗马历史的伟大之中汲取罗马永存于世的新希望。

此类希望在多大程度上可以被国家制度及其外部条件证实，这无法仅仅依靠推论决定。一个像罗马那样的政府，尽管日渐僵化，却也会在一段相当长的时间内存续，就像拜占廷帝国显示的那样。如果罗马城能像后来的君士坦丁堡那样易守难攻的话，西罗马帝国或许会持续得更久；如果首都得到保存，它或许就会一次次重新征服失去的行省。国家也可以比民族来得长久，就像民族能够比国家长久一样。因此，衰朽的观念并不意味着存续之无望，而只意味着生命的资源日趋枯竭，这些资源曾经给国家留下高贵的精神和物质印记。

我们可以从大地提供的物质财富谈起。对罗马帝国的人民来说，河水之流淌似乎开始变得有气无力，山峰正在变矮；现在不能像以前一样在海里看见伊特纳山①了，关于帕纳苏斯山和奥林匹斯山也有同样现象的报道。细心的博物学家们认为，宇宙本身正在进入总的衰落。

如果我们看一看人的体质，那么至少在上层阶级中，退化是不容否认的。我们的判断不限于作家们的论述，他们在以前的时代也偶尔作出同样的评价；艺术也通过无数的纪念碑提供了无可辩驳的展现，不能借口艺术家技艺不精来否认纪念碑提供的证据。绝大多数这一时期的人物显示出部分的天然丑陋，部分则有些病态、堕落、肿胀或者沮丧。坟墓、钱币、镶嵌画、玻璃酒杯的底座，所有这些都给人这种印象。戴克里先的同僚和直接继承人的塑像带有令人生厌的特点，但或许不能作为典型，因为他们是伊利里亚人。君士坦丁的容貌可以从雕像和钱币上获悉，确实相貌堂堂，五官匀称，但表情多少有些狡猾；颂辞作者和教会作家对君士坦丁飒爽英姿的吹捧，可谓众口一词。这不仅仅是奉承，而且也是低标准比较的一个证据。从他儿子的面相上，我们观察到一种全新的表情，它后来经常出现。这种表情被我们贬义地称为"教士般的"。君士坦丁二世也有像他父亲那样不讨喜的浑圆头颅；君士坦斯与君士坦提乌斯则脸型很长。比这些伊利里亚人的面貌清楚得多的，也许比一般肖像更清楚的，是这个时期的理想人物，艺术家们以之为通用的典型；它们显示了人体的退化。大圆型剧场附近的君士坦丁凯旋门固然属于草草急就的作品，这充分解释了其造型的粗俗不堪，但还不能解释人物的丑陋和表情的可憎。当然，有些时期的艺术着意从有特征的对象而非美的对象中寻找效果，甚至

①　伊特纳山（Aetna），位于西西里岛上，以火山闻名。

209

大圆型剧场附近的君士坦丁凯旋门属于草草急就的作品,这充分解释了其造型的粗俗不堪。君士坦丁凯旋门,纪念他击败马克森提乌斯。315年建造。上面很多饰件系从早期其公共建筑上撤来,但皇帝头像被换成了君士坦丁的;个别专门为此门制作的浮雕因为制作匆忙,显得透视效果不足,故极易辨认。

于无意间把对象夸张到丑陋的程度。但在这里，艺术家对人物的偏爱是确凿无疑的；而一旦周围世界无法让他接触到任何古典美的典范，他便连肤浅地保存这种理想的能力也没有了。5世纪的镶嵌画继续表现了相同的现象。这里必须注意到，艺术还没有用苦修导致的瘦弱和孤僻来表达神圣庄严，如同后来拜占廷镶嵌画工匠所做的那样；它的人物不一定被缩小，但面容却总是丑陋和不匀称的。甚至所有那些在特征、服饰、动作、空间布局等方面都堪称狄奥多西时代上乘的作品，例如拉文纳的正教浸礼堂内的十二门徒像，都毫无例外地符合这一等点。

根据各个地区及其繁荣的程度来看，罗马帝国境内人们的体格历来千差万别；可以设想，一部分人体格健壮，而另一部分人单薄瘦弱。但这个时代的古典艺术所表现的普通人，一般说来都是意大利人。这里的人或许还有整个帝国的人的体质是在何时、通过何种环境每况愈下的呢？

答案就在手边。马可·奥勒留统治时期和伽卢斯统治时期的两次大瘟疫（167年，252年）已经大大削减了帝国人口，使之再也无法恢复。后一次瘟疫据说持续了十五年，帝国没有一个地区得以幸免，许多城市遭到完全废弃。如果再加上无休止的战争，包括内部的皇位继承战争和外部的与蛮族的战争，所带来的不可避免的农业荒废，我们可以推测出，饥荒也不断为瘟疫的肆虐雪上加霜。上层阶级再也无法高枕无忧了。蛮族的定居完成了在帝国境内转变人的体形的任务——当然是朝着改善的方向。

在这个不幸的时代，旧的人种不仅仅在体质层面上消亡：旧的风俗习惯、国家观、各种精神追求也灰飞烟灭了。但这并非不可避免地引起道德水准下降；相反，3世纪下半叶还出现了道德改善的迹象。就皇位来说，这种改善是不可否认的（参见第一章）。卡拉卡拉和马克西米努斯的时代过去了，卡里努斯因为在他的时代里表现出不合时宜的怪异而失去皇位。在后来所谓的怪物那里，如马克森提乌斯，奢侈和恶行较之以前的皇帝堪称微不足道。维持风纪的警察似乎增多了，外在的操行无疑改善了。连戴克里先也非常关心规范已然堕落的婚姻行为,采取措施制止家族内部和血亲之间的通婚。重大和散布广泛的丑闻显著减少了。从充满敌意的历史学家的缄默中,我们可以公平地作出推论,君士坦丁的私生活实际上是清白的。政府越来越关心一般的人道主义措施,并承认了尽量为臣民着想的责任;尽管与此同时不得不施加高压,以致常常在本意是改善的措施中走过了头,比如在限定食品最高价格和在野蛮的惩治犯罪等措施中。我们已经在晚期异教和哲学家的苦修理想中指出类似的道德提升现象,但是整个情况必须在此重新检验。因为,朝着庄重和克制方向的改革也许是我们这里所关心的衰朽的一种特别症状,它试图使疲惫的旧世界返老还童,却越来越力不从心。

既然我们已经确认了人的形体美的衰落,接下来再关注一下外部环境,首先是人的衣着。这里造型艺术不能代表实际情况,因为它还一成不变地保留着久已消逝的艺术繁盛时代的服饰,那个时代本身就运用了理想化的事物。譬如,即使是帕台农神庙上的泛雅典娜节游行,也不代表与菲迪亚斯同时代的希腊服装,而只代表那些服装的简化了的美的要素。当看到君士坦丁时代的罗马雕像穿着拖袈和束腰外衣,而裸像上披着短外套的时候,我们切不可断言这些是日常服装。有文字的纪念碑在这里提供的指引比较可靠,它们让我们知道精致而繁复的服饰,如果用不敬的方式表达的话,或许可以称之为罗马的洛可可风格。

我们不应该满足于从现成的服装史中转录一部分,而更应当指出个别迹象。奥苏尼乌斯的叔父阿尔波里乌斯将一首作于 4 世纪上半叶的诗"献给装扮得分外妖娆的水仙女",诗中描绘了一位高卢少女。她的头发用丝带扎成很大的一圈(*in multiplicem orbem*);上面顶着一方金质帽子。领圈看上去是红色的,可能用珊瑚做成。高领服装胸部以上饰有花边。紧身的服装,特别是贴身的袖子越往下越宽松。前面描述的精致发型已经流行了几个世纪,通过一些大理石半身像即可觉察出它适应了时尚的变化。在阿尔波里乌斯之前,阿诺比乌斯就对显然是金色的锦带颇有微词,许多妇女用这种锦带覆盖前额,此外,他还抱怨她们模仿男士的卷发之风。面

部化妆不仅改变面色，而且改变脸型，格外令人生厌。红白两色抹
得太重，以致妇女们看上去"像玩偶"，淌过脸颊的每滴泪水都会留
下一道皱纹。至少圣哲罗姆是这样讽刺的，他年轻时一定对此司
空见惯。也许确切说来，这个时代一个主要的变化是开始使用有
图案和带花卉的衣料，而非单一色彩的衣料，后者对人类来说其实
是惟一合适的衣着，因为只有它才使大小和褶皱一目了然，并由此
间接地使肢体的形状、姿态和动作显现无遗。君士坦丁从外国使
节那里接收礼物，即"用黄金和花朵做成的蛮族服装"。很快，相似
的服装作为礼服出现在教堂的镶嵌画图案上；不久，教士的袍子和
祭坛的盖布上都绣上整套故事。各种外来的、蛮族的服饰仅仅因
为昂贵和难得而在晚期罗马的服饰中大受欢迎。在狄奥多西大帝
统治时期，著名的塞马库斯①认为应该拒斥外国的豪华四轮马车，
而皇帝认为这种马车能让市政长官的巡视更加气派。

　然而，蛮族化绝不止于服装。军队和朝廷中的日耳曼人，尤其
是哥特人和法兰克人的兴起，以及东方礼仪风俗的影响，也必定在
生活的外部形式上留下非罗马的痕迹。受到赐予头衔的影响，开
始根据地位和官阶划分社会，这是一种新变化；再没有什么比这种
变化与古典世界所赖以成长的公民观念更加对立的了。基督教也
用烈焰烧毁许多古代文化的成分，从而间接地为蛮族化添砖加瓦，
只要看一眼这个时代的文学艺术就一清二楚了。

　　艺术就这个词的至高意义而言一度是希腊人生活的气息。没
有其他哪个民族敢于通过诗人和艺术家以美的历程来为历史编
年，就像在帕罗斯大理石②上做的那样。与亚历山大凯旋的军队和
他的继任者一样，希腊艺术亦深入东方，并尽可能掩盖了古代的民

213

---

① 塞马库斯(Symmacus，约 340—402 年)，罗马元老和演说家。其传世作品以《书
信集》最有名。
② 帕罗斯大理石(Marmor Parium)，古代帕罗斯岛上树立的大理石板，上面记载了
从雅典传说中第一个王(公元前 1580 年)到公元前 263 年的编年史。

族艺术形式,惟一例外是自亚历山大里亚而上的埃及建筑和雕像。罗马人也自愿接纳希腊艺术,不仅是作为奢侈品,还因为它回应了对美的需求,这种需求世代相传,然其发展却因战争和政治的支配而受到阻碍。希腊艺术尽管牺牲了它的内在特质,却对表达罗马宗教和国家的高贵威仪作出巨大贡献。最终,整个西方从罗马那里接受罗马化的艺术,以之为胜利者的法则,并且像模仿胜利者的语言一样模仿它。只要意大利殖民地继续存在于西方,这种艺术就可能满足了一种真正的需求。

可以肯定,艺术在处于鼎盛时期希腊人那里享有的地位,在罗马统治时代再也不能保持了。诗人斯特昔考如斯①曾因为谴责一切美的化身海伦而被弄瞎眼睛,但现在对美的玷污不再被视为渎神。那个既不放过神也不放过人的琉善,如今可以嘲弄一切美的古代理想了,尽管其他相关之处大量记录了他的艺术品位。在一系列精妙的《死人对话》中,他借犬儒派墨尼波斯②的面具极尽嘲讽之能事,其中有这样一幕,冥界的赫耳墨斯向墨尼波斯展示许多古代俊美人物的骷髅,如那喀瑟斯和涅内斯③等的。"但我只看见骷髅和骨头,让我看看海伦吧!""这个骷髅就是海伦。""难道就是为这个而让千艘战舰沉没、无数人战死、众多城市被毁的吗?""啊,墨尼波斯,"赫耳墨斯答曰,"你从未见过此女活着的样子!"不过,尽管早期帝国遭到同时代美学家如佩特罗尼乌斯、老普林尼等人的诟病,被不无道理地目为艺术衰落时代,但至少在意大利,对生活之艺术环境的需求,依然强烈得难以置信。单单在庞贝,用歌德的话说,就展现了"所有人对艺术和绘画的兴趣,胃口之大,是今天大多数热心的业余爱好者既无法理解又没有感觉或要求的。"如果我们以庞贝的规模设想当时的罗马,那将是令人目眩的。

214

---

① 斯特昔考如斯(Stesichorus),公元前 6 世纪前半叶的希腊抒情诗人。
② 墨尼波斯(Menippus),公元前 3 世纪的犬儒派哲学家。
③ 那喀瑟斯(Narcissus)系自恋的美少年,死后化为水仙;涅内斯(Nereis)为海中女仙。

但到 3 世纪,艺术遭遇了一个可怕的有形敌人,即由瘟疫、战争和贫穷引发的帝国的混乱。皇帝们,尤其是奥勒良之后的那些,再次热衷于大规模的建筑,并无疑给其他艺术以相应的支持;他们本来可以重振艺术,要不是施加于达官贵人的与日俱增的压力同时带来了永久性损失的话。

如果我们假定上天总是分配给人类以丰富的才能,这点即使在各方面都恶化的情况下也不容置疑,那么问题就来了,为什么会丧失才能而误入歧途呢? 进而言之,为什么 3、4 世纪几乎所有的艺术都因为是匿名作品而被盖上一层死气沉沉的罩布呢?

确实,约从 2 世纪中叶开始,一度繁荣活跃的艺术品创作活动停止了,完全退化为重复,从此以后,内涵的贫乏与外在形式的过度繁复总是如影随形。

这一现象最深层的原因,或许永远无法用言语来探究和理解。既然发达的希腊形式体系可以在六个世纪的历史兴衰中维持自身,并总能抽出新枝,它为什么恰恰自安东尼王朝以后就失去力量和创造性能量呢? 它为什么没有延续到 4 世纪呢? 也许一个先验的(*a priori*)答案可以从泛泛的对这个时代的哲学思考之中得出,但更审慎的做法是,不要试图为如此巨大的精神力量确定寿命。

关于这些现象,次要的原因足够清楚:艺术的材料、任务、主题有了变化,或者间接来说,艺术品购买者的观点有了变化。让我们首先看一下建筑的命运。首都在这里为所有变化定下基调。罗马在纪念碑建筑上使用了石灰岩和白榴拟灰岩这类庄重有力的材料。然而,尤其在奥古斯都之后,罗马坚持使用从卡拉拉(Carrara)和阿非利加运来的大理石,因为它们可塑性良好并且十分华丽,罗马人习惯了这种想法,即砖石结构和覆盖于表面的大理石是两码事。后者最终必然被当作可以随心所欲进行改变的镶面板。此外,白色大理石一直迫使艺术家在形式上追求最大限度的精致。但随着最昂贵和奇异的材料越来越风行,随着整个东方和阿非利加的斑岩、碧玉、玛瑙和各色大理石被掠来用作珍贵的建筑石料,随着没有理智地大规模使用镀金,艺术和艺术家就只能靠边站了。

材料和色彩垄断了注意力；轮廓和装饰基调被置之不理。此外，这些石材非同寻常的硬度也限制了凿子的发挥。在这种情况下，石材的供应商和打磨人变得比工艺师更重要。在使用白色大理石和其他简易材料的地方，现在不得不靠堆积构件和增加装饰物来相互竞争；对朴素品位的追求现在被败坏了。除体积外，得到的印象经常是琐碎而模糊的，因为建筑外在的富丽堂皇一旦被当作指导原则，便很快超过所有方式并被应用于建筑构件之上，而在原先，建筑构件的功能使它们无法接受装饰性处理。我们不必历数这种式样的建筑，帕尔米拉神庙和戴克里先在萨洛奈的宫殿是广为人知的。它们的布局和比例还算是黄金时代的回光返照，除此之外，它们就属于衰落的时代，其中的败笔哪怕运用了讨喜的透视法也弥补不了，而这在贝尼尼①手中发展起来的颓废的近代风格中是可以弥补的。贝尼尼懂得如何集中观众的视线；但在这里，一切都是焦躁而散乱的。贝尼尼忽略细节而追求整体效果；但在这里，堆积起来的个别形状则喧宾夺主。

如果说这种意义上的豪华必然加速建筑的华美形式的衰落，那么一种革新进程更是为从希腊继承来的结构体系的最终解体推波助澜。我们提到人们对宽敞的内部空间有新的要求，拱形更受青睐。在帝国建筑的黄金时代，以浴室建筑为例，柱子及其楣构如此连接于圆顶、筒形穹顶和交叉穹隆之上，以致它们仿佛避开穹顶而成了独立的有机体。但对这种效果的追求再也坚持不下去了，特别是当基督教时代带来对这种结构更多的要求，以及追求壮观的趋势压倒了一切其他考虑之后。单从透视角度看，带柱廊的长方形基督教堂是内部空间处理最早的杰出典范，它的列柱上有拱顶，也有巨型的开有天窗的墙。圆顶教堂的上面和下面有长廊，或者有小教堂依附在周围，这是对柱上楣构观念的彻底废弃，使用柱子实际上只是为了达到动人的效果。基督教建筑在重复古代建筑形

---

① 贝尼尼（G. L. Bernini，1598—1680 年），意大利建筑家、雕塑家和画家，巴罗克艺术风格的代表人物。

式的时候不断添加进自己的误解，渐渐令它面目难辨，并最终在中世纪晚期用一种更适合表达自己原则的新外衣替换掉它。

最后，基督教建筑从一开始就被迫分享了教堂本身的一种倾向，从而有损于自身。这种倾向在于将整个结构和其中的每块石 217头变成力量和胜利的象征，因此无论在内部还是外观上，皆以奢华装饰和肖像描绘为主导。圣经人物和故事的镶嵌画覆盖了每一空间和表面，铅质的玻璃色调明艳而没有变化，这种对镶嵌画的滥用使表达真正的建筑艺术变得不可能；结果柱上楣构和支托缩成了残余的带状物，或者只从镶嵌画装饰中隐约可见。

不过，建筑依然让人感到，其内部装饰构造得富丽堂皇，充满了想象力，而且工艺精湛。正是由于最后一个因素，才让我们知晓了几位拜占廷时期的艺术家，他们有幸从上述的匿名现象中脱颖而出。

造型艺术和绘画的衰落，既与建筑的衰落原因相同或相似，还由于特殊原因而加剧了。首先，材料上的奢华也必然在这里起到败坏的效果。把三种甚至四种不同种类、非常坚硬的石块组合成雕像——遑论众多用金银塑造的雕像——一旦变得司空见惯，从长远看，这对风格的影响必定是负面的，因为风格要想生存就必须处于首要地位。海伦娜和君士坦提娅分别是君士坦丁的母亲和女儿，她俩的巨型斑岩石棺安放于梵蒂冈，上面就典型体现出非常平庸的风格，一个刻有串串骑兵，另一个刻有侍酒的精灵。在庇护四世①时期，据说整修一个石棺就让二十五个人辛辛苦苦干了九年，我们由此可以推算最初制作需要的劳动。这些坚硬无比的石块上根本不可能有艺术天才的用武之地；这里只有按部就班的奴隶式劳动。绘画定然以颇为相同的方式被镶嵌画所败坏。只要镶嵌画仅仅用于铺路，它兴许反映了一种对艺术的强烈热爱，这种热爱不愿让视线所及的任何地方未经装饰，不过，在诸如庞贝城那幅表现 218亚历山大大大帝与大流士战斗的镶嵌画上践踏多少有点野蛮。但

---

① 庇护四世，罗马教皇，1559—1565 年在位。

镶嵌画兴许反映了一种对艺术的强烈热爱,这种热爱不愿让视线所及的任何地方未经装饰,不过,在诸如庞贝城那幅表现亚历山大大帝与大流士大战斗战土战斗践踏画上践踏多少有点野蛮。

庞贝城的这幅镶嵌画和局部细节,此作约成于公元前1世纪,是公元前4世纪末一幅名画的仿作。今藏那不勒斯国家考古博物馆。

是，在普林尼之后，镶嵌画就升到墙上和天花板上了。在浴室里，考虑到潮气会破坏普通绘画，这种变化说得过去；但在其他建筑结构中，没有必要剥夺艺术家在创作中的直接手工参与，这还会使艺术家气馁，因为观众首先想到的是作品的费用和考究程度，其次是主题，最后才是作品的艺术表现力，或者根本想不到这点。随着基督教传入，镶嵌画成为教堂所有墙壁和天花板主要的装饰，放眼望去，满目皆是。

然而，其他症状更为决定性地揭示了衰落。年代可以定为亚历山大·塞维鲁时期之后的重要神像为数不多，这点十分突出；另一方面，密特拉像、粗制滥造的伊翁（Aeons）像、万神群像和以弗所的狄安娜像等大大增加。宗教显然在这里发挥了作用。难以归类的外来神祇的混合和本土神祇的妖魔化，最能把艺术家的注意力从古代的神像造型中完全转移出来，使神像不再具有俊美的人形特征。不管怎样，艺术家难以沉浸于古老的虔信之中，甚至当他们被要求制作这样的作品时也是如此。而他们现在的任务是制作成千上万的石棺，这成了3世纪雕刻家的主业。他们的浮雕所呈现的，固然纯粹是希腊神话，因此没有外来宗教的怪异；但其他更重要的因素阻碍了重要艺术品的诞生。只有在具有高度艺术造诣的时代，造型和戏剧的规则才可能结合为一种纯粹而完美的浮雕样式；一旦对奢华效果的追求占据上风——这发生在希腊时代晚期，当时其他部门依然可以产生精致的作品——浮雕作品就注定会失去平衡。因此，即便是罗马时代最优美的作品（例如提图斯拱门上的浮雕）——它们直接出自晚期希腊传统——也只具有有限的价值。而后来，一旦奢华完全取代优美，一旦图拉真记功柱及其模仿品的螺旋式浮雕上以及凯旋门上拥挤而铺张的造型令人习以为常，就不可避免地出现了这种情况：人物的众多和混同会挤掉总体的、真实的效果，此前在建筑上叠加构件也造成了同样情况。石棺的进一步衰落基于这个事实：很少有作品是为特殊订单制作的，它们大多是商业交易的产物，因此不得不遵从普通购买者粗俗的、花里胡哨的品位。最后，主题的主观性日益占据支配地位，以致损害了艺术。相关的神话被表现为整体观念的象征性外壳，内核与外壳的分离从长远看只能有损于艺术。在表现墨勒阿革洛斯①、酒神巴库斯和阿里阿德涅②、爱神丘比特和普绪喀、月神路娜和恩底弥翁③、冥王普路同和珀耳塞皮娜的神话当中，在表现半人马怪物或亚马孙人的战役、酒神节、海中女仙的列队当中，隐藏着关注命运、死亡和不朽的抽象思想。这些象征确曾引起看客怀古之遐思和诗情之勃兴，但艺术在另一项责任中失败了，即单凭形式的高贵而使人物形象永垂不朽。

在石棺上出现上述异教人物的地方，基督教则代之以并列或单独表现的基督和使徒，或者旧约新约里的特定场景。不能指望风格在此会有什么进步；"主的信息"和象征性的表达再次主导一切。当浮雕中最基本的连续叙事技艺消失之后，石棺随着人物和故事的发展而被微型石柱和拱门分隔为许多区域。因为繁复，表现力变得十分贫乏和幼稚。

雕塑仍然保留的另一个功能是肖像，如全身像和胸像，在浮雕上尤其表现为半身像。在纪念碑和石棺上，我们经常发现一些放在壁龛中的夫妻像，手挽手，显得其乐融融；显然，就像在3世纪下半叶的钱币上那样，在画面中包括进整个上半身成了惯例。完全意义上的胸像非常少，因此，我们几乎只是从钱币上才得知伊利里亚皇帝们的样子。许多记载提到半身雕像，但除几座为纪念君士坦丁而树立的之外，保存下来的很少，看着这几座像笨重和变形的外观，我们对于这个时代其他作品的丢失也就不那么难受了。 220

和材料一样，体积庞大在很多情况下也成了追求的目标。巨石的效果被过分夸大。人们长久以来惯于把埃及的方尖碑拖到罗

---

①　墨勒阿革洛斯（Meleager），希腊神话中的英雄人物，曾参加狩猎卡吕冬野猪和觅取金羊毛的远征。

②　阿里阿德涅（Ariadne）曾用线团帮助忒修斯走出迷宫，后来被忒修斯遗弃，成为酒神的祭司和妻子。

③　恩底弥翁（Endymion）为年轻俊美的牧羊人，为月神所爱。宙斯因月神要求，使他永久睡眠，以葆青春永驻。

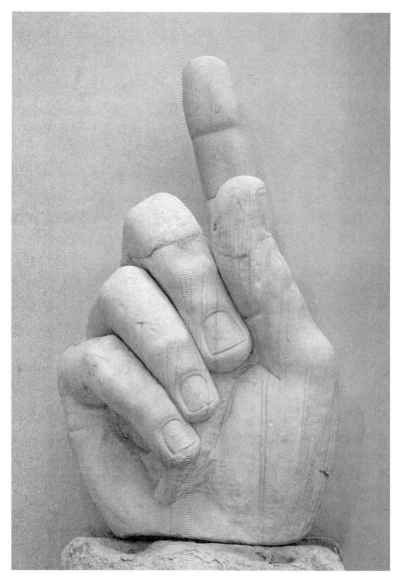

看着这几座像笨重和变形的外观，我们对于这个时代其他作品的丢失也就不那么难受了

君士坦丁大帝的巨幅大理石头像，原为一座 9 米高雕像的一部分，今天只剩下头、手、足。公元 315—330 年间的作品。

马；埃拉伽巴努斯曾梦想从底比斯搬一块巨石来，在上面刻出圈形阶梯，以作为他侍奉的主神的底座；而现在戴克里先为了他的浴室，从东方搬来周长15英尺的花岗岩石柱；君士坦丁把最大的方尖碑从赫利奥波利斯运到亚历山大里亚，君士坦提乌斯又从这里把它运回罗马。已知最大的斑岩石块是一根100英尺的柱子，被用来承受新城君士坦丁堡的建立者的雕像。很难估算3到4世纪雕像的数量，亚历山大·塞维鲁在罗马为自己树立起众多巨型雕像，为此征用了帝国最偏远地区的艺术家。伽列努斯把自己表现为太阳神，据说这座雕像有200英尺高；他手中的长矛结实得可以让一个小孩从里面爬上去，战车和战马也按照同样比例制作，整个雕像立于高耸的指挥台上，快要超过罗马的制高点埃斯奎里山（Esquiline）。但果然不出所料，这项工程并未完工。塔西佗皇帝和他的兄弟弗罗里安在特尔尼的两座大理石像较为平常，各有30英尺，建成不久就毁于雷击。在菲迪亚斯的巨人雕像和在罗得岛的上百座巨型太阳神雕像之后，神和人经常以一种远远超越人类体型的规格被塑造，而艺术本身未受损害；但在衰落的时代，一旦工艺和制模技术不再足以应付较小的任务，大比例的艺术就遭到彻底扭曲，并败坏了整整几代人的品位，因为观众满眼所见，皆是巨型人物雕像。此外，半身雕像的奢华铺张变得特别重要，这点也影响到绘画的命运。

绘画展现了一条内在法则，或者至少是一条经验。根据这条法则，理想化表现的时代之后，总是跟随着现实主义的时代，这要么是因为**理想主义没有足够的细致来处理自然的外形**，而只满足于**一般表现**，要么是因为它超越了按部就班创作的循环，而希望在粗犷的自然主义中发现新效果。与绘画相联系的范畴，首要的是风俗画，把这种趋势发展成一种独立的存在。古代艺术中也出现了类似情况。即使在繁盛的时代，风俗雕像和风俗画亦大量涌现；各种流派都以忠实于现实为特征。但它们都不遗余力地想从现实中找出美的新形式，因而始终对个人面貌保持着浓厚兴趣。我们难道不应该把3世纪当作一个真正自然主义的时代、一个精心刻画

221

细微变化的时代、一个对现实的幻象上下探索的时代吗？我们将看到,这一运动在诸如文学这样的领域里也不乏类似的例子。

但是,使风俗画完美的前提条件,即灵敏细致的感觉,非但没有进展,反而一溃千里。材料的奢华和对装饰的热情大大破坏了对庄严场所应该具有的敏锐理解力。流传至今的表现神话内容的壁画屈指可数,不仅显示出对旧主题拙劣的模仿,还表明曾经十分富有装饰性的花纹艺术体系已停滞和僵化。基督教地下墓穴中的绘画因为简洁和表现质朴而动人心魄。作为最早对圣人形象的描绘,它们也非常引人注目;但在细节的创作和处理上,就显示出极度缺乏技巧或高度模仿前人作品。新的基督教主题给古老艺术投下一缕夕阳,但是新内容并没有带来清新的品质。镶嵌画很快被用来表现一种获胜信仰的浩大规划。教堂内所有可用空间遍布神圣的人物和故事,而不顾这样做是否符合建筑和绘画的法则。我们惟一不解的是,为什么晚到 3 世纪仍有那么多较精美的作品出现。现在只剩下教会美德、主体完整以及制作精良还在人们的考虑之中,对于艺术家来说,创作乐趣已经没了,艺术已经变成只对象征符号有用的东西,这些符号外在于艺术,不随艺术而发展,也不依赖于艺术;即便是那些相当有天赋的艺术家,也只能作为普适原则的默默无名的执行者,就像早先埃及的艺术家一样。一些直接流传下来或后来经过复制的手稿中的小画像成功表现了寓言,并显示出天才的奇思妙想,我们时常为此感到惊奇,这起码证明非官方的艺术仍然具有主观生命力。事实上,4 世纪下半叶有本异教历法书,里面的绘画保留了几位人物,他们在结构繁复的环境中,身着奇装异服,真正带有风俗画的特征。但毫无疑问,总体趋势是向着一个非常不同的方向发展。

如果想从任何一个方面谈现实主义的胜利,我们会在 3 世纪以后肖像画的蓬勃发展中找到。上文已经看到,巨大的半身雕像如何成了雕塑的一项主要任务;在石棺上,主要的神话人物经常被描绘成死者的模样。而在绘画中,随着时间推移,对人物的表现越来越脱离生活,日益朝所谓的仪式性绘画的方向发展,个人或一家人

222

被刻意披上官方的指定服装,摆出一本正经的姿势,还经常添上一些象征性的附属装饰品。这种处理显然由统治者指示,再受到臣民的模仿。在这种绘画中,服装的重要性可以从昆提里乌斯家族宫殿中的石碑上看得一清二楚。它先后用拖袈长袍、短斗篷、铠甲、大披肩、狩猎装这五种不同的服饰表现了塔西佗皇帝。即使在钱币和墓碑上,也不再仅仅表现头部,而是把穿着显示级别和尊严的衣服的整个上半身表现出来。在克里安(Caelian)山上的特垂库斯兄弟的宫殿里,有一幅镶嵌画画像,展现奥勒良站在他们中间,接受他们表忠心的象征物——节杖和栎树叶环。在阿奎莱亚的宫殿的餐厅墙上,一幅家庭肖像庆祝了马克西米安·赫丘利家族与君士坦提乌斯·克罗鲁斯家族的联姻。人群中年轻的君士坦丁好像正从他未来的妻子芙丝塔那里接受一顶金色头盔,上面插着孔雀羽毛。可以想象,在重要公民的私宅中,类似的家族肖像也一定比比皆是。这种艺术类型的回声若非保留在双联可折象牙版雕的画面上,就已经消亡,这种象牙版雕通常以现实主义风格刻画皇帝或官员,他们穿着官服,身旁饰有各种象征性的附属物。

在一个没有印刷出版业的年代,绘画承担了让人民认识统治者力量的职责,这一功能在现代是由宣言和声明来执行的。新皇帝登基时,下属要做的第一件事,是把新皇帝的肖像发送到各地,让各地以隆重的仪式接受肖像。轻便的肖像要在行军中携带,并在兵营指挥部树立起来;我们甚至发现了在军旗上使用的肖像(通常是金属质地的)。胜利的战役被描绘在巨大的布面或者镶板上,公开展示。外国使节的队列、整个庆典和戏剧化的展示,凯旋的队伍以及各种庄严的仪式,都被永久描绘在宫殿的中楣上。君士坦丁用一幅巨大的象征性的釉彩画庆祝对李锡尼的胜利,这幅画就安置在宫门前。他和儿子们脚踩化身为恶龙的被击败的这位将军,恶龙身中箭矢,下面是万丈深渊;整个画面上方是十字架。晚些时候,这位皇帝把自己画到宫门前的山形墙上,供人顶礼膜拜。他死后,罗马为了纪念他,树立起一幅气势恢宏的画像;这位理想化了的皇帝被比作上苍,受到崇拜。

这种即兴之作与艺术已是风马牛不相及。但它们确实从一个方面揭示了整个艺术的命运,因为即使在异教时代,艺术也已在很大程度上成了宣传的侍女,基督教的胜利只是变更了她的主人,而非她的地位。几个世纪以来,艺术一直受主题支配,最后只能部分或不完美地遵循它自身的内部规律。这实际上构成对古代观念明显的否定。

主题对形式的支配使绘画在基督教艺术领域中比雕塑更受喜爱。对圣人的造型表达似乎被视为一种偶像崇拜,即使菲迪亚斯风格的艺术也不例外;他们穿着衰落时期的服装样式,与古代的伟大作品比,不啻是讽刺漫画。所以,在通过艺术给人留下印象方面,基督教要求的是一种叙事,或者一种符号上相互关联的艺术,这种艺术充满人物;因此,它必然主要使用绘画,或者浮雕这种中介形式。没有必要心存偏见地对雕塑家个人说三道四,他们受到轻视,被当作偶像的仆人。

这个时代的诗歌亦无法提供美术所不能提供的东西。由于切断了与戏剧的一切有机联系,由于过度沉溺于神话题材的史诗创作,由于拒绝历史主题和一切当代主题,诗歌只能退入抒情诗和传奇之中。可以肯定,大多数类型的诗歌继续以一种有意识的学术方式创作出来,但那只是对美好时代的苍白回忆。譬如,在 3 世纪的田园诗和教诲诗中,在卡尔普尔尼乌斯·希库卢斯、内梅西安努斯、萨蒙尼阿库斯·塞雷努斯等人的诗歌中,无论诗人自己多么有才情,皆无法创作出有活力的文学。另一方面,抒情诗如同人的心灵一样,总能焕发青春,在举世皆浊的邪恶年代孕育出星星点点的美丽花朵,尽管它们的形式并不完美。正当史诗和戏剧不再受欢迎而失去生命力之际,传奇故事就成为一种合适的替代形式。

不幸的是,全部晚期异教时代的文学只有断编残简流传至今,我们缺乏了解它们的适当语境,但是传奇故事确实提供了许多引人入胜的场景。比如,我们找到希腊文的《牧羊人的故事》(Shepherd's Tale),它被当作出自某个朗戈斯之手,但这很可能出自误解,无论如何,我们无法确定作者的时代。然而,如果完全从

225

美学角度判断,其中娓娓道来的达芙妮斯和赫洛亚的历险故事能确定这位存疑作者所属的年代——很可能是 3 世纪。其描述与 3 世纪的场景和背景下的自然主义相一致,并且有十分敏锐的心理观察,这已经与从谛阿克列多思以来薪火相传的田园诗的特点相去甚远。能够创作这本书的时代,看来与风俗画和风景画流行的年代不会相距太远。但《达芙妮斯与赫洛亚》却是完全孤立的,如果拿它与其他晚期希腊传奇故事比较,我们会发现它们及其作者同样难以考证确切年代。关于《埃塞俄比亚传奇》的作者赫利奥多罗斯(其人上文已几次提及),他究竟是活跃于公元 400 年前后塞萨利的特里卡(Trikka)地区的主教呢,还是一位生活在一个世纪以前的异教徒呢——后人只是为了使他的书在基督教图书馆得以保存而赋予了他主教头衔(我们可以在书中找到关于作者身份的内在证据),这值得商榷。作者的目的和以弗所的色诺芬一样,都是为了穷尽各种光怪陆离的历险,后来的传奇故事作家也竭力仿效这一目标。但在朗戈斯的人物刻画或他对服饰和场景的节制笔墨中,没有一以贯之的、真正的艺术印迹。赫利奥多罗斯的插话则通常不令人非常愉悦。

226　　　赫利奥多罗斯不时有意地反复描写风景(比如,在他书的开篇),朗戈斯和他如出一辙。我不想冒昧地对洪堡的美感历史中关于风景的部分作粗略概述;这里只想指出,洪堡无与伦比的论述精湛讨论了这个主题,以及它与晚期古代其他精神趋向的联系。

　　这一时期如果有真正抒情诗的话,它们并未流传下来。《维纳斯的前夜》(约 252 年?)①或《向海神祈祷》(*Prayer to Oceanus*)是这类抒情诗的余音,至迟不晚于 3 世纪中叶。5 世纪差强人意的采用哀歌体和讽刺短诗形式的个别诗作难以与之媲美。它们散发出明显的学院派气息,奥苏尼乌斯的诗尤其如此,且因为过分有意识地

---

① 《维纳斯的前夜》(*Pervigilium Veneris*),一首 93 行的拉丁文诗歌,以音韵美著称。场景设置在西西里岛上维纳斯春节的前夜,内容是庆祝春天胜利、万物复苏和次日的节日。写作年代不详。

依据各自的范本来创作而无法产生生动之美。才华横溢的即兴诗人克劳迪安和他的颂辞、神话牧事和牧歌的出现，是很晚的事。在一个美感颓废的时代，克劳迪安只是不足为道的溜须拍马者，他的诗作的华彩不过是模仿了奥维德。他给文学史留下的警示是：不要过分古板地划分不同时段。上面提到的卢提里乌斯·努曼提阿努斯（417 年左右）也未尝没有高贵而宜人的方面，但总的来说，他的行旅诗相当杂乱无章。

　　君士坦丁时代公认并受到推崇的文学，其实是所有作品中最蹩脚的货色，它们华而不实地玩弄词藻。大型戏剧由维吉尔的集句构成，维吉尔的诗句被断章取义地拼凑成内容迥异的新诗。不管多么辞不达意，这些至少是现存的音调最优美的罗马人的诗句。其他的技巧则更加令人生厌。其中包括：语句的间隔反复，也就是在五韵步的末尾重复六韵步的开头词语；图形诗，也就是把诗歌精心排列成祭坛、排箫、管风琴之类的形状；将全部罗马韵律组合进一首诗；列举各种动物的叫声；回文诗，也就是可以正过来反过去读的诗；以及其他偏离常态的诗作。这些几乎办不到的、令人惊异而又费力伤神的语言设计，却由普布利乌斯·奥普塔提安努斯·波菲里乌斯完成了。他由于某种原因被流放，现在为了重新获得君士坦丁的宠幸，不惜在诗歌上孤注一掷，最终竟然获得了成功。他写了二十六首诗，大部分有二十到四十个六韵步，每个六韵步包含了相同数量的字母，这样，每首诗的外形都是正方形。某些用红笔写的字母拼成一些图案，如花押字①、XP 或花饰，每当连读的时候，又能拼成一句箴言。读者体验到的辛苦，正是语不惊人死不休的作者为了恭维君士坦丁和克里斯普斯而付出的辛劳。最后出现四个六韵步，其中的词语可以排列成十八种不同的方式，每一种都可以产生不同的含义和韵律。在一封致奥普塔提安努斯的非常体恤的信中，君士坦丁以艺术保护人的态度，把这份克服重重困难的

227

---

① 即姓名或公司等起首字母相互交织而组成的图案，常用作信笺或商标等的标记。

努力当作真正的艺术进步："在本朝,写作之人将受到朕春风拂面般的眷顾。"这位写作韵文的技师已经从流放地被召了回来;也许那个329年和333年的同名的罗马市政长官,就是这个奥普塔提安努斯。若非展现了皇帝的趣味,整件事很可能就被忽略了。

基督教的出现给古代诗歌带来的益处或许并没有我们想象的那般大。诗歌对圣经历史的处理与对古代神话的处理完全是两码事。神话可以具有多种形式和方面,因此能够通过诗歌而不断揭示美。但圣经事件是以既定而完整的形式进入诗歌的;史诗或造型装饰从教义的观点来看是危险的。因此,从西班牙人尤文库斯(329年)开始,对福音书的诗歌创作就枯竭了。夸饰的因素不足以成为替代品,而只暴露出当代基督教诗人所受的修辞教育。普鲁登提乌斯(400年左右)也是西班牙人,在这类诗人中最重要,他的诗作中有一些优秀的、近乎抒情诗的段落;在对殉教者的描述中(《殉教者的花冠》[*Peristephanon*]),他以史诗般的自由处理纯粹的圣经素材,这几乎是不可能做到的。但他的诗歌给人留下的总体印象,是修辞色彩方面的比例失调。他和同时期安布罗斯的几首出色的赞美诗被恰当地奉为所有基督教抒情诗的奠基之作。在这些诗中,首次明确而持久地出现了加重重音压倒长短步的情况,这标志向中世纪诗歌的转变,这种转变诚然只是外在形式上的,但却非常显著。后来,一种崭新的中世纪精神被吹进僵化的拉丁文中。

但修辞仍然是金科玉律。教育依然为修辞学所控制。所谓的七艺,即语法、修辞、逻辑、算术、音乐、几何和天文,曾经构成贵胄子弟的教育大全,如今,前三种依旧持续下来,其余四种则随着主题的增长而成为单独的学科。在帝国时代,哲学中所有尚有活力的东西都被归于前三种技艺,修辞学被当作教育实践中最基本的内容。关于这一时期修辞学的范围和重要性,我们很难形成适当的看法。流畅而丰富的表达被视为日常生活中不可或缺的,成功的公众演说被视为最高胜利。帝国的每座重要城市都力求获得一位或几位优秀的修辞学家。在罗马城,希腊人和本地人争相充当

优秀的修辞学家。在高卢的马赛、纳尔旁、图卢兹、波尔多、奥顿、
特里尔、兰斯，在西班牙的科尔多瓦，在阿非利加的迦太基、西卡、
马多拉等地方，都有培养修辞学家的机构。在希腊和近东，"智者"
常常是一座城市里最重要的人物，因为除了教学，他们还经常作为
哲学流派的信徒、宣传者和就公共事务发表见解的演说家而出现
在一切公共场合。富裕和慷慨的人士经常投身于这一追求，然后
在像罗马这样的政府中尽可能出落成重要人物。国家以前让各城
市和公民个人负担高等教育，但最终决心把它作为公众关心的事
情，到处予以支持，直接向各城市的智者支付薪水，其多少取决于
城市的级别。但是，这种自哈德良和安东尼·庇护的时代以来就
作出的安排无法贯彻到底。君士坦丁仍在批准由国家任命的教授
和同样德高望重的医师及其家族，至少免除了他们沉重的公务和
贡赋，尤其是令人生畏的地方城市市议会席位和兵役。正如下文
所示，他自己就是一位热心的业余演说家；他的许多前辈一直到努
梅里安都以相同兴趣著称。但君士坦丁的演说品位与他的诗歌品
位相比，可谓半斤八两。自戴克里先以降，皇帝颁布的所有文件，
包括信件、敕令和法律，都有相同的特点，即拐弯抹角和夸夸其谈。
但皇帝们还是按照惯例，从修辞学家中选拔私人秘书和其他重要
的朝廷官员，并肯定相应地在有段时间内除文风之外也注重才能。
克罗鲁斯的秘书尤曼尼乌斯很可能是个显著的例外。

　　难道古代人没有夸大接受交谈和写作教育的重要性吗？把有
用的现实灌输进年轻人的头脑难道不是更好吗？答案就是，只要
交谈和写作中的杂乱无章充斥在我们中间，只要今天受过教育的
人之中对循环结构的真正艺术有所理解的人恐怕连百分之一都不
到，我们就无权作出决定。在古人看来，修辞学及其相关科学，对
于自由而美的存在的标准、对于艺术和诗歌而言，都是不可或缺的
补充。现代生活在某些方面有更高的原则和目标，但它是不均衡、
不和谐的；其中最美好精致的与最粗俗野蛮的如影随形。而为数
众多的当务之急使我们无暇因形形色色的矛盾而生气。

　　瞥一眼现存的晚期罗马的修辞学教科书，足以令我们羞愧难

当。卢提里乌斯、阿奎拉、鲁菲尼安努斯、弗图纳提安努斯、鲁菲努斯等人的作品部分来说并非真正的罗马作品，它们或许只是对高尔吉亚和亚里士多德时代和后来的希腊文范本所作的不成熟的重写；然而这些教程表明，人们甚至到帝国最晚期依然试图操纵演说术。如果没有这些古人，我们真不知道该如何命名和分析各种句型结构、修辞技巧和谋篇布局，这些即使在今天的学术论文中也只使用了不到十分之一；不仅如此，这一体系还对演说风格的种类以及演说的结构和实践详加论述。我们可以从词语或短语的韵律差别之中体会当时听觉的无限精致，这些差别是我们无法分辨的，但却由鲁菲努斯详尽论述，并被放在句中的恰当位置上，无论开头、结尾还是其他地方。决定一个句子在何种情况下以抑抑扬格或者以扬扬格开头是重要的。在弗图纳提安努斯那里，发表演说的艺术和演说者的外在举止完善了这一学科，并且向我们再次显示出，所有当代的演说不过是自然主义的，只是通过偶然的才能而无意识地获得美的形式。每个手势、衣服的每次下垂和卷起皆有其自身法则。手臂和腿决不能同时向同一个方向伸展，演讲者对这些规律的了解并不比雕塑家来得少。惟其如此，雄辩才能得以提升，成为人的整个身心的精湛艺术技巧。

但与这整个艺术技巧相对应的，却是越来越漠视内容以及随之而来的个人虚荣心的增长。正如菲洛斯特拉托斯描绘的那样，早期帝国的希腊智者以一种古怪而傲慢的方式在上面提到的那些主题中展现自我，他们就像现代音乐的某些代表人物一样，使自己受到公众崇拜，二者在这方面的主张几乎如出一辙。在西方，政治演说后来如何在帝国西部化为歌功颂德的？面对公众的辩论术是如何每况愈下的？这里不宜讨论。我们或许可以从戴克里先和君士坦丁时代获得此类颂扬皇帝和恺撒们的最优秀的演说辞，这些作品上文已经引用了几次。相形之下，当时的告示则在措词上显得十分贫乏。在基督教的演说中，风格已经变得无足轻重；只是约几十年以后，一系列站在讲道坛上的著名演说才出现。最后，传统的形式改头换面，与新的内容调和起来。异乎寻常的分裂有待弥合：

231

尊崇古典风格,却又嫌弃相关的异教联想;接受圣经语言,却又意识到这种语言不纯洁。圣哲罗姆不由地因一个可怕的幻觉而受到震动,在这个幻觉中,全世界的审判者将谴责他是西塞罗的信徒而不是基督徒(*Ciceronianus*,*non Christianus*)。

同时,在整个 4 世纪,异教徒和无数基督徒仍然对修辞学抱有兴趣。一些地方如高卢和阿非利加,依旧不乏自豪感地津津乐道于自己特有的风格,修辞学家在这些地方属于社会上最受人尊敬者之列。在帝国的希腊语地区,智者想尽一切办法保持他们在安东尼王朝时代享有的地位,但由于同时充当了新柏拉图主义哲学家和行奇迹者,他们的历史学家尤纳皮乌斯很少关注他们的修辞学活动,而至多对他们的外在举止描摹刻画,并仰慕他们的矫揉造作。本书最后一部分将讨论雅典的情况;这里只需指出异教智者提供给基督教布道者的无望竞争。如果从各方面将这场斗争作为公开的党派行为考虑,它太不势均力敌了。但并非每个修辞学家都会满足于蒂米斯提乌斯的自我安慰:"哲学家即使在孤零零的梧桐树下发表演说,除了蝉没人听,其价值也不会减少。" 232

如果说几乎所有 4 世纪的创作通过费尽心机的形式,通过堆砌格言警句,通过滥用对日常事物的隐喻,通过时髦的浮夸和陈腐造作的乏味而露出衰落迹象的话,我们仍然可以在许多作者那里看到古典时代的回光返照。他们仍然显示出对艺术风格的追求,这在我们看来是匪夷所思的;这种风格看起来仿佛是被算计好的和带有自我意识的,这是一个日益沉沦的时代的错误,这个时代相当明显地感到,它和它的文化是次等的、派生的,不过是在煞费苦心和参差不齐地模仿伟大的典范。但我们无法轻描淡写地略过李巴尼乌斯①和塞马库斯这样的作家,他们的每一封短信都被精心制作成一件小小的艺术品——即使他们太过注重表现并且除了收信人之外心里显然还想着读者大众——正像普林尼等人在他们之前做的那样。塞马库斯起码知道,西塞罗时代的写信技巧已经终结,他

---

① 李巴尼乌斯(Libanius,314—393 年),希腊智者和修辞学家。

还知道它为什么会终结。

难道诗歌和具像艺术的正式衰落也总是意味着一个民族国运之衰落？难道这些艺术就不是在果实成熟之前必然会凋谢的花朵？难道真就不能代替美、实用就不能取代惬意？

问题可能仍然悬而未决，诸如最后一个问题也不可能有答案。但任何人邂逅古典古代，即使邂逅的是其暮年，都会感到，随同美和自由逝去的，还有真正的古代生活和优秀的民族天才，而留给希腊世界的言过其实的（rhetorizing）正统，只能被当作了无生机的沉淀物，见证了一度美好的整体存在。

第八章　迫害基督徒；君士坦丁和皇位继承

从那些清晰而准确地为人所知的历史情境中,有时会浮现出233最重要的事实,然其更深层的原因却顽固躲过了学者的视线。戴克里先时期对基督徒的大迫害,就是这样一个事件,这是异教发动的毁灭基督教的最后决战。初看之下,这些迫害没什么奇怪;戴克里先的众多君临天下的前任同样希望根除基督徒,对于像他这样狂热而坚定的异教徒来说,不能指望他还能做出其他什么事。但是,一旦我们去考虑具体的环境,问题又完全是另一个样子了。从伽列努斯时代开始,即在四十多年的时间里,基督徒未受到侵扰,这段时间还包括戴克里先统治的前十八年。甚至到他下命令把摩尼教徒烧死在火刑柱上的时候(296年),他仍然让基督徒安享了七年的福。据说他的妻子普里斯卡和女儿瓦勒里娅都乐于帮助基督徒;戴克里先自己甚至宽容了伨的基督徒随从和侍者,他们像效忠父亲那样效忠他。朝臣和他们的妻儿也许就在他眼皮底下信仰基督教。前往行省担任总督的大臣中就有基督徒,他们泰然自若地借故推托了其职责所规定的庄严的祭祀活动。基督徒在集会时感到绝对安全,且人数大增,以致旧的集会场所已经容纳不下他们234了。到处都在建造新的教堂;在大城市,非常宏伟的教堂拔地而起,没人感到恐惧。

如果政府有过任何要在将来施行迫害的打算,基督徒就不会毫无阻力地在国家内部扩张到势力如此庞大的地步了。有人会说,国家只是后来才逐渐认识到,如果完全容忍基督教,将会威胁到统治；然而戴克里先不会那么粗心大意。在我看来，迫害既不可能来自他最初的打算，也不可能来自逐步形成的信念，而只可能产生于特殊的时机。这种评价必须取决于这个事实，即我们正在讨论罗马最伟大的帝王之一，正在讨论帝国和文明的拯救者，正在讨论那个时代作出的最精明的判断，如果死于302年，对他的政治记忆就会大不相同。"他是杰出的人，机智聪明，对国家热心，对受他保护的人热心，能从容应对任何问题，他的思想总是深不可测，他有时会鲁莽，其他时候则非常谨慎；凭借百折不挠的毅力，他克服了自己精神上的躁动。"①我们必须确定，使这种光辉记忆黯淡下来的原因，是否仅仅在于他与生俱来的残忍和残暴的发作，或者出于上文已经描述过的迷信，抑或由于他对德行寡薄的同僚作了不幸让步，还是因为这位历史学家不觉得有必要从文字记录之外寻找解释。基督徒对戴克里先的名字肆意诅咒，接受希腊罗马教育的异教徒同样不喜欢他，因为他把东方的风俗习惯带进政治和社会生活。阿米亚努斯和左西莫斯是仅存的可能呈现事件真正来龙去脉的历史学家，但他们的作品没有完整保留下来，或许正因如此，我们才235 觉得他们公正对待了戴克里先。在这种情况下，想要直接查询现存文献，从中获取基本的结论，看来只能是徒劳的。

通常把拉克坦提乌斯写的《论迫害者之死》当作基本文献，但此书一上来就编造显而易见的不实之辞。在一次皇帝亲自在场的重要脏卜祭仪中，信仰基督教的朝臣画着十字，以致驱走精灵，搅乱祭祀；仪式进行了多次，毫无结果，直至首席脏卜师猜到原因，并公之于众。据说，戴克里先因此勃然大怒，命令所有朝臣必须参加崇拜偶像的祭祀，甚至把这项命令下到军队，违令者会面临革职的威胁；一段时间过后，此事不了了之。这个故事基于一个信念，即皇帝以前不知道朝廷里有那么多基督徒，并且现在再也不打算容忍基督徒了，这个说法遭到尤西比乌斯的有力反驳。他认为真相很可能是，信仰基督教的随从和侍者要么根本没有被要求参加祭

① 《努梅里安皇帝的历史》（*Historia Augusta Numerian*），第13章。——作者原注

祀，要么如果他们碰巧在场也可以用皇帝认为适宜的方式行事。这一幕要么肯定发生在很久以前，即发生在戴克里先即位之时，要么完全不可思议。皇帝的异教信念不可能是迫害的决定性动机，无论那些信念多么认真和狂热，要知道，他在十八年中一直容许基督教存在和壮大。

拉克坦提乌斯编造的第二个不实之辞是戴克里先胆怯地屈服于伽莱里乌斯，后者为了争取皇帝迫害基督徒而来到尼科美底亚（他显然是从多瑙河过来的）；据说伽莱里乌斯受到母亲罗慕拉的鼓动。罗慕拉狂热地信奉大母神（她在此被奉为山岳女神），而基督徒在其居住地拒绝像异教徒那样参加她的日常献祭庆典，她对此感到十分不快。所有的流言蜚语把最终责任归咎于一个狂热妇人的反复无常，可是，一旦我们得知戴克里先并不惧怕伽莱里乌斯，而且拉克坦提乌斯对戴克里先总体性格的刻画大错特错，此类流言便不攻自破了。302 至 303 年的冬天，两人据说在尼科美底亚会晤，此举无需重视，因为拉克坦提乌斯的其他著作表明他是戏剧性虚构的业余爱好者。他试图把戴克里先刻画得更加身不由己、更加通情达理，以便把更多仇恨堆积到魔鬼般的伽莱里乌斯身上。"他们整个冬天待在一起商量，不允许其他人参与，大家都相信他们在处理国家大事，年长的戴克里先不断压制其同僚的怒火，告诉他扰乱世界安宁和大开杀戒是危险的。基督徒会从容就义。让朝臣和士兵放弃这种信仰就足够了。但伽莱里乌斯固执己见，于是戴克里先召集法理学家和官员的秘密会议，来决定是否迫害。把许多人拉进会议以决定是否行使遭人憎恨的措施，这符合他的性格，让他可以推脱罪名；相反，如果是好事，他不会召集会议，从而为自己博取美名。"从我们掌握的其他关于戴克里先的信息来看，这种观点匪夷所思。这位统治者行事的理念从来不会顾及人民的喜恶，他会对他通过别人做的事负全部责任，无论好事或坏事。任何措施如果未曾得到这位统治者的授权而被实施，无异于破坏了他的权力，这是他思考问题的起点和归宿。但还是让我们再多听一听这个故事吧：在秘密会议作出赞成决定的过程中，戴克里先多

236

221

次向米利都的阿波罗神谕所咨询,自然得到了相同的回应。甚至到现在,他还是以不流血为他同意的前提条件,而伽莱里乌斯据说很想把基督徒活活烧死。但是,我们刚刚从老皇帝自己嘴里听说他已预见到无数基督教的殉教者!他所处的位置使他比其他人更清楚,对于基督徒,要么必须给予和平,要么必须用极端手段施以打击;用不流血的方式来约法三章实属愚蠢。

这次大灾难的惟一连续的纪录的性质就是如此。拉克坦提乌斯当时正在尼科美底亚,他所记载的,肯定不是这次秘密商谈,而是事件的基本过程,可能记载得十分准确。他的论文尽管党派偏见明显,却因为有许多细节而变得不可或缺。

尤西比乌斯发现,对于产生迫害的特殊原因,省事的做法是只字不提。奥里略·维克多、卢弗斯·费斯图斯、尤特洛皮乌斯和其他人干脆连迫害也只字不提。

戴克里先本人对此无法作任何辩护。他的敕令已经不复存在,他的秘密打算可能与人们想象的截然相反。

因此一切都可以猜测,只要这些猜测不是天马行空,而是沿着残留下来的真实的轨迹,并契合时代以及当事人的特征。

最现成的推测是,这些统治者像许多前任一样,被迫屈从于公众对基督教的怨愤。但是这种屈从在事件过程中并未显现出来,且国家权力足以压制这种怨愤。在大竞技场举行比赛的时候,人群确曾有节奏地高喊了十几声"基督徒滚出去,不要有基督徒!"("*Christiani tollantur, Christiani non sint*"),但这显然发生在迫害已经进行一段时日之后,而这种叫嚷无论如何也意义不大。

或者,有人猜想是异教祭司要求迫害雷厉风行地无条件进行,皇帝一定程度上出于迷信也觉得有必要这样做。戴克里先尽管才智过人,还是深陷于迷信;这使得这种假设似乎有理,至少没有反证。但如果是这样,应该有一些位高权重的祭司的名字被记录下来,然而史料中只提到比提尼亚总督希埃罗克勒斯(从其他文献可知他是狂热的新柏拉图主义者)和其他一些支持者和鼓动者的名字,这是远远不够的。

会不会牵涉到戴克里先的个人道德观呢？他并非对道德无动于衷；他虽然经常雇佣女脏卜师预测未来和命运，但还没有抛弃道德顾虑。这样说即使在逻辑上显得矛盾，对他则全然有利；正如我们已经看到的，3世纪的杰出人物普遍具有一种相似的不和谐，他们相信不朽，就算不朽不能与宿命论与道德观相调和，至少也加强了它们之间的相互包容。皇帝的私生活没有给大多数挑剔的基督徒留下可以非议的把柄，所以，可以光明正大地站出来充当国家的普遍道德的捍卫者。有其他例子表明他确实这样做了，他在295年的婚姻法（前已述及）中定下很高的原则："如果我们确保所有的臣民过一种虔诚、平静和纯洁的生活，不朽的众神就会像过去那样愉悦而仁慈地保佑罗马的名字……通过众神的恩典，罗马的伟大已经达到新的高度，只因为一种虔诚而圣洁的生活构成全部立法的基石……"这难道能成为基督徒道德攻击的目标吗？

我们知道，在1世纪和2世纪，罗马人肆意散布谣言，猜想在基督教的礼拜仪式中发生了可怕的残忍行为。但这些谣言在这里却并不相关，它们久已平息。而戴克里先每天在宫廷里看到许多基督徒，不可能轻信这种流言蜚语。

从尤西比乌斯关于基督教社团内部道德堕落的抱怨来看，情况则显然不同，这些抱怨声恰好是在迫害前发出的。许多卑鄙小人进入教会，甚至谋取到主教职位。在这些恶人的罪行中，尤西比乌斯特别提到主教之间和会众之间长期的不和，提到虚伪和欺骗、近乎无神论的信仰、邪恶的行为，还有争吵、嫉妒、仇恨和教士的粗暴统治。

但这些罪行尚未达到令国家感到为了维护道德而必须打击的地步。类似的事情异教徒中也有，并且有过之而无不及。从异教方面保存下来的为数不多的官方文件之一，即从311年伽莱里乌斯的撤销敕令中就足以看出，基督徒内部形形色色的严重分裂显然是迫害的主要原因。敕令提到，他们已经开了教父信仰的倒车，形成各种教派，他们被勒令回到长者的组织中去。确实，这段话中的每个字都是转弯抹角和模棱两可的，以致大多数解释者认为，也

239

可以把"教父"和"长者"理解为异教徒。然而许多表述看上去应该是在责备基督徒从自己的原则上倒退了。让我们继续读下去："我们看见他们既没有向众神献上应有尊敬,也没有对基督教的上帝表达敬意。"这多少让我们想起三十年战争中天主教一方的原则,他们只愿意与路德宗平起平坐,而把加尔文宗斥责为旁门左道。

但是这一思路也不尽正确。基督徒内部的分歧与分裂不可能如此严重,以致迫使国家因此而消灭整个社团。狂热的异教徒如果稍微动一动脑子,一定会希望这个腐败过程能够不受干扰地继续下去,这样,基督徒最终会落入他们的掌控。

那么,还剩下什么解释呢?我相信,一定有重要人物卷入了突发事件,而这方面的痕迹后来被小心翼翼抹掉了。一篇纪念戴克里先的铭文指责基督徒妄图颠覆国家(*rem publicam evertebant*);这一声明在形式上没什么价值,但可能揭开了真相的核心。难道不会是基督徒有感于自身实力的增长和扩张,而寻求获得对帝国政府的控制吗?

240　　　这个目标可以通过让戴克里先皈依而和平实现。他们至少打算这么做,这是有籍可查的。蒂奥纳斯主教给一位名叫卢奇安努斯的信仰基督教的侍从长写过一封信,仍然存世,其中包含了如何在一位异教皇帝的宫廷中待人接物的指导;后人普遍认为,这位皇帝只可能是戴克里先。卢奇安努斯已竭尽所能,卓有成效地向同事开展工作,使许多异教侍从改变了信仰。皇帝的私人财库主管、司库长和服装管理员已经皈依基督教。现在蒂奥纳斯发现,如果哪个基督教侍从能掌管皇家图书馆,将大有好处,文字上的交谈会潜移默化地使皇帝确信基督教的真理。既然帝国当局已经通过战胜蛮族和篡位者、通过改革国家的整个内部机器而上升到空前的高度,基督徒也许对这位伟大统治者的严肃认真和道德倾向留有印象,意识到他的皈依将比以往任何事件更加重要,也更有决定性。对于戴克里先这样的异教徒,很难说任何企图一定是徒劳的。

我们必须细心留意迫害是如何开始的。尤西比乌斯和拉克坦提乌斯都认定,在大规模的总措施采取之前的一段时间,基督徒便已经被逐出军队。也许早在298年或更早时候，就有过一次集会，基督教士兵在集会上面临两种选择：成为异教徒以保留军职，或者失去军职。多数人毫不犹豫地选择后者，据说有些人为此丢了性命。显然，采取这种步骤，一定是迫不得已的，因为在当时，优秀的士兵和军官是帝国最宝贵的资源。我斗胆进一步下结论：清洗军队不是出于宗教原因，而是出于政治原因，否则应该从其他阶层开始清洗，比如说突然逮捕所有主教（事实上这是后来采取的步骤）。 241
可能是因为皇帝们处在基督教军队中不再感到有人身安全，或者皇帝们认为在战争中无法像在和平时期那样信赖他们的忠诚。如果有解雇理由的话，拒绝参加异教的祭祀可能只是一个借口，因为基督徒在军中服役被视为理所当然已经有十几年了。确实可以这样说：皇帝们出于恶魔般的邪恶而清洗了军队，以便能在没有基督徒士兵反对的情况下开展即将来临的迫害。我们举不出反证，因为我们不知道在清洗和迫害之间的是怎样一个时期。如果介于两者之间的时期持续了几年，这种解释便没有任何可能。大的流血事件也许是蓄谋已久的，但是，如果迫害是清洗的惟一目的，如此引人注目的准备活动应该发生在实际行动前不久。两者之间的过渡应该很难区分。戴克里先如果想要一支纯粹的异教军队，那么一般来说是为了要他们的忠诚，而不会去算计他最后可能会在什么极端情形下使用它。十分明显，直到迫害开始后，戴克里先仍然完整地保留着基督教朝臣班子，这或许是希望尽可能长久地保持他已经习惯了的个人信任。

与这些有联系的，是尤西比乌斯的吞吞吐吐的叙述，他说在迫害开始时，卡帕多西亚的梅利提尼地区和叙利亚这两个地方爆发了起义。他的叙述在事件的年代上不完全可靠，但我们这里找不到其他文献。他首先讲述了敕令的发布，然后是尼科美底亚皇宫中迫害的开始，以及基督教侍者和随从的英勇就义。接着讲到宫中发生了大火，基督徒因这一事件被杀，已遭处决的侍从的尸体又被挖掘出来。他继续写道："鉴于不久以后梅利提尼地区和叙利亚 242
的民众起来夺取统治权，皇帝颁布一项命令，逮捕各地的会众首脑,把他们投入监狱。"不管是对是错,图谋篡位的罪名被加在基督徒身上,结果主教们被捕。但直接行动者必然是一部分士兵,因为当时如果没有士兵参与,篡位不可想象,如果造反者是基督徒,那么一定是那些退伍的士兵。也许有人会反对,说这些篡位活动出自受到迫害时的绝望,但同样可能的是,皇帝们已经注意到退伍士兵中的骚动不安。如果尤西比乌斯关于年代和事件的叙述是正确的,如果我们不管其中的暗示而只考虑学理,那么不难得知,皇帝们已经发现一个武装反对派,因此镇压了它。

最后,据我们所知,敕令内容本身并不打算直接消灭基督徒,而是始终诋毁他们,以这种方式来改变他们的信仰。他们的礼拜集会将被禁止,教堂要推倒,圣像要焚毁。那些高官和其他贵族将会丢掉官职。在司法审讯中,酷刑可能适用于各阶层的基督徒。基督教奴隶只要仍然是基督徒,可能永无获释之日。这些大致就是 303 年 2 月 24 日最初在戴克里先和伽莱里乌斯的住所尼科美底亚颁布,而后又被发送到帝国全境的命令。

在尼科美底亚,迫害前一天就开始了,这天正赶上特米努斯节①。在军官和官员的陪同下,一名禁卫军长指挥禁卫军劫掠并捣毁了一座大教堂。

敕令张榜后,首位牺牲者是一位受人尊敬的基督徒,他扯下榜文,撕了个粉碎,然后轻蔑地评论道,对哥特人和萨尔马提亚人的胜利再次被张贴出来了。此人被处以火刑。这种挑战行为很难解释,除非我们假设即使在这个紧要关头仍然有大众反抗的些许希望。

接下来我们得知,许多朝廷官员和侍从遭受了酷刑,并被处决,史料提到这几个名字:彼得、多罗提乌斯和戈贡尼乌斯。当然,尤西比乌斯匆匆告诉我们,他们都是因为虔信而承受这一切的;但如果只是为了虔信,法律只需降他们的职即可。为什么要对这些

---

① 特米努斯节(Terminalia),罗马纪念界石神特米努斯(Terminus)的节日,在每年2 月 23 日。

先前被皇帝们视为"王室之子"的人——他们信奉基督教不是什么秘密——下这么狠的手呢？显然，皇帝们相信他们正在图谋不轨。

与此同时，尼科美底亚的宫殿中失了两次火。根据拉克坦提乌斯的说法，纵火者是伽莱里乌斯，目的是嫁祸给基督徒，他们据说与宫中的宦官相互勾结；总是自作聪明的戴克里先没有认清事实真相，当即对基督徒怒不可遏。关于这一点，我们不可能相信一位捕风捉影的作家；任何研究戴克里先历史的人都认定，戴克里先有足够的智慧识破拉克坦提乌斯所推定的如此拙劣的诡计。火是在宫中戴克里先居住的部分燃起的，而伽莱里乌斯最不可能失去理智放火烧他的房子。那些性命危在旦夕的基督教朝臣作案嫌疑最大；他们可能想通过迷信手段恐吓皇帝，而非要他的命。后来，在一次庆典中，正在尼科美底亚的君士坦丁试图为所有人洗脱罪名，他坚持认为宫中大火由闪电引发，好像闪电与其他着火原因不易区分似的。但在当时，戴克里先和伽莱里乌斯都确信基督徒有罪，宫中展开了血腥的刑事审讯。"甚至一度统治宫廷与皇帝的最有权势的宦官也遭诛杀。"由于这次痛苦经历，戴克里先颁布的这条 **244** 总敕令得到严厉执行并被辅以其他命令，就不足为奇了。

接着，基督徒很快在东部发动上面已经提到的起义，这引发了第二条敕令，它命令逮捕所有社团的首脑。

也许读者会反对这样的探究。难道把迫害作为株连的理由就公正吗？1572年在法国，狂热的一方也是这样干的，1620年在瓦尔特里那①同样如此；为了洗刷可怕的流血事件，他们随后指责被制服的敌人正在酝酿血腥的阴谋，他们迫不得已才先发制人。

首先，没人可以说基督徒普遍怀有阴谋，要反对统治者或者异教。我们对事件梗概的了解较为有限，大致如下：某些基督徒朝臣（或许为数甚少）以及某些行省的信仰基督教的军队指挥官认为，他们可以发动一次匆忙的军事政变，让帝国落入基督徒或者基督

---

①　瓦尔特里那（Valtelline），位于意大利北部的峡谷，地理位置重要，1620年时这里曾产生领土纠纷。

徒喜欢的人手中，也许还会放过皇帝们本人。其实，伽莱里乌斯可能比戴克里先更早发现事情的蛛丝马迹，而后者只是很难被说服。

其次，没有人会否认，当时的基督徒中会有人毫无顾忌地支持政变。尤西比乌斯的描述已经够清楚了。另一方面，世俗力量一旦其生存受到威胁，也从不心慈手软。

巨大的不幸之所以发生，既因为统治者对发生的事情不分青红皂白，继而认为所有基督徒都牵连其中，还由于当时的法律非常严苛，拷打和残酷的死刑是家常便饭。但是为了准确地判断个案，我们必须有比《殉教者行传》更好的文献资料。不管怎样，绝大多数人最后还是妥协，参加了异教献祭，而下文还要谈到的戴克里先最后一批敕令可能是基于这个假定之上：胜利多少已经取得，只剩残余的反对派有待消灭。没收圣像则是想要进一步永久剥夺基督教社团的精神依托。

但为了维持高度紧张的状态，还要做很多斗争。细致描述这次可怕事件的来龙去脉，不是本书任务。在戴克里先的同僚中，马克西米安奥古斯都积极推行迫害，而据说温和的信仰一神论的恺撒即君士坦提乌斯·克罗鲁斯，仅仅在高卢和不列颠地区推倒几座教堂就心满意足了。不管怎样，他保留了他在特里尔或约克的宫廷中的基督徒，甚至在军队中雇佣他们。但在帝国其他地方，迫害严厉得多。许多折磨和殉教的案例表明一部分调查工作落入酷吏之手；但我们必须考虑到，法官有可能认为他们正在处理政治性调查，因而使用刑讯逼供十分重要。官员的态度分歧极大。在阿非利加，官员或许认为基督徒的政治嫌疑不大，他们实际上只收缴了圣经，基督徒经常会发现即使这项措施也执行得不太严格。但仍有许多人故意声称拥有圣经，拒不上交，因而为自己的挑衅付出生命。其他人则立即服从命令，交出所有圣经；这些人后来被斥责为"背教者"（traditores）。总的说来，教徒的各种性情都得到展示，从最胆怯的软弱到最狂热的挑战，这两种极端之间不乏冷静克制、明达坚毅的光辉典范。我们这里也了解到一些下层基督教社团的情况。有人希望借基督教殉教者之死来抵偿自己犯下的某种罪行，

245

这很像参加第一次十字军东征的成千上万名强盗和杀人犯。其他人要么因为永远交不起所欠的国税或者不堪私债之重而寻求以死解脱，要么希望以忍受酷刑和牢狱之灾来感动富有的基督徒，从而得到他们的帮助。最后，有些赤贫的穷人感到，监狱里的日子比在外面好过，因为基督徒会无畏地向被捕的教友提供足以度日的生活必需品。面对这种弊端，迦太基主教门苏里乌斯鼓足勇气，坚决要求不能把那些不请自来的牺牲者当作殉教者尊崇。

同时，在一年多一点的时间里，调查工作变本加厉，成了对基督徒实际而普遍的迫害。紧接着命令逮捕神职人员的第二道敕令，就有第三道敕令，它规定，囚徒如果向异教神祇献祭即可获释，否则将不惜任何手段迫使他们就范。304年的第四道敕令将后一项规定适用于所有基督徒，并且通过解释暗示动用死刑。在东部，如此严苛的迫害持续了大约四年，个别地方又持续了五年以上；在西部则要结束得早一些。

长期以来，教会史认为，记住这一时期最高尚、最具垂范作用的殉教者，是一项神圣职责。其中的细节，我们不得不满足于引用尤西比乌斯和传奇故事集。尽管历史考证已公正地反驳了个别情况，尤其反驳了附会其上的神迹，这个新社会及其新宗教和新哲学对最强大的国家及其异教和千年的古老文化的反对，连同通过镇压获得的最终胜利，仍然是最重要的历史奇观。

显然，当戴克里先及其同僚退位（305年）、伽莱里乌斯和君士坦提乌斯晋升为奥古斯都、塞维鲁斯和马克西米努斯·戴亚就任恺撒的时候，迫害者的道德已完全败坏。自此以后，尤其在后者的

领地上，即帝国的东南部分，迫害活动蜕变成一场真正的灭绝战争，这里就不让读者感受令人毛骨悚然的可怕景象了。

我们现在回到政治史，这在同一时期也经历了重大发展。

迫害开始后不久，早在303年春天，戴克里先巡视西部，秋天抵达罗马，在那里与马克西米安一起举办庆祝多次胜利的凯旋式，同时庆祝他在位二十周年。与卡里努斯的奢华相比，凯旋式的开销以及节日的持续时间都非常节制；罗马人轻声非议，皇帝则开玩

笑地回答说,有监察官在场,游乐活动不能太奢侈。他没有等到新年和执政官交接仪式,就在 12 月 20 日离开这座城市,以此表明他对罗马人私下议论的看法。这是他登基以来首次造访罗马。他(在 298 年以后)建造了最宏伟的浴室,但显然没有赢得罗马人的感激;他现在甚至向罗马人献上巨款(大约三亿一千万第纳里,相当于六千二百万泰勒)作为更大礼物,这笔钱比他的任何一位前任送给罗马的都要多,但大众情绪并没有改善:人们期待更加奢侈的竞赛,而他们失望了。

戴克里先在拉文纳庆祝了 304 年的新年。在回尼科美底亚的寒冷旅途中,他大病一场,从那时起直到退位(305 年),他便很少公开露面。关于盛大的退位仪式本身,拉克坦提乌斯曾详加描述,其真实性只是由于拉克坦提乌斯的作品基本上不可靠而受到损害。离尼科美底亚三千步远的一座山,带有朱庇特雕像的柱子,老皇帝在向士兵演讲时落下的眼泪,为他旅行准备的四轮马车——这些都是确凿的事实。但是,说所有人希望当时在场的君士坦丁而非塞维鲁斯和马克西米努斯上台,说迄今默默无闻的马克西米努斯的突然提升震惊朝野,说整个过程是刻意用来给士兵惊喜的——这些是我们要斗胆质疑的。尼科美底亚的百姓对老皇帝的收养制度能有什么了解呢?或者对他在这个节骨眼上收养继承人的动机能有什么了解呢?然而,一定有人希望看到君士坦丁上台;军队里是否有这样的希望?这值得怀疑,因为他不过是一级保民官,很难获得广泛欢迎。戴克里先当时对他有何想法,我们不得而知;早先从战争年代起,他就很喜欢君士坦丁——君士坦丁后来却用贬损的评价和狡诈的密谋回报了他。

我们一直力争在一个较早的语境中真实地呈现退位的动机。除非我们的结论有误,皇位之所以只能坐二十年,目的是尽可能规范这个没有继承权的伟大王朝,并使为继位而采取的收养能够平静而不受干扰的进行。迷信对此产生影响也并非不可能,至少在戴克里先坚定地依赖共治者的顺从这件事上是如此。这里我们只能设想,戴克里先秘怀宿命论思想,他希望所有继位者相信,他采取的措施是必要的。

不管怎样,在萨洛奈军旅行宫里,戴克里先至少有段时间感到满意和快乐。这方面的有利证据是,经过多年征战和长达二十年的梦幻般的统治,他选出住所,重操年轻时的工作,亲手在菜园里栽种果蔬。我们可否得出结论,说他内心总是想着舍弃由他引进的东方宫廷礼仪,说他虽然人在尼科美底亚却时常渴望回到他在达尔马提亚的家呢?对这位非凡人物来说,永远不可能区分什么属于普通的野心,什么属于对命运的信仰,什么属于政治天才的力量。他知道如何将统治的持久性这一罗马帝国赖以存续的东西赋予它;他定然是被无情推上宝座,以实现他的想法。如今他已经卸任,可以归隐了。

马克西米安被迫在意大利违心执行相同的官方行为,他退休后去了卢卡尼亚①风景宜人的庄园,而他的儿子马克森提乌斯选择受人轻视的罗马或其附近作为驻地。他本人受轻视,被认为不配当统治者,他对时局倒是估计正确,很难相信伽莱里乌斯愿意让他主持这个地区的军政。也许反对之声立刻就有了,但公平的方式无法动摇他的位子。上面在论述戴克里先的制度的后果时没有提到这点:皇帝们的儿子要么上台,要么处死。但出于我们上文试图确定的一些原因,一个世袭的王朝被避免了,戴克里先表面上没有参与这种纯粹的苏丹制(sultanism),就像先前在卡里努斯死后,他也没有公布放逐者的姓名那样。此外,马克森提乌斯娶了伽莱里乌斯的女儿,这可能违背了自己和伽莱里乌斯的意愿,而仅仅是为了服从老皇帝的安排。

在几个月里,整个继承看似按部就班的进行。但在接下去的一年(306 年),这出不同凡响的好戏有了新特点。那个在历史上被名副其实称为大帝的君士坦丁偷偷离开尼科美底亚的宫廷,忽然在父亲君士坦提乌斯·克罗鲁斯身旁冒了出来,与后者一起从布伦港航行前往不列颠。

①　卢卡尼亚(Lucania),位于意大利南部的山区。

对君士坦丁的历史记忆遭到可以想象的巨大不幸。异教作家必然敌视他是显而易见的,这在后世眼中倒不会有损于他。但他却落到最令人厌恶的歌功颂德者手中,此人完全扭曲了君士坦丁的形象。我说的是《君士坦丁传》的作者,恺撒里亚的尤西比乌斯。君士坦丁尽管有缺点,总不失为重要而强大的,但尤西比乌斯却为他披上一件假装虔诚的皈依者的伪装;实际上他的无数罪行在许多章节里都有充分记录。尤西比乌斯模棱两可的揄扬基本上是虚情假意。他谈的是这个人,真正想说的却是一桩事业,即由君士坦丁牢牢建立的教阶制。此外,撇开可鄙的文风不谈,表达方式亦刻意遮遮掩掩,以致读者会在最关键的章节发现自己踏入隐蔽的圈套和沼泽。及时发现这些危险的读者很容易受到误导,对他的讳莫如深妄加猜测。

这本传记的介绍部分就足够迷狂了:"我凝神端详这位与上帝合一、一尘不染、身穿电光闪闪的长袍、头戴光芒永耀的冠冕、受到三重祝福的人,不禁哑口无言,智乱神昏,我情愿让更优秀的人来赋一首配得上他的赞美诗。"至于这样嘛! 如果我们只拥有阿米亚努斯这类通情达理的异教徒的描述,当能更加接近历史上真实的君士坦丁,即便他的道德品质有污点。这样我们也许可以看清如今只能猜测的东西,那就是,终其一生,君士坦丁从未伪装成或者把自己呈现为基督徒,他直至生命终了几乎对自由的个人信仰不加掩饰。尤西比乌斯很善于忽略和隐藏这样的事实,这从他早先对李锡尼的刻画中就能看出来。尽管他肯定知道李锡尼不过是个宽容的异教徒,他还是明言,李锡尼在与马克西米努斯·戴亚作战的时候,就已经是受上帝福佑的基督教皇帝了。他对君士坦丁的处理极可能也是如法炮制。这样至少可以抹去有损他形象的可憎的伪善,而我们应该知道,君士坦丁是工于心计的政客,为了在不完全依赖任何派系的情况下维护自己的统治,会不惜动用一切物质资源和精神力量。这副自私的面孔确实很不高雅,但是历史将有很多次机会来对这类人物习以为常。此外,无需多费周折,我们便很容易相信,从第一次政治性露面开始,君士坦丁就一以贯之地按照一个原则行事，只要这个世界存在，这个原则就会被勃勃野心称为"必然"。天赋很高的野心家的所作所为与他们的命运纠缠不清，仿佛受到神秘力量牵引似的。义愤填膺的抗议是徒劳的，数百万被压迫者所祈祷的复仇也是徒劳的；这位伟大人物常常无意识地实现了更高的天意，一个时代在他身上表达出来，而他相信他统治着他的时代，并决定着这个时代的特征。

我们认为君士坦丁踏出的第一步是决定性的。据说，伽莱里乌斯计划让他在与萨尔马提亚人的战争中死去，然后又让他与野兽"赤裸裸"的格斗，但这位无畏的英雄战胜了蛮族和狮子，令它们臣服在新的资深皇帝脚下。接着，尽管君士坦提乌斯·克罗鲁斯频频要求伽莱里乌斯将他的儿子送还，伽莱里乌斯却敌意满满地把君士坦丁当囚犯一般扣押，只是到了再也无法拒绝的时候才让步。得到许可后，君士坦丁不等指定时间到来就秘密离开了，他先弄瘸了帝国驿站里马匹的腿，这样没人能追的上。由此我们知道，他感到自己面临严重的威胁。伽莱里乌斯肯定痛恨君士坦丁，他是一位皇帝的遭到排挤却又野心勃勃的儿子，但最终还是放了他，尽管君士坦丁很可能深深卷入大迫害之后的宫廷阴谋。不管怎么说，君士坦提乌斯有权召回自己儿子。

在与父亲会合后，他参加了父亲对苏格兰的皮克特人的战役。此时克罗鲁斯决非处于弥留之际，不像尤西比乌斯和拉克坦提乌斯为了使自己作品更感人而说的那样，他不是因为这个原因召回儿子的。但战后归来不久，他却真的去世了（306 年 7 月 25 日，在约克）。根据戴克里先的安排——所有相关人员都是因为戴克里先才各就其位的，伽莱里乌斯现在要任命新奥古斯都，并给他配备一位恺撒。但如果把继承法与这项皇帝法律一道考虑，那么君士坦提乌斯通过与老马克西米安的继女芙拉维娅·马克西米亚娜·狄奥多拉的婚姻所生的儿子——达尔马提乌斯、汉尼拔里安、朱利乌斯·君士坦提乌斯——则无疑占得先机。可他们都非常年幼，最大的也不过十三岁。

结果，君士坦丁胜出。这或许与戴克里先精心制定的皇位继承

252

233

法大相径庭,按这个标准,君士坦丁是篡位者。此外,他由君士坦提乌斯的妾海伦娜于 274 年在塞尔维亚的尼萨所生,因此严格遵照继承法的话,也没有资格。颂辞作家尤曼尼乌斯当然说他是合法的,认为他会获得引退的老皇帝的钦准,这不过是说说而已。除此而外,这篇颂辞还算有趣,因为它用真正的热诚为继承权之神圣性做了辩护。君士坦丁被当作伟大的克劳狄·哥特库斯家族的后人,故他们对君士坦丁说:"您的血统多么高贵!帝国内再没有人比您的出身更加显赫……您君临天下乃众望所归,而非意外之喜;您的出身作为上帝的礼物,有助于您的统治。"

　　然而,君士坦丁要登上皇位,其他人的赞成和喜爱决非无关紧要。因为史料带有党派偏见,他的父亲是否直接授权给他,让他做自己的继承人,我们不得而知。也许,父亲召回三十二岁的精力充沛、久经沙场的儿子,只是为了保护无依无靠的家庭。后来的作家,以索纳拉斯①为例,提供了一种方便的解释:"君士坦提乌斯·克罗鲁斯病了,想到其他儿子出落得如此不济,不禁忧心忡忡。这时一位天使出现在他眼前,吩咐他让君士坦丁来统治。"其他人像尤西比乌斯、拉克坦提乌斯和奥罗修斯,并没有费心寻找动机,但都把君士坦丁继承皇位写成是完全顺理成章、不言自明的。事实上,是他父亲的士兵将他拥立为最高统帅奥古斯都。最主要的声音来自一位名叫克罗库斯(或厄罗库斯)的阿勒曼尼人酋长及其部下,他们是君士坦丁在对皮克特人的战争中招募来的。希望得到丰厚的馈赠自然是起作用的动机。上引的颂辞作者为这场交易写下煽情的描绘:"您在哀悼中策马前行,战士们给您披上紫袍,……您想躲避这份忠心耿耿的表白,于是用马刺催促战马;但坦率说,这是个涉世不深的错误。哪匹飞驰的战马能够躲得过追赶着要赋予您的皇权呢?"想从文中猜测密谋的细节,是徒劳的。

　　伽莱里乌斯得知发生了什么后,做了力所能及的事;由于君士

①　索纳拉斯(Zonaras),12 世纪拜占廷历史学家和教会法学家,著有《编年史》18 卷。

坦丁只能通过一次非常危险的内战除掉,伽莱里乌斯不得不承认他,但只是作为第二恺撒;他任命塞维鲁为奥古斯都、马克西米努斯·戴亚为第一恺撒。君士坦丁真正成为统治者,是通过与日耳曼人作战实现的,这场战争持续数年,前面已经谈过。高卢当时只能由一个充当保卫者和拯救者角色的人统治,在这方面,君士坦丁的父亲至少给儿子留下一份基业。

君士坦丁篡位立刻不可避免地导致马克森提乌斯篡位。为一位皇帝的儿子做的事开绿灯,就很难不准其他皇帝的儿子跟着做。由于尊敬戴克里先的规定,马克森提乌斯之父马克西米安一向反对篡位,但他最终未能抵挡住内心的诱惑,而认可了篡位。尽管马克森提乌斯也许是出了名的放荡和堕落,但他却找到罗马人和禁卫军作盟友,前者因为被皇帝抛弃而心怀不满,后者的影响力此前已被大大削弱。戴克里先在303年最后一次愤然离开罗马,也有可能与一次类似的密谋的开始有关联。伽莱里乌斯让这个古代世界的大都会一视同仁地承担他的新税收,从而最终越过所有限制。马克森提乌斯赢得一些军官、一位大承包商以及禁卫军,他们立刻宣布他为皇帝。反对他的市政长官已经被他处死。显然,整个意大利很快落入篡位者的权力掌控。

现在,伽莱里乌斯再也不能袖手旁观了。他派出塞维鲁(307年),后者是马克西米安领地的继承人,推算起来也是意大利的主人。但塞维鲁的军队大部分由马克西米安的旧部构成,他们不想反对马克森提乌斯。紧接着发生了在拉文纳及其附近的叛变、撤退和投降敌军;可怜的塞维鲁后来没有逃脱叛徒的谋杀。伽莱里乌斯兴兵复仇,但事实证明他的军队也不可靠,他无奈之下匆忙班师回朝。

与此同时,如上文所述,老马克西米安也加入他儿子——如果马克森提乌斯的确是他和叙利亚人尤特洛皮娅所生,而不像某些异教徒和基督徒坚称的那样是个遭偷换的小孩的话,这里必须注意到,异教徒和基督徒有价值的证据再次突然放在继承法上。父子之间如果无孝道可言,一定会产生此类流言蜚语。士兵也不喜欢这位老人,可能是因为害怕他的军纪;不久之后,他试图争取他

254

们反对他儿子,但没有得到响应。他们以不屑一顾的嘲笑答复他,他于是宣称他只是为了试探他们的心情。描述此事的索纳拉斯甚至说他先去元老院,宣称他的儿子不适合统治国家。不管怎样,这显著背离了戴克里先的统治原则,考虑到马克西米安对元老院成员怀有敌意(见前面第二章),这种背离显得特别刺眼。

255　　这位不安分的老人发现得到最高统治权的希望已沦为泡影后,继续前往高卢,努力从君士坦丁那里获得没能从马克森提乌斯那里获得的东西。君士坦丁那里还有一件他统治的抵押品:他的女儿芙丝塔;他把她许配给君士坦丁,另外又赠予他奥古斯都的头衔。他的如意算盘是,等到马克森提乌斯与正准备卷土重来的伽莱里乌斯开战,他便以优势兵力进行干预。但君士坦丁虽然接受了他的女儿和头衔,却拒绝马克西米安进一步参与,因此马克西米安一无所获,只得回到罗马,勉强呆在儿子身边。

　　我们手头还有一篇在这次婚礼上朗诵的喜庆致辞。也许没有哪位应景演说家接到的任务比这位没留下姓名的高卢修辞学家更倒霉了,他必须不声不响地遮掩一切,却又要宣告一切;我们必须承认,他以自己的才能和机智履行了职责。其中对一个新王朝最终确立的庆贺让我们特别感兴趣:"愿罗马的世界统治和皇帝的后代永恒不朽!"尤其引人注意的是,致辞忽略了君士坦丁在上一段婚姻中与米内维娜所生之子克里斯普斯的存在,而那桩婚姻本身却被特别提及和引用,以赞颂君士坦丁的高风亮节。作为弥补,致辞者称赞君士坦丁获得好运,得到赫丘利血脉,即芙丝塔的儿子们,为家族添丁加口。

　　就在伽莱里乌斯为进攻意大利做准备之际,马克西米安再次陷入与马克森提乌斯的争吵。在公众看来,这位父亲想从儿子身上把紫色皇袍撕扯下来。他不得不再次离开罗马。

　　在一片混乱中,伽莱里乌斯动用了年迈的戴克里先的睿智。在他请求下(307 年),戴克里先参加了卡农图姆①的会面。拉克坦提

———————————

① 卡农图姆(Carnuntum),即今天奥地利境内的圣佩特罗奈尔(St. Petronell),离海姆堡(Haimburg)不远。

乌斯说老皇帝早几年就疯了，但他们在多瑙河畔会面时，同僚显然对他的心智清明抱有信心。在这里，首先，伽莱里乌斯可靠的老战友和朋友、伊利里亚人李锡尼被任命为奥古斯都，以取代遭谋杀的塞维鲁。老马克西米安也出席了，非但没有得到鼓励和帮助，反倒再次被劝说退位。李锡尼将成为西部惟一的合法皇帝。但是马克西米安再也不能忍受赋闲或无所事事，一离开以前同僚的视线，就再次去高卢找君士坦丁，他禁不住诱惑，想从女婿那里获得两次未能从儿子那里获得的东西。就在君士坦丁同法兰克人作战的时候，马克西米安第三次穿上紫色皇袍，霸占了财库和武器库，又占领了阿拉图姆（Arelatum，今之法国阿尔勒［Arles］）的要塞。君士坦丁急忙回师追击，他逃到马赛。在这里，看来他的手下把他交付给女婿，据说君士坦丁再次保证了他的生命和自由。但马克西米安只想利用它们准备危险的新阴谋，而君士坦丁是从芙丝塔的亲口告密中得知此事的。君士坦丁别无它法，只好让这个险恶老人从世上消失。允许他选择死的方式，他选择了绞死（310 年）。11世纪初，马赛发现了他的坟墓。尸体保存完好，涂有许多防腐剂，佩戴许多装饰物，躺在一口安置在大理石石棺里的铅制棺材内。阿尔勒的大主教兰波把这个上帝和君士坦丁的敌人连同他的陪葬品一股脑儿扔进大海，据说那个地点的海水从此日夜沸腾不息。

　　这些事件定然让暮年的戴克里先多么痛苦！得到继承法支持的野心几乎已将他的制度颠覆大半，他注定要痛苦地看到 3 世纪的篡位之风在帝王家族以外更次抬头，当时埃利安努斯和阿曼杜斯（都是高卢篡位者）、卡劳修斯和阿莱克图斯（都是不列颠篡位者）、阿基莱乌斯（埃及篡位者）和朱利安（迦太基篡位者）以及他们的追随者，是以血流成河为代价而篡取统治权的。阿非利加总督、弗里吉亚人亚历山大——马克森提乌斯曾愚蠢地要求他的效忠——半推半就地让他的士兵为他紫袍加身（308 年）。这位萨洛奈的老园丁试图预见未来，他相信自己亲眼目睹了帝国灭亡这个最可怕的灾难，我们不能为此责备他。很自然，所有这些内战常常表现在迫害过程中；从 308 年到 313 年，在相对平静的间隔期几次

256

257

237

发生的可怕的严酷迫害与继承问题联系密切。关于马克森提乌斯，尤西比乌斯告诉我们，他由于敌视伽莱里乌斯而在相当长的时间里放过基督徒，自己甚至以基督徒自居。马克西米努斯·戴亚在对待基督徒方面时而温和时而残酷，这取决于他是否愿意藐视或奉承伽莱里乌斯。

同时，皇位继承问题开始简化起来。311年，伽莱里乌斯在摩西亚的萨蒂加去世，据说死于恶疾。拉克坦提乌斯如愿以偿，他心满意足地描述了他的下半身遭虫豸吞噬的样子，然后又确认异教徒称这位君主为"勇敢的人和强大的战士"——他当然是一位对基督徒凶狠和残忍的人。我们必须看到，伽莱里乌斯有足够勇气把皇位传给他认为最合适的人选，即他的朋友李锡尼，而没有传给自己家族的成员，这值得赞扬。在死前不久，伽莱里乌斯在一道宽容敕令中闷闷不乐地承认，在对基督徒的战争中，国家权力失败了；最后，他请求那些先前受到迫害的人在他们的上帝面前替他代祷。他的同僚也在敕令上署了名；君士坦丁和李锡尼签署了，连马克西米努斯·戴亚也间接签署了，这样他的高级官员就能够履行职责。从监狱和矿山回到家中的基督徒甚至受到异教徒兴高采烈的欢迎，大家对恐惧已经感到厌倦。紧随敕令而颁布的详细规定今已佚失，我们只能根据后来的一道训令猜测其中的内容。它们显然是严厉的，其语气表达与敕令本身同样阴沉。

威胁到皇位继承的混乱状况出人意料地得到迅速和平的解决。马克西米努斯·戴亚曾是伽莱里乌斯的恺撒，他已在另一场合取得奥古斯都的头衔，他认为有理由害怕他在东部的领地会被刚刚就任西部奥古斯都的李锡尼剥夺。双方剑拔弩张，但他们通过在赫勒斯滂海峡中的一条船上会晤而达成和解（311年），把赫勒斯滂海峡和群岛作为他们领地的边界，这样，李锡尼保留了这片海域和亚得里亚海之间的整个半岛。戴克里先对这种分割作何感想则不得而知。

与此同时，马克森提乌斯的将军镇压了阿非利加的叛乱。篡位者亚历山大被击败，在逃亡途中被俘获和绞死，这个不幸的行省受到严惩。对克尔塔城的处罚是如此严厉，以致不得不在君士坦丁时代重建。马克森提乌斯在罗马庆祝胜利的时候，曾含沙射影地提到古代迦太基对罗马的憎恨。

现在有了两位西部统治者和两位东部统治者，即君士坦丁和马克森提乌斯，李锡尼和马克西米努斯·戴亚。但是他们之间的关系，比起曾经联结过戴克里先及其同僚的那种和谐的"四帝共治"来，又有很大不同。他们没有确认从属关系和相互间的义务；每个人都是奥古斯都，都用不信任的眼光审视别人。他们的领地划界明确；无人胆敢统治其他人的领地，也不会在签订利己的条约之前出手助人。帝国一分为四，君士坦丁第一个打破和平，他现在的任务是缔结新的关系，以取代早先的关系。

我们现在按照君士坦丁的生平，来看一看他实现这项任务的方式与方法。

在三个同僚中，他找出能力最强同时也最合法的一位，与之结盟：君士坦丁把妹妹君士坦提娅嫁给李锡尼。接着他发动反对马克森提乌斯的战争（312年）。同时马克森提乌斯与马克西米努斯结盟，主要反对李锡尼，打算从他那里夺取伊利里亚地区。君士坦丁徒劳地向他示好；马克森提乌斯拒绝了"杀父仇人"，与他兵戎相见。这两人谁应该对公开的决裂负责，仍然是桩疑案。尤西比乌斯把这项荣誉归于君士坦丁，特别为此称赞他，说他对罗马的穷人和受压迫者怀有极大同情："一想到罗马人遭受的水深火热的痛苦还在继续，他就再也无法安然度日。"这没有正确揭示君士坦丁的动机，但却正确揭示了尤西比乌斯的写作方法。马克森提乌斯这时集结了庞大的军事力量，这些军队没有在此关键时刻背叛他，要不是他在战略上如此无能而又胆怯懒惰，这支军队肯定能助他获取胜利。另一方面，君士坦丁的军事力量既不来自已故的君士坦提乌斯·克罗鲁斯领导下的精锐军团，基督教和异教作家都因此而称赞克罗鲁斯，也不来自基督徒的同情，甚至不来自此前已被踩在脚底的意大利的绝望，因为当地百姓的声音在这场冲突中几乎听不见；他的军事力量来自大约十万名好战的士兵（不列吞人、高

259

239

卢人和蛮族),以及他的人格魅力。如果对这场战争的赞颂不是出
自一篇如此令人怀疑的文献,我们或许会觉得,这场战争就像年轻
的拿破仑的意大利战役一样让人钦佩,两者的共同点在于有不止
一个战场。猛攻苏萨,都灵战役用铁棒击溃敌军的重装骑兵(人和
马都佩戴盔甲),进入米兰,以及在布雷西亚的骑兵会战——这些
都可与 1796 年战役的开端相呼应,然后我们可以把君士坦丁可怕
的夺取维罗纳的战役同强攻曼图亚相比较。他的敌人也与拿破仑
的敌人同样不容小觑。他们勇敢顽强地战斗,没有转投君士坦丁
一方,以致君士坦丁不得不把维罗纳战役中的全部战俘用锁链串
起来,防止他们逃回马克森提乌斯那里。处死他们既不符合先进
260 的人道观念,又不符合被考虑周详的国家利益,而释放他们显然又
不让人放心;因此只好把刀剑铸成镣铐。直至君士坦丁的另一支
部队攻克阿奎莱亚和摩德纳,维罗纳才屈服。

　　这样,君士坦丁赢得了一个征服意大利的牢固基地。马克森提
乌斯和他的将军惊恐万状。如果他们当初及时占领阿尔卑斯山各
隘口的话,敌人即便在阿尔卑斯山脚下和平原上血流成河,也无法
绕过去,马克森提乌斯兴许能用最小代价获胜。马克森提乌斯任
由敌军长驱直入、直逼罗马,这里面是否另有隐情,可以由战略家
确定。我们的作家们现在把马克森提乌斯描写成胆小的缩头乌龟
和迷信的术士,这两种说法可能都不乏真实成分。罗马居民无疑
痛恨这位暴君。在与他的士兵发生的一次冲突中,有六千人遇害,
他的肆意挥霍的生活和横征暴敛只能给他带来敌人。但所有这些
都不是决定性因素。他还有一支庞大的军队,罗马本身万一被围,
大量给养供应也能保证,并且新近挖了堑壕,敌军会被阻滞甚至被
包围。但是,如果始于离罗马九英里的萨克沙卢布拉、止于米尔维
桥的一系列著名战役真的像我们的作家所描绘的那样,那么就不
存在什么战略考虑了。马克森提乌斯的军队被长长地一字排开,
背后就是台伯河。但这条湍急的河流除米尔维桥和附近一座浮桥
外,再没有别的桥梁。事实证明,转身逃跑无济于事,所有躲过刀
剑的人都溺死水中。禁卫军抵抗的时间最长,他们保护着由他们

拥立的马克森提乌斯。但马克森提乌斯也逃跑了，并且淹死河中，而禁卫军则像喀提林的军队在皮斯托阿（Pistoia）做的那样，在战斗开始时他们站立的地方任人砍倒。他们的覆灭对胜利者极为有利，不然君士坦丁估计还需要一天时间才能解决他们。现在他可以轻而易举地捣毁禁卫军军营了。

这次战斗结束后，整个西部发现了新主人；阿非利加和其他岛屿也落入这位征服者手中。在两位不合法的王位争夺者之间，更高的才能和更强的决心决定了谁是胜利者。君士坦丁先前只是在边境战争中知名，此时突然带着英雄的荣耀光辉站到公众眼前。现在的问题是要尽可能在各方面为他的新权力打下基础，而不仅仅是在军事力量方面。

如果只听信官方演说家，我们发现，君士坦丁在解除马克森提乌斯的暴行和迫害之后做的第一件事，就是向元老院致敬，并且通过从行省中选拔元老而提高它的威望。但是，无需特别的敏锐也能感到，在过去三年中，元老院不可能参与统治。为了取悦罗马人，君士坦丁恢复了它的外在荣誉，但他并不能指望从元老院那里得到实质性支持，因此他一定依然对它漠不关心。事实上，他可能已经有了和元老院决裂的计划。九年以后，一位颂辞作家称元老院为全世界之花，称罗马为全体人民的堡垒和所有土地的女王，但字里行间还是泄漏了真相："罗马人民的这个光荣灵魂［即元老院］恢复了旧日的样子，既不明目张胆的恣意妄为，也不可怜兮兮的低声下气。圣上时常的训诫使它步入正轨，元老院遵循他的一举一动，心甘情愿地注意到他的和蔼，而非他的可怕。"换言之，元老院主要由异教徒组成，对政府毫无影响；它发现相对于皇帝，自己只处在暴露无助的位置。它仍然定期开会，历法中甚至标出它的集会——"合法的元老院会议"（senatus legitimus），但除一月份之外，每月至多集会一次。

与此同时，皇帝宣称自己是基督教的保护者。关于他的个人信仰问题，这里暂不讨论；让我们先问一问，是什么政治原因使一位罗马皇帝迈出这一步。基督徒还只是少数群体，没有必要赦免；宽

261

262

241

容他们现在怎么会变成一位野心勃勃者行使权力的一种方式,或至少是一件有利可图的事情呢?

如果我们设想一下大多数异教徒的意见是不同意继续迫害,设想一下他们对日常生活的中断感到不满、对暴民的嗜血感到焦虑,设想一下近些年来存在于不发达但安定的高卢与东部南部地区丢脸的治安之间的不利对比,那么谜团就解开了。普罗大众一旦激情不再并开始意识到不幸后果,任何恐怖主义就站不住脚了。希望迫害永久持续下去的狂热分子要么被自己的逻辑所摧毁,要么被推到一旁。甚至那些实施迫害的皇帝有时也允许有一段时期的宽容,这或者是作为一种政治手腕,或者只是为了惹恼伽莱里乌斯。而伽莱里乌斯自己在病重之际(311 年)也发布过一道非常引人注意的宽容敕令。君士坦丁在罗马和米兰颁布的两道敕令(312年和 313 年)没什么新鲜内容,他不是把宽容问题当作反对其他皇帝的武器,而是为了说服李锡尼参与在米兰颁布的敕令(312—313年冬季),李锡尼这时已和君士坦丁家族联姻,两人联手与马克西米努斯·戴亚谈判,要求他认可敕令内容,并得到了后者有条件的同意。宽容基督徒当时可能已势在必行,无需进一步解释。李锡尼参与签署的米兰敕令确实影响深远。它把不受限制的自由赋予所有膜拜,其中也包括无数基督徒教派。在获得国家认可方面,基督教取得与对古老众神的信仰完全平等的地位;它取得社团的特征,重新获得教堂和其他已被缴入国库或转入私人手中的社团财产。

263　　　但有一件事暗示出,西部的新主人对待罗马国家宗教的真实态度是漠不关心。米尔维桥战役以后,元老院和人民除了授予他其他荣誉,还赠给他一座凯旋门。这座凯旋门仓促完工,一些精美部件是从图拉真凯旋门上挪过来的。君士坦丁习惯把图拉真称为"墙头野草",因为许多铭文给后世留下关于图拉真的永久记忆;所以动用图拉真的石头也就无所顾忌了。凯旋门上的铭文宣称,弗拉维乌斯·君士坦提乌斯·马克西姆斯已经"依靠神圣力量的鼓舞"(*instinctu divinitatis*)战胜暴君及其党羽;但是在这些话底下可

凯旋门上的一些雕塑表达了冋阿波罗、狄安娜、马尔斯和林神的异教献祭，以及向所谓 suovetaurilia（三牲祭）的联合献祭

君士坦丁凯旋门上的嵌板，皇帝正在进行三牲祭。这块嵌板取自马可·奥勒留的公共建筑，但被换成君士坦丁的头像。

以辨认出一句更早的铭文:"受朱庇特·奥普提姆斯·马克西姆斯的允许"(*nutu I. O. M*)。① 这个变化可能是皇帝第一次视察铭文(铭文是在事先没有告知皇帝的情况下刻上去的)后——也就是他315年访问罗马时——发生的,当时他的宗教立场已经更加明确了。原先的铭文显示,胜利刚刚取得时,人们只知道这位皇帝是罗马异教徒。更正并没有否认这一点,甚至把皇帝表现得更不像基督徒了;它没有让他直接宣称任何信仰,而一神论无论如何是可能的。众所周知,凯旋门上的一些雕塑表达了向阿波罗、狄安娜、马尔斯和林神的异教献祭,以及向所谓 *suovetaurilia*(三牲祭)②的联合献祭。

不只尤西比乌斯一人,最高官员们也把马克森提乌斯称为"暴君",此词在当时的意思是"不合法的统治者"、"篡位者"。这个称呼其实同样适用于君士坦丁,但人们情愿相信,马克森提乌斯只是被掉换的假儿子,连他母亲都承认这点。人们一旦能够选择,并且可以不再被迫屈从于邪恶的嗜血君主,就会渴望世袭的继承和王朝的建立。从此以后,颂辞的准则就是把君士坦丁说成惟一合法的统治者,而把其他人统统当作暴君。

面对如此巨大的野心,戴克里先的收养制度被证明是错误的,它太过依赖放弃权力的方式。这时戴克里先死期到了(313年),他要么是饿死的,要么被毒死。君士坦丁和神秘失明的李锡尼本想给他设个圈套,已经邀请他参加在米兰举行的君士坦提娅的婚礼——毫无疑问他将不可能像自由人或者活人那样离开。他没有遂他们的心愿,而是以六十八岁的年纪为由谢绝了邀请。于是他们寄去威胁信,指责他偏袒马克西米努斯·戴亚,并在马克森提乌斯生前偏袒他。戴克里先早已厌倦了生命,或者确信自己的命运已经完结,故而没有投奔戴亚,他巴不得被人片刻间绞死。尽管以

---

① 对该铭文的这种早期解读事实上不正确。——英译者
② 三牲祭(suovetaurilia),指同时牺牲公猪(sus)、公羊(ovis)和公牛(taurus)的献祭,通常在某些农业节日或战役、人口普查结束时举行。

一介平民的身份去世,他还是享受到被神化的待遇(可能是元老院授予的),这是古代异教意义上的最后一次。萨洛奈宫殿里有一间装饰华丽的小神庙,以前被当作阿斯克勒庇俄斯的礼拜堂,它很可能就是这位伟大皇帝生前为自己建造的坟墓,带有古苏格兰人狩猎浮雕的石棺曾经陈放过他的尸体,现在依然躺在附近。但浮雕上与公猪对抗的墨勒阿革洛斯①正是处于一生中决定时刻的戴克里先本人(参看边页码第27—28页)。不是所有人都能见到这个雕像,一代人以后,紫色棺罩仍然包裹着石棺。

如果没有他,这一时期的统治者会怎样呢?将军们或多或少拥有了登上皇位的可能性,也有了被士兵和阴谋家刺杀的可能性。只有通过他所带来的皇位的持久性,只有经过他给不受限制的恺撒制带来的关键时期,才有可能再次谈到继承权,再很快谈到世袭权,即使这些主张的价值在特定情况下显得相当可疑。没有戴克里先就不会有君士坦丁,换言之,没有他,就不会有足够强大的力量把四分五裂的旧帝国聚合成一个新帝国,并顺应新世纪的要求把帝国的权力中心移到新的地方。

下一个牺牲者注定是马克西米努斯·戴亚。他放荡又迷信,却仍然不失大胆而果敢,这对统治者来说是一项基本素质,可能伽莱里乌斯正是看上这点才指定他的。另外,他的统治无情而残酷,这可以从他对基督徒的所作所为中看出来;然而,评判他不能光凭个别例子,因为像在他之后的朱利安一样,他也接受牧师和麻葛作为共治者。他确实服从了另两位皇帝请他参与执行宽容措施的要求,但明显是迫于无奈,基督徒由于对他早先的模棱两可心存芥蒂,也不愿贸然暴露身份。

他早就预感到有一天他将为自己的生存而斗争,因此曾经秘密与篡位者马克森提乌斯结为同盟,就像李锡尼和篡位者君士坦丁结为同盟一样。但是,马克森提乌斯没有帮助处于危急时刻的戴亚,或许因为知道帮不上他的忙;戴亚只好积攒实力,对李锡尼发

265

---

① 墨勒阿革洛斯(Meleager),阿戈尔诺英雄之一,曾杀死卡莱敦的野猪。

动新的突然袭击（313 年）。他以迅雷不及掩耳之势从叙利亚出击，穿越小亚细亚进入欧洲，占领了拜占廷和赫拉克里亚这两个对手领土上的据点。一场与措手不及的仇敌的战斗在赫拉克里亚和阿德里亚堡两地之间展开。与两位领袖的愿望相反，基督教与异教的斗争明显介入这场战争，因为人们知道，如果马克西米努斯获胜，他会以最可怕的方式恢复对基督徒的迫害。但交战双方的军队是否在某种程度上认识到这点，是值得怀疑的，尽管拉克坦提乌斯说李锡尼的军队将一整篇祈祷文铭记于心，而此文据说是一位天使在梦中传达给皇帝的。马克西米努斯很可能慑于对手更强大的战术或者好战的名声，他的部分军队发生了倒戈。败逃途中，他在卡帕多西亚再次集结军队，并试图用防御工事阻断陶鲁斯（Taurus）通道，但他病死于西利西亚的大数。已经占领尼科美底亚并在那里颁布一道新的宽容敕令的李锡尼，现在顺利接管亚细亚和埃及。

君士坦丁无疑非常乐于看到两个合法统治者火并，且两败俱伤。为了发泄，李锡尼还诛杀伽莱里乌斯、塞维鲁和马克西米努斯·戴亚的家人，包括无辜的儿童；甚至连普里斯卡和瓦勒里娅，即戴克里先的遗孀和女儿，后来也在帖撒罗尼迦抓获和斩首。要是在戴克里先的制度下，实施这种暴行是无用的，更是不可能的。但一旦人们再次开始想起某种世袭权，这类王子公主立刻就会变得危险起来。东部的新主人在普通的"苏丹制"中发现了解决方法，即不断杀戮直至可能的觊觎者不再存在。作为统治者，李锡尼据说为农民做了不少好事——他本人就是农民出身，也为城市的繁荣做了不少好事；他说文化教育是国家的毒药和瘟疫，那也许是考虑到帝国当时的需要，而希望少一些演说家（也就是律师）、多一些勤劳和健壮的劳动者。他做过的最可怕事情的传言——他因为受到嘲弄而把两千名安提阿居民射死在竞技场里——已经被现代考证断定为谎言；不过，如果大开杀戒有好处，他从不会犹豫不决，我们听说的那些富人就是这样遭处决的。除了财产，他们的女人据说也落到这位上年纪的放荡不羁的皇帝手中。

　　同时人们想起，自从戴克里先时代以来，指定继承人或恺撒也许有助于皇位安全。君士坦丁做了初次尝试，指定他妹妹安娜斯塔西娅的丈夫巴西亚努斯为恺撒。但巴西亚努斯的哥哥塞涅修是李锡尼的亲戚，他挑唆巴西亚努斯反对君士坦丁。君士坦丁发现有必要除去妹夫，遂要求另一个妹夫李锡尼交出塞涅修。李锡尼断然拒绝他的要求；实际上，在李锡尼领地的西部边境上的一座城市埃蒙纳（卢布尔雅那），君士坦丁的雕像已经被推倒。这些事件意味着不可调和的家庭阴谋，此外，君士坦丁还主动点燃了一场大战。至少是他首先进军妹夫的领土，在萨瓦河上的西巴里斯（今天的塞弗列沃）击败他（314 年 10 月 8 日），并且追击到色雷斯，在这里的马尔迪安平原展开第二场显然不太具有决定性的战役。李锡尼曾任命一位名叫瓦伦斯的边境司令为恺撒。现在，和平谈判中的第一个条件就是瓦伦斯退位，以防出现第三个王朝。除此之外，李锡尼被迫割让他所有的欧洲领土，也就是多瑙河以南的土地和除了色雷斯和本都沿岸的整个希腊。

　　迄今为止，这位合法的皇帝①先是与那位迄今作为他精神上级的篡位者②结盟，之后又与他交恶，而在伽莱里乌斯死后，其他人要想自保，必须联合起来反对君士坦丁。一种权力的起源越是不合法，就越是不可避免地要在它的运行轨道上消灭各种合法成分。要想彻底击垮李锡尼，似乎还很困难，但君士坦丁目前已经明显占据上风。从表面上看，两位统治者之间维持着完全的平等。过了一段时间（317 年），两人都任命各自的儿子为恺撒，君士坦丁任命克里斯普斯和小君士坦丁，李锡尼任命李锡尼安努斯。但只要看一下几位恺撒的年纪，就暴露出两位皇帝的不平等地位，克里斯普斯是精力充沛的年轻人，马上可以指挥军队，而李锡尼安努斯却是一个二十个月的婴儿，还是这位年迈父亲的独子，一旦李锡尼死去，他肯定会孤独无助，任人摆布。正由于这个原因，这位合法的

① 指李锡尼。
② 指君士坦丁。

皇帝急于遵照戴克里先的制度，指定像瓦伦斯和后来的马提尼安努斯这样的战友为恺撒；但是君士坦丁不会允许。他本人作了第二项任命；除与前妻所生的年长的克里斯普斯之外，又安排了与他同名的由芙丝塔所生的幼子。

然后，君士坦丁一直耐心地等到323年，这才吞并了李锡尼的领地。他听凭果实成熟，再自动掉进手中。

在这关键的几年里，君士坦丁一直留心观察基督教怎样可以为一个聪明的统治者所用。一旦他确信这个群体已经显著成长，已经发展出教阶制的清晰特点，一旦其宗教会议的奇特组织形式令他信服，一旦他认为整个当代基督教的特点可以为王权提供巨大的支持力量（他必须及时为它提供保证，因为这股力量已经开始要求皇帝提供保证了），他便意识到，他找到了一个反对李锡尼的绝对可靠的平台。在这段时间内，李锡尼却愚蠢地把理应发泄到君士坦丁身上的愤怒发泄到基督徒身上（319年以后），仿佛他们才应当为其敌人无情的权力贪欲受指责似的。如果他还有手段或者主观上想展开新一轮迫害，他至少应当和恐怖主义沆瀣一气，这样一来，原则冲突就会以更大的规模展开。但他只是把规模限定在把基督徒逐出朝廷，以及给基督徒带来一些小小的苦恼，无论如何这构成一种半迫害，因为基督徒的数量已经激增到难以控制的程度。各阶层的基督徒——从主教到最底层——现在自发形成了反对李锡尼、拥戴君士坦丁的舆论，而君士坦丁则用公开的挑拨来助长这种趋势。他对自己领土上的基督徒示以无可比拟的关爱，这必定让李锡尼领土上的基督徒更加痛苦。每一次宗教会议、每一次主教会议现在都变得越来越危险，因此李锡尼禁止了它们。每一次礼拜都受到怀疑，就好像是图谋颠覆的集会，李锡尼让男女分开集会，并且以室外空气比祈祷室内的空气更有益健康为由，把整个膜拜团体从城市驱逐到旷野。教士试图通过妇女影响男人，李锡尼遂命令，妇女从此以后只能从女教师那里接收宗教指导。他罢免了基督教官员，处死了一些有特别嫌疑的主教，推倒或关闭了一些教堂。"他并不知道，"尤西比乌斯叹息道，"祈祷者通常在这些教堂里向他献祭。他相信我们是在为君士坦丁祈祷。"实际上,李锡尼从未发布过与他早先时候的宽容敕令相抵触的总命令,阿里乌派信徒如尼科美底亚主教尤西比乌斯仍然受他宠爱,直到最后关头依旧站在他的一边;但是他确实对基督徒干过没收财产、流放荒岛、发配矿山、剥夺各种公民权、卖为奴隶的事情,而这些都发生在很受人尊敬、很有教养之人身上。这位皇帝一度秉持宽容态度、一度认为让臣民捉摸不透他的个人信仰是十分有利的,但他最后完全转向异教,把自己交付给埃及的巫师、术士和祭司。他向梦境和神谕的阐释者咨询,其中有米利都的阿波罗,后者用两首危言耸听的六韵步诗行作答。最后尤西比乌斯描写道,他把最忠实的朋友和卫兵集合到一片布满神像的小树林里。在庄严的献祭之后,他发表讲话,大概的主旨是,即将到来的斗争会在旧的众神和新的外来上帝之间作出抉择。

是什么使李锡尼采取了这些绝望而愚蠢的举措呢？哪怕最简单的思考也会认为,他应该在讨好基督徒方面与君士坦丁展开竞争。显然,得知对手可怕的险恶用心后,他就丧失了耐心和理性,为自己先前竟然顺从了由如此无情的一个领导人所代表的基督徒而骂骂咧咧。进犯君士坦丁的领土在当时就像此前在 314 年那样不可能。据尤西比乌斯的说法,君士坦丁拿起武器,纯粹是出于对李锡尼领土上不幸臣民的同情,尤西比乌斯这样说是想再度美化他的主角,但我们也可以把这理解成李锡尼没有给他这样做提供一丁点政治口实。

大量哥特人突然跨过多瑙河,入侵李锡尼的领土。君士坦丁没有接到请求,就进军与哥特人作战,击退他们,并迫使他们丢下此前掠去的俘虏。但是李锡尼却抱怨这次行动侵犯了他的领土,只有一本晚期但非常重要的文摘提到这点,这就是所谓的来源不明的瓦勒希安努斯①。对于这个联系,我们必须注意著名的哥特人历

270

① 来源不明的瓦勒希安努斯(Anonymous Valesianus),指约 4 世纪晚期的一本君士坦丁短篇传记,它后来被人根据奥罗修斯的著作增补。

史学家约丹尼斯说过的话:"哥特人经常受到(罗马皇帝的)邀请,比如君士坦丁就要求他们移民,并进攻他的妹夫李锡尼,后来他困在帖撒罗尼迦,又被剥夺了领地,他们就用征服者的剑杀了他。"任何一个留心观察君士坦丁的人都能了解或猜到,这些零散的记录可以怎样调和。至少,所谓的哥特人入侵直接预示了战争。

我们略过个别事件来看一看这最后一次争夺世界统治权的第二次阿克兴战役。夺取帖撒罗尼迦和其他希腊港口后(314 年),君士坦丁的海军势力大大增强,集结了两百艘战舰;李锡尼控制着东海岸,拥有三百五十艘战舰。双方在其他武装力量上也基本势均力敌,君士坦丁共有十三万名士兵,李锡尼有十六万五千名士兵。自从塞普提米乌斯·塞维鲁时代以来,从未有如此庞大的两支军队出现在内战战场上。不过,君士坦丁有个巨大优势,他旗下有骁勇的伊利里亚行省的士兵。在阿德里亚堡,君士坦丁赢得首场胜利,三万五千人阵亡。然后在离赫勒斯滂海峡出海口不远处,克里斯普斯指挥的舰队击败由阿班图斯(阿曼杜斯)指挥的李锡尼舰队,接着,一次风暴彻底摧毁了李锡尼的舰队。李锡尼再也无法在欧洲立足,他从拜占廷跨海逃到查尔西顿,在此任命他的一位朝臣马提尼安努斯为恺撒。战役开始之际,这一步骤可能具有决定性意义。通过戴克里先的方式及时指定继承人而不顾篡位者的抗议,这位合法的皇帝本可以在他的领地内保证有三到四名最可靠的将军为他效力。但现在,士气低落、反叛成风,一切都太晚了。

休整一段时间后,战斗重新开始。李锡尼仓促召回了当时驻扎在兰普萨库斯以防止敌军在赫勒斯滂海峡登陆的马提尼安努斯,让他去博斯普鲁斯海峡抵挡敌军主力,而君士坦丁已经成功跨越了这里。一场决定性的陆上大战在查尔西顿附近的克里索玻利斯展开,据说战斗结束后,李锡尼的十三万大军(其中还有哥特人)中只有三万人生还。沮丧的皇帝自己逃到尼科美底亚,在那里被迅速包围,而拜占廷和查尔西顿则向胜利者敞开大门。李锡尼的妻子和君士坦丁的妹妹君士坦提娅来到大营谈判,君士坦丁立誓保证:不伤害她丈夫的性命。于是,这位普罗布斯和戴克里先的战友

271

迈出城门，向征服者屈膝跪拜，并将紫袍铺在一边。他被押往帖撒罗尼迦，马提尼安努斯被押往卡帕多西亚。但是到了第二年（324年），君士坦丁发现最好还是处死他：“他有岳父马克西米安·赫丘利这个前车之鉴，怕李锡尼东山再起，造成帝国崩溃。”这种动机是不容否认的权宜之计，有了它，后人应该对像君士坦丁这样的性格没什么好多说的。然而，后来却有人编造谎言，说在帖撒罗尼迦有一个军事阴谋，想拥戴被罢黜的皇帝；如果这是真的，尤西比乌斯必定会有所评述。但是他却官气十足地省略了君士坦丁发伪誓的情节和其他所有详情，转而枯燥地评论道，上帝的敌人和他邪恶的顾问已经根据军法受到谴责和惩罚。有些情节是确凿的，老皇帝窒息而死，卫兵则砍倒了他的恺撒。关于李锡尼安努斯同样悲惨的命运，我们很快就会说到。

尤西比乌斯把这场战争美化为纯粹的不同原则之间的竞赛。李锡尼是上帝的敌人，并同上帝作战。相反，君士坦丁是在上帝最直接的保护下发动了战争，这种保护采用 *semeion*（十字军旗）为可见的形式，士兵们把这一熟悉的崇拜物抬上了战场。出现了超凡的幽灵和众多精怪，它们穿越李锡尼的城市，行各种奇迹。尤西比乌斯并不狂热；他十分理解君士坦丁的世俗精神以及他对权力的冷酷可怕的贪欲，他无疑十分明白这次战争的真正起因。但他却是古代头号彻头彻尾不诚实的历史学家。他的策略在他自己的时代和整个中世纪赢得辉煌成功，这个策略就是不惜一切代价，将教会第一位伟大的保护者塑造成理想人物，让他成为后世统治者的典范。因此，我们失去了一幅天才人物的真实画像，此人不知道政治中有什么道德顾虑，并只用政治权宜的眼光考虑宗教问题。我们下文会看到，他在战后发现，跟基督徒更紧密地联系在一起才是可取的，于是基督教被提升到国家宗教的地位。但君士坦丁比尤西比乌斯诚实；他允许人们知道这些事，而不是去积极阻挠。至于他的个人信仰，他为臣民规定的明确信仰就像拿破仑在其宗教协定中规定的一样少。

充当基督徒，这在他真是太放肆了。就在尼西亚公会议之后不久,他突然将他在第一次婚姻中所生的出类拔萃的儿子克里斯普斯,即拉克坦提乌斯的学生,处死于伊斯特利亚①的波拉(326年)。不久又把妻子芙丝塔,即马克西米安的女儿,溺死在她的浴缸里。十一岁的李锡尼安努斯也遭杀害,显然与克里斯普斯的被杀同时。芙丝塔是否勾引了她的继子,或者她用什么手法在他父亲面前中伤他,或者是否只是为了她亲生儿子的地位提升,再或者是否年迈的海伦娜对爱孙之死的痛惜促使君士坦丁去谋杀妻子——这些都是悬案。但那些可怕事情不仅仅是家庭风波,还具有政治含义,这一点可以从李锡尼安努斯也在牺牲品之列推断出来。人们经常把这个故事与腓力二世和彼得大帝相提并论;但真正可以与之相比的是苏莱曼大帝和他高贵的儿子穆斯塔法,后者死于洛克塞拉娜②的阴谋。世袭的规则使"苏丹制"不可避免地作为它的补充出现;也就是说,置身于兄弟、儿子、叔伯、侄甥之中,统治者不会感到片刻安全,因为这些人有朝一日就可成为皇位继承人,除非他随时准备诉诸方便的绞杀和其他类似方式。在这方面,君士坦丁开了个头;我们会看到他的儿子们是怎样效仿的。

这些儿子——君士坦丁二世、君士坦提乌斯二世和君士坦斯——此时已经晋升为恺撒。在父亲除掉母亲、外祖父、舅舅马克森提乌斯、同父异母的哥哥之后,赫丘利家族血脉中的皇位争夺者增加了。诅咒的种子注定会芜生蔓长。

我们暂且略过拜占廷升级为君士坦丁的城市和世界首都的过程。从逻辑上说,君士坦丁需要有一处住所,可以摆脱以前的琐事,可以占有并支配一切,可以把这里作为新国家和新社会的中心。如果没有这些特别需要,他会平静地居住在尼科美底亚。这次迁都是他整个统治中最有意识、最有目的的一个举动。

君士坦丁最后一个重大政治决定是分割帝国,没有什么比这个更难解释的了。

①　伊斯特利亚(Istria)位于今巴尔干半岛西北部。
②　洛克塞拉娜(Roxalana),苏莱曼的妻子。

　　君士坦丁的兄弟中，达尔马提乌斯有两个儿子：达尔马提乌斯和汉尼拔里安；朱利乌斯·君士坦提乌斯也有两个尚在襁褓中的儿子：伽卢斯和后世称为背教者的朱利安。在死前两年，君士坦丁从四个侄子中提拔已经担任过执政官（333年）的达尔马提乌斯为恺撒（335年）。此前，君士坦丁已让达尔马提乌斯的父亲老达尔马提乌斯显赫，用监察官的模糊头衔把他派到重要但也许危险的安提阿（332年），去视察并安抚这个东部的旧都；一代人以后，君士坦提乌斯将把伽卢斯派到同一个地方。后来，老达尔马提乌斯甚至以帝王的架势被委派去卡帕多西亚。同一年，他的同名儿子受封为恺撒，可能正是他成功镇压了塞浦路斯的一次起义，帝国驼队指挥官卡洛凯鲁斯在那里僭越称帝。小达尔马提乌斯亲手在大数把他"像奴隶和盗贼一样"活活烧死。

　　不久，仍然在335年，即君士坦丁死前两年，出现了对帝国的划分，君士坦丁二世得到祖父克罗鲁斯的土地，即不列颠、高卢和西班牙；君士坦提乌斯二世获得亚细亚、叙利亚和埃及；君士坦斯获得意大利和阿非利加。而黑海、爱琴海、亚得里亚海之间整片广袤的土地，即色雷斯、马其顿、伊利里亚和亚该亚（连同希腊），归君士坦丁的侄子达尔马提乌斯。甚至连达尔马提乌斯那位乏善可陈的弟弟汉尼拔里安，也获得了对亚美尼亚、本都以及周边地区的统治，虽说我们不知道他是无条件地统治这些地方，还是得听从君士坦提乌斯二世。在此前或此后，汉尼拔里安还娶君士坦提娅为妻，她是君士坦丁的女儿和共同继承人的姐姐。这种帝国划分在当时无疑是众所周知的。然其正确内容只见于第二个奥里略·维克多的记述，其他作家要么歪曲了它，要么像尤西比乌斯那样不露声色地忽略过去。

275

　　第一个亟待解决的问题是：为什么在成千上万人为统一而流血后，君士坦丁还要分割帝国？其次，把中央地区包括新首都交给侄子而不是儿子，不禁令人惊讶。答案可能在于儿子的品行。尤西比乌斯曾在书中动情地讲到他们的教育，说他们敬畏上帝，具有统治者应有的美德，这点我们不久还会提到。但他们其实是一帮堕落的家伙，既无是非之心，又无信仰。如果父亲指定其中一人为单独的继承者，那么等到他老人家一闭眼，谋杀其他兄弟和亲人将不可避免；要是突然没了赫丘利家族和君士坦丁家族的人，等待帝国的会是什么？为了王朝存续，君士坦丁被迫划分帝国。毫无疑问，他预见到儿子们争夺王位的战争，但还是希望，在三到五家皇亲国戚中能有一位具有他血统的继承人幸存下来，只要他们还有时间生出新王子来。君士坦丁在自己依然健在的时候就把儿子们分派到各个行省，这并非毫无道理。

他把整个伊利里亚—希腊半岛连同君士坦丁堡赐予侄子，或许可以用这个事实解释，即帝国的这颗珍珠如果掌握在三个儿子中的一人手里——后来确实发生了这样的事——那他定然不可避免地招致强烈的嫉妒。现在，达尔马提乌斯被放到非常困难和危险的地位上。但防御资源和危险程度成正比。无论是谁，只要控制伊利里亚及其将军和士兵，就可以挑战帝国余下的所有部分。

276　　最后，汉尼拔里安接受赠予看起来只是沾了哥哥的光。我们无法更准确地评判为什么专门派他前往小亚细亚的北部边境。

这是君士坦丁生平最晦暗不明的一页，对此加以解释并分析其动机的上述尝试也许不为人接受，因为它假设皇室内部是如此反常地充满敌意。但我相信，我并没有异想天开。

伟大的君士坦丁"迫害了最亲近的人，先杀掉儿子与外甥，再杀掉妻子，接着去杀许多朋友"，也许身边惟一能与他保持良好关系的人是母亲海伦娜。不管她在克罗鲁斯身边地位如何，以东方观点来看，她生下统治者就足以具有合法性。据说君士坦丁总能听进她的劝告。她晚年刻意以官方授予的荣誉身份从事慈善事业，进行虔诚的朝圣，并建造教堂。她终年八十岁，显然在儿子死前不久去世。为纪念她，比提尼亚的德雷帕努姆被命名为海伦娜堡。

在准备抵御波斯王沙普尔二世的战争之时，君士坦丁本人已病入膏肓。直到此刻，他才让海伦娜堡的殉教者教堂接收他为慕道友，接着来到尼科美底亚附近的阿基罗纳别墅，在这里接收洗礼，并于337年圣灵降临节的最后一天死去。

士兵把他的尸体抬到君士坦丁堡，然后以隆重仪式安放在宫殿的一座大厅里，非常离奇的事情发生了，一直持续到第二年。

故事从军人的嚎啕恸哭开始。士兵撕破衣服哭泣，军官哀叹从此成了孤儿。这种哀伤肯定深切真诚，特别是在日耳曼卫兵中间，他们认为自己与皇帝的关系属于私人忠诚。死者生前是伟大的将军，爱兵如子；对他们来说，还有什么比这更重要呢？但在继承人不在场的情况下，悲伤的军人就成了负责善后安排的权威；比如，他们决定，下葬皇帝必须等一个儿子到达后再进行。"军官（尤其是军团司令或保民官）同时派出许多可靠忠诚的人去向恺撒报丧。仿佛受到上苍启示似的，整个军队的思想高度一致，都认识到只有皇帝的儿子才能成为继承人。因此他们认为皇子不应当再称为恺撒，而应当叫做奥古斯都。军队互相之间以书信传达意见，同时也使各地知道了军队的和谐一致。"这就是尤西比乌斯觉得有必要说的一切。

但达尔马提乌斯在哪里？尸体停放在帝国境内他的地盘和他的首都，士兵也受他控制；为什么当士兵剥夺他统治帝国的权力的时候连他的名字都没有提呢？相反，君士坦提乌斯匆忙赶到君士坦丁堡，然后领着肃穆的送葬队列从宫廷前往使徒教堂。君士坦丁是否给过侄子比他实际拥有的决定权更多的权力呢？或者君士坦丁是否设下阴谋，防止他的力量过于强大呢？我们无从知晓。也许他立即遭到逮捕，也许受骗在一段时间里象征性地参与政府事务。但是几个月后就发生了政变（338年），某些作家徒劳地试图为君士坦提乌斯开脱，说他赦免而非指挥了这次政变。士兵或者其他刺客首先处死君士坦丁大帝的兄弟朱利乌斯·君士坦提乌斯；他的孩子伽卢斯和朱利安则保住性命，因为前者病得很重，而后者太年幼。接下来，达尔马提乌斯和帕特里奇乌斯·奥帕塔图斯被谋杀，然后是权倾一时的前禁卫军长阿布拉维乌斯，最后汉尼拔里安也被谋杀。宣称士兵不认可除君士坦丁儿子之外的任何人，不过是遁词罢了；诚然，尤其对日耳曼人来说，直接继承最容易理解,但他们决不会在没有得到相当鼓动的情况下如此极端行事。针对轻信者还编造了这样一个故事:君士坦丁大帝其实是被他兄弟派人毒死的,但他觉察出这一罪行,遂在最后一份遗嘱中嘱咐几个儿子赶快来一个为他报仇。想象不出还有比这更简单的故事了。

更详细地描述最高皇权后来的命运及其分裂,已超出我们目前讨论的范围。君士坦丁已经通过新的国家和教会组织极大加强了皇权,因此他的儿子们可以为所欲为,直至吃光老本,就好比虔诚者路易的儿子们可以把兄弟间的战争持续超过一代人,直到查理曼的影子失去魔力为止,两段历史何其相似乃尔。他们第一次争吵自然是为了达尔马提乌斯的遗产,特别是对色雷斯和君士坦丁堡的占有权。补偿问题与遗产处置相联系,特别是君士坦斯要求分享对阿非利加和意大利的统治,这导致战争(340年),君士坦丁二世死于这次战争,他的王朝彻底覆灭。若非君士坦提乌斯在东部被波斯战争拖住,获胜的君士坦斯现在必须与他分享战果。但君士坦斯的随从也看到这点,这些随从大多是日耳曼雇佣兵,君士坦斯由于自己的罪行而感到呆在他们中间比呆在罗马人中间更安全。抱着东部的皇帝无论西部和阿非利加发生什么都不会横加干涉的想法,朱庇特和赫丘利部队[①]的指挥官法兰克人马格嫩提乌斯斗胆穿上紫色皇袍,突然出现在奥顿的一次宴会上(350年)。他本打算在君士坦斯狩猎时抓住他,但君士坦斯及时得到告密。然而,他发现自己突然被士兵和百姓抛弃了,别无选择,只能逃跑。以法兰克人盖索为首的刺客在比利牛斯山追上了他。

整个西部一旦落入马格嫩提乌斯之手,多瑙河上的卫戍部队也认为自己有权篡位,他们推举出一位名叫维特兰尼奥的老将军。为了给这个故事增添喜剧成分,君士坦丁大帝的外甥、他的妹妹尤特洛皮娅所生的尼波提安努斯也在罗马称帝;但是,这个不幸的皇亲虽然希望重演马克森提乌斯的角色,却没有像马克森提乌斯那

---

① 朱庇特和赫丘利这里是两支伊利里亚军团的名字。

样得到禁卫军的支持，结果被马格嫩提乌斯派出的军队轻而易举地除掉。不过，对于君士坦提乌斯，所有人都估计错了；他中断了波斯战争，全力以赴镇压帝国境内的叛乱。根据左西莫斯的重要报告，君士坦提乌斯同样有能力鼓动士兵为王朝而战，以致他的士兵高喊着要把伪皇帝们从世界上消灭。不管怎样，君士坦提乌斯在这个时候显示出技巧和决心。他与维特兰尼奥僵持了一段时间，最终靠自己的沉着冷静征服了对手。随后，他用帝国内战中最惨烈的一次战役消灭了马格嫩提乌斯。这场战争有个后果：一群卑鄙的暗探和告密者被散布到整个西部，以迫害拥护过篡位者的人。然而，尽管取得巨大成功，这位胜利者必定还是受到内心折磨，开始为帝国的未来坐卧不安。军队里这时不再有什么"伪"统治者，但君士坦提乌斯怀疑起自己真正的亲属，对其中很多人恨之入骨，几欲置之死地而后快。他与尤西比娅的婚姻没有子嗣，因此不受限制的"苏丹制"在实行两代人以后，这位君士坦丁大帝的儿子又回到戴克里先那里，被迫采取收养制度。他有一个姐姐君士坦提娅（或君士坦提娜），是被谋杀的汉尼拔里安的遗孀，后来又自愿答应嫁给维特兰尼奥以骗取信任。当问题变成要除去皇室最后幸存的一支，也就是除去 338 年被谋杀的朱利乌斯·君士坦提乌斯的两个儿子的时候，君士坦提娅就嫁给其中的年长者伽卢斯；尽管她死在他被谋杀之前，但她无疑要为他随后死于非命负一定责任。现在只剩下伽卢斯的弟弟朱利安幸存下来，当帝国把他看作高卢人的救星和对日耳曼人战争的胜利者的时候，那位堂兄留给他的选择只有两条：要么死亡，要么篡夺皇位。但君士坦提乌斯在内战一触即发的节骨眼上去世了，于是朱利安受到普遍认可。他令人难忘地统治了两年，随着他死去，君士坦丁的世系就终结了，因为朱利安的婚姻没有子嗣。 280

　　接下来继承皇位的约维安家族和瓦伦提尼安家族，就像 3 世纪的大部分皇帝一样，都是由军队扶植起来的。但世袭原则如此深入人心，以致人们从此不惜一切代价要恢复和维持它。随后的瓦伦提尼安王朝和狄奥多西王朝都是通过联姻而与它挂上钩的，两者至少避免了苏丹制的家庭谋杀。从 4 世纪中叶到 5 世纪中叶,尽管皇位确曾多次被觊觎者争夺,并受到各种压力的影响,但从法律的观点来看,皇位继承皆毫无疑义。将军(大多数是日耳曼人)的信仰和基督徒基于旧约的信仰结合起来,给世袭权利带来迟到的胜利。在整个拜占廷时期,尽管因为苏丹制和禁卫军专权而时有中断,世袭权的价值却得以保留,一次又一次地创造出新的、有时颇为持久的王朝。

第九章　君士坦丁和教会

常常有人企图深入君士垣丁的宗教意识，建构出他宗教信仰变化的假想图景。这种努力劳而无功。对一个不断受野心驱使和贪恋权力的天才来说，选择基督教还是异教，有没有宗教意识，这些并不重要；就算把自己描摹成站在教会共同体之中的模样，这种人本质上也与宗教无关。他把神圣仅仅理解为怀旧或迷信的异想天开。内心反思的时刻对信徒而言是敬神的本质，对他却要另当别论。统治世界的计划和强权的梦想引导他走上一条一将功成万骨枯的道路。他认为一旦实现这个或那个目标，就可以心安理得，毫不在意还需要什么东西来让他的占有更加完整。同时，他所有的能量，无论精神的还是肉体的，都投入统治世界的宏大目标中去了，如果停下来思考信仰问题，他会觉得那些纯粹是宿命论。在君士坦丁这里，难以置信的是，当时一位重要神学家，即那位虽不擅长批判但却笔耕不辍的恺撒里亚的尤西比乌斯，居然用整整四卷篇幅[①]把同一套不实之词重复了上百次。人们或许持有异议，觉得君士坦丁那些热情洋溢的基督教敕令，甚至这位皇帝"致圣徒的大会"这句致辞，不可能出自非基督徒之口。但值得顺带指出，这句致辞既非君士坦丁所写，也从未被他宣读过；君士坦丁经常放手让教士起草敕令。尽管为所有历史学家效仿，尤西比乌斯却犯下了如此多可以证实的歪曲、掩饰和伪造，以致不能把他作为决定性史料。一个令人沮丧而又可以理解的事实是，据我们所知，教会方面

---

① 　尤西比乌斯的《君士坦丁传》共 4 卷。

再没有其他发言人揭露过君士坦丁的真实立场,他们对这位凶残的利己主义者竟然没有一句微词,只因他皇恩浩荡,把基督教看作一支世界力量,并且予以了相应的扶持。很容易想象基督徒最终获得免遭迫害的肯定保证之后的欢乐,但一千五百多年以后,我们实在无法分享那份兴高采烈。

　　君士坦丁似乎从对信仰一神论的克罗鲁斯家族的记忆中获得宽容的一神论倾向。君士坦丁第一个值得注意的宗教行为,是在重新讨伐法兰克人之前朝拜奥顿的阿波罗神庙(308 年)。他显然询问了神谕,并献上大量贡品。但崇拜阿波罗未必一定与家族的一神论信仰相抵触,因为克罗鲁斯就把最高存在设想为太阳神。君士坦丁的侄子朱利安曾提到,君士坦丁与一种特别的赫利俄斯膜拜有联系。一枚我们熟悉的君士坦丁时代钱币的正面表现了太阳神,并带有"SOLI. INVICTO. COMITI"①字样的铭文,由此可以推测,这里暗示的太阳神化身是密特拉。只要研究过古代钱币都会知道,每五枚君士坦丁时代的钱币中几乎有四枚具有这样的正面,这种图案设计很可能一直保持到皇帝去世。其他经常出现的字样有:Victories(胜利)、Genius Populi Romani(罗马人民的保护神)、马尔斯和朱庇特以及他们的各种称号,还有许多女性化身。但迄今为止,尚未发现传说中由他铸造的带有明确基督教符号的钱币。在他与李锡尼共治时期,太阳神的形象与"COMITI. AVGG. NN."(意即"为了我们两位奥古斯都的共事")字样的铭文一起出现;许多克里斯普斯和李锡尼铸造的钱币正面也有同样字样。在铭文和钱币上,君士坦丁继续称自己为 Pontifex Maximus(大祭司),并把自己表现成蒙面纱的样子。在 319 年和 321 年的法律中,他依然认可异教膜拜的合法存在;只禁止巫师和脏卜师的神秘危险的实践,而祈雨者得到承认;公共建筑遭到雷击后,他仍会专门询问脏卜师的意见。如果 5 世纪异教徒左西莫斯可信的话,君士坦丁甚至更大规模地向异教祭司和术士咨询,这种情况一

283

----

① 意思是,"献给无敌的太阳,我的伙伴"。

直持续到克里斯普斯遇害（325年），左西莫斯认为这时才是君士坦丁可能改宗的时期。

有个事实与这一切不符，在与马克森提乌斯交战（312年）后，君士坦丁不仅允许基督教成为合法宗教，而且在军队中散发一种徽章符号，如何解释这一符号见仁见智，但基督徒认为这个符号与他们有关。字母X和P交叉在一起，恰好构成"基督"（ΧΡΙΣΤΟΣ）一词的开头，据说这个徽章战前已被用于士兵盾牌。当时或稍晚些时候，同样的徽章被镶上金边和珠宝，贴在一面巨大战旗上，于是这个符号受到特殊膜拜，有了这个胜利保证，士兵深受鼓舞。很快，所有部队都配备了类似的十字军旗（labrum，semeion），又专门任命一个卫兵在战场上保护这枚徽章。徽章甚至有自己的帐篷，任何重要事件发生前，皇帝会神秘地进这个大帐就寝。这些难道不能表明一种公开的信仰宣告吗？

首先要注意，君士坦丁不在民众中使用这个符号，而是在军队中使用。从与法兰克人战争的时代起，军队就知道他是一位强大而成功的将军；这种禀赋很大程度上是从他父亲那里继承来的；军队已经准备好接受他选择的符号或徽章。在军中高卢人和不列吞人那里，肯定有许多基督徒和无动于衷的异教徒，而对日耳曼人来说，首领信仰何种宗教无足轻重。对君士坦丁来说，这只不过是一次推行宽容的实验，他原先在自己领地上就已实施宽容，如今则把它推广到征服地区而已。在他看来，基督也许和其他众神并列，基督教学者和侍奉异教神祇的僧侣没什么区别。我们不否认君士坦丁有可能发展出一种偏爱基督的迷信，也不否认他甚至有可能把基督之名与太阳神在某种意义上混为一谈。但毫无疑问，他惟一关心的是成功；如果意大利强烈抵制XP，这个符号很快会从盾牌和军旗上消失。但现在他可以百分之百地确信，多数异教民众对迫害基督徒感到不愉快，因此可以毫无风险地在罗马城中树立他手持十字军旗的雕像，并且在下面刻上铭文，声称这个拯救符号是所有勇气的证明。如果希望用适当方式宣告他的基督教信仰，他一定会以一种截然不同的方式来表达。如果我们更好地了解总体情况的话,只要稍稍看下312年,一切便清楚了。最难证明但又最可能的是,在迫害结束的关键时刻,异教徒的情绪居然比之前或之后都更加谦让与温和。他们不知道,或者他们忘记了,基督教一旦得到宽容,就必然不可避免地成为支配性宗教。

或许君士坦丁也不知道这点,但他允许这种情况发生,并睁大眼睛看着这一切。清晰而务实的逻辑告诉他,基督徒是忠顺的臣民,人数又多,迫害他们在一个通情达理的国家中不再具有实际意义,于是他作出决断。从政治观点来看,决断的实际执行情况完全令人赞赏。他胜利之手高擎的十字军旗,立刻成了统治、武力和新宗教的象征。他的部队是古代历史上最伟大的军队之一,其团体精神又给这个新象征添加了一道夺目的光环。

尤西比乌斯和那些因袭他的人描述了君士坦丁进军讨伐马克森提乌斯的途中所出现的神迹,这是大家耳熟能详的,但必须从历史书中清除出去。它甚至没有神话价值,实际上也并非源自民间,而是很久以后由君士坦丁告诉尤西比乌斯的,尤西比乌斯又故弄玄虚,夸大其词。皇帝确曾向这位主教郑重起誓,此事并非凭空想象,他真的亲眼看见天空中的十字以及一行"用这个标志你将征服"的文字,基督也确实在他的梦中出现,等等。但历史记载不能把君士坦丁的誓言太当回事,因为他曾经违背誓言杀掉妹夫,这只是他自食其言的许多例子中的一个。而尤西比乌斯杜撰了故事的三分之二也不是没有可能。

君士坦丁的外在行为总是前后不一致;他把代表基督的字母组合作为军队徽章,并把朱庇特的名字从他的凯旋门上抹掉,但同时又在钱币上保留旧的神祇,尤其保留了太阳神作为无敌的伙伴,在一些重要场合,他的外在举止完全像异教徒。这种分裂在统治后期不减反增。他希望给这两种宗教以直接的保证,而他也有足够强大的权力来维持双重立场。

他颁布的宽容敕令所赋予人的,无非是良心自由和宗教自由,其中与李锡尼在米兰共同颁布的第二道(313年)留存至今,而宗教自由保证了不受限制和约束的崇拜自由。国家宗教的观念就此废

止,直至基督教自己披上被异教放弃的外衣。一条又一条宽容敕
令很快接踵而至,特别是在与李锡尼处于敌对状态的马克西米努
斯·戴亚,以及与君士坦丁处于敌对状态的李锡尼本人相继挑起
对基督教世界的敌意的时候。在迫害时期遭没收的基督教社团的
集会场所和其他不动产得以归还;基督徒受到公开欢迎,他们劝诱
异教徒改宗的行动得到积极支持。异教徒的不悦产生了一个焦虑
时刻,这在上引的 319 年的法律里有反映,其中严禁私下实行脏卜
和在家中施行献祭,显然因为这些关起门来进行的秘密集会可能
具有政治颠覆意图。随着向巴勒斯坦地区的居民颁布敕令,随着
彻底战胜李锡尼后(324 年)向东部民众颁布敕令,皇帝对基督教的
个人信仰显然变得越来越无所顾忌,而教徒从此免于肆意迫害,重
获了以前的地位和财产。这些官方法令显示出特别的反对多神论
的论辩语气;它们把多神论当作谬误、黑暗和不幸错误的避难所,
至今仍然给人造成痛苦。尽管尤西比乌斯坚持说他看了手稿,但
这些文字并非君士坦丁亲笔。起草者至少在第二份文件中漏出马
脚,他在这份文件中模拟皇帝的口气说,在迫害开始时他"只是一
个孩子",但在 303 年的时候,君士坦丁已将近三十岁。然而,文件
内容基本上是皇帝间接授意的,如果仔细读,会注意到皇帝从未把
自己当作基督徒。从他的个人语气中,可以感觉到一位征服者乏
味的自然神论思想,他需要上帝,是为了通过祈求某种外在的力量
替自己的暴行辩解。"我,率军从不列颠海和太阳落山之处而来,
用强大力量驱散和消灭了到处横行的邪恶势力,重新号召那些在
我的帮助下站立起来的人们为崇高的法律服务……应饱受痛苦的
东部各地的召唤,我来到这里给予他们更大的帮助……你们所有
人都看见了那种威力和恩典的作用,它让那些最不敬神和最麻烦
的人彻底消失……"一位致力于征服的哈里发也会写下这些。拿
破仑在埃及对阿拉伯人发表的宣言中也用了类似表达方式。

　　君士坦丁可能会相信,在他源自太阳神和密特拉的自然神论
中,所有宗教里有一种更加普遍故而更加崇高的基本架构。他多
次试图找到某些基本中立的方式来表达宗教实践,以便基督教和

异教都能遵守。其中就有同一个礼拜天和同一个 Pater Noster（我们的父）。"他教导全军热情地尊崇主日，这一天也称为光明与太阳之日……异教徒们也被要求在星期天走进露天场所，一起举手，朗诵一段背熟的祈祷词，献给赐予一切胜利的上帝：'我们承认您是惟一的上帝和主宰，我们呼唤您的帮助。从您那里我们获得胜利，通过您我们征服了敌人。我们感谢您过去的保佑，希望您在未来继续保佑我们。我们都祈求您能长久地保护我们的皇帝君士坦丁和他的受您宠爱的儿子们不受伤害并常胜不败。'"基督徒会对这种表述心满意足，而面对士兵，那些本打算攻击这种露骨一神论的异教徒则敢怒不敢言。尤西比乌斯也很明确地暗示，这种特殊的思想还被密特拉教信徒认为是他们的"光明与太阳之日"。这篇所谓的祈祷词是多么意味深长啊！除了皇帝、军队、胜利，再无其他；没一个字说到贤者，没一个音节提到罗马人。

在继续行文之前，我们还是暂且抛开尤西比乌斯宣称其传主信奉基督教的其他报道。对马克森提乌斯的战争结束后，他身边总有基督教教士作陪，他们甚至在行军途中充当"辅佐人"和"席间伴侣"。每逢召开宗教会议，他则坐在他们中间。这些事实很容易解释。对于君士坦丁来说，他当时必须得到教会观点的情报；他让自己的密探汇报各个教区的情况。一位名叫斯特拉提吉乌斯的密探汇报时滔滔不绝，让君士坦丁龙颜大悦，以致赐予他"穆索尼安努斯"①作为第三个名字。没有哪位精明强干的统治者会让宗教会议的主席团逃出掌心，他们可是公众生活中的新兴力量，忽视他们是不明智的。对于这种利己主义，有人会表示痛惜和鄙夷，但一位出身不太正统的聪明的强力人物必须按这种方式行事。我们又得知皇帝如何频频见到神的显现，如何秘密斋戒并在十字军旗大帐内祈祷，如何每日把自己禁闭起来跪膝与上帝交谈，如何用对神圣事物的思考来度过漫漫长夜——这些都出自了解真相的尤西比乌斯之口，但统统是令人鄙夷的捏造。在统治后期，君士坦丁公然越发

① 穆索尼安努斯（Musonianus），字面意思为"窃窃私语的人"。

重视主教了,在朝廷中优先听取他们的意见,这显然是因为他意识到以一切可能的方式支持皇权符合他们的最大利益,最后也是因为他不能不这么做。在他的通谕中,主教被称为"亲爱的兄弟",他把自己伪装成他们中的一个,"作为一名普通主教"。他至少部分地把儿子们的教育托付于主教,并且命令主教理应把几个儿子当作绝对的基督徒。他们的人际环境和宫廷由清一色基督徒组成,但据尤西比乌斯间接承认,他们的父亲直到生命最后一刻,仍毫不犹豫地在高级职位上保留了异教徒亲信,并且让他们和教士一起作为各行省的 *praesides*(主管)①。禁止角斗无疑是向教士做出的让步,尽管相关法律只是说血腥的场面同"国土的和平与国内的安宁"不相称。无论如何,这是那些制定出来就被迅速遗忘的法律中的一条,因为君士坦丁本人后来一点也不关注它。

　　君士坦丁不时在朝廷上以及面对"成千上万听众"所做的布道完全令人不解。据说他希望"通过怀有崇高目的的谈话"来折服臣民。为了这个目的,他多次召集会议,这位世界的主人旁若无人地迈步上前发表演讲。如果涉及宗教问题,他的姿势和声音就会表现出深切的谦卑。他用向天行礼的姿势阻止掌声。他演讲的主题通常包括对多神论的驳斥、一神论、天意、救赎和神圣的判决。在这一部分(宫廷里的主教继续说道)他最直接地批评了他的听众,因为他提及强盗、暴徒和贪婪者;他的痛斥重重打击了在场的密友,他们一个个低下头,盯着地面……他的意图是正义的,但他们依然装聋作哑、我行我素。他们喧嚷着赞同,但贪得无厌却丝毫未加收敛。君士坦丁用拉丁文写下这些演讲,翻译者又将之译成希腊文。——我们对这种记录作何感想呢?君士坦丁如此热衷于戴克里先式的抛头露面,如此高度重视个人威仪,他会放下架子来到首都民众面前吗?他以这种方式让自己蒙受批评是无足轻重的,也许他的听众有充分理由放弃这种批评。但是,皇帝既然拥有行动的全权为什么还要选择演讲呢?有一个理由也许能够猜测出

289

----

① "praesides"是戴克里先和君士坦丁时期骑士级别的行省总督。

来。在这一宗教危机时刻,先前只用于修辞学练习和歌功颂德的演说辞,如今却从传教士的讲道坛上发出来,这些演说辞定然影响巨大,君士坦丁不能再将之作为权力的附属物而完全不屑一顾了,就好像今天最强大的政府必须利用期刊报纸来表现自己。如果这位既未曾受洗又并非慕道友的皇帝能自称为"一名普通主教",那么他同样可以把自己打扮成基督教传教士。他在这些演讲中如何看待基督教教义,我们不得而知;他也不可能把自己表现为彻头彻尾的基督徒。尤西比乌斯清楚暗示了这些演讲的另一个目的;它们是一种受欢迎的活动,可以表达爱憎、激发敬畏之情,可以把即使在最详尽的敕令中也无法向民众解释清楚的东西用一种巧妙而模棱两可的形式表现出来。这些谈话实际上是提比略在元老院演讲的翻版。我们绝不能忘记,君士坦丁还干过别的事,正如实事求是的尤特洛皮乌斯所言,他"处死了许多朋友",而弄虚作假的尤西比乌斯则发现最好对此三缄其口。

教化的微光仍然萦绕着君士坦丁,因为许多世纪以来,众多令人景仰的基督徒已经宣称他是他们中的一员了。但这最后一道微光也必将消失。基督教会在这位伟大而可怕的政治家那里什么也不会失去,就像异教从他那里什么也得不到一样。不管怎样,异教徒陷入同样错误,认为他皈依基督教是真心诚意的而不仅仅是做表面文章。左西莫斯叙述了一个人们并不陌生的充满敌意的版本。由于处决克里斯普斯和芙丝塔,由于违背他(对李锡尼)的誓言,皇帝的良知刺痛了自己,他去找异教祭司(据索佐门记载,他找到著名的新柏拉图主义者索帕特)寻求赦免。他们告诉他,这样的罪行无法补救,这时一位埃及人(显然是何西乌)——他当时已从西班牙来到罗马——成功通过宫女接近了皇帝,并使皇帝确信基督教有能力洗清所有罪行。于是,他先采取措施禁止异教徒预测未来,再建造了新首都,由此向世人宣布改宗。这一记载的内核可能包含真相,但我们面前的这个版本肯定不可信。家族中发生了如此令人毛骨悚然的事件,这必定唤醒君士坦丁灵魂中可能保留着的任何一丝对罗马异教的信仰,不管他在其他方面受过什么教育,他仍可能赤裸裸地希望通过强大的异教驱邪术得到些许缓和,洗刷些许丑陋的印象;但除此之外,这一记载中的因果关联显然是子虚乌有的。

在生命的最后十年,君士坦丁确实做过某些相当露骨的暗示, 291 它们是非基督徒式的,甚至干脆是异教徒才有的同情。他和母亲用气势恢宏的教堂装点巴勒斯坦和帝国的大城市,但与此同时,他也在新首都君士坦丁堡建造异教神庙。其中两位神祇,即大母神和狄俄斯库里兄弟①的神庙可能只是用来保存艺术品偶像的装饰性建筑,但是这座城市的神圣化身命运女神(Tyche)的神庙和塑像确实受到膜拜。在这座城市的献祭仪式上,显然举行了某些神秘的异教仪式;各种迷信参与了庄严的场面,而后世作家徒劳地试图将之等同于基督教崇拜。

君士坦丁还允许为其他神祇建造异教神庙。翁布里亚地区斯派罗村(在佛里尼奥和阿西西之间)有块铭文,长期以来因其内容怪异而被当作赝品,潦草而粗俗的字迹似乎进一步证实了这一判断,但最可能的解释是,这块碑铭其实最真实地见证了对异教的放任,时间上刚好定为皇帝去世前两年。他允许希斯佩拉蒂人②为他的家族(他称之为弗拉维宗族)建造一座奢华的神庙,惟一条件是这座神庙不能为"传染性迷信的错觉"所沾染——人人都会对这一规定做出各取所需的解释。他颁行的必须遵守的决定还与那里的异教祭司、与把竞技活动——其中专门提到了角斗士——从博尔塞纳迁到斯派罗有关。他还在这几年里豁免某些异教祭司团体担任繁重的地方公职,比如那些终身制的祭司们③,而基督徒,尤其是北

---

① 狄俄斯库里(Dioscuri)乃罗马神祇卡斯托耳(Castor)和波吕丢刻斯(Pollux)的合称。

② 希斯佩拉蒂人(Hispellati),指意大利中部和北部翁布里亚地区的城市 Hispellum 的居民。

③ "祭司们"原文为"the Sacerdotes and the Flamines"。"Sacerdotes"在帝国时期主要指外来宗教的祭司,尤其是希腊和东方膜拜的祭司;"Flamines"指罗马城的神祇的祭司,他们受制于大祭司(Pont fex Maximus)的权威。

非的基督徒想强迫他们担任。毋庸置疑,迟至331年,元老院在他知情的情况下修复了和睦神庙①,更不用说在前些年修复了个别异教神祇的祭坛。

292　　　在皇帝的最后几年里,异教通过私人接触与他走得非常近。新柏拉图主义者索帕特是亚姆布里修斯的门徒,他带着高傲的希腊智者的所有主张出现在皇帝面前。"对他来说,其他人根本微不足道;他匆忙赶到宫中,以便用最直接的方式对君士坦丁的行为和思想施加支配性影响。实际上皇帝很快就被完全争取过来,还让他在自己右手边落座,由此招致廷臣普遍的嫉妒和不快。"一旦尤纳皮乌斯也像菲洛斯特拉托斯那样吹嘘哲学家有高贵的社会关系,他同样是在信口雌黄。但这个说明的深层包含着一些真相,即索帕特确实与君士坦丁关系密切。是否就是他拒绝赦免君士坦丁处死克里斯普斯的过错,我们无从知晓;但在庆祝君士坦丁堡的献祭仪式上,君士坦丁肯定雇佣了他。后来,肯定是在330年以后,君士坦丁的禁卫军长阿布拉维乌斯将他搞垮。在新首都发生饥荒期间,据说拉维乌斯向皇帝进言,说索帕特用特异功能将海风定住,运送谷物的埃及船只遂在海上无法航行。不管怎样,皇帝后来将这位智者处死,但将他的死仅仅归咎于阿布拉维乌斯的一个诡计,值得充分怀疑,理由是苏伊达斯的一句短评。苏伊达斯说,"君士坦丁处死索帕特,是为了表明自己不再是异教徒。因为先前他与索帕特过从甚密"。我们必须举另一个相关例子(亚大纳西的故事)来重复一下我们的猜想,即基督教教士不知何故,让年老的皇帝感到害怕,而皇帝在暮年无法一如既往地保持他所一直捍卫的个人自由。许多人甚至觉得有理由认为,君士坦丁在生命行将结束之际彻底禁止异教献祭,如果尤西比乌斯可信的话,他不仅禁止献祭活动,连咨询神谕、树立偶像和举行秘仪也完全废止了。336年之后的某个时间就颁布了一条法律,禁止咨询神谕,这得到左西

---

① 和睦神庙(Temple of Concord)指罗马卡匹托林山脚下、罗马广场西北部献给和睦女神(Concordia)的神庙。

莫斯的确认。但尽管如此，人们就算瞎了眼也必然注意到各种违规之举。即使斯派罗的政令是伪造的，我们还有足够多的其他证据。献祭和秘仪继续大量存在，这方面的主要证据来自基督徒菲尔米库斯的论文，它恰好是在君士坦丁死后几年内写的。他用最激扬的语言催促君士坦丁的儿子去做他们父亲据猜想已经做过的事情："砍倒它们，用斧子砍倒它们，这些神庙的装饰物！把这些神像送进冶炼作坊和造币厂！所有的还愿贡品都是你们的：拿走它们，使用它们！"

　　即使在君士坦丁统治时期，肯定也有推倒和摧毁神庙，以及熔化偶像的情况。对于有些神启，诸如黎巴嫩阿帕贾天庭女神的圣所，最好派遣士兵将之夷为平地（大约在 330 年）；此地其实"不配接受阳光照耀"。更加可疑的是，西利西亚埃该城内著名的阿斯克勒庇俄斯神庙也遭摧毁，直到那时各地民众仍来这里庙宿。显然，这位医神（尤西比乌斯称他为"灵魂的错误向导"）卷入了政治问题。在赫利奥波利斯，尽管那里的膜拜和阿帕贾神庙一样堕落，却仅仅被禁止了一次，那里被强行设立主教辖区，此后举行集会要付费。在其他地方，改宗的民众推倒了当地的异教圣所，这最初出于自发，随后得到官方批准。也许是作为对这些德行的奖赏，加沙的海港城市马祖马更名为君士坦提亚（Constantia），另一处腓尼基地方更名为君士坦提纳（Constantina）。

　　此外，君士坦丁让许多神启遭到洗劫，看上去是出于渴望战利品或需要钱财。尤西比乌斯在此又假装不知道此类掠夺的原因和真实规模，但无意中还是露出马脚。因为他根本没有提到大理石雕像，而只提到内部由特殊材料制成的雕像。尤西比乌斯似乎暗指骷髅、骨骼、旧的破布、干草、稻草等物，但显然指的是木质或其他质地的架子，用以支撑由黄金象牙做成的雕像的空心，如同奥林匹斯的宙斯像那样。在他的君士坦丁颂辞中，这点完全得到公开承认："将值钱的部分熔化，乱七八糟的残剩物则留给异教徒作为耻辱的纪念。"什么样的雕像以及有多少雕像（或许是希腊艺术中的珍品）因为材料的价值而遭受如此命运，我们不得而知。为了装饰新首都,君士坦丁倒是很愿意使用那些质地不大值钱的雕像,正如我们下文将看到的那样。就黄铜雕像而言,尤西比乌斯在同一段落继续说道,"这些古代神话中的众神被强行拖出,身上绑着绳索,如同战俘一般"。没收工作由皇帝信得过的专员执行,直接来自朝廷。他们没有遇到抵抗;祭司被迫打开最秘密的地窖。但可以设想也并非不可能的是,君士坦丁只在皇帝住地附近完全可靠的、由基督徒主导的城市中冒险实行这些措施。他可以不碰那些金像银像,但面对日益紧迫的财政需要,这样做实在太方便、诱惑实在太大了,对于一个像他这样的统治者来说,必须优先考虑财政需要,而不是所有其他问题。毫无疑问,同样的命运也降临到神庙的大门和横梁上,这种事据说发生了好几起;这些构件通常由大量青铜浇铸而成,值得费心熔化。如果这算是破坏的开始,神庙内部随后就因为部分坍塌和风雨侵蚀而受损,很难阻止居民冒险取走立柱和其他构件去烧石灰。据官方证实,333 年以后,这种事起码还发生在异教徒的墓碑上。然而在早些时候,甚至还有一条法律禁止修复荒废或未完工的神庙。这些神庙的财产遭受了怎样的命运,我们不得其详;在个别案件中肯定被没收了,但直到君士坦丁继承者统治的时期,没收才大规模和系统地展开。君士坦丁不可能发布一条全面摧毁神庙的法律,像哲罗姆《编年史》中 335 年记载的那样。君士坦丁所做的事情,或者说他经历的转变是断断续续发生的,出自想要掠夺的轻浮欲望,并受到教士的影响,所以采取的措施前后不一致。试图从一位在这方面不打算按逻辑行事的人那里寻找合乎逻辑的方式,是徒劳的。

关于君士坦丁公开宣布信仰基督教以及他在病榻上的受洗,每个人只能根据自己的标准作出判断。

基督教会因为君士坦丁而出现地位及构造方面的巨大外部变化,这点为人熟知,在此只需简要复述一下。与第一道宽容敕令同步,教士(*clerici*)作为一个阶层或法人团体得到承认;这一认可的影响对于教会的整个发展来说,重要性是不可估量的。教士对自己的新地位早有准备；他们一方面已把自己和平信徒区分开来，另一方面已通过具有官方功能的社团，特别是通过宗教会议的机制，获得了法人团体的特征。然而，国家以前几乎没有宣布过宽容，现在有必要在这点上一味让步吗？难道国家不能把教士作为一个阶层搁置一边，让自己直接领导这些社团吗？君士坦丁发现，教士已经为接管权力而如此合适地组织起来，其地位在迫害中受到如此提升，以致必须要么通过这一法人团体进行统治，要么与之不共戴天。因此他赋予教士所有可能的宠爱保证，甚至让他们参与统治；作为回报，教士成了传播他的权力的最兢兢业业的代理人，而完全漠视他一只脚仍然踩在异教那边，并完全不在乎他的双手不断沾满了鲜血。

教士的新地位引发了严重的对立因素。摆脱迫害之后，与高尚的道德结果一同兴起的，还有邪恶的争斗精神。全心投入信仰的一方，不仅狂热反对那些在迫害期间放弃信仰的人，或者交出神圣经文的人，甚至反对那些以可允许的手段明哲保身的基督徒。因此，差不多在迫害仍在进行的时候，阿非利加就出现了多纳图派分裂，埃及则出现梅利提派分裂。对于迄今为止仅仅秉持宽容态度的皇帝来说，这些为积极干预教会争端提供了首次机会，因为他是中立的，所以一旦关注教会事务，自然一言九鼎。就像在后来处理影响大得多的阿里乌派分裂中表现的那样，君士坦丁这次也显示出高超策略；他当然支持一方，但不给它惩罚另一方的权力。在他看来，教会统一无疑是值得追求的目标，因为这看上去与权力统一并行不悖，但他懂得怎样通过斗争使自己容身于教会的裂缝之中，而绝不是用顽固不化、或者用对人和事的爱憎分明来危及皇权本身，这些人和事激发不了他的狂热。他已经仔细观察了基督徒对迫害的各种反应；即使出现新的殉教者，也肯定不会使这种分裂（如前面提到的两次）加剧。事实上，他肯定已经意识到，不是他的所有继承者都能保持类似的独立；可以预见，一旦被称为基督徒，他们一定会投入个人热情，支持或反对教会对立派别的斗争。但是结果证明，皇权的根基在其他方面足够稳固，连最极端的考验，譬如8世纪破坏圣像运动引起的争议，也不能瓦解它。

296

作为一个法人团体或阶层,教士首次从君士坦丁那里获得免除所有公共义务(*munera*;313 年和 319 年)的特许,这些义务部分由繁重的公职、部分由苛捐杂税组成,或者在可恶的地方城市市议会成员一职上合二为一。(富人们急欲免除义务,踊跃争当教士,但他们次年[320 年]就遇到一纸生硬的禁令,显然这道禁令后来还是被频频规避了。)下一个给予教会法人团体认可的重要标志是允许它接受遗产(321 年),教会随后接受了大量遗产。后来,显然在战胜李锡尼后,国家定期赐予教会一定收入,主要是土地财产和农作物份额。教会因此获得充足的收入和雄厚的财富基础,此外,国家还放弃了部分特权。先前,基督徒喜欢先通过主教解决彼此间的争端,这相当于一种法庭仲裁,然后再把主教判决向世俗的异教法官上诉;君士坦丁废除了这种上诉权,使主教的决定一经做出就具有约束力,由此避免了世俗法官和教会法官之间的敌对状态,两者之间起冲突的可能避免了,不管世俗法官仍然身为异教徒还是已经成了基督徒,这种冲突现在可能变得非常危险。单单这种考虑就足以解释皇帝异乎寻常的让步,对任何有活力的国家机构来说,这种让步显然有害。这里就像他通常对教会事务的处理那样,君士坦丁并没有引入自己选择的改革,而仅仅肯定和调整了未经他干预就已经出现的东西。从现代理论的立场出发,我们很容易责备他没有保持教会与国家之间较明晰的区分;但是,在时代大趋势的作用下,当教会在他手中变成国家而国家变成教会的时候,当每个基督教官员在其职责范围内,当每位法官在法庭上都因为将宗教观点和公民观点相混淆而迷失自己职能的时候,当一位主教或者一位遁世者的求情因为厚此薄彼而把事情搞得一团糟的时候,他又能做些什么呢? 这里发展出的神权政治不光是袒护教会的皇帝的个人作品,也不会单单建立在特别聪敏的主教有意奠定的基础之上,而是世界历史进程的巨大而必然的结果。从更高的视角来思考,我们会痛惜基督教福音变成那些根本不信福音的人们的法律,其始作俑者是一位内心丝毫不为宗教要义所动的统治者,但他却把这个宗教强加给其他人。"基督教一旦成为那些出生之人

297

298

而非新生之人的法律，它就与其本质背道而驰了。"（察恩，《君士坦丁大帝与教会》）君士坦丁想要一个建立在政治基础上的帝国教会；但如果处在他的位置上的人品德高尚、基督信仰虔诚，是否此人就不会被迫走上同一条路，这点难以确定的。

教士的地位一旦高于社会，他们对自身、对他人的理论主张就会显著增加。独身已经成为一个议题；国家过去对未婚者的处罚现在被迫废除。要不是年迈失明的帕夫努提乌斯——一位苦修主义者、为信教而受迫害的教徒和无与伦比的驱魔者——在尼西亚公会议上反对，独身制甚至在那时就可能成为约束所有教士的律令。派立礼或祝圣[①]愈发具有神秘价值，被当作与人和物有关的某种有魔力的东西，还被当作一种与超自然力量的沟通。在教士等级制度内部，旧的区别被强化，新的区别形成了。长老从助祭中分离出来，主教从长老中分离出来；主教的影响力根据所在城市的等级而差别很大。这种影响力主要集中于（后来的）五大教区——罗马、亚历山大里亚、安提阿、君士坦丁堡和耶路撒冷——的牧首。为了维持主教一职的较高声望，最低级别的主教，即所在地方不享有城市等级的所谓的乡村主教（χωξεπίδκοποι），在君士坦丁死后不久就遭彻底废除。由于主教职位的重要性，个人野心与已经存在的结党营私卷入其中，主教选举有时候成了激烈的竞选活动，个别案例甚至动摇了整个教会。抛头露面并赢得胜利的候选人很少是最佳人选；修辞才能、政治才能，特别是财政才能，甚至那种最亲密性质的私人影响力，凭这些常常能够击败一个真正胜任的人。教阶制不仅像先前那样通过司门员和襄礼员[②]向下延伸，而且也通过一大批坚定的仆人向下延伸，这些仆人中有 *parabolani*（病号护理员）和 *fossores*（掘墓人），这类人光在君士坦丁堡就有大约一千，在亚历山 299

---

① 派立礼（Ordination），亦称"授圣职礼"，基督教会正式任命神职人员的仪式。祝圣（Consecration）为基督教宗教仪式之一，由神职人员按照特定仪式，诵读规定经文，以使人或物"圣化"。
② 司门员和襄礼员都是主教制教会中无神权的低级教士品级。

大里亚约有五百。

富有而强大的教会并不欠缺辉煌的外在炫耀。奢华的教堂建筑和盛大的典礼使膜拜宏伟庄严；至少在大城市里，高级教士过着王公贵族般的生活。但这些自然而然的发展只是从君士坦丁儿子统治时期起才变得显而易见。我们在一个方面特别容易感到国家让出权力的方式；整个庞大的公共福利机构及其对大众的影响力现在被移交给教士，他们在许多地方建造穷人收容所、客栈、养老院、孤儿院、医院和其他慈善机构，其中一部分拜国家所赐，而国家只是通过士兵和残暴的收税人与个人发生联系。

教士把大多数异教徒转变成基督徒后，谁还能阻止他们组成国家政府呢？统治者还剩下什么办法保持主人身份，或者至少不沦为教士的仆人甚至囚徒呢？皇帝如今和地方主教一样，在君士坦丁堡的使徒教堂里拥有葬身之地，"鉴于教士之荣誉与统治者不相上下，而在神圣场所甚至优先"。

我们进一步思考就会发现，皇帝及其权力仍然得到充分尊重。首先，对皇帝来说幸运的是，《旧约》虽然经常描绘国王和以色列大祭司之间的裂痕，但还没有报道反对王国的神权革命，而是把王国的废除留给上帝和巴比伦王。经常有人呼吁采用《旧约》中的政府理论，作为惟一非异教的先例。如同在英国清教徒时代一样，人们忽略了一个事实，即《旧约》讲的是一个特殊的、现已消失的政体；而众所周知，人们定然会求助的《新约》既不关心政府形式，也不关心各民族，因为它的取向是普适的。

只要皇帝表示信奉正统学说，就不会受到攻击；至于以普通人还是统治者的身份信奉，则无需考虑。关于君士坦丁本人的地位，历史无需再多提了，他已经成为无数阿谀奉承的对象；但对后来的皇帝而言，神圣权利的理论延续下来，它丝毫不逊色于对异教皇帝们的神化，并在情感真挚方面远远超过后者。"皇帝接受奥古斯都的称号后，"我们来读一下 4 世纪末韦格蒂乌斯①的话，"忠诚、顺从

300

---

① 韦格蒂乌斯(Vegetius)，4 世纪末的拉丁作家，著有《兵法简述》。

和不倦的侍奉就使他成为一位现世的人形之神。因为在和平和战争时期,忠实地追随这位受命于上帝的统治者就是侍奉上帝"。

但从世俗角度看,皇权连同蛮族化的、对宗教事务持中立态度的军队,以及它的行政管理体系,都建设得如此完备,而无需让位于一个纯粹的僧侣政府。最后,君士坦丁十分机智和幸运地使自己成为教会的首领和中心,并且将这种地位连同他的权力遗产非常巩固地留给继承人。

我们已经注意到,他称自己为"一名普通主教"。这不仅仅是说辞,实际上教会没有别的中心。这点首先体现在主教选举中,在所有重要选举中,宫廷都可以施加至关重要的影响,对于行省主教来说,只要他们开会为孤立无助的社团选择新牧首,就必须考虑皇帝的意愿,因为他们自己希望通过皇帝的宠爱得到升迁。为了充分利用自己的地位,教会首先需要更高的道德标准。此外,皇帝在帝国大的宗教会议上处于有利位置,不仅因为他可以决定时间和地点,更重要的是因为许多人在揣摩他的意愿以便见风使舵地投票。如果他本人不在现场,会派出全权特使,最后他还把批准权掌握在自己手中,没有他的批准,任何公会议的决议都是无效的,而一经批准就成了帝国法律。最后,如果皇帝发现某些较为重要的主教辖区因为权力过大而给他带来麻烦,宗教会议及其平等的投票权就成为绝佳的掣肘方法。

公会议的理念在基督教早期几个世纪的发展中是一种崇高理念,也就是说,代表们如果虔诚地准备好讨论重要的社团事务,上帝之灵就会降临在基督教社团的代表会议上。这种感觉弥漫在任何一次讨论最高事务的会议上,每位会议代表可能都会为这个原因而甘愿冒生命危险。但随着教会获得胜利并逐渐世俗化,随着公会议日益频繁和耀眼,很快呈现了一幅本质退化的可悲图景。

第一次重要事件是尼西亚公会议(325年),它的主要目标是处理与阿里乌派的冲突。这是历史上最不宽容的盛况之一,教会虽然刚刚从迫害中保全下来,尤其在帝国东部地区,但现在却完全陷进关于三位一体中三个位格之间关系的激烈冲突。东方人的死板

301

275

和希腊人的诡辩在主教身上得到同等表现,并折磨着他们自己和经文中的文字,由此产生的某种象征意义既把不可理解的东西变得可理解,又把普遍的正当性赋予这种理念的某些表述。从"本体同一"(homoousios)和"本体相类"(homoiousios)出发,通过上百次的改头换面、几百年的争论,以及东部教会的分裂(其中分出来的一个教派成了后来支持拜占廷帝国的希腊正教会),这场冲突一直持续着。许多其他利益,其中有一部分非常世俗,也附在这场冲突上并藏匿其中,这样,教义争端看起来就不过是虚伪的借口。为了这次争吵,教会使自己中空了;为了正统教义,教会让虔诚的人忍饥挨饿,而由于本身道德堕落,教会完全丧失了对信徒个人更高的道德效力。这桩买卖令人非常反感,却在世界历史上极其重要。这个教会及其附属的教派日趋僵化,断绝了所有发展,它使各民族在接下来的一千五百年里能够团结在一起对抗外来蛮族的压力,它甚至取代了民族,因为它比国家或文化更为强大,并由此使两者都幸存下来。只是在教会中,拜占廷风格的精粹才得以持续,拜占廷风格并非没有未来,它的灵魂是正统性。

因此必须承认,关于三位一体第二位格的斗争具有深远的历史合理性。但我们得小心别去深究这一问题的教义方面,这里只关注少数有关政府和教士关系的记录,这种关系出现在尼西亚公会议和接下来的事件中。

亚历山大里亚的长老阿里乌提出圣子从属于圣父的学说后,亚历山大里亚的助祭亚大纳西和主教亚历山大①本人立即站出来反驳他。早在321年,亚历山大已经召集过一次由埃及和利比亚主教参加的宗教会议,他免去阿里乌的职务,对他处以绝罚。这样,他的学说和地位获得了一种原本不会有的重要性。通过布道、拉拢和通信,人们对双方的关注和参与无限制地与日俱增。尼科美底亚的主教尤西比乌斯徒劳但并非不切实际地加入阿里乌一方

302

---

① 圣亚历山大(St. Alexander),从312年起担任亚历山大里亚的主教,任职期间致力于反对梅利提分裂和阿里乌分裂,死于328年。

后,斗争就变成亚历山大里亚和尼科美底亚两个主教辖区间的冲突。在尼科美底亚或者附近一个地方举行了另一次宗教会议,宣称支持阿里乌。此时,恺撒里亚的尤西比乌斯也倾向于这一立场;他的《君士坦丁传》一书记载了这次冲突,其中的不诚实和刻意粗略堪称独一无二。

　　这就是 323 年的情势,君士坦丁当时刚刚击败李锡尼,取得对东部的控制权。他接手的时候正值双方全面分庭抗礼之时。他的利益和倾向肯定是想平息冲突,方式不外三种:要么调解分歧,要么支持更强大或更聪明的一方,要么精明地在双方之间保持平衡。 303

　　作为李锡尼领土上最尊贵的主教之一,尼科美底亚的尤西比乌斯曾对皇帝的妹妹和李锡尼的妻子君士坦提娅产生很大影响,这位主教现在快要把君士坦丁争取到阿里乌派这一边来了。但是一位西部的宫廷神学家、科尔多瓦主教何西乌眼见自己对君士坦丁的影响受到威胁,遂与亚历山大里亚主教达成协议;而皇帝看到,面对如此令人困惑的事情,惟一的解决办法就是召开一次大的公会议。他肯定也想顺便熟悉一下新领土上的教士,并且给他们留下印象,同时革除行省宗教会议中各种危险的弊端。325 年 6 月,汇聚尼西亚的三百十八位主教中,只有大约六位是西部人。罗马主教西尔维斯特没有亲自到场,但派来两位长老,这是依照他正确判断力作出的决定,后来他的继任者也对参加东部的宗教会议十分审慎。此外,东部可能有上千位主教,但只有接到帝国秘书处发出邀请函的那些主教才到场,而他们的意见可以左右或压制。

　　现在,当"缀满五彩缤纷花朵的神圣花环"、"使徒回旋的景象"、"首个圣灵降临周的重现"聚集一处的时候,在主教连同众多随从教士和一群"精通辩论的平信徒"相互结交以后,君士坦丁亲自主持了开幕式。他一本正经地穿着缀满黄金宝石的紫色皇袍,尤西比乌斯把一身盛装的他比作上帝的天使。但一次令人印象深刻的个人亮相并非全部内容。在会议期间,何西乌显然对皇帝产生了影响,使他反对阿里乌派,他和手下还用各种方式规劝许多犹豫不决的人接受他们的观点,并特别指出这合乎圣意。决定结果 304

的既非阿里乌的演讲,亦非亚大纳西力主圣子永恒的反驳。最后,皇帝的权威为这场辩论划上句号;君士坦丁力排众议,坚持用"本体同一"这个有问题的表述,于是大多数人被迫屈从。只有两位主教拒绝签字,因此值得一提,就算这种行动产生于非宗教的固执己见;他们是马尔马里卡的蒂奥纳斯和托勒密城的塞昆杜斯。他们受到的惩罚是免职和绝罚。尼科美底亚的尤西比乌斯签了字,但由于他注定要失势,他和其他人被要求签署一份附加条款,诅咒自己以前的观点。因为他拒绝这样做,遂与尼西亚的蒂奥格尼斯主教一起被流放到高卢。阿里乌本人被发配到伊利里亚。君士坦丁现在学会去了解——很大程度上是去蔑视——东部的教士。这些原本可以令帝国解体的人在他面前多么卑躬屈膝啊!许多人向他写密信告发同僚;他将这些造谣中伤付之一炬,劝告他们和睦共处。散会前,宫廷中举行了盛大宴会;"利剑在手的卫士包围着宫门,但上帝的仆人无畏地迈过,直达内殿"。皇帝用礼物与劝诫和平为他们饯行。他对亚历山大里亚教区说,"只有上帝的意志才能使三百位主教愉悦"。

但斗争这才刚刚郑重展开。三年之后(328年),对神学问题没有真正信仰的君士坦丁觉得应该为阿里乌派翻案,据说是受到君士坦提娅临终前推荐给他的一位阿里乌派长老的鼓动。阿里乌和其他被罢职的人员从流放地被召回;何西乌垮台了,或者至少从他的职位上消失了很长一段时间;安提阿的主教职位在风暴中被一个阿里乌派教士占据,这件事涉及残暴事件并引起市民骚动,可谓险象环生。尼科美底亚的尤西比乌斯在这些事件中扮演了主要角色,他现在发动对他所痛恨的亚历山大里亚主教的攻击。但他发现,这个职位被一位令人敬畏的对手占据着,此人就是亚大纳西。在中世纪教会有影响力的名流中,亚大纳西是首位立场完全坚定一致的代表。他从幼年起就沉浸于教会的尊严,满脑子宏大的理想和目标,比如说使阿比西尼亚①皈依基督教。他不惧怕任何阻碍

---

① 阿比西尼亚(Abyssinia),东非国家埃塞俄比亚的旧称。

他实现目标的人或者环境,准备好在必要时作出任何牺牲,但他对别人也像对自己一样毫不妥协,无法欣赏他人的观点,有时也不择手段。我们可以断言,在这之后正统信仰的命运无疑仰赖亚大纳西。君士坦丁要求他恢复阿里乌的地位,他拒绝了,照旧我行我素。于是他的对手举出荒谬的政治诽谤,因为君士坦丁无法忍受宗教宿怨之苦;亚大纳西匆忙赶到宫中,用个人力量把皇帝争取回来。最后,他的对手认为找到了合适的策略;他们向君士坦丁控告这位主教,说他不宽容,说他迫害已经在尼西亚公会议上获得和平的梅利提派。亚大纳西在这个问题上其实并非完全清白,但梅利提派是受到蓄意挑唆而起来反对他的。皇帝决定把这件事交给将在巴勒斯坦恺撒里亚召开的宗教会议裁决;然而,亚大纳西宣称(334年),他永远不会站在一个完全由死敌组成的机构面前。君士坦丁再一次让步了!但是不停的指控终究占了上风,接下来一年(335年),在推罗召开了一次会议,与会教父打算直接从那里去耶路撒冷,参加圣墓教堂的落成典礼。会议由一位名叫狄奥尼索斯的宫廷高官主持。最严重的指控(参看边页码第199页)被亚大纳西精彩推翻了;针对较轻的指控,一个调查他同党的使团被派往亚历山大里亚,在他们提交报告之后,会议作出决定。阿里乌派在这里取得胜利,就像持正统观念的派别在尼西亚取得了胜利。但几乎与此同时,亚大纳西再一次现身宫廷。"当我骑马进入君士坦丁堡,"皇帝写道,"他和同党突然上来拜见;上帝作证,我当时没有认出他来,最初并不打算理会他。"这次邂逅的结果是,君士坦丁把在推罗的教父召集到首都,让他们就他们的行为和决定立即作出解释。他们这次冒着风险第一次表现出不服从;所有人中只有六位领袖到场,君士坦丁让步了,尽管不是无条件的让步。他把亚大纳西流放到特里尔,但规定亚历山大里亚的主教之位必须空缺,这显然是有意让亚大纳西在适当时候复职。君士坦丁是否被主教的挑战吓倒,或者是否有其他考虑左右了他的决策,这些都很难判定。原告方指控亚大纳西威胁要阻制埃及粮食船队的航行,但皇帝很可能并不相信这一指控,即使他表面上假装相信。因此,他命令阿里乌来君士坦丁堡，这似乎是怀着最友好的意愿。在一次拜谒皇宫之后，阿里乌突然病倒街上，即刻死在附近的公共厕所中（336年），这不寻常的一幕见于一个世纪后的记录。他是否是被毒死的，被谁毒死的，这些都成了疑案；他的死对君士坦丁并没有什么好处。

无疑，君士坦丁乐于拥有一个稳固而和谐的教会，但现在却出现广泛的动荡。以他自己内心中立的观点看来，使教会各方保持焦灼状态而自己不去永久性地支持任何一方，对他来说并非难事。因此，他允许他们轮流战胜对方，积极的干涉只是为了提醒各方：不能忘记他和他的权力。也许他一开始就看到，冲突很大程度上是为了冲突而发起的，安抚并不合适。他的继承者没有领会这一想法，因为他们自己认真关心着相关的神学问题，让他们支持的一方不受限制地使用暴力和复仇来反对对手。

君士坦丁不偏不倚的生动证据，留存在他关于异端的为人熟知的敕令中，时间在他生前最后几年。教会文件起草人猛烈攻击诺瓦替安派、瓦伦廷派、马西昂派、孟他努派以及其他所有异端；然而，在对异端穷尽各种谴责后，结果只是剥夺了他们的集会场所。尤西比乌斯欣喜若狂地欢呼："他们被赶走了，像畜牲一样被赶走了！"但很容易看出，他远远不会因此满足。需要特别指出，对于诺瓦替安派，君士坦丁只想稍稍吓吓他们。真正的迫害看上去只施加于孟他努派，因为他们中的狂热分子有可能变得很危险，而在孟他努派的大本营弗里吉亚，他们甚至未受干扰。不管怎么说，君士坦丁的规则呈现出某种显著的不一致性。谴责完阿里乌派，君士坦丁向全体教会发出命令，下令焚毁阿里乌的著作，命令的最后一句话是："无论谁，藏匿一本书就要处死。上帝保全你！"——而阿里乌本人则获准平安地生活在流放地，后来又恢复了名誉。

君士坦丁死后，他的儿子们立即陷入教会的结党营私。他们受的教育就带有党争性质，可耻的性格使他们更加肆无忌惮。例如，

307

索克拉底①告诉我们,君士坦提乌斯是如何被阿里乌派争取过去的。据说一个不知名的长老把父亲的遗嘱告诉君士坦提乌斯,因此在宫廷中立足,他首先把大总管尤西比乌斯(一个宦官)拉拢到阿里乌派一边,然后是其他宦官;这些人和那个长老一道把皇后争取了过来,最后,君士坦提乌斯作出支持阿里乌派的决定。接着,全体大臣、军队和整个君士坦丁堡重新站队。在宫中,宦官和宫女争论着;在城里,每座房屋成了"论战"地点。这种势态传播到整个东部,而在西部,君士坦丁二世和后来的君士坦斯都信奉亚大纳西派。可怕的迫害、流放、谋杀大行其道。马克西米努斯时代的所有酷刑和刽子手的技艺现在不时卷土重来。圣餐和洗礼需要动用治安力量强制执行,尖锐的派系斗争困扰着主教的工作。

这些更进一步的危机不是我们的讨论任务。教会已被不可救药的固执和野心,被狂热的辩论撕裂了,正是在这种氛围中,那个名叫朱利安的男孩成长起来,他从君士坦丁对自己家族的谋杀中九死一生。他和哥哥伽卢斯在偏远的卡帕多西亚的马塞卢姆别墅接受了教士的教育;他们的娱乐是为殉教的圣徒马马斯(Mamas)建造一座小教堂。带着这类印象,未来返回异教的想法在朱利安心中形成了。

我们决不能忘记,教会在胜利中迅速分崩离析,而宗教同样如此。随着主教间关于教义的争吵愈演愈烈,基督教传入所造成的高尚的道德结果很容易便从人们的视线中消失了。这一时期以及随后几十年中的伟大人物,如亚大纳西、巴西勒、纳西盎的格列高利、哲罗姆、克里索斯托姆等人,除了虔诚外,还或多或少地带上一定的外在的教会印记,因此与古代的伟大、完整、和谐的人物相比显得较为偏执,也没那么和蔼可亲;但是他们的生活原则是高尚的,的确为常人所不及。

在更深刻的人那里,基督教的道德后果决不能按照尤西比乌斯

① 索克拉底(Socrates,约380—450年),用希腊文写作的教会史家,所著《教会史》接着尤西比乌斯的著作,从戴克里先退位(305年)写到439年。

281

的观点来衡量,他简单地把尘世的快乐和统治设想为皈依基督教的回报。我们要谈的是一种相当新的对世俗事务的态度,有时被自觉采纳,有时则没这么自觉。大众在帝国道德警察所允许的范围内尽可能从基督教中寻找快乐的生活;但是更认真的人完全放弃了众多快乐,到 3 世纪末,一名基督教教师甚至发现有必要对夫妻分离表示忧虑,唯恐这种分离会损害婚姻。对于世俗财产,许多人感到有义务与穷人和教会分享,一些人完全不愿享用自己的财产。当时实践基督教的两种主要表达形式是爱(charity)和苦修主义,如果我们不考虑第三种的话,即向异教徒传教,这几乎是教士独享的特权。

关于爱,按照熟悉的说法,基督徒可以在家里和从他们的奴隶身上开始爱,一部分通过温和的对待,一部分通过人身解放。奴隶制本身并不被认为是错误的,甚至很久以后许多修道院还占有奴隶。但解放奴隶很早就被认可为善举,在罗马市政长官戴克里先·克罗马提乌斯当政期间,释放了一千四百名奴隶。4 世纪末,在追随圣哲罗姆的虔敬之士当中,发生了广泛得多的解放奴隶的善举,但这只限于那些彻底抛弃俗世的人;虽说如此,同时代的克里索斯托姆还是要求无条件废除奴隶制。图尔的马丁年轻时当过兵,他虽然保留了一位奴隶来照顾自己,却经常以极大的谦卑帮他脱鞋,还在餐桌上为他服务。君士坦丁已经致力于通过法律废除主人对奴隶的生杀大权,尽管法律在"虐待之后"与"虐待造成的"奴隶死亡之间作出的区分总能让主人轻易开脱。甚至可以推断,奴隶能够"通过必然命运"的打击而自然死亡。理论上说,异教徒坚持他们对奴隶制的看法。蒂米斯提乌斯会认为,生而为奴的人不具备高等人的理性能力;马可罗比乌斯则认真思考了奴隶是否拥有人的身份,以及众神是否关心奴隶这样的问题。事实上,大多数异教徒对待奴隶都还不错。

狭义上的爱①部分基于世俗财产无用的信念,部分基于扶贫济

---

① 指今天的慈善事业。

困的义务,其表达方式涉及国民经济中的严肃问题。从一开始,爱便被委托给教会中的一个特别公职,即委托给助祭;这一职位以前曾经被许多不配去爱的人所滥用,而在 *ecclesia pressa*(受迫害的教会)处于战斗状态的时候,只要不过于狭隘地观察这些善举,我们还是可以发现一些崇高成分的。这是一种兴奋情绪的结果,是为最坏的可能做准备。助祭的工作性质是地方性的,他们更能体察和熟悉民情。但救济品现在被以各种形式不受限制地滥发一气。我们的时代强调工作,对此很难理解或赞同;但值得疑问的是,在一个几乎清一色是农业而地产分配越来越不平等的帝国,在一个城市里充满孑然一身的无产者而各地乡村人口却锐减到要靠蛮族聚落来补充的帝国,除了农业法,是否还有其他可能的解决方案。几个世纪以来,城市人口已经接受了大量救济,尽管当时并不认为这是救济;换言之,供应品之分配最初只限于罗马城的平民,他们被视为帝国的主人,后来才以皇帝仁慈馈赠的形式发放到许多重要城市,最后延伸到次要城市。帝国税收中的大部分以实物交付,帝国再以这些乡村的生产品供应城市。在君士坦丁时代,新增了某些此类馈赠物。

　　基督教出现后,除国家赏赐外,教会还靠各类馈赠获得大量资产;从此,教会必须多多少少通过这两个来源来满足它的救济需要。上面已经列举了仁慈的主教和会众用这些基金建立起来的机构:*xenodochia*(客栈)、*ptochotrophia*(济贫院)、*gerokomia*(养老院)、*nosokomia*(医院)和 *orphanotrophia*(孤儿院);由大巴西勒在4世纪末奠基和建造的巴西利卡式教堂可以视为这种机构的理想和典范。这些机构多用来救助孤苦无助的穷人,确实构成对旧的异教世界的极大优势,尽管古代世界很早以前就开始让国家从事这方面的活动了。

　　如前所述,国家本身把这些功能连同一种施加影响的方式赋予教会。譬如,除了把普通的粮食供应(*annona*)赐予亚历山大里亚的教会(这最早由戴克里先批准,现在无疑仍然生效),君士坦丁还特别赠予亚历山大里亚教会一种发放给穷人的特殊的粮食供应。

教会的粮食供应显然不是纯洁无瑕的传教方式,总的来讲,君士坦丁的赏赐有充当皈依经费的性质。比如,他在赫利奥波利斯建立主教区的时候,那里差不多完全是一座异教城市,他慷慨资助了贫穷的基督徒,"以便如此众多的异教徒有更多人皈依正道"。他的个人馈赠和定期津贴当然主要带有政治特色,只是表面上缺乏计划罢了;后来他或许也在这方面听取了教士的建议。他希望在战胜马克森提乌斯后能在罗马受人欢迎,遂把大量金钱发给富人和穷人,这些钱要么是他带来的,要么是在罗马找到的。家道中落的社会名流获得金钱和显赫地位;大家闺秀嫁给君士坦丁的随从,还得到他提供的一笔嫁妆;市政广场上衣衫褴褛的乞丐得到救济品、食物和体面的衣服,后者显然是因为赤身裸体有碍观瞻。

在后来的岁月里,复活节早晨是散发礼物的重要时刻。如果宫廷主教在此类场合显得虚情假意,那么阿米亚努斯一针见血的话可以用来作为矫正:"正像我们的资料清楚显示的那样,君士坦丁首先让人们张嘴谈论他,君士坦提乌斯接下来用各行省的精华填满它们。"皇帝的礼物永远谈不上有什么尺度,因为很难表明他为什么要给礼物,或者他从哪里得到这些礼物的。甚至年迈的海伦娜的慈善活动(charity)也具有某种政治的、模糊的意义。当穿越东部旅行的时候,她把大量施舍赐予个别城市的居民,并且给那些走近她的个人以额外赏赐。她还向士兵散发大量慰问品;穷人也得到钱和衣服,其他人则因得到帮助而免于欠债坐牢、流放和各种压迫。显然,君士坦丁认为,这位家族中惟一完全值得信赖的成员的远足是合适的,并与东部精神吻合一致。我们在后文中必须简要谈谈这种慷慨所倚恃的财政制度。

让我们现在把视线从这位身披紫色皇袍的利己主义者身上转开,他通过扩大自己的权力,衡量和算计着自己的一切行为和遭遇。与这种本质上轻浮的国家权威形成鲜明对比的,是许多人伟大无私的奉献,这些人在有生之年为了"把自己献给上帝"而抛弃了所有财产;在这里,爱(charity)和苦修主义完全融为一体。善男信女——其中一部分是过惯了安逸生活的上流阶级——按照经文

312

的字面意思恪守基督对有钱年轻人的要求；他们变卖了所有财产，将收入给了穷人，于是可以在尘世间、在大都市的喧嚣中过上自愿的清贫生活，无拘无束地对崇高事物沉思冥想。即使如此，有些人还是不满足；他们作为"避世者"和隐修士而遁出俗世，远离了文明。

　　历史惯于隐藏重要事物的起源，但确实相当准确地记录了遁世主义（eremitism）的兴起，以及它是如何发展成隐修制（monachism）的。再没有其他趋势或事件可以更加一针见血地表现 3 世纪晚期和 4 世纪的特点了。

　　当一个人在茫茫的庸碌世界里感到迷失方向之际，人的本性就会让他在孤独中寻找真正的自我。他愈加深刻地感到内在的分裂和撕扯，愈加需要绝对的孤独。如果宗教再给孤独平添一份罪感，增加一种与上帝持久而不受干扰的融为一体的需要，那么所有世俗考虑就会烟消云散，隐遁者就会变成苦修者，部分是为了自我惩罚以赎罪，部分是为了除却勉强糊口而对这个世界别无他求，部分也是为了保持灵魂能够与崇高存在时常交谈。隐遁者非常自愿地立下誓言，决不让自己再回到先前状态。如果几个受同一目标鼓舞的人在归隐中碰了面，他们的誓言和大体的生活方式就有了社团和章程的特点。

313

　　隐修生活方式乃是以社会和个人的不完全健康的状态为前提，且属于危机时代，当时许多破碎的灵魂寻觅宁静，而与此同时，许多坚强的心因为对整个生活组织感到困惑而不得不与远离尘世的上帝斗争。但是，任何人如果因执著于现代成见以致过分看重行动并对生活持过度主观的看法，由此将隐修士设想成待在某种机构里干强制性劳动的话，那么他的心理也不见得特别健康；他并不比 4 世纪的芸芸众生强多少，这些人太脆弱、太肤浅，完全无法理解那种把上层名流驱赶到荒漠中去的精神力量。即使我们无视底比德[①]或加沙山上那些苦修者的得失问题，他们依然对历史产生了

---

① 底比德（Thebaid），埃及底比斯的周边地区。

285

巨大影响,每个研究者必须自行作出评价。在随后几个世纪中,正是这些隐修士把对待生活的更高的苦修态度传达给教士阶层,或者至少主张这样的态度;要是没有他们作为榜样,教会这个所有精神关怀的惟一支柱将变得完全世俗化,将不可避免地屈服于粗暴的物质力量。我们自己的时代在享受心灵和思想交流自由的同时,很容易忘记我们之所以能够如此,依然受益于这些世外高人的光环,而中世纪教会把他们的隐修当作专门技巧来传授。

最早的基督教隐修士是埃及人和巴勒斯坦人,他们在家乡附近过着孤独或至少是引退的生活,并允许年轻人以学徒身份加入。但这种半遁世的存在不能满足保罗(235—341)、安东尼(252—357)或者希拉里昂(292—373)的天性。为了完全确保不受尘世诱惑,为了全身心地奉献给上帝,他们从尘世消失,在不折不扣的沙漠中生活了六十到八十年。一些人碰巧是为了逃避罗马人的迫害而没入孤独状态,但更多人是为了孤独而寻求孤独,他们决不会离开沙漠,因为那里已经成了他们的家,因为他们再也无法想象他们能够毫不畏惧地生活于世俗世界和腐朽社会。此外,"世界一旦染上基督教的色彩,那些并非没有任何价值的基督教社会的成员就受到驱使,暂时或永久地躲进荒漠,在那里找到了显然因为教会的胜利而消失的自由。在它存在的第一个世纪里,这种隐修制用珍贵证据反驳了它是由君士坦丁创造的谎言"(察恩《君士坦丁大帝和教会》)。

隐士保罗住在与世隔绝的山林幽静处,克里奥帕特拉时代的假币铸造者曾在这里辛勤工作。他们已经在岩石表面挖出洞穴,保罗尚且可以在洞穴里发现生锈的铁砧、锤子和铸模。一棵老棕榈树荫掩蔽了这个秘密地点,一小眼泉水浇灌着它。安东尼最初准备在离家(位于埃及中部的赫拉克里奥波利斯)不远的乡间过隐修生活,接着他在一座坟墓中住了很久,后来生活在一座到处是蛇的废弃堡垒里,这位虔诚之士最后躲进由一片岩石遮蔽的绿洲,我们下面还要讲到这片绿洲。加沙附近的塔巴萨的希拉里昂则找到当地盗匪最猖獗的地带,位于沼泽和海岸之间,他在那里侍奉上帝,起初不避风雨,而后住进一座小茅屋,再后来住进一座五英尺高的石屋。这些人长于富裕家境,却让自己过上如此极端的贫困生活,这只有超常体质才能面对。在我们看来,讨厌的污秽和昆虫比食物短缺——无论质或量方面的——更加让人无法忍受,但这些人相信有义务去忍受,就像14世纪托钵僧阿曼杜斯(苏索)等人认为的那样。不管怎么说,前面几代人沉溺于奢华浴室里的各种肉欲享受,之后再出现这种反动是非常自然的。最大的贫困,即人类社会的贫困,无须考虑;这些遁世者惟一的文化资源在于熟读圣经。但是,这并不能免除激烈的内心审问,它们部分通过似乎来自外部的妖魔诱惑而表现出来。讲到这里,有人也许会想到一切超自然存在的拟人化,这是古代世界特有的,但这里无需这样的解释。这有时候是他们自己的感官体验,有时候是他们对过去生活的回忆,有时候是他们对沙漠及其自然恐怖现象——这带给隐修士痛苦的幻觉——的反应。众所周知,安东尼住的那座坟墓的主人曾从地狱中现身,尽管这已经被雅克·卡洛①永久归入滑稽表演的范畴:"然后墙裂开了,妖魔以蛇、狮子、公牛、狼、蝎子、豹子和熊的形象出现,一起咆哮和恐吓";有几次假装成人出现,叫嚷着,吹着口哨,手舞足蹈,还猛击这位圣人,把他打个半死。希拉里昂的幻觉甚至更加丰富多彩,夜夜都有各种可怕的声音纠缠他:婴儿的啼哭、羊群的低叫、公牛的咆哮和敌人的沉重步伐。在清朗的月夜,一辆野马拉的战车向他冲来,他痛苦地叫出一声"耶稣啊",战车瞬间为大地吞噬。这位圣人祈祷时,裸体的妇人和丰盛的餐桌便出现了,要么有狼和狐狸在身旁上蹿下跳。还有一次他眼前浮现出角斗士决斗的场景,一位垂死的角斗士倒在他脚下,带着哀求的眼神恳请这位圣人埋葬他。邪恶的精灵甚至扮演了折磨人的角色,像辛巴达航海记中的魔鬼那样令人难忘;它跳上屈膝而跪但有点分心的希拉里昂,像骑手那样跨在他背上,戏弄般地把他的脚后跟踢向两侧,任

315

---

① 雅克·卡洛(Jacques Callot,1592—1635年),法国雕刻家和画家,将蚀刻发展成独立艺术。

凭他怎样晃动,就是不下来。

这些遁世者轻而易举地除掉那些诚实地以原形现身的妖魔,如羊人或半人半马的怪兽,它们有时会请求皈依和代祷。关于半人半马的怪兽,圣哲罗姆拒绝评论究竟是伪装的魔鬼,还是沙漠中确实有这种生物;不过,他坚持认为,安东尼见到的羊人是真的,安东尼在去见圣保罗的旅途中遇见这个羊人,它还哀求安东尼代祷。在君士坦提乌斯统治时期,据说沙漠中发现过这种生物,带到亚历山大里亚时还活着,但很快就死在那里,经过腌制处理后被送到安提阿,供住在那里的皇帝御览。此外,圣安东尼的羊人长着山羊的腿和角,因此属于潘神一族(Paniscus);它还具有旧时淫荡之人的钩状鼻子。

经过这样一段时期的折磨,苦修者的生活进入另一个阶段,这个阶段定然让他百感交集。这个需要帮助的世界发现了他,在他身上看到高尚和非凡,把他从荒野中找了出来。他成了一位行奇迹者,不是通过秘仪和幻觉效应,而仅仅通过祈祷。他的灵魂由此受益了吗? 难道不会唤起精神自豪感吗? 崇拜者聚集在他身边,在他住所附近建造棚屋;他一定逐渐把他们视为门徒,在大量来访者看来,很快他就需要助手了。部分违背本愿的是,他很快成为"教父",即主人。在忍受了几十年这种新生活后,安东尼大约于310年逃进沙漠深处,发现了一处可与阿佛洛狄托波利斯媲美的地方,那里有多岩石的山峰,潺潺小溪滋养着一群棕榈树。但是教友还是在这里把他找了出来,他被迫允许其中两人,即佩鲁西安和通事以撒,和他同住。他再次成了大批而不间断的朝圣的目标;异端和正统、罗马高官和异教祭司、健康的和有病的皆蜂拥而至,人数如此之多,以致有人发现,让骆队定期从阿佛洛狄托波利斯穿越沙漠前往他的住所是一桩有利可图的生意。他别无选择,只得在山顶建造一座台阶陡峭、难以接近的小屋,至少可以定期撤到那里。

他生前关心的最后一件事是,埋葬地点要保密,因为附近一位有钱的地主已经在暗中等待他的尸体了,目的是在他的乡村地产上建一座 martyrium,即一座容纳这位圣人墓穴的教堂,可能有商业考虑。两位门徒实际上曾商议此事，显然当着希拉里昂本人的面。

希拉里昂此前已来到埃及，恰恰也是为了逃避蜂拥而来的访客，躲避成千上万进入加沙沙漠以追随他的遁世者的越来越多的关注。他的传记出自哲罗姆之手，是后者最有趣的著作之一，书中非常生动地描写了人群蜂拥而来的起因和方式。在加沙地区及其港口城市马祖马，人们逐渐知道有位神圣隐修士住在沙漠中。一位罗马贵妇带着女仆和宦官前来朝圣，此前她的三个孩子因发热而病倒旅途，希拉里昂被她的眼泪和悲叹所感动，遂来到加沙，在这里将孩子治愈。此后，从叙利亚和埃及来的朝圣者络绎不绝，但他的异教邻居也严阵以待。加沙神庙里的大神马尔纳斯和圣希拉里昂唱起对台戏，这座寻欢作乐的商业城市中开始出现分裂，这要费点心思才能理解。这种分裂主要表现在大批大批的人着了魔，他们常常进入沙漠对这位圣人软磨硬泡，这些人在很大程度上无疑夹在两种真正邪恶的宗教之间，遭分割和分裂，以致得了病。理论上说，受害者意识不到自己已经着魔；根据更老、更一般的观点，妖魔会随心所欲地挑出他要的人和动物，或者会通过巫师的恶意施法进入受害者体内。譬如，希拉里昂有一次不得不去治疗一头着了魔的骆驼。妖魔总被当作另一人，与着魔的人不同，比方说，着魔的人只懂拉丁语或法兰克语，而上身的妖魔却能说叙利亚语或希腊语。它是邪恶的异教众神的化身，当然，在这里通常就是马尔纳斯的化身。在与偶像崇拜的竞争中，希拉里昂曾经偏离原则，用基督教的巫术反对异教的巫术。在加沙的竞技场业主中，有一位担任市政职务的异教徒，是马尔纳斯的信徒，手下有一位巫师，此人可以让庇护人的马获胜，让对手的马放慢速度。输掉比赛的对手名叫伊塔利库斯，是基督徒，他向希拉里昂求助，希拉里昂先挖苦他，问他为什么不卖掉马，再用所得的收入救济穷人。但希拉里昂后来渐渐被此人宁可向上帝的仆人，而不向巫师求助的真心实意打动，同时也考虑到整个加沙的基督教界对异教的胜利，遂递给伊塔利库斯一盆水，让他去喷洒马匹、战车、马厩、驭手和障碍物。比赛一开始，观众就屏息凝视，基督徒的马轻松获胜，连异教

318

徒都不禁惊呼:"马尔纳斯被基督打败了!"这样一来,许多人在这天改宗。希拉里昂还治愈了一位病入膏肓的竞技场驭手,但条件只是让他彻底放弃以前的职业。

正因为这位隐修士变成行奇迹者,虽说多少有悖己愿,所以他也成了一名修道士。那些到沙漠中追随他的人所住的小屋逐渐变成一座修道院,然后他们怀着极大的虔诚接受了他的领导。

埃及有隐修的先例,不仅犹太人中的特拉普提派在玛瑞提斯湖附近过着这种生活,而且还有那些在塞拉皮斯神庙中砌墙把自己封在小屋里的人(参看边页码第 139 页);这在各种形式的苦修主义中是最难的,但是人们将在基督教世界发现这种隐修方式的追随者,尽管人数很少。此外,气候亦使极大的节制不仅成为可能而且是必要的,正如我们会看到的,甚至此地的产业特征也使地产少或没有地产的未婚无产者的生存较为安逸。无数的隐修士同道已经聚集在安东尼曾经呆过的各个地方,安东尼用祈祷、榜样和训诫教导他们,但从不认为,他生活的目的是传给他们一套固定的规章制度,并按照一套既定计划指导他们。这是帕科米乌[①]的工作,他大致生活在 4 世纪上半叶。他年轻时有过短期的士兵生涯,由此得知封闭的纪律的价值,在坦提拉和底比斯之间著名的上埃及塔本纳隐修地区,他把自己的理论付诸实践。甚至在他有生之年,就已经有几千名修道士聚集到这里,他为他们制定的规则在同时或之后兴起的其他隐修聚居地也生效了。在这些隐修聚居地中,最重要的有:墨俄利斯湖(Moeris)地区的阿尔西诺伊(在瓦伦斯[②]时期达上万人之多);三角洲以西的尼特里克或斯克提安(Scetian)沙漠里的定居点;离亚历山大里亚不远的所谓的"荒漠"(Emerica);最后还有散布在整个地中海沿岸和玛瑞提斯湖沿岸的大大小小的修道院,还包括一些在红海沿岸和西奈半岛的修道院。但是,塔本纳超过了所有这些聚居地,在哲罗姆时代,经常有不下五万名修道士

319

① 帕科米乌(Pachomius,约 290—346 年),基督教留院隐修制的创始人。
② 瓦伦斯这里指 364—378 年在位的东罗马帝国皇帝。

在这里庆祝复活节;这些人不都住在中央修道院(*monasterium maius*),他们来自属于塔本纳会众的各个修道院。我们可以看到,并非所有聚居地都位于沙漠中;甚至在4世纪末之前就有了城市修道院,建造它们是与异教残余和异教记忆作斗争的一部分。举例说来,坎诺普斯城的坎诺普斯神庙就被改造成梅塔诺亚(Metanoia,"忏悔")修道院。按照组织来分,埃及的修道机构有一部分是留院隐修院或修道院,即容纳许多修道士的较大的组织;还有一部分是*lauras*,即彼此间保持特定距离的修道群体,因此多少仍然属于隐蔽场所。此时在埃及至少有十万人投身于这种生活方式。我们还开始听说女修道院也和这些修道院一起出现了,其中有帕科米乌的姐姐领导的一座,它早在320年就有了四百位修女。

如此重大的历史现象在民族历史中自有深厚的基础,如果它造成一个民族的消亡,那也只是它衰落的必要形式。在埃及,宗教问题摇摆于极端之间是很自然的。经过艰苦斗争而摆脱狂热的异教后,埃及人并不知道倒退的界限,他们的祖先为各种象征符号所奴役,而他们现在则相信必须以一种类似的方式把生命奉献给新的宗教。因而这种不寻常的苦行僧出现了,这是古埃及精神生产出的最后一件影响世界历史的产品;为了未来的世纪,那种精神现在陷入消极。

帕科米乌为这群人定下的规则乃当务之急,但同时也是迈向外表化和虚伪的第一步;苦修主义如今不再是自由的个人灵感的结果,而是一种习惯法,把成千上万不同的人用相同的惯例永久束缚起来。如果有人想还事实以真相的话,他必须承认,帕科米乌取得了一种低等的平均,他的章程预先假定许多人没有固有职业,必须首先将他们捆绑起来。通过修道院的生活方式来束缚这些人确实有用。随着隐修制兴起,埃及的产业也一定发生了巨大变化。既然修道院不再仅仅用尼罗河的莎草编织篮筐和草席,而是从事亚麻布纺织和皮革鞣制(更不用说其他产品了)这类重要贸易,这个地区的许多工场发现自己处境不妙,因为修道院可以在亚历山大里亚的露天市场上提供价格低得多的货物。在分配任务、安排运

320

输方面，一座大修道院的管理者与大工场主别无二致。尽管有规定，单独居住的修道士仍可以直接销售他们的产品，有时积攒起一笔个人财富。另有一条指导原则规定，修道士工作不是为了提供必需品，而是使灵魂受益，任何额外的收入必须散发给穷人。规定很少讲到农业；另一方面，坐落在尼罗河边的修道院拥有大船，显然是为了盈利的目的。

除去工作，修道士还忙于祈祷、礼拜，并不断经受形形色色的惩罚，这是有意过单身生活所必须的元素。以这种制度的起源和趋势来看，它并不想要文字工作；博学的亚历山大里亚连同其全部希腊和东方的学问真的取得过什么成就吗？修道士追求的目标和理想与异教徒的过度教育和道德败坏比，不啻为两个极端；如果基督教和异教这两个道德世界在其他方面能够相互包容甚至和睦相处的话，至少在这里，它们之间基本而主要的关系是永久而根本的敌对。从过往时代、从象形文字到希腊手写体书稿中传下来的每一行字，都受到异教、偶像崇拜或巫术的污染，因此，剩下来可读的一切（只要允许阅读的话）皆为虔诚的基督教文献，其中一部分就是由这些修道士创作的，或者是从其他语言翻译成埃及语的。对古代艺术的态度和对古代文献的态度没有两样；比如，隐修士阿蒙尼乌斯受到特别赞扬，因为他在访问罗马时，除了圣彼得和圣保罗巴西利卡式教堂，什么都没看。

此外，狭义上的纪律得到周详计划，旨在切断修道士与先前生活的联系，特别是与家庭的联系，然后对他们严加看管，让他们专心其职。否定性条款占据规章制度的绝大部分，给人单调乏味和治安条例般的印象，因而与圣本笃的规章并非没得比。一些条款针对修道院之间的嘲笑挖苦和信口开河，以及彼此间怒气冲冲的敌对状态，很容易让人想起它们所在地区的特征。与之类似，这个并非西部修会的规章要求修道士单独睡在上锁的木质小隔间里，一如刀插鞘中。此外，埃及特色十足的部分是规章所用的语言秘密而玄妙，据说这是天使向帕科米乌及其门徒科尔内里乌斯和西鲁斯建议使用的，（从现存条款来判断）这种语言不过是因袭传统方法，通过字母表里的字母来为单个的物和人命名。据说帕科米乌也依葫芦画瓢，按照能力和品性把他的修道士分为二十四个等级，依次称为 *alpha*、*beta*、*gamma*①……很难相信，一个在其他方面如此务实的人竟会在心理上错成这样。

  理想的基督徒生活当然无法在埃及的隐修聚居地中找到。除了这些聚居地，还有真正的隐修活动坚持了下来，以当时的条件来看，这些活动确实具有很大的合理性。4世纪大部分著名的隐士都在修道院，或者起码在修道群体（*laura*）中生活过一段时间；此前或此后，他们退隐去过更孤独的生活，修道院只给他们送面包和盐。在这里，他们有时也被精神的骄傲、可怕的诱惑和迷狂的热情所感染。苦修在某方面确有生命危险；然而，他们通常非但认为自己很幸运，过的生活很有意义，而且还留下许多深邃、优美的格言，以证明自己的快乐不是错觉，而是长期对崇高事物全神贯注的结果。阿蒙尼乌斯、阿森尼乌斯、埃里阿斯、两位马卡里乌斯，以及其他许多人的名字将永远留在教会的纪念名册上。

  埃及隐修制的第三种形式多少有点声名狼藉，这就是游方僧（Remoboth），他们三三两两地生活在城市和城堡中，没有章程约束，率性而为，因而经常陷入激烈的争斗。他们靠做买卖谋生，由于道貌岸然而比别人收入更高。他们的斋戒被斥责为虚荣自负，据说他们每逢节假日便沉溺于暴饮暴食。

  关于埃及隐修制的后期发展、派别及其对教会大争论的参与，这里不作论述。

  在巴勒斯坦，圣希拉里昂领导的隐修制在经济关系上呈现出不同的形式，因而显得与埃及面貌迥异。农业和葡萄栽培在这里占主导地位。许多修道士甚至保留了个人财产，与雇佣仆人的未婚农场主没多大区别。希拉里昂本人继续生活在未开垦的沙漠中，他对沙漠因为他的存在而变得人口稠密甚感不满。但他的许多道友的葡萄和谷物繁茂的"别墅"定然坐落在更好的地点。随着时间

① 希腊文字母表中的前三个。

推移,希拉里昂的小屋发展成一座修道院;另外,巴勒斯坦的修道士组建起大片分布广泛、联系松散的修道群体(laura)。在埃及,帕科米乌能够召集所有属于他的会众的修道士参加塔本纳的复活节庆典,能够在美索尔月(Mesore,八月)召集所有高级教士和官员参加宽恕庆典;而在巴勒斯坦,希拉里昂不得不定期巡视整个辖区,以监督他的手下。他在两千名修道士的陪同下踏上旅程,这些修道士最初自带盘缠,但后来由沿途的地主供应伙食。因为圣人不愿忽略最偏远、最简陋的修道群体,他经常来到萨拉森人的村庄,在这里开展传教工作。

巴勒斯坦以外,从整个罗马亚细亚一直到萨珊波斯,有证据表明这里从 4 世纪初开始,便出现了个别隐修士,此后不久,又有证据表明这里出现了修道院以及相当于埃及修道群体(laura)的分散的修道机构。后一类有尼西比斯城附近锡格荣山上的隐修组织;这里的修道士被称为牧草修道士,因为他们在用餐时间会拿着镰刀出去割药草,这是惟一的果腹之物。在这些叙利亚修道士中,埃德萨的修道士最早成名,尤其因为他们伟大的能驱妖伏魔的朱利安。就亚美尼亚、帕夫拉戈尼亚①和本都地区而言,严厉的塞巴斯蒂亚城主教尤斯塔提乌斯(Eustatius)是隐修制的主要创立者;就卡帕多西亚和加拉太来说,稍后的大巴西勒是主要创立者,他注定要把永久的形式赋予整个东部的苦修主义。在这些较寒冷的地区,于分散的修道群体中生活实属不易,修道院大多建在城市或乡村。

在气候更温和的西部地区,这种惊人的榜样只是渐渐地才找到模仿者。直到 4 世纪下半叶,修道院才在城市中或城市附近兴起,在地中海的多岩石的小岛上出现,这些小岛原本只用来关押流放犯,现在则满是遁世者。热情的西部人前往东部旅行,为了学习苦修方法甚或为了终身留在那里。即使在城市活动中,男子、童贞女和寡妇持久地投入一种生活,其严格与虔诚只有修道院中的生活才能相提并论。这是图尔的圣马丁、圣安布罗斯和圣哲罗姆的时

324

---

① 帕夫拉戈尼亚(Paphlagonia),小亚细亚北部地区,在黑海边上。

代，他们了解并且描绘了整个运动的黑暗面和光明面。我们在谈罗马和巴勒斯坦的时候将会简要提到这点。高卢很快就有了即使没有超过东部至少也能与之平起平坐的胜利感觉。

对隐修制和整个苦修运动的道德、宗教价值及其历史必然性做一般讨论，在这里是多余的。有关这个主题的各种观点必然永远针锋相对。一种思维方式总会憎恨生活中和历史上的这些东西，并由此反对它们；而另一种思维方式将喜爱和赞扬它们。但是，如果谁想站在基督教立场上与那些沙漠中的古代英雄争论，他必须当心，防止自己的推论前后不一致。代人悔罪的教义尚未出现，故苦修者只代表自己而不代表别人。苦修者当时仍然认为悔罪不会带来更多拯救，与任何别的善举没什么不同；尽管如此，他还是努力奋斗，彻底摒弃一切感官的、世俗的东西。为什么会如此严格呢？因为如果一个人认真恪守《新约》中的某些话，并且拒绝对字面意义妥协，就不会与外部世界发生任何联系。只要基督教存在，就会有无法绕开此类严格解释的社团、教派和个人。

第十章 宫廷、政府与军队；君士坦丁堡、罗马、雅典与耶路撒冷

君士坦丁常常说："当皇帝乃命中注定，但假如命运的力量已经将统治重担责无旁贷地强加给某人，那么他必须力争显得无愧于最高权力。"

综合各方面考虑，君士坦丁其实比任何同代人和同僚更适合当统治者，尽管他滥用起权力来有时也显得很可怕。没有人质疑他有资格获得"大帝"头衔，虽说溜须拍马者代不乏人，但拥有这个头衔的人却屈指可数。在这一点上，基督教作家无节制的赞美并非决定因素；真正起决定作用的，反而是君士坦丁对罗马世界施加的强大影响。这个世界先是被他征服，再顺从于一种新宗教，并且在一些非常重要的方面重新组织起来。才能的如此展现让罗马人有充分理由称他为"大帝"，即便他做的一切都可以被证实为有害。倘若生在一个没这么非凡的时代，君士坦丁就算具备同等天赋，也很难获得如此重要的历史地位；他会不得不满足于获得普罗布斯或奥勒良那样的名声。但正如他自己所言，由于"命运的力量"将他置于两个世界纪元的边界之上，又赐予了很长的在位期，他的统治才干才有可能呈现得如此丰富多彩。

但眼前的任务不是复述他的生平；我们也不用理会中世纪流行
的那个纯属虚构的英雄形象，比方说，他所谓的在罗马接受西尔维斯特教皇的洗礼，他将意大利作为礼物赠给教皇等等。正如前面章节只对他同王权和教会的关系作了必要勾勒一样，他统治的其他方面亦可只作简单交代。至于所涉及的大部分问题，历史评判

无论怎样都不会统一，甚至事实本身也常常有争议。

这种情况首先表现在宫廷礼仪和宫廷要职的完善发展方面。所谓的《百官志》(*Notitia Dignitatum*)是一份关于宫廷和国家的列表，来自5世纪初，它列举了一套详尽的宫廷和国家的分级官阶，其形式定然大部分来自君士坦丁，尽管事实已不可考。不过，许多宫廷要职肯定在戴克里先统治期间，甚或在早得多的哈德良时期就已经出现。由于我们没有这一过程的详细记载，这份清单中的一个方面看上去令人惊讶：专制统治在展示排场的同时又显得一本正经。在我们原本预计只会看到"皇帝的"字眼的地方，却出现了形容词 *sacer*（神圣的）；例如，好些头衔中提到的 *sacrum cubiculum*（神圣的内殿），指的就是"皇帝的内殿"，等等。不过，为了得到定论和确切的宫廷仪式，我们理应了解众多官职中，哪些需要真正到任，哪些只是徒有虚名。即便在今天，有的宫廷实际上规模不大，靠精打细算度日，但还是分封了过多荣誉头衔。

罗马世界当时是如何对这些作为地位象征的头衔司空见惯的，这可以从一些常见的荣誉称号中一窥端倪，如 *illuster*（显赫的）、*spectabilis*（非凡的）、*honoratus*（可敬的）、*clarissimus*（最杰出的）、*perfectissimus*（最完美的）、*egregius*（更辉煌的）[1]。还有一些称谓，如 *amplitudo*（伟大）、*celsitudo*（崇高）、*magnitudo*（慷慨）、*magnificentia*（庄严）、*prudentia*（明智）等等，则部分属于某些官职的固有特权。这些革新的意义在说到戴克里先时已简要提及；在此我们同样可以推断，统治者与其说是出于一时冲动而实施革新，不如说只是在确认从时代精神中产生出来的惯例，并将之提炼为形式与规则。君士坦丁其实充分意识到这些革新的性质；"他发明了各种名誉头衔"，尤西比乌斯说，"以便优待尽可能多的人。"

此外，常常运用和扩展廷臣的特权，必然会逐渐产生新的世袭

327

---

[1] illuster 用于最高等级的元老，spectabilis 用于次高等级的元老，clarissimus 用于普通元老；perfectissimus 用于最高等级的骑士，egregius 是普通的骑士称号；honoratus 指罗马社会自共和早期以来就有的高等公民。

贵族。他们不仅逃脱了整个压迫性的税收体系和自治市的困苦窘迫，进入更高贵体面、改头换面的领域，还可以不受普通百姓难以避免的 *calumnias*（诬告罪）的伤害。他们的特权不仅自己享有，还可延及子孙，即使退休了，依然有效。元老世家已经是享有世袭免税权的贵族阶层；现在一切表明，由廷臣（*palatini*）和高级官员构成的第二个贵族阶层出现了。

但至少就君士坦丁本人而言，他有能力协调好这些事物。他的宫廷是非常滑的地板，任何人站在上面，必须谨防跌跤。皇帝身边有一群"朋友"、"知己"、"心腹"，他们的头衔形形色色。他不属于矜持内向、沉默寡言的专制君主。在不断"阅读、写作和思考"的同时，他还感到有必要拥有豪爽开朗的性情。但这并不排斥极端的反复无常和老奸巨猾。在这方面，他的某些特征奇妙地融合了忠实与欺骗、好交际的合群与诡诈的利己；在君士坦丁这类专制统治者身上，后一方面特征通常被包裹在"国家理性"的外衣之下。因此我们看见，君士坦丁先是怎样提拔"朋友"，让他们富有，甚至允许他们侵吞国库——这种弊政就连尤西比乌斯也为之深深叹息，并被阿米亚努斯当作帝国的毒瘤。但接着，突如其来的大灾难必定常常震动了整个宫廷；"朋友"遭处决，（我们大胆地断言）他们的财产被充公。或许上文提到的皇帝的那些说教是警告预示，甚至是近在眼前的定罪预告；小心谨慎之人会接受警告。即使在谈话中，君士坦丁也是讥讽多于和善的（*irrisor potius quam blandus*）。325年公布的法律，语气尤其咄咄逼人："任何人，无论来自何地、处于何种社会地位或等级，只要有把握证实朕的任何一位法官、高级官员、朋友或廷臣的不轨不公之举，皆可前来向朕申诉，而无需害怕；朕会亲自聆听和调查他的诉状，若情况属实，朕将亲自报复……；朕将向原先以伪善的无辜欺骗朕的人复仇。但谁提供消息和证据，朕将以要职和财产嘉奖。因此，愿至高无上的神明始终恩典朕，为了国家的福祉与繁荣保佑朕。"是否有人留意这份暴烈的邀请，我们不得而知，因为整个宫廷内部的历史隐没在黑暗之中。不管怎样，情况没有获得改善；甚至在君士坦丁生命的最后十年，有人还因为他无节制的铺张浪费而嘲笑他是"孤儿"（*pupillus*），意即他需要一个法定监护人。整个局势中有令人困惑不解之处。在此，我们看到一位不知疲倦、精力旺盛的独裁者，他决不允许宠臣当朝，但却容忍甚至鼓动这类事态发展，然后突然以可怕的惩罚中止它，接着不时为自己的轻率懊悔，再为被他处决的人建造雕像，就像曾经发生在被谋杀的克里斯普斯身上那样。对于这一举动，我们感到要么出自精心策划，要么出自冲动无常的个性。我们对君士坦丁所知甚少，无法确定到底是哪一个，而情愿认为两种动机皆有，如同上文表明的。一个人只要务实一点，并有一定想象力，即可根据关于克里斯普斯、海伦娜、禁卫军长阿布拉维乌斯、篡位者卡洛凯鲁斯和当然继承人达尔马提乌斯的零星传闻，轻而易举地创作出一部宫廷传奇。这部传奇很可能非常有趣，但从头到尾没有一点真实。不管怎样，人们普遍确信，他在最后十年里再也不是早年那个精力充沛的君士坦丁了。在儿子们的统治下，宫廷彻底腐化堕落，阿米亚努斯为此提供了非常充足的证据。

329

至于肯定与宫廷其他事务紧密相关的财政状况，在此略过，因为缺乏基本资料。譬如，我们不知道君士坦丁推行的新税从整体上说是善举还是负担。罗马帝国资产负债表的真相至今是个谜，这一时期的也不例外。正如已经注意到的，君士坦丁所继承的体制里有许多毛病。在可能由他添加或发展的因素中，国家垄断了大批工业部门并通过农奴榨取利润，这点绝对有害。但我们切莫忘记，现代经济理论只是近来才否定了这些以及类似的沉重压迫。征税方式，尤其是地方市议会成员所担负的地区税收之责（参看边页码第 65 页），也许比国家本身的贪婪还要糟糕。君士坦丁的一系列法律展现出，人们是通过怎样绝望的手段来逃避担任市议会成员的——同女奴结婚，逃进军队，升入元老院，迁移到催逼没那么严重的城市，隐姓埋名地生活，后来干脆逃往野蛮人那里。在短期内，成为教士阶层的一员提供了安全保障，但教士人数的激增导致了突然的禁令。国家成天忙于杜绝对税收责任的规避。随着地方上的基督教会被授予市政财产，地方萧条更加严重了，至少在某些例子中肯定如此。

对于帝国的新划分,这里也只能一笔带过。现在,戴克里先的十二个大区(dioceses)和一百多个行省被组合成四大辖区(prefectures)。如果粗浅地考虑,可以同时举出多个理由来赞成与反对这一划分。在具体情况下,这些理由是否真正符合君士坦丁的动机,则另当别论;他推行如此大的变革,当然不可能仅仅出于没来由的革新欲望。可以想象,这一划分必然使官员数量大大增加,但我们无法轻易洞悉这一增长在多大程度上是无用并带有压迫性的。只要对这些官员的职责、行为与报酬不太了解或完全不了解,只要不知道其人数在总人口中的比例,我们就没有充分根据对这一问题作出评判。许多有权有势的官员在君士坦丁时代很可能邪恶而腐败,与这个时代之前和之后没什么两样。

然而,非常清楚和最重要的是,民事权和军事权分离了。原来的 *Praefecti Praetorio*(禁卫军长)以前还是首席大臣并时常支配皇帝,不错,他们是保留了头衔,但从今往后只是四大辖区——东方、伊利里亚、意大利和高卢——的最高行政长官;这一头衔的重要性完全改变了。就军事事务而言,如今有两位高级将领,*magister equitum*(骑兵长)与 *magister peditum*(步兵长)。出现两位将领且他们的职责不是按照地域而是按照骑兵和步兵划分,这个事实展现了隐藏在变革背后的深层意图;只要没有另外一人响应,任何篡位的念头都将困难重重或徒劳无功。将民事和军事管理全面分开得到始终如一的贯彻;诸如代执政官(proconsul)、代大法官(propraetor)、指挥官(rector)等危险的行省高官,过去在自己统治区域内握有军事指挥权,只与手下的副官(legate)分享,如今他们不再让统治者忧虑了。就帝国命运而言,假如君士坦丁家族没有用家族内部的暴行来取代已经停止的将军篡位的话,那么这一分离的效果将会更加显著。

从军事事务本身来考虑,普遍认为,尽管皇帝的军事天赋毋庸置疑,但君士坦丁的统治标志着退步而非进步。解散禁卫军却是例外,这从戴克里先时期就开始了,在战胜马克森提乌斯之后最终

第十章　宫廷、政府与军队；君士坦丁堡、罗马、雅典与耶路撒冷

完成；这件事完全出于政治需要，帝国没有禁卫军不会有什么大损 331
失，这些人作为个人是英勇的，作为政治力量却有害。新的卫队顺
理成章地组建起来，这就是 *palatini*（皇家卫队）。剩下的军队以前
归在军团、辅助军等名称下，现在显然按照营盘被划分成
comitatenses（野战军）和 *pseudocomitatenses*（边防军）①，前者驻扎在
内陆城市中，后者主要由驻扎在边境上和边境要塞中的部队组成。
异教徒左西莫斯彻底清算了君士坦丁的过错，以此结束对他的生
平的记述，他尖锐批评驻扎在大城市里的野战军，理由是边境上的
防卫被剥去一半，以致向蛮族大开门户，而城市受到不必要的痛苦
压榨，军人自己却学会从剧场和锦衣玉食中找寻乐趣。他接下去说，
在戴克里先统治下，帝国的防守截然不同，所有部队驻扎在边境上，
因此任何蛮族进攻都可及时击退。对于这一指责的正当性，既不能
无条件接受，也不能无条件否认。也许大城市同样需要防卫。君士
坦丁在晚年是否真的如此好逸恶劳，以致他和军队在区区几百个泰
法勒人面前逃之夭夭，像这位作家报道的那样，是非常值得怀疑的。
至少，在去世前不久，他还为针对波斯人的战争做了大量准备工作。

　　罗马军队日益蛮族化，这是内陆地区人口减少，以及作为补救
措施而实施的蛮族定居境内的必然后果。此外，因为招募雇佣军，
边境外的自由人也一定被夺走他们当中最尚武的年轻人。法兰克
人定然尤其在军队中占据重要位置；至少后来在君士坦丁王朝的
统治下，宫廷中能够听见法兰克军官的声音。保全国家优先于保
全罗马的民族性；即便在民族问题上，当时可能仍然希望，合并进
来的蛮族因素能够逐渐被控制和同化，就像在共和国和帝国初期 332
的早期征服中曾经出现的那样。

　　君士坦丁是否真的偏爱蛮族人，又在何种意义上偏爱，这些是
无法确定的。人们指责他是首位任命野蛮人为执政官的皇帝，但
缺乏详细证据。在他统治期间，执政官记录几乎无一例外地显示
出罗马本地贵族的姓名——除了皇室人物频繁出现之外。他的确

---

① 　pseudocomitatenses 特指边防军（lim tanei）中等级最高的军团。

301

将国家的其他要职授予蛮族,可以确信,这些绝不是他最糟糕的任命。在战场上,他从手下获胜士兵那里赎取被俘的敌方的蛮族士兵,人数达数千人之多。可以设想,他曾大胆考虑过这种可能性,即用蛮族来充实衰竭的罗马帝国,甚至将他们变为一个统治阶层,而他依然高高在上地控制着最高权力;我们自然别指望获得有关这点的明确声明。不过,对罗马本质特性最强有力的否定,并不体现在与非罗马人的关系中,而在于博斯普鲁斯海峡上新罗马的建立。我们现在必须来谈谈这个新罗马。

在当时的环境下,建造一座新都的目的何在?

它牵涉到的远不止君主驻地的改变。时人可以预见,皇帝住处将频繁更换,这种情况要持续很长时期,取决于几个边境上处于和平还是战争状态。即便非同寻常的休战在君士坦丁统治时期占据上风,但 4 世纪他的继任者事实上几乎使用不到新首都及其壮观建筑。此外,假如仅仅改变驻地,将会产生大不相同的一面;君士坦丁可以像戴克里先在尼科美底亚做得那样,在拜占廷建造一座新宫殿,并将这座城市装饰一新,有必要的话甚至可以筑起防御工事,然后将它留给继任者,再到其他地方做一些类似的事。如果是这样,最大的好处是中央政府凭借这座城市无与伦比的地理位置而获得军事安全保障。

然而,由于我们无法确定君士坦丁最深层的政治谋划,整个选址问题变得极其复杂。他付出血流成河的代价以重建帝国统一,然后自己又不可思议地将之分割。在为新首都奠基时,他是否已经拿定主意?我们永远不得而知。这位世界统治者无法操纵和确保自己王朝的命运,因为这里的人都残暴不仁。帝国和君士坦丁堡最终会由谁来继承?这个问题他不得不听从命运的安排。

地理位置的考虑通常被当作首要因素,但绝不能估计过高。比起罗马来,拜占廷确实离受到威胁的边境近许多,可以在此充分监视多瑙河与本都的哥特人和波斯人。但就算对他们的战役获得全胜,也不意味法兰克人和阿勒曼尼人的问题得到妥善解决,从而可以把遥远的莱茵河边境视为坚不可摧的屏障。此外,严格讲,这个首都是否处在帝国最危险的地区之内,即处在哥特人的船队就在几十年前还在从事海盗勾当的那个地区,也是一个问题。不错,这个城市现在得到如此加固,以致在九个世纪里,尽管侵略者掀起阵阵攻势,但都被它的城墙挡了回来。

除了易守难攻的军事位置,拜占廷的地理重要性还体现在另一方面。让我们回想一下所谓的"伊利里亚三角",即黑海、爱琴海和亚得里亚海之间的大块陆地.在公元3世纪扮演的角色。它的将军和士兵拯救并统治了帝国.君士坦丁家族也来自这里。这个三角如今可以要求皇室驻地就放在这里,于是君士坦丁堡首先被确定,成为伊利里亚的无上荣耀。这种解释得到索纳拉斯一段记载的证实,他告诉我们,君士坦丁原先考虑过一个深陷内陆的城市,即萨蒂加(今保加利亚境内的索菲亚);只有考虑到帝国境内某一特权民族,才会做此提议。

334

但君士坦丁堡无论坐落在哪里,都不仅仅是皇帝的住所,也展现了国家、宗教和生活的新面貌。其建造者无疑充分意识到这点,他必须选择一个不受传统羁绊的中立点。无论配不配,历史已经给他的功绩盖上伟大印记;在这座"君士坦丁的城市"里,历史发展出将教会与政治融为一体的独特精神,以及独树一帜的文化,即拜占廷文化,无论人们喜不喜欢.都必须承认这是一种世界潮流。其顶峰是专制主义,它随着教会统治和世俗统治合为一体而得到无限巩固;它强行用正统观念取代了道德规范;用虚情假意和矫揉造作代替了对自然本能恣意忘情的抒发;面对专制主义,出现了假扮贫穷的贪婪和深藏不露的狡诈;至于宗教艺术和宗教文学,则不断重复陈旧主题,顽固得简直难以置信——总而言之,其大部分特征让人想起埃及宗教,它最大的特色与埃及宗教一样,那就是经久不衰。但我们还是不牵扯后来的历史观察,而只涉及初始阶段。

人们认为,君士坦丁对罗马抱有确定无疑的厌恶,罗马人也以抗议君士坦丁之无视异教仪式来挑起或者回报这种厌恶。但这种解释站不住脚。自君士坦丁时代以来,人们就已清楚认识到,罗马不再适合作为皇帝住处，帝国也有分割的必要。对罗马极为不利的是，像马克森提乌斯这样的过渡性统治显示出，当皇帝们远在东部和北部之时，如果滥用世界霸主这一高贵而悠久的名称，将会带来多大的危险；但在禁卫军解散之后，君士坦丁知道再也不必担心那里会出现严重事端了。也不再有人真的指望他会住在罗马。帝国最高事务的中心早已迁往戴克里先的办公地，因此通常在尼科美底亚。后来，像东部的李锡尼那样，统治西部的君士坦丁只是定期造访罗马，而主要逗留在高卢和军队驻地。但也许在打败李锡尼之后，他没有理由拒绝东部（不包括伊利里亚的特殊要求）享有建都的特权，正如他似乎在其他重大事务上也顺其自然一样。或许，伴随李锡尼垮台而产生的不为人知的个性发展，也是他作此选择的一个因素。

最后，渴望大兴土木是许多伟大君主最突出的天性之一，而君士坦丁酷爱此道。就权力的外在象征而言，没有什么比令人过目难忘的建筑更牢固的了。此外，以巨大投资迅速完工的建筑，本身就是这位统治者富有想象力的外在表现，在和平时期还是对其他活动的替代。对君士坦丁来说，一座新城可以作为一个新世界的典范和榜样。

新城动工之前经历了种种非同寻常的决定和磨难。除了萨蒂加，皇帝还留意过帖撒罗尼迦，以及博斯普鲁斯海峡靠亚细亚这边的查尔西顿。不过，最早的决议是除古代特洛伊地区之外不作他想，埃涅阿斯当年正是从这里迁徙到拉丁姆，由此开始了罗马城的建造。较之于怀有类似打算的恺撒与奥古斯都，君士坦丁身上同样找不到思古之幽情。当然，具有一定异教迷信的基础是一个考虑因素，我们已经看到这位皇帝无法不考虑这些因素。伊利乌姆①是罗马人神圣而古老的居住地；通过一些我们再也无从知晓的神谕，罗马人得到指示，有朝一日把他们的统治处所重新迁回伊利乌姆。君士坦丁亲自前往这一著名战场，人们千年以来一直在此向

---

① 伊利乌姆（Ilium）即特洛伊城的别名。

荷马笔下英雄的坟冢献祭；在埃阿斯①墓前，即当年希腊人露营处，君士坦丁亲自为未来城市的轮廓作记号。城门建好后，一天夜里，上帝向他显身，建议另选一处地址，这才选定拜占廷。一个世纪以后，途径特洛伊的航海者仍能看见君士坦丁留下的未完工的建筑。如果读者想从这件事中看到皇帝身上异教和基督教成分之间的冲突，无人可以驳斥这种想法。可以料想，当君士坦丁专心致志于本质上是异教的仪式和神谕时，宫廷教士已经动用了一切反对手段，蓄势待发。

336

君士坦丁堡的奠基也不是一帆风顺，没有受到类似干涉。对此，索纳拉斯和凯德兰努斯②会反驳，老鹰从查尔西顿抓取测量卷尺和建筑石块，又飞越博斯普鲁斯海峡，把它们运到拜占廷来新修建筑；好几个相似的细节说明当时的人需要赋予重大事件以神奇内涵。为了帝国的异教民众，君士坦丁不得不沉溺于迷信，显然他自己无法完全摆脱它。他本人就这件事的表态是一神论的，但意思含糊暧昧："我们已经遵照上帝之命，赋予这座城市一个永恒的名字。"这个永恒的名字是什么？显然不是"君士坦丁堡"，或许甚至不是"新罗马"，而是"Flora"或"Anthusa"，意为"繁盛的"，这是祭司用来称呼罗马的神秘名称。但指定这个名称的上帝几乎不可能是基督徒的上帝。后来的编年史为皇帝穿凿附会的梦境——一个衣衫褴褛的妇人向他讨要衣物——也不带任何基督教特征。

西墙在 11 月 4 日正式奠基，年代是第 276 个奥林匹克周期的第一年，即公元 326 年，当时太阳位于人马座，但由巨蟹座决定时间。就在前不久，众望所归的继承人遭处决，皇后或许也被处死③。正是在这段时期内，君士坦丁同新柏拉图主义者索帕特（参看边页码第 292 页）过从甚密，我们还发现索帕特作为 *telestes*（施法术者）

---

① 埃阿斯（Ajax），特洛伊战争中的希腊英雄，曾战胜赫克托耳，并在夺回阿喀琉斯的遗体中立功。

② 凯德兰努斯（Cedrenus），11 世纪中叶的拜占廷历史学家。

③ 指克里斯普斯和他的继母芙丝塔。

337　出现在奠基仪式上；也就是说，他做了某些象征性举动，旨在通过巫术保佑新城的命运。除索帕特以外，史料还提到祭司普瑞泰克斯塔图斯，他显然是来自罗马的祭司。稍后有传言说，在君士坦丁堡广场支撑这位建城者雕像的斑岩柱下，放着他从罗马窃取来的帕拉斯神像。这才是真正的 *telesma*（法术），就像古代为了防止瘟疫和祈求好运常常实施的那些；譬如，泰安纳的阿波罗尼乌斯以前就在拜占廷利用这类手法，防止里库斯河泛滥，消灭传播瘟疫的跳蚤蚊子、马身上的蠓蚋以及类似的害虫。

　　拜占士①的城如今不再为此类鸡毛蒜皮之事牵肠挂肚，而是放眼与自己息息相关的世界命运。现在，人们对这座城市的古老历史兴趣高涨，许多古老的神话和神谕经过重新解释与这里联系起来，一切似乎充分预示了即将实现的伟大未来。拜占廷以前就引起世人瞩目，因为它曾在塞普提米乌斯·塞维鲁和伽列努斯统治下遭受浩劫，在英勇防卫前者时所遭的罪尤其严重②，但两次它都精力充沛地恢复过来。如今，它被指定为世界的主人。

　　我们不打算描绘这座古城或新城。这项壮举中那些有君士坦丁自己风格的细节，才需要简单提一提。

　　他亲自手持长矛，指出环绕城墙的轮廓。有关当时情形的一个传说或许包含了真实的内核。随从发现他走得太远了，其中一人斗胆问："还有多远，陛下？"他回答，"直到走在我前面的人停下为止"，仿佛看见某位神灵在前面领路似的。不难想见，他发现这种回答很管用，如果其他人相信或者假装相信这类怪力乱神的话。我们无法确定余下的仪式是否仅仅重复了罗马城奠基典礼上出现的仪式，普鲁塔克在《罗慕路斯传》第11章中描绘了后者。

338　　将近4年之后，在公元330年5月11日，紧接着卷土重来的盛

① 拜占士（Byzas），传说中最早（公元前656年）建立拜占廷城的希腊航海家，被当作海神之子。
② 指公元194年，塞维鲁为报复该城居民支持其政敌尼格尔而几乎将它夷为平地。

第十章　宫廷、政府与军队；君士坦丁堡、罗马、雅典与耶路撒冷

大仪式与奢侈铺张的竞技比赛,举行了新都落成典礼,它被命名为君士坦丁堡。有关君士坦丁把此城献给圣母马利亚的说法肯定系后人杜撰。应该说,他首先将它献给自己和自己的荣耀。这座城市的名称和它的一砖一瓦让人想起他的名字,许多宏伟的纪念建筑是特地献给他的,但这些对他来说还不够;在每年纪念城市落成这天,一座表现他右手托举城市守护神命运女神(Tyche)的巨大镀金雕像,会由一支手持火炬的队伍护送,庄严地穿过圆形竞技场,这时,在位恺撒需要从座位上起身,在君士坦丁和命运女神的像前拜倒。民众逐渐开始膜拜上文提及的、带有君士坦丁巨型雕像的斑岩柱,在前面点蜡、烧香和立誓,对此谁能阻止呢?阿里乌派的菲洛斯托吉乌斯[1]不顾所有抗议,还是为此谴责基督徒,他很可能是对的;因为,在这位世界的主宰以这种榜样来指明道路的地方,基督徒和异教徒无须迟疑,都去神化他,甚至在他尚在世的时候。

同样精神还体现在新城在接纳被强行迁来的人口和被赐予特权的方式中。它要与罗马平起平坐,这点被理解得相当表面,因此,它获得同样的制度、官员和特权;它甚至也拥有七座山丘,像罗马在台伯河沿岸拥有的那样。最重要的是,它必须有元老院,即便没人知道原因;宫廷最多需要一些充当仪仗队的群众演员。少数罗马元老确实因为宅第庄园等物质利益的驱动,而在君士坦丁堡定居下来;倘若后来一个传闻是真的话,那么这是通过精心的盛情款待实现的,因为皇帝在博斯普鲁斯沿岸为他们建造的别墅与宫殿仿效了罗马,其惟妙惟肖令他们惊讶不已。他还为他们建造了一座宏伟壮丽的元老院会堂;不过,无论是曾经矗立在赫利孔圣山上的缪斯群像,还是如今装点这座建筑入口的多铎那的宙斯像与罗得岛的帕拉斯像,都改变不了这一新机构的无足轻重。

除廷臣、军官、文官和元老之外,新城市同样需要与之匹配的民众。在新城落成那年,圣哲罗姆特别提到:"君士坦丁堡落成了,

339

---

[1]　菲洛斯托吉乌斯(Philostorgius,约368—约439年),拜占廷历史学家,著有《教会史》。

就在几乎所有其他城市被剥削殆尽之时。"这主要指的是人口。无论君士坦丁是否利用李锡尼东部被征服之后的衰败以强制移民，还是通过其他手段把平民百姓引诱到皇室驻地来，总之，他达成所愿。这一愿望用异教徒尤纳皮乌斯现实但不友好的话来说就是："从被征服的城市里，他带来平民百姓，将之聚集在拜占廷，这样，众多酒鬼就可以在剧场里轮流为他鼓掌，并吐出喝下的葡萄酒。他喜欢这群神志不清的人欢呼喝彩，也乐于听到自己的名字被他们叫喊，这些人要不是必须天天喊的话，根本记不住任何名字。"伟大人物的虚荣心以及他们对赞美的渴望，总是难以琢磨的问题，如果我们没有一手资料的话。就君士坦丁来说，许多作家注意到，惊人的虚荣与盛大的排场很可能带有清醒的政治目的。毫无疑问，他内心鄙视君士坦丁堡人。

但哲罗姆的话还有另一层意义。帝国定然多多少少为建造新城的开销而苦恼，据说君士坦丁花掉的钱相当于今天的六千万法郎——这一估算明显过低而不是过高，假如我们考虑到新建筑的体积和造价的话。谷物、葡萄酒和油的配给构成持续沉重的负担，这种配给在 332 年之后定期发放，如果少了它，庞大的人口简直无法生存。尤纳皮乌斯抱怨道，埃及、小亚细亚和叙利亚的谷物运输船只加在一起，也填不满这群乌合之众的肚子。在尤纳皮乌斯写下这段话的 5 世纪，君士坦丁堡的人口已经超过了罗马。

340 最后，帝国的许多城市被夺走艺术珍藏，这对于受过希腊教育的人来说总是一段痛苦经历。我们已经提到过抢劫和熔化稀有材料制成的雕像；除此之外，为了装饰这个新首都而犯下的艺术盗窃堪称整个历史上最可耻、最猖獗的。君士坦丁在此既非异教徒亦非基督徒——因为通过把神像偷运到拜占廷，他同时冒犯了两种宗教——而是一个追名逐利的自私强盗。对于古代艺术的爱好者来说，没有什么比阅读君士坦丁以来的拜占廷艺术品清单更悲哀的了，尤其是如果他还能记得它们最终在第四次十字军东征中毁灭的话。譬如，当尤西比乌斯提到皮索斯和斯明索斯的阿波罗，当我们在其他地方读到萨摩斯的赫拉、奥林匹亚的宙斯等雕像时，其所指未必就是正在讨论的雕像的原作；不过任何希腊艺术品的丢失都是无可挽回的，而上述那些雕像的原作无论如何是消失了。将风格不协调的作品堆积在一起，比如圣索菲亚教堂门前那些427年的雕像，必然产生粗糙生硬、令人反感的效果；在某些例子中，雕像的性质被改造得相当粗野，例如，君士坦丁将他丰满的头像树立在一座巨型阿波罗雕像上，以便在前面提及的高大斑岩柱上展示。在从罗马带来的东西里，就有许多历代皇帝的雕像。也许事出意外，其中包括一尊马克森提乌斯的像，当新首都的异教徒或许出于政治原因而向它表示崇敬时，据说君士坦丁下令将这尊像移走，并处死那些崇拜者。不过，数量多得多的作品来自希腊和小亚细亚西部。从前，罗马总督与皇帝也曾劫掠过同一地区，这情有可原，因为从历史上看，罗马及其文化的完善和改观都有赖于希腊艺术；但拜占廷却希望吞没一切美的东西，仅仅为了不让行省拥有它们。除了挖空心思地编造各种迷信解释和奇闻逸事，除了鹦鹉学舌地模仿古代的格言警句，拜占廷真不知道还有什么方法可以向这些雕像致敬。

341

君士坦丁堡的一些建筑同样部分地靠抢劫建造起来，尤其是抢劫附近旧建筑的石柱，我们对此没有概念，尽管在这一问题上资料相对充足。当时，建筑风格正处于危机时期。拱形结构及其相对新颖的固定构造，正在同早期希腊神庙建筑的退化萎缩和效果不佳的形式作殊死搏斗。君士坦丁时代的建筑必然以奢华为主导风格，绚丽奇特兼而有之。圆顶、壁龛、圆厅、稀有镶嵌物、镀金术和镶嵌画构成这一华美而繁复的建筑群的要素。君士坦丁本人的急功近利清楚体现在施工仓促和结构设计欠缺上，他自食其果，好几座建筑很快倒塌，还需要大规模维修。

除众多宏伟教堂之外，君士坦丁的建筑还包括两座确凿无疑的异教神庙。附属于圆形竞技场的一座献给狄俄斯库里兄弟，即献给卡斯托耳和波吕丢刻斯；另一座是命运女神庙，即这座城市守护神的圣所。我们已经提到，圆形竞技场每年要举办纪念落成庆典的游行，人们在这里抬着右手托举命运女神小像的君士坦丁雕像。除此之外，文献还提到这位女神的其他几尊雕像，其中一尊是从罗马带来的。显然,盗取这尊神像不仅仅是一种象征,它意在为世界统治权的转移烙上神秘印记。实际上,皇帝作出显著努力,试图清除命运女神身上纯粹的异教趣味。例如,她的前额被粘上十字架,而在 330 年盛大的落成纪念庆典上,向命运女神的祈祷与 *kyrie eleison*① 奇异地交织起来,但本质上的异教情感继续起主导作用。一个命运女神的护身符甚至被粘在公开展示的十字架上。在当地里程碑的装饰性结构上,可以看到君士坦丁和海伦娜的雕像,两人共举一个十字架,十字架中间可以看到一条链子。据说这条链子具有神奇魔力,能保佑"新罗马"战胜所有民族,不怕一切敌人的进攻;同样,它也被称作这座城市的命运女神。全部装饰有可能是晚近才加上去的,而链子的重要意义只存在于拜占廷人的想象之中,但君士坦丁定然通过自己的神奇手段让这类传说有了兴起的机会。

信奉基督教的廷臣和教士的反应将被顾及,就像我们在谈到索巴特失势和被处决时暗示过的那样。就在举行落成典礼前不久,又传出另一位异教哲学家遭厄运的消息,此人叫卡农纳瑞斯。他在公共场合向皇帝大声呼吁:"不要将你自己凌驾在我们祖先之上,因为你已经使我们的祖先[换言之,祖先的习俗和宗教]变得一文不值!"君士坦丁让这位哲学家到自己跟前来,告诫他停止异教宣传,但卡农纳瑞斯喊道,他愿意为他的祖先死,于是被斩首了。

我们现在将视线从这个自命不凡的新都会转到那座旧都会上。

罗马保留了一个优势,这在当时可能并不显得特别重要,即其主教凌驾于帝国所有教士之上,享有世所公认的优先地位。当时的人还想不到,在远离拜占廷皇帝宝座的地方将会出现一个西部大祭司的王座,也想不到这里的教阶制有朝一日会在罗马成了全新精神世界的中心,却在君士坦丁堡因世俗统治权而黯然失色,在安提阿、耶路撒冷和亚历山大里亚则因异端和伊斯兰教的弯刀而受到削弱。君士坦丁与罗马城社团的私人关系非常暧昧。他所谓

---

① 弥撒的慈悲经的起始句,意为"天主,矜怜我等"。

的赠礼纯属子虚乌有；他献给教会的建筑和礼物在图书馆馆长阿纳斯塔修斯①笔下奢华得令人难以置信，其实不过如此。这引发了关于皇帝是否慷慨的一些疑问。最后，他所谓的在拉特兰洗礼堂接受西尔维斯特主教施洗不过是传说，出自想要用正教施洗牧师取代阿里乌派的尼科美底亚的尤西比乌斯的一厢情愿。在阿里乌派引起的冲突中，罗马主教辖区无法置身事外，只得保持仅仅充当旁观者和仲裁者的立场。后来它同样发现自己已被深深卷入教会的这场政治风暴。只是渐渐的，它才成了世界性力量。 343

　　就眼前来说，罗马当地占绝大多数的异教人口在教会眼中是重大障碍。在整个4世纪，这个古老大都市的面貌依然以异教特征为主。

　　甚至外在的建筑也是如此。经过一段长时期的破坏和随后持久的重建，基督教的罗马连同其长方形教堂、牧首制和修道院才能从帝国时期的罗马城中出现。甚至3世纪的建筑也主要用来颂扬异教及其文化和情趣。卡拉卡拉、亚历山大·塞维鲁、德西乌斯、菲利普以及后来戴克里先和君士坦丁建造的浴场；图拉真广场精雕细琢的装饰；高迪安父子的宏伟别墅；奥勒良的太阳神神庙；马克森提乌斯的长方形会堂和圆形竞技场；最后还有由小高迪安设想、伽列努斯扩充，但却从未付诸实施的带有露天平台的华美柱廊，它将穿过整个战神广场、绕经弗拉米尼大道两侧而直达米尔维桥。所有这些体现了那一时代建筑的精神特征。从4世纪后半叶起，我们仍然拥有《罗马城区名册》（原件当然比后来经过增补的版本简陋，后者以前被当作权威版本，其中除列举150多座神庙的名称外，还包括其他建筑的名称）。但即便在此基础上保守地估算，也会得到庞大数字。《罗马城区名册》（即所谓的《罗马城志》[Curiosum Urbis]和《名册》[Notitia]②）明确介绍的不是罗马14个

①　图书馆馆长阿纳斯塔修斯（Anastasius Bibliothecarius），9世纪学者，曾担任教皇的图书馆馆长。

②　《罗马城区名册》（Notitia urbis regionum XIV）通过两个手稿传世，前者成于357年前，后者在403年前。

区域内有什么建筑，而只是建筑之间的分界；即使在确定分界线时，也提到了数量极多的神庙、广场、长方形会堂、浴场、花园、礼堂、用作竞技的建筑以及雕像等等，但没有提到一座教堂。这一疏漏很可能是故意的，因为在君士坦提乌斯和狄奥多西时代，肯定有许多非常重要的教堂，但只有异教徒才会视而不见。我们尽可以随心所欲，把这些教堂想象得宏伟宽敞，与罗马基督教社团的财富和权势相称，但它们仍然比不上古代异教的富丽堂皇。上述两书末尾概括了重要建筑，但恰恰在数字方面靠不住，如果在 28 座图书馆、11 座广场、10 座大的长方形会堂和 11 座巨型浴场之上，仅仅加上 2 座圆形剧场、3 座剧场、2 座竞技场等等，我们可能仍然不明真相，因为加上的这些依然找不到现存遗迹。除了这些以及其他一些巨大而美观的建筑，我们必须想象——这并不容易——无数宏伟气派的装饰性纪念建筑，如 34（或 36）座大理石凯旋门、数不清的公共雕像和群像；它们全部景色如画地分布在山谷中与丘陵上，栩栩如生地错落在花园和树林（luci）里，聆听着泉水欢快悦耳的喁喁细语，而泉水顺着 19 座高大的拱形引水渠，从周围山上流到城里，让这座大城市人畜康健，花木扶疏，空气清新。古今许多民族都知道如何大兴土木，但古罗马的外观将永远在历史上独一无二，盖因希腊艺术所唤起的对于美的愉悦，外在施工所需要的丰富资源，以及对于华丽壮观环境的渴望，三者再也结合不到一起了。一个初访罗马之人，如果脑海中只有君士坦丁堡，就像君士坦提乌斯在 356 年那样，他来这里庆祝打败马格嫩提乌斯，只能惊诧得失语，每每看见新鲜事物，就认为自己正在看世间最美景色。而图拉真广场及广场上的长方形会堂（Basilica Ulpia），正如我们从他此次访问中得知的，被当作奇迹的顶峰。

所有这些辉煌建筑民众都能享用，而罗马的人口当时与几个现代首都不相上下，或者更多。罗马帝国的人口在韦帕芗统治期间估计有 1.2 亿人，这座世界之都的人口大概从未超过 150 万。现代研究从原先有点过度夸张的估算上退了回来，那种估算建立在现代都市的人口密度同专用于交通及装饰的空间这两者之间的比

344

345

312

例关系上，把罗马城及其郊区还有大片无人居住区都算了进来。一个人很可能会问，享用所有这些神庙、剧场、竞技场、浴场和公园的人究竟来自何方。哥罗塞姆（Colosseum）①或许可以容纳全部人口的十五分之一，大竞技场（Circus Maximus）可容纳超过十分之一的人口。要填满此类建筑，需要一批连续几个世纪接受统治者熏陶，从而熟悉这类娱乐方式的民众，他们靠津贴为生，除了无穷无尽和变本加厉的享乐，不知道也不需要任何东西。大量未婚且几乎没有或根本没有职业的人、行省富人的来来往往、奢侈腐化的云集，最后还有大量行政与财政事务的汇总，这一切所造就的罗马人定然是其他地方难以想象的。

　　在这群形形色色的人及其各阶级中，出现了两个分离的社会，一为异教徒的，一为基督徒的。后者在基督教信仰的最初三个世纪和大迫害年代里是如何发展和表现的，我们在此不予讨论。它从关键的君士坦丁时期起，一定强大了，内部也一定起了变化，但我们缺乏充分材料；不过 4 世纪后半叶的记述，尤其是圣哲罗姆的，表明这个社团已然堕落。这个世界连同其享乐，已经渗透进罗马城社团的上下各阶级；一个人既可以极其虔诚，又可以相当不道德。整个社团不时受到可怕危机的侵扰；阿米亚努斯告诉我们，在达马苏斯和乌尔西努斯对主教职位的争夺战里（366 年），137 人倒在西奇里安会堂（Sicinian basilica）的血泊之中。哲罗姆成为获胜主教达马苏斯的秘书，开始在新职位上与社会各阶层广泛接触。他知道堕胎行为何其普遍。他目睹了两个平民的结婚，其中男的已经掩埋了 20 位妻子，而女的掩埋了 22 位丈夫。他毫不掩饰这种普遍的腐败，用最细致的笔墨描摹了上流社会和某些教士，乃至他们之间的相互影响。一位浓妆艳抹的贵妇，同时也是富有的寡妇，颐指气使地招摇过市，她轿子周围满是宦官。她领着这批侍从定期出现在教堂，昂首挺胸，阔步穿过乞丐的夹击，丢下施舍。在家里，她让人在紫色羊皮纸上用金粉抄写圣经，并在上面镶嵌宝石，

346

---

①　罗马帝国最大的椭圆形剧场，于公元 80 年落成，可容纳七万观众。

但虚荣心如果得不到满足,她也会听任穷人忍饥挨饿。每逢贵妇屈尊俯就,举办爱宴(agape),就会有人在全城来来回回,大声通知。在其他场合,她同样不吝膳食。教士也出现在奉承者中,他们亲吻女主人,再摆出一个手势——为了接收祝福吗?——错,为了接收礼物;没有什么比教士的依附让这位夫人更感骄傲了。这位寡妇活得逍遥自在,远比受丈夫管制有滋有味得多,她还摆出禁欲的姿态,对此许多人通过暴饮暴食获得补偿。另外一些人也好不了多少,他们穿着粗硬发毛的修士斗篷四下走动,像猫头鹰似的,还不断叹息,私下却沉溺于猥亵的淫逸。这位律己甚严的教会导师完全不相信建立在所谓精神纽带之上的虚伪关系,这实则对正常的家庭生活构成伤害。一些男人以信仰之名抛妻弃子,而同其他男子暗结连理;一些女人以教子之名收养少年,最终沉迷于与他们的肉欲之欢;此类弊端尚有许多,尤其是某些伪君子,通过聆听妇女的告解接近她们,继而同居。真正的教士也不能免俗,上文已经提到这点。哲罗姆毫无保留地谴责他们同教会姊妹同居的习惯,即所谓的 agapetes(或 syneisactes)①。他们为获取遗产、权力和奢侈生活而出没在显赫家族的行径则受到他更有力的抨击。一些人冒充蓄着长发和山羊胡、身披黑色斗篷和光脚的苦行僧,他们假装斋戒来欺骗有罪的妇女,到了夜晚再狼吞虎咽地补回来。其他人——有点类似上个世纪的修道院院长——想方设法获得长老和助祭的任命,就为了能够更自由地与妇女交往。这类人服装考究,发型经过精心修饰,香水扑鼻,十指戴满亮闪闪的宝石;由于鞋子时髦,故而装模作样,踮起脚走路;他们看上去更像新郎而不是教士。这多半就是约维尼安(Jovinian)②的打扮举止,"他穿着用阿拉斯和劳迪西亚的优质材料织成的丝袍,面颊红润,皮肤光亮,头发

---

① 早期教会中有些男性苦修教士和女性苦修者结伴生活在一起,充当灵修伴侣。反对这种行为的教士就用"agapetes"(恩爱夫妻)或"syneisactes"(应召女郎)来讥讽他们。

② 约维尼安(Jovinian),4 世纪后半叶的基督徒,基督教苦修运动的反对者,哲罗姆曾说他是"基督教中的伊壁鸠鲁"。

部分垂到肩上，部分蜷曲在额前"。有些人成天忙着打听妇女的姓名、住址和性情。哲罗姆知道有这样一个教士，因为挨家挨户搬弄恶毒的流言，而为人惧怕。他骑着高头骏马从早到晚来往于城市各处，人们一致管他叫城市马夫（*veredarius urbis*）。他常常在别人还在睡觉的时候吓人一跳；他一旦相中什么物品或器皿，便赞不绝口，聪明人就会立刻双手奉上。我们竟然有这类有趣的教士败类的肖像。哲罗姆提到这些冲进羊圈的狼，不禁满纸激愤；但我们还是就此打住，不再用一桩偷情来扩充这段插话，它已将我们带至君士坦丁之后的第二代人。

显然，修道院制度之出现纯粹出于时人的需要，它所制定的禁闭条令可以令苦行者一劳永逸地摆脱城市生活的诱惑。苦修主义是那个时代不可避免的冲动，因为一些人因新旧宗教和新旧习俗间的冲突而分成两半，为求拯救，不惜痛下决心；然而，他们无法彻底避免堕落。哲罗姆全身心地致力于——至少在追随他的那个虔诚群体中——将彻底的禁欲提升为生活准则。此人偏激却很有说服力，他的训诫和榜样也许左右了保娜、玛塞娜与尤斯托秋姆[1]一生的观点和想法，使她们对世间一切快乐无动于衷。对他而言，独身是一切更高生活不可或缺的条件；正因为独身，更高奥秘才会揭示给童男子使徒约翰，而不是其他结过婚的人。

日耳曼部落对帝国的入侵，连同所有制度眼看就要崩溃——*orbis ruit*！（帝国在崩溃！）——无疑大大强化了他和其他人引退的意愿。在罗马与整个西部，众多男男女女已经下定决心，永远奉行苦修主义。隐修士开始聚集在地中海的岩石峭壁和意大利的荒凉海岸附近，修道院随之出现；某些岛屿被当作殉教者的下葬地受人拜访，比如，蓬扎群岛[2]上的一个岛屿。在罗马城中完全与世隔绝也是可能的，富有的阿塞拉就卖掉珠宝，住进狭小的单人间，靠面包、盐和水为生，不跟任何男人说话，只为造访使徒的坟墓才出门。

348

---

① 　这三个人都是哲罗姆的女性门徒。

② 　蓬扎群岛（Ponza），意大利中南部西海岸中的火山群岛，自古以来作为流放地。

她与家庭完全隔绝，为不再有人认识她而高兴。哲罗姆对自己能够分辨出谁是真正的城市修女、谁是冒牌货这种罕见的才能很有信心。

　　肯定有过一些基督教家庭，既不苦修也不放荡，生活得简单而理性。但这种画面在这位狂热教父的描绘中找不到，他更着意呈现那些非凡和极端的例子。

　　在这个基督教社会与 4 世纪更有教养也更高贵的异教徒之间，我们插入阿米亚努斯·马赛利努斯对罗马平民大众的一段描写，其中肯定不乏添油加醋的成分。

　　阿米亚努斯从一次因葡萄酒短缺而引发的骚乱写起，顺带告诉我们，罗马的平民百姓非常贪杯；即便今天，嗜酒在罗马也比在佛罗伦萨或那不勒斯更普遍。君士坦丁时代实行葡萄酒分配制度，但无法满足需要，任何人有钱可花的话，都会在酒馆里消磨一夜。当时有人说，市政长官塞马库斯宁愿用酒去熟化石灰也不愿降低酒价，传言一起，他家房子就被放了火。在任何地方，只要提到罗马，人们就会谈论那里乱哄哄的酒馆。同今天的 *morra*（猜拳游戏）一样，掷骰子是当时小酒馆内外打发空闲时间的消遣，伴随着阵阵刺耳的喊叫，简直可以穿透听力所及范围内的一切事物。虽说玩 *tesserae*（小方块）被认为比玩 *aleae*（骰子）体面些，阿米亚努斯却认为两者的区别不会比窃贼与拦路强盗之间的区别更大。不幸的是，他说，赌徒间的友谊现今是仍可将民众团结起来的惟一纽带。此外，普通罗马人依旧内心傲慢，目中无人；尽管五百年以来，来自各地的人不断涌进罗马，仍有许多古老的公民家族以拥有西梅索尔（Cimessor）、斯达塔里乌斯（Statarius）、希西姆布里库斯（Cicimbricus）、波达卡（Pordaca）、萨尔苏拉（Salsula）等名字为荣，即使他们今天已经光脚走路了。起码在剧场里不时还能听到疯狂和恐吓的叫嚣，"外邦人滚出去！"——这些外邦人，阿米亚努斯说，其实是他们惟一的支柱和救星。不过，罗马主要的叫嚣依旧是 *panem et circenses*（面包与竞技）。说到面包，没有什么时刻比来自阿非利加的谷物运送船被战争或逆风挡在半道上更让人忧心的了。在一次这样的场合中,市政长官特图鲁斯(359 年)把自己的孩子作为抵押交给暴怒的群众,暂时让他们平静下来,从而能够顺利前往奥斯提亚港附近四季常青的台伯岛,这里花香四溢,装点着狄俄斯库里兄弟的神庙,罗马人每年习惯在此欢度一个节日;特图鲁斯向卡斯托耳和波吕丢刻斯献祭,于是风平浪静,一缕和煦的南风把满载谷物的船队吹送至岸边。欢庆节日的民众如果对分配所得的面包、葡萄酒、油和猪肉不满足,现在可以站在小餐馆门口,至少享受烤肉和其他食物的香味了。

350

罗马人对于任何可以称之为壮观的场面都不知餍足。在 4 世纪,用于这个目的的国家津贴远远不够,不足部分就靠新委任的高级官员和元老慷慨解囊。这一义务对这些未必富有的人构成非常沉重的负担,因为每个人必须设法超越前任,不仅仅是出于野心,更大原因在于平民百姓欲壑难填。在塞马库斯的书信集中,有很大一部分专讲在他本人和亲友晋升的关键时刻以及其他情形下所必须提供的娱乐给他造成的焦虑。自戴克里先之后,娱乐方面类似下面这种帝王式的铺张浪费再也没有出现,有人曾向卡里努斯建议,将卡匹托林地区的一半变成木制圆形剧场,用宝石、黄金和象牙装潢得富丽堂皇,再展示各种珍奇动物,尤其是野生白山羊与河马,并举行狗熊与海豹之间的搏斗。皇帝依旧为各种建筑出资,例如君士坦丁就实施了翻修大竞技场的宏大工程,但举办各种盛事主要是那些富有的达官显贵的份内之事,他们被要求以这种方式补偿国家,通过支出收入来报答他们享有的免税权。离开罗马不管用;遇到这种情况,税务登记官可能会以缺席馈赠者的名义上演这些竞技。如果一个人可以免税进口异域野兽,那就很幸运了。在竞技场的比赛中,挑选赛马始终是头等大事;正是通过赛马,名人才能像普通罗马人一样满足自己强烈的赌博嗜好,而职业赛马手才能获得至高无上的个人荣誉,甚至神圣不可侵犯的地位。罗马人对这些事情的品位越来越挑剔,以致娱乐品种必须不停更换;他们派出专员,踏遍半个已知世界,寻找新鲜奇特的事物,再小心翼翼地运到罗马。塞马库斯给这些代办写信时,用的语气再谄媚

351

317

不过了。对于各剧场和哥罗塞姆举行的斗兽以及大竞技场举行的狩猎（sylvae），有指定的角斗士参与，"这伙斗士比斯巴达克斯及其手下更糟糕"。被俘虏的野蛮人，比如撒克逊人，有时会出现；但如今，为了与时代精神一致，动物之间的搏斗大概是主流。在此，我们发现令竞技赞助者经常感到棘手的一个问题，即如何提供必不可少的动物：狗熊（它们有时抵达罗马后已憔悴不堪，有时又在运输途中被调换）、利比亚狮子、豹群、苏格兰猎犬、鳄鱼，甚至还有一些今已无法确定身份的动物，如 addaces、pygargi 等。据文献记载，皇帝在一次打败波斯人之后，用几头大象帮助解决了燃眉之急，但这只是一个例外。

同属此类的问题还包括竞技场或某一特殊剧场的布景装饰，为此塞马库斯曾特意把工匠从西西里岛召来。至于塞马库斯，我们可以认为他只是尽份内职责而已，他本人倒没有这些嗜好；但在他的时代，一些人崇拜个别角斗士，狂热之情不减帝国早期。鲍格才别墅①中表现角斗与斗兽的镶嵌画形制庞大，但有些野蛮，大概是4世纪作品，镶嵌画上人物的名字就标在人像旁。艺术如今不得不常常甘心于使此类展示永久长存，并用它们来装饰整个大厅和正面。同样，真正的剧场也依然有狂热崇拜者，其中不乏鼎鼎大名之士，像君士坦丁时代的尤尼乌斯·美撒拉，他把全部财富包括父母的贵重衣物用在摹拟剧上。"喜剧"至少在罗马仍能引起一定程度的关注，不过在普通民众中更受欢迎，这些人最大的乐趣据说是将演员嘘下台，而演员据说曾经试图用贿赂来避免这一下场。我们可以设想，这里所谓的"喜剧"就是闹剧（mimus）。远为重要的则是哑剧，也是一种舞剧，根据一种或许夸张的说法，它仍然需要雇佣三千舞女和一大群乐师。

如果说在面包和竞技方面资料充足，那么对于构建当时罗马的一幅完整图景来说必不可少的一千个其他细节，我们则一无所知。

352

---

① 鲍格才别墅（Villa Borghese），由意大利著名的贵族世家鲍格才家族所建的艺术品陈列馆。

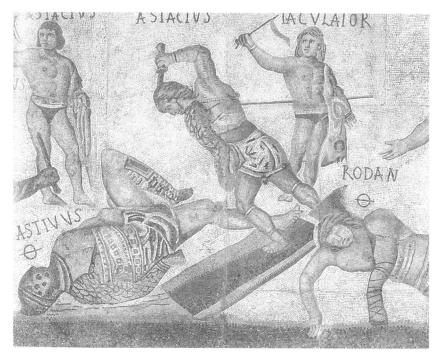

鲍格才别墅中表现角斗与斗兽的镶嵌画形制庞大，但有些野蛮，大概是 4 世纪作品，镶嵌画上人物的名字就标在人像旁

鲍格才别墅中的角斗士镶嵌画局部，如今定为 4 世纪上半叶作品，共有 33 个名字。

譬如,关于奴隶和自由民的数值关系这个基本问题,甚至无法给予近似的回答,各种尝试作出的估算偏差很大。研究者面前到处是裂缝缺口,这让我们得以一瞥介于国家工厂和奴隶作坊之间的、针对公共需要而进行的生产。大面包铺就属于这种情况,它们负责生产向民众发放的面包。随着时间推移,这些面包铺(*mancipes*)的负责人在附近建起酒馆和妓院,许多鲁莽汉就是从这里被拐骗进工厂,以干苦役度过余生;他们彻底消失了,家人以为他们已经不在人世。罗马人一定知道这种做法,受害者往往是异邦人。政府官员肯定知道这一切,就像某些现代政府肯定知道强征水手的事一样;就算狄奥多西在某个特定场合终止了这一暴行,我们也不能因此推断这在当时首次被发现。

阿米亚努斯对上层阶级生活和举止的记述让人不禁深深怀疑,这位性格高傲的人过分受到自尊心被冒犯的折磨。作为安提阿人,他没有什么特别理由去贬低罗马人;不过作为君士坦提乌斯和朱利安的廷臣,他在罗马世家大族中受到的待遇或许并不热诚。他对富人和显贵的诸多恶习怨声载道,其中许多适用于任何时代和任何地方;其他大体上针对他自己那个时代。阿米亚努斯认为,这个阶级只沉溺于微不足道的新奇玩物和十足的阴柔气,他为他们投在镀金纪念雕像上的巨大热情感到悲哀。他训斥他们的陋习,说他们在首次会面之后不去了解被引见的陌生人,而久别重逢后又显得毫不挂念。他描绘了仅仅为履行社会义务而举办晚宴的可悲之举——在这类晚宴上,报名侍者(*nomenclatores*,一类奴隶阶层的司仪)有时让平民百姓替代参加宴会,从中收取赏钱。甚至早在尤维纳尔时代,虚荣心就常常靠以玩命的速度驾车、靠疯狂热衷于自己名下和竞技场的赛马发泄,这一风气仍在延续。许多人只在整列佣人家仆的簇拥下才会去公共场合露面;"在管家棍棒的指挥下,前进的马车旁最先是一群织匠奴隶,接着是身穿黑衣的炊事奴隶,再后来是各色家奴,夹杂着附近游手好闲的家伙;队伍最后是大批各年龄段的宦官,老老少少,全都面色苍白,体态丑陋"。在家中,甚至在小康之家,就像时下我们当中的一样,音乐掩盖了诸多社会隔阂。歌声和竖琴时常可闻；"歌手取代了哲学家；传授享乐技巧的教师取代了修辞学家；而图书馆像坟墓那样大门紧闭，水动风琴被造出来，竖琴大如马车"。热衷戏剧同样为上层阶级所特有，许多贵妇稍加改动地模仿戏剧造型，借此卖弄风情。手势和姿态依然出自精心设计；阿米亚努斯知道一位名叫拉姆帕蒂乌斯的城市长官，他怪罪别人没有好好欣赏他吐唾沫的仪态。豢养门客和食客的做法自尤维纳尔时代以来大概没有发生多大变化；从无嗣富人那里争夺遗产，以及早期帝国其他类似的弊端同样没怎么变。但必须强调，尽管内心酸楚，阿米亚努斯几乎只字未提尤维纳尔所严厉指责的不义和暴行。基督教这方面几乎没有起到改进作用，使新道德标准产生的这种变化在 3 世纪已出现了。

354

　　这个时尚的社会绝对是异教的，首先可以通过它的迷信观察到。比如，无论何时出现遗嘱和遗产问题，都会唤来脏卜师，通过视察动物内脏寻求裁决。如果没有查阅星历表（ephemeris）以确定星相位置，连不信教的人都会拒绝上街、赴宴或洗浴。我们从其他材料中得知，直到狄奥多西时代，元老院中的大多数人还是异教徒。人们尽一切可能维持祭司制度和仪式的完整面貌；这种努力让塞马库斯殚精竭虑。但除公共 sacra（圣物）之外，4 世纪最负名望的罗马人还以极大热情投身于神秘崇拜，事实上，正如前文所见，这种崇拜是一种奇特的混合体。通过参加几乎所有可以获得的秘密入教仪式，个体试图确保和激励自己不受基督教的侵蚀。

　　从各方面考虑，罗马的异教元老院也许仍然是帝国最负名望的议事机构和团体。尽管阿米亚努斯诋毁它，元老院中定然仍有许多罗马传统精神的坚定拥护者，其中既有行省人也有罗马人，传统在这些人的家族中依然备受珍视，但如果想在亚历山大里亚、安提阿，当然还有君士坦丁堡寻找这种传统，将会白费心机。最重要的是，元老自己尊崇元老院这一"普天之下的避难所"（asylum mundi totius）。他们依然需要专门的口才，既简朴严肃，又不带任何戏剧成分；至少始终努力维持这个假象：罗马依旧是古代那个罗马，罗马人也依旧是公民。当然，这些不过是大话，但元老中间确实不乏

321

境界崇高之士,尽管未能成就一番事业,但这并非他们的过错。在塞马库斯身上,他为受压迫者辩护的勇气就让人深深钦佩,而尤曼尼乌斯的爱乡情结(参看边页码第 62 页)则抵消了他在其他方面难免要纵容的阿谀奉承。作为境界高尚独立的谦谦君子,他本人不屑于众人垂涎三尺的高官要职。

如果根据阿米亚努斯的文字,对于流行在这些圈子里的高等教育,就像对于其他事物一样,我们无法予以更多评价。他认为罗马人只读尤维纳尔和马里乌斯·马克西姆斯①的帝王史,我们知道《奥古斯都史》的前半部分就是对后者单调乏味的再加工。至于和平神庙(28 座公共图书馆中的一座位于此)里的文学聚会,乏善可陈,连特里贝利乌斯·波利奥②都可以在那里展示东西。不过,马可罗比乌斯身边聚集的一帮朋友,以及塞马库斯前往的集会,显示出真正的教育在上层阶级中依然留存。我们切不可被前者的卖弄学问(对我们非常有用)或后者普林尼式的矫揉造作所误导。文学的时代确实处于衰落之中,更适合收集和评论而不是创作。模仿者摇摆于普劳图斯式的古色古香和最时髦的抽象名词之间,由此露出马脚。从中甚至容易察觉后来操罗曼语的诸民族的偏执,这些民族会通过使用字典来保持文学的活力;塞马库斯书信和笔记中的精雕细琢肯定是苦心经营的。但崇敬古代文学(实际上,我们应当感谢它的保全之功)之于当时文化生活的重要性,一点不亚于膜拜阿里奥斯托③和塔索④之于现代意大利的意义。塞马库斯呈给朋友的最好礼物是李维著作的抄本。维吉尔差不多被顶礼崇拜;人们不断对他的作品分析、笺注、背诵、集句,甚至为算命而查阅它。很可能就在这个时代,这位伟大诗人的生平开始非凡神奇起来。

---

① 马克西姆斯(Marius Maximus),罗马帝王传记作家,其著作今已失传。
② 特里贝利乌斯·波利奥(Trebellius Pollio),《奥古斯都史》的署名作者之一。
③ 阿里奥斯托(Ariosto,1474—1533 年),意大利诗人,著有史诗《疯狂的奥兰》。
④ 塔索(Tasso,1544—1595 年),意大利诗人,著有史诗《耶路撒冷的解放》。

第十章 宫廷、政府与军队：君士坦丁堡、罗马、雅典与耶路撒冷

最后，上层罗马人的乡居生活也值得匆匆一瞥。有人认为，如果称他女儿是勤劳的纺织女或至少督促女仆从事纺线的监工，将是对她的崇高赞美；说这话的同一人拥有几打别墅，由此带来的繁重家务需要雇佣大批监管、文书、收账员、建筑工、搬运工和信差，更不用说成千农场奴隶和佃农了。随着许多大家族渐趋消亡，曾经长期作为"意大利祸根"的大地产（*latifundia*）日益集中到少数人手中。无可否认，大地产总的来说是祸害，意大利对阿非利加谷物运送船的依赖就是明证。大地产所有者本人也不总是幸运的；他们被政府怀疑，负担着高位应尽的义务，困扰于为军队提供膳宿，或许还经常受到复杂财政经济的压迫，因此只能从近乎王侯的地位中得到有限的满足。但那些依旧以财富为乐的人则享受着在乡村庄园逗留的情趣，根据季节更替从一处转移到另一处；在这些庄园中，至少那些年代较久者还能让人想到普林尼别墅的宽敞雅致。从罗马周边地区开始算起，塞马库斯的乡间住宅分布在阿庇安大道上、梵蒂冈、奥斯提亚港、普里奈斯泰、拉维尼乌姆和凉爽的提布尔，接下来在福尔米亚有一处庄园，卡普亚有一栋房子，此外在萨姆尼乌姆、阿普里亚，甚至在毛里塔尼亚有几处庄园。这份清单当然也包括那不勒斯天堂殷的海岸地产。令我们不解的是，较之那不勒斯湾，罗马人始终更偏爱贝亚湾（Gulf of Baiae）。坐上华丽的彩船，从阿佛纳斯湖①出海航行到普提奥利②，仍被当作令人愉悦的远足；平静的水面上回荡着船里飘出的歌声，扩建到海上的别墅传来聚会的欢声笑语，远离海岸之处则传来胆大游泳者的泼水声。卢库卢斯式的奢侈③是无上的榜样，游客妄求的孤独在成排别墅和绵延数里的宫殿中难得一见；真正的罗马乡村生活倒是在实际充当农场的庄园里开花结果的。在这里，罗马人欢庆收获："新榨出

356

---

① 阿佛纳斯湖（Avernus），那不勒斯附近死火山形成的小湖，据古代神话是地狱入口。
② 普提奥利（Puteoli），意大利坎帕尼亚沿海城市，是罗马人喜爱的度假胜地。
③ 卢库卢斯（Lucullus，公元前117—公元前56年），罗马将军。以奢侈生活著称。

357　来葡萄酒被装进木桶；梯子架上果树的顶端；这会儿开始压榨橄榄；一会儿打猎又将我们引入树林，猎狗灵敏地嗅着野猪的足迹。"至于我们想来很精彩的狩猎，阿米亚努斯却说，不少人柔弱娇气得仅仅满足于旁观；但对手脚强健者来说，狩猎就这个词最完整的意义而言，肯定与现代意大利人观念中的狩猎一样重要。为表现这种消遣，连一首诗而不是一本手册都需要分成几卷。正如《农事诗》(Georgics)对乡村生活做了总体艺术表现一样，《关于狩猎》(Cynegetica)和《关于垂钓》(Halieutica)①歌颂了狩猎和钓鱼，其中一部分可能一直流传到4世纪。4世纪末卢弗斯·费斯图斯·阿维埃努斯的几行诗是现有的反映罗马异教徒乡村生活心境的最后写照。"黎明时分我向众神祈祷，再偕仆人察看庄园，向每人指示分内工作。接着念诵呼唤福玻斯及缪斯之名，直至锻炼时分，遂以油涂身，前往铺满细沙的健身房。我远离帐务不禁心旷神怡，尽性啖饮弹唱沐浴，晚饭后就寝。伴着小灯耗尽浅浅燃油，我赋诗献与夜之卡墨娜姊妹②。"

　　然而，能如此充分享受生活的人定然日渐稀少，既因为帝国陷入危机、人们信仰精灵，也因为对来世的焦虑动摇了异教精神。那种独特的世界观正渐渐消逝，它一度将颇为崇高的伊壁鸠鲁学说和斯多噶学说融为一体，并将优秀人士的尘世生活转变成如此美好而亲切的整体。这种精神的晚期回响来自君士坦丁时代，尤其是潘塔狄乌斯的小诗《论幸福生活》。不过他的诗句仅仅是对贺拉斯的模仿，无需在此重复，因为你永远不知道作者是否出自真心。

　　在古老的世界帝国中尚有另一座城市，或许在君士坦丁时期从358　未被提到，然其生活和遗风却颇能唤起我们同情的好奇。

　　自波罗奔尼撒战争以来，雅典的地位大大下降，苏拉征服之

---

①　《农事诗》四卷为维吉尔的长诗。《关于狩猎》五卷和《关于垂钓》三卷为3世纪早期的希腊诗人奥皮安(Oppianos)的长诗。但《关于狩猎》这里也可能指奥古斯都时代的诗人哥拉提乌斯(Grattius)的同名作品，《关于垂钓》可能指奥维德的同名作品，两者皆只有残篇传世。

②　卡墨娜姊妹(Camenae)，罗马女神，被混同于希腊的缪斯女神。

后，更日趋凋敝，领域骤减。然而，环绕这座城市的荣光、安逸舒适的生活、宏伟庄严的纪念碑、对阿提卡秘仪的尊崇，以及整个希腊世界对雅典的感恩意识——所有这些把自由而有教养的心灵源源不断地引向这里；哲学家和修辞学家在此出现，大批信徒接踵而至。从哈德良——他是雅典城的新缔造者，就像答谢辞中称的那样——时代起，学术研究的蓬勃发展使这里仿佛成了大学城，这在某种程度上因为有皇帝捐款而得到保障，后来成为维持这个穷困城市最重要的生计来源。

　　在这个晚期时代，所有珍视古代传统的人非喜欢雅典人不可。琉善笔下的尼格里努斯关于雅典人的评论优美动人，他们对哲学和贫穷一样熟悉，但不以贫穷为耻，反倒因为自己的自由、节制的生活和宝贵的闲暇而觉得富足和幸福。"对思想正派之人来说，这里充满哲学气息的氛围再合适不过了；毫无疑问，一个渴望奢华、权力、奉承、谎言、奴役的人必须住在罗马。"这位来自叙利亚萨摩萨塔城的人在其他问题上极少这么严肃，但不光他，包括阿尔西弗翁、推罗的马克西姆斯①、安提阿的李巴尼乌斯，甚至其他更晚近的人物，只要提到雅典人，都会迸发热情；我们永远无法肯定，鼎盛时期的古代雅典人在特定情形下是否被想起，或者在当时的人中间能否发现或想象古代雅典人的德行。比如，谈到宽恕那些本应予以报复的侮辱时，李巴尼乌斯说，这种行为"无愧于希腊人、雅典人以及神一样的人"。埃美萨的赫利奥多罗斯让笔下一个被埃及强盗劫持的雅典女孩写道："野蛮人的爱还不及雅典人的恨有价值。"这些晚期的异教徒无论在罗马有组织的生活还是在基督教会中都感到不自在，他们以真正的敏感依恋着古希腊生活最神圣的场所。任何人能在这种环境下度过一生，都认为自己是幸福的。

　　智者及其信徒为了学问聚集在雅典，但这种学问的时代烙印非常明显。正如菲洛斯特拉托斯与盖利乌斯为了解早期帝国的雅典学派提供了丰富资料一样，李巴尼乌斯和尤纳皮乌斯提供了它在4

359

---

①　推罗的马克西姆斯(Maximus of Tyre)，2世纪智者，皇帝马可·奥勒留的老师。

世纪的情况,而我们不能说它在这期间有所改进。片面强调修辞教育,个别新柏拉图主义者的越轨言行和故弄玄虚,教师的虚荣心及其追随者的门户之见——所有这些都以一种特有的竞争打破了雅典的平静。就连学生抵达雅典都变成危险的事;在比雷埃夫斯港,如果他还没有在桑尼乌姆海角遇见接送的人,就会遇见站在一旁随时守候新生的人,他们会招收他进入这家或那家讲堂(*didascaleion*),甚至使出威胁手段,强迫已在家乡打定主意的学生改变决定。教师会突然出现在港口以锁定猎物。如果一个人安全到达雅典,这或许在船长的保护下实现,他会发现自身有可能遇上实实在在的暴力;袭击、谋杀以及随后的刑事调查并不罕见,而这一切都源于教师之间的竞争。学生的籍贯极其重要;当尤纳皮乌斯在雅典做学生时,东部人大多投入埃皮法尼乌斯门下,阿拉伯人多师从狄奥番图斯,本都人则投奔非凡的同胞普罗埃瑞修斯,此人还吸引了不少来自小亚细亚、埃及和利比亚的人。但不是说学生非得遵循这一惯例;此外,不断从一所学校转到另一所学校使得敌对情绪持续高涨。学员被分成由 *prostates*(领袖)领导的武装"合唱队"(choruses);流血的吵架斗殴对他们而言"与为祖国而战具有同等价值"。如果事情发展到如此地步,以致由教师和听众组成的双方需要到驻在科林斯城的亚该亚总督面前对质,通常就会当着总督的面上演一场隆重的辩论比赛,尤其在值得这样做,在总督"作为一个罗马人来说已经算很有教养"的时候。同志情谊根本不存在。长期以来,胆敢在公共剧场和大厅登场就是不谨慎的,因为很可能会立即引发流血骚乱。较成功的智者在自己家中建造小剧场。尤纳皮乌斯向我们描绘了尤利安努斯装备齐全的家:"它是一座适中的小房子,但散发着赫耳墨斯和缪斯的气息,里面摆放着主人朋友的雕像,非常近乎圣所。剧场系石质建筑,小比例地仿造了公共剧场。"不过像普罗埃瑞修斯这么穷的教师只得尽量自力更生,他最初只能和朋友赫菲斯蒂昂合用一件长袍、一个斗篷和几条毛毯。

在学生"合唱队"中,恶习普遍存在,且根深蒂固。初来乍到的新生被迫举办昂贵而繁琐的入会仪式,还得发誓履行永久义务,由此导致的与高利贷者的熟识并不罕见。白天他们大玩球类游戏；夜晚则四处游荡，拜访"歌声甜美的塞壬①"。野蛮粗鲁和肆无忌惮的家伙以抢劫手法袭击不设防的住宅，以此为恶作剧。李巴尼乌斯最终不无困难地从这些"兄弟会"中解脱出来，遂以平静的旅行，特别是去科林斯为乐。显然，还有许多人同在菲洛斯特拉托斯的时代一样，旅行前往奥林匹亚运动会、科林斯地峡赛会和其他民族节庆，它们甚至在当时就以极大的敬意来举办。但一个狂热的异教徒可以从雅典带走的最高奖赏，是参加厄琉西斯秘仪。

　　所有这些多姿多彩的活动都在这个世界上最宏伟庄严的纪念建筑中举行，在此，最崇高的形式和最富意义的怀古联合创造出一种无可言喻的效果。我们再也不知道这些对于 4 世纪的智者及其学生来说意味着什么。在这一时期，造就希腊天才的主要动力一个接一个消逝，最后只剩下吹毛求疵的论辩和了无生气的汇编。帕拉斯·雅典娜的帕台农神启与雅典卫城的入口以其古老和几乎未受冒犯的威严俯视着这座城市；尽管历经德西乌斯统治期间哥特人的袭击，尽管遭遇君士坦丁统治期间的劫掠，但或许鲍桑尼阿斯在 2 世纪看到和描绘的那些东西大多数都幸存下来。然而，建筑形式的完美和谐与众神神像的无限庄严所道出的语言，再也无法为这个时代的精神彻底理解了。

　　这个世纪迫切需要为其思想和抱负寻找新的家园。对于热诚的基督徒而言，人间—天堂的祖国是存在的，它的名字叫巴勒斯坦。

　　我们不再重复尤西比乌斯、索克拉底、索佐门和其他人记述的关于君士坦丁和海伦娜对这一地区的官方颂赞，也不再复述耶路撒冷、伯利恒、幔利、橄榄山等地宏伟华丽的教会建筑。就君士坦丁而言，驱使他如此花费的动机相当浅薄。他从敬畏圣物中所能理解的最高精神价值只是一种护身符信仰：他让人将真十字架

---

① 塞壬（Siren），传说中半人半鸟的海妖，常用歌声诱惑过路的航海者而使船只触礁沉没。

(True Cross)上的钉子制成套在马嘴上的嚼子和作战用的头盔,供自己专用。

但在无数信徒心中,萌发了一种自然的、不可抑制的强烈欲望,想要亲自造访他们视为神圣的地点。毫无疑问,彻底崇尚精神的人可以放弃此类朝圣,事实上,这种朝圣使本来神圣的东西变得肤浅和从属于某个特定地点。然而,只要不完全冷酷无情,一个人至少会去一次这些因为爱或者崇拜的关系而显得神圣的地方。随着时间流逝,热情化作习惯,朝圣者的心态就会沦落为一种迷信的"善举",但绝不能因此责难其纯洁美好的起源。

巴勒斯坦的这些地方如此醒目地把有关上帝与世人缔结旧约新约的记忆结合在一起,自使徒时代以降,前来观瞻的游客肯定络绎不绝。卡帕多西亚主教亚历山大对这一遥远地区的朝圣之旅或许是最早的,"为了祷告和历史景点",他在卡拉卡拉时期访问了耶路撒冷——当时叫埃利亚·卡匹托林纳城①。奥利金也前来"搜寻基督、使徒和先知的道路。"但在君士坦丁时代,引人瞩目的是,对巴勒斯坦的渴望同对殉教者埋葬地和遗物日渐增长的膜拜交织起来。耶路撒冷本身立刻成为最重要、最神圣的遗迹,周围环绕了一系列头等重要的圣地,需要好多天行程。一位波尔多的香客曾于333年朝拜圣地,我们可以从他的旅程中看出,宗教传说也许还有经济利益是怎样使整个地区遍地皆为名胜古迹的,其真实性直到中世纪都没有争议。游客被领着参观所罗门写出《箴言》的房间,祭司撒迦利亚溅在过去圣殿地上的血迹,该亚法和彼拉多的住宅,撒该的无花果树,②以及许多其他可以为历史考证提供消遣的景点。约几十年后,通过描绘保娜的行程,哲罗姆以详尽的笔触列举了巴勒斯坦自北至南、从但到别是巴的圣地。虽说在其他方面看

① 哈德良皇帝在公元135年镇压犹太人起义后,把耶路撒冷城改作此名。
② 关于撒迦利亚,参看《历代志下》24:21;《路加福音》11:51。该亚法和彼拉多分别是耶稣在世时的犹太大祭司和罗马总督。关于撒该的无花果树,参看《路加福音》19:4。

328

待遗迹的态度非常清醒冷静，哲罗姆本人还是选择在伯利恒度过余生，并把所有追随者也吸引过来。4 世纪行将结束之际，耶路撒冷及其周边地区居住了大批虔诚之士，他们来自帝国各地，极富自我牺牲精神。"这里几乎有多少不同的民族，就有多少唱诗班。"其中不乏地位显赫、腰缠万贯的西部人，他们将一切抛诸身后，以求在此过上比在其他地方更易实现的纯粹的沉思生活。有些人受环境所迫，无法这样做，为此伤心不已；哲罗姆写了不止一封信安抚这些人，向他们保证，永久的幸福并不取决于对耶路撒冷的一次拜访。

但这种被很多人羡慕的生活方式绝不是完美的。萨拉森人的袭击直抵耶路撒冷城门下，除了他们的劫掠所造成的外在危险，异教以孤注一掷的倔犟在附近地区、阿拉伯的佩特拉地区和凹地叙利亚坚持下来；此外，巴勒斯坦本地很早就有的妖魔活动仍同以往一样兴盛。我们已经谈过充当妖魔驱除者的圣希拉里昂（边页码第 317 页）。哲罗姆本人将我们带到离撒马利亚不远的先知的坟墓，那里许多着了魔的人在等待救治；老远就能听见他们的嚎叫，夹杂着各种动物的吼叫。这些是迷失的幽灵，盘桓在约旦河、沙漠和大海之间的土地上，这里是一切宗教信仰的战场。

恰恰在君士坦丁为巴勒斯坦的所作所为中，产生出对世界历史长达诸多世纪的影响，真是不可思议的天意。若非为了君士坦丁赐予耶路撒冷及其周边地区的光辉，罗马世界和稍后中世纪的敬畏就不会如此热烈地锁定于那些场所，这片土地也不会在经过伊斯兰教五百年奴役后被夺回来。

附录与勘误

（在这个标题下，布克哈特附加了许多参考后来研究而写的注释，其中部分是书目，部分是对正文某些论点的扩展。在后一类注释中，有两条尤其值得注意，它们更充分地揭示了布克哈特的想法。——英译者）

边页码第 286 页：我现在通过布里格的著作（Brieger，*Konstantin d. Gr. als Religionspolitiker*，Brieger's Zeitschrift fuer Kirchengeschichte IV，2. Gotha，1880）认识到，关于公元 324 年敕令的摘要，应当强调，尽管有各种轻视的言论，继续宽容异教是被明确指示的。君士坦丁渴望双方享有同等地位，这事实上注定对基督教有利。但他不想把深谋远虑公开，也很难迫使他对异教采取雷厉风行的政策。

这让我们有机会对君士坦丁总的历史功绩再说两句。他冒险用了所能想象出来的最大胆的一击（此前可能不止一个皇帝考虑过这样一击，但肯定都惊惶失措地退却了），也就是说，他把帝国和旧宗教分离开来，旧宗教尽管把膜拜帝王强加于臣民，但由于处于坍塌状态而无法进一步帮助国家权威了。这意味着，甚至在年轻的时候，甚至在迫害以前，君士坦丁定然已经想好怎样对付基督教会了：面对整个异教世界，基督教会虽然势单力薄，却是帝国境内除军队之外惟一有组织的力量，余者皆为细碎的尘埃。他敏锐地感到，这支力量日后可以帮助帝国，遂采取了相应行动，这正是构成君士坦丁不朽名声之要素。这连同冷峻而高超的智识、连同完全不为任何基督教情感所动的内心世界，意味着非凡的坚定和机敏。与英格兰的亨利八世一样,君士坦丁懂得如何在每次转变上使单个措施顺应流行趋势,他差不多直到最后才无所畏惧地把蔑视和一定程度的支持同时给予异教。

边页码第 312 页以次:隐修制的整套概念,包括其实际发展和年代顺序,近来随着魏因加登的著作《后君士坦丁时代隐修制的起源》(Weingarten, *Der Ursprung des Mönchtums im nachkonstantinischen Zeitalter*, Jena, 1877)的问世而被大大改变了。这本论著认为,《保罗传》被哲罗姆当作传奇,《圣安东尼传》的作者不是亚大纳西,更不用提许多其他考证性的结论了。如果我未能根据这些论点而大幅度改动以前的论述,乃是基于这种考虑,此类虚构作品——如果当真如此——仍然是其时代精神和特定环境的产物,因此从文化史角度看仍然具有真实性。(至于安东尼,我认为极端苦修主义与他先前受到的神学和哲学教育相结合,是颇为可能的。)但我不得不感到,必须比魏因加登更加充分地强调隐修者是对留院隐修阶段(cenobite stage)的预备。此外,我觉得把"于沉默中论证"(argumentum ex silentio)运用到尤西比乌斯和其他主教那里有点问题;或许他们一点也不关心隐修制,而对自己觉得重要得多的问题全神贯注。最后,我认为总的来说苦修主义,即使在其令人可怕的阶段,很可能是严厉的基督教教义和见解的产物。那些在塞拉皮斯神庙隐修的人非常引人注目,一直残存到基督教时代,对此我并不否认;但不管这种隐修士的生活多么简朴,与公开生活的遁世者相比,两者差别之大,远远超出我们这位作者的设想。

关于古代史料

摩西·哈达斯

为了重构历史,布克哈特充分利用了古代史料——既有文献又有钱币和铭文、既有专门史著又有纯文学(belles lettres)——和近代的权威著作。后一类以今日眼光看多半已显陈旧,布克哈特自己的著作一定程度上也是如此。在古代作家之中,布克哈特最常用的是基督教作家尤西比乌斯(主要是《君士坦丁传》①)和拉克坦提乌斯(主要是《论迫害者之死》②),异教文献则是《奥古斯都史》(Scriptures Historiae Augustae)、阿米亚努斯·马赛利努斯、③奥里略·维克多④和《颂辞》(Panegyrici)⑤,参考这些著作对于研究这一主题无法回避。关于所有这些原始资料的史学价值,学界评价历来大相径庭,为了方便读者,有必要对此略加陈述。

恺撒里亚的尤西比乌斯(约265—340年)是高产作家,作品涉

---

① Eusebius, *Life of Constantine*. Translated with introduction and commentary by Averil Cameron and Stuart G. Hall. Oxford：Oxford University Press，1999. 尤西比乌斯：《君士坦丁传》,林中泽译,北京：商务印书馆,2015。

② Lactantius, *De Mortibus Persecutorum*. Edited and translated by J. L. Creed. Oxford：Clarendon Press，1984.

③ 这两种著作常见的版本见之于洛布古典丛书(Loeb Classical Library)。

④ Aurelius Victor, *De Caesaribus*. Translated with an introduction and commentary by H. W. Bird. Liverpool：*Liverpool* University Press，1994.

⑤ C. E. V. Nixon, and B. S. Rodgers, *In Praise of Later Roman Emperors*：*The Panegyrici Latini*. Berkeley：University of California Press，1994.

及圣经注释学、护教学和教会史。关于圣经的著作除了通常的评注，还包括研究圣经地名的工具书《专有名称录》(Onomasticon)[①]；主要的"护教"著作是十五卷《福音之准备》和二十卷《福音之证明》(有超过十卷传世)；十卷《教会史》[②](此外尚有一部关于年代学的短小作品)是这一领域内的开山之作，为后世历史学家竞相使用。他所有篇幅长的作品对早期作家之摘录翔实丰富，价值尤其高。尤西比乌斯写作时，基督教已经是得到承认的宗教，他第一个把世俗研究者的客观方法运用到教会学术中去。如果从客观史学的角度考虑，显然，《君士坦丁传》确实容易受到责难，像布克哈特宣称的那样(参看边页码第 272 页以次)。但从这个角度看问题不完全公正，因为它事实上属于颂辞，客观真实在这类作品中必须向大量阿谀奉承让步，这在当时是举世公认的。但如果这种开脱之辞维护了尤西比乌斯的品格，却仍不能确保《君士坦丁传》的真实性。

367

如果说尤西比乌斯在希腊教父的著述中标志一种过渡，同样的过渡在拉丁教父著述中则由拉克坦提乌斯(约生于 250 年)体现。他的教义著作包括《论创世》、《神圣原理》[③]和《论上帝的愤怒》，但包含历史材料的著作是《论迫害者之死》。这篇论文叙述了先前所有迫害基督教的皇帝所遭受的可怕死亡，连戴克里先和马克西米安的退位也被解释为上帝的责罚，用意在于显示上帝对选民的关心，可能也为了阻止李锡尼对基督教采取敌对措施。在布克哈特身后，学界倾向于认为此文乃伪作，但近来钟摆又荡回来，觉得是出自拉克坦提乌斯之手。无论这位作者是谁，种种迹象表明，他亲

---

① Eusebius Caesariensis, *Onomasticon*: *The Place Names of Divine Scripture. Including the Latin of Jerome*. Translated into English and with topographical commentary by R. Steven Notley and Ze'ev Safrai. Leiden: Brill, 2004.

② Eusebius, *The Ecclesiastical History and the Martyrs of Palestine*. Translated with introduction and notes by Hugh J. Lawlor and John E. L. Oulton. London: Society for the Promotion of Christian Knowledge, 2 vols (1927—28) [1954]. 优西比乌：《教会史》，瞿旭彤译，北京：生活·读书·新知三联书店，2009 年。

③ Lactantius, *Divine Institutes*. Translated with an introduction and commentary by Anthony Bowen and Peter Garnsey. Liverpool: *Liverpool* University Press, 2004.

眼见证了发生在尼科美底亚的迫害,不管他的证词有多么偏颇。

《奥古斯都史》提供了从哈德良到努梅里安(117—284 年)期间的皇帝、恺撒和篡位者的传记,但在 244 年到 253 年之间空白一片。此书声称作者共有六人——斯帕提亚努斯(Aelius Spartianus)、伽利卡努斯(Vulcacius Gallicanus)、兰普里迪乌斯(Aelius Lampridius)、卡皮托利乌斯(Julius Capitolius)、波利奥(Trebellius Pollio)和沃皮斯库斯(Flavius Vopiscus),还声称书写于从戴克里先到君士坦丁统治的期间。有些学者承认这种说法是真实的,但另一些学者认为此书出自一人之手,写作时间比声称的要晚差不多一个世纪,六位作者之名只是附在上面增加可信度的。不管怎样,此书作为历史价值不高,它主要关心微不足道的流言蜚语,各种谎言假话穿插其间,俯拾即是。

阿米亚努斯·马赛利努斯(约生于 325 年)写了一部从涅尔瓦到瓦伦斯时期的历史,共三十一卷,其中前十三卷失传了;剩下的部分涵盖了 353 年到 378 年。历史学家基本上同意吉本的评价,认为阿米亚努斯"明智而公正",而他的证词"无懈可击"。但书中顺带出现了一些评论,如"基督徒彼此之间的敌意超过了野兽对人的狂怒"(卷 22 章 5),有些人认为此类评语暗示了阿米亚努斯大体上敌视基督教的偏见。

奥里略·维克多与阿米亚努斯·马赛利努斯有私交,曾于 389 年出任罗马城的市政长官(Prefect),并于 360 年完成共分三部分的历史。前两部分一为《罗马种族之起源》(有关埃涅阿斯的传奇),一为《论名人》(有关早期王政时期和共和国),与本书不相关;第三部分题为《恺撒列传》,写的是帝国,具有许多与阿米亚努斯著作相同的优点。布克哈特所谓的"第二个维克多"是一部摘要,表面上是维克多写的,实乃独立作品,附在《恺撒列传》之后。

《颂辞》汇集了在特定场合下写给不同皇帝的十二篇演说辞,内容因恭维过头而倒人胃口。毫无疑问,此书并非伪作,如果谨慎利用,不失为有价值的史料。其中八篇与这一时期有关:第二篇,献给马克西米安,作于 289 年 4 月 21 日(罗马诞辰之日),地点在

帝国北方一个城市;第三篇,献给马克西米安,为他祝寿;第四篇,
尤曼尼乌斯请求皇帝重建奥顿的学校;第五篇,献给君士坦提乌
斯,作于 297 年 3 月 1 日,关于征服不列颠;第六篇,为君士坦丁和
芙丝塔之婚礼而作,307 年;第七篇,为君士坦提乌斯而作,纪念特
里尔建城,310 年;第八篇,以特里尔的名义感谢君士坦丁,311 年;
第九篇,庆祝君士坦丁战胜马克森提乌斯,作于特里尔,313 年;第
十篇,拿扎里乌斯歌颂君士坦丁在位十五年,321 年。

　　布克哈特频频引用的其他作家还包括:历史学家狄奥·卡西乌
斯、索纳拉斯①、尤特洛皮乌斯②、希罗狄安③、左西莫斯④;教会史家
索克拉底、索佐门、克雷涅的摩西;教会作家德尔图良、哲罗姆、亚
大纳西、阿诺比乌斯;为修辞学家立传的菲洛斯特拉托斯和尤纳皮
乌斯;小说家阿普列尤斯⑤、赫利奥多罗斯、朗戈斯⑥。

---

①　T. M. Banchich and E. N. Lane, trans., *The History of Zonaras from Alexander Severus to the Death of Theodosius the Great*. London: Routledge, 2008.

②　尤特洛庇乌斯:《罗马国史大纲》,谢品巍译,上海:上海人民出版社,2011 年。

③　狄奥·卡西乌斯、希罗狄安,以及后面提到的菲洛斯特拉托斯和尤纳皮乌斯的常见版本见之于洛布古典丛书(Lceb Classical Library)。

④　左西莫斯:《罗马新史》,谢品巍译,上海:上海人民出版社,2013 年。

⑤　阿普列尤斯:《金驴记》,刘黎亭译:南京:译林出版社,2012 年。

⑥　赫利奥多罗斯和朗戈斯的小说,见朗戈斯等著:《希腊传奇》,陈训明、朱志顺译,上海译文出版社,2002 年,第 175—540 页。

罗马皇帝年表

98 – 117	Trajan 图拉真
117 – 138	Hadrian 哈德良
138 – 161	Antoninus Pius 安东尼·庇护
161 – 169	Marcus Aurelius 马可·奥勒留
	Lucius Verus 卢西乌斯·韦鲁斯
169 – 177	Marcus Aurelius 马可·奥勒留
177 – 180	Marcus Aurelius 马可·奥勒留
	Commodus 康茂德
180 – 193	Commodus 康茂德
193	Pertinax 佩尔提纳克斯
193	Didius Julianus 狄迪乌斯·尤利阿努斯
193 – 198	Septimius Severus 塞普提米乌斯·塞维鲁
198 – 208	Septimius Severus 塞普提米乌斯·塞维鲁
	Caracalla 卡拉卡拉
208 – 211	Septimius Severus 塞普提米乌斯·塞维鲁
	Caracalla 卡拉卡拉
	Geta 盖塔
211 – 212	Caracalla 卡拉卡拉
	Geta 盖塔
212 – 217	Caracalla 卡拉卡拉
217 – 218	Macrinus 马克利努斯
218	Macrinus 马克利努斯

	Diadumenianus 狄阿杜曼尼阿努斯
218-222	Elagabalus 埃拉伽巴努斯
222-235	Alexander Severus 亚历山大·塞维鲁
235-238	Maximinus 马克西米努斯
238	Balbinus 巴尔比努斯
	Maximus 马克西姆
238-244	The Gordians 高迪安父子
244-249	Philip the Arab 阿拉伯人菲利普
247-249	Philip the Arab and son 阿拉伯人菲利普父子
249-251	Decius 德西乌斯
251-253	Gallus and son 伽卢斯父子
253	Aemilianus 埃米利安努斯
253-260	Valerian 瓦勒良
	Gallienus 伽列努斯
260-268	Gallienus 伽列努斯
268-270	Claudius Gothicus 克劳狄·哥特库斯
270	Quintillus 昆提卢斯
270-275	Aurelian 奥勒良
275	Interregnum of about one month 大约一个月的空位期
275-276	Tacitus 塔西佗
276	Florianus 弗洛里安
276-282	Probus 普罗布斯
282-283	Carus 卡鲁斯
283-284	Carinus 卡里努斯
	Numerianus 努梅里安
284-286	Diocletian 戴克里先
286-305	Diocletian 戴克里先
	Maximian 马克西米安
305-306	Constantius Chlorus 君士坦提乌斯·克罗鲁斯
	Galerius 伽莱里乌斯

306-307　　　Galerius 伽莱里乌斯
　　　　　　　Severus 塞维鲁斯
307-308　　　Galerius 伽莱里乌斯
　　　　　　　Constantine 君士坦丁
　　　　　　　[Maximian]马克西米安
　　　　　　　[Maxentius] 马克森提乌斯
308-310　　　Galerius 伽莱里乌斯
　　　　　　　Licinius 李锡尼
310-311　　　Galerius 加莱里乌斯
　　　　　　　Licinius 李锡尼
　　　　　　　Maximinus Daia 马克西米努斯·戴亚
　　　　　　　Constantine 君士坦丁
311-313　　　Licinius 李锡尼
　　　　　　　Maximinus Daia 马克西米努斯·戴亚
　　　　　　　Constantine 君士坦丁
313-324　　　Constantine 君士坦丁
　　　　　　　Licinius 李锡尼
324-337　　　Constantine 君士坦丁
337-340　　　Constans 君士坦斯
　　　　　　　Constantius II 君士坦提乌斯二世
　　　　　　　Constantine II 君士坦丁二世
340-350　　　Constans 君士坦斯
　　　　　　　Constantius II 君士坦提乌斯二世
350-361　　　Constantius II 君士坦提乌斯二世
361-363　　　Julian 朱利安

索　引

（页码为原书页码，即本书边页码；括号中的数字代表年代）

Abae, oracle of，阿巴伊，～的神谕所，181

Abammon, hypothetical author of *On the Mysteries of the Egyptians*，阿巴姆蒙，《论埃及人的秘仪》的推测作者，181

Abdication，退位，of Diocletian（305），戴克里先的～，247；of Maximian（305），马克西米安的～，249；Lactantius on，拉克坦提乌斯论～，247

Abdolkais, Arab tribe，阿布多尔凯斯，阿拉伯部落，84

Ablavius, Prefect of Constantine，阿布拉维乌斯，君士坦丁的禁卫军长，executes Sopater，～处决索巴特，292，328

Abraham，亚伯拉罕，in shrine of Alexander Severus，～在亚历山大·塞维鲁的神龛里，148

Acdestis，阿克德斯提斯，form of Great Mother Goddess，大母神的形貌，133

Achaia，阿该亚，bequeathed to Dalmatius，遗赠给达尔马提乌斯的～，274

Achilles，阿喀琉斯，cult of，～膜拜，77，190

Achilleus, usurper in Egypt，阿基莱乌斯，埃及的篡位者，106

Acts of the Martyrs，《殉教者行传》，inadequate historical source，不充分的史料，244

Adoniazusae of Theocritus，谛阿克列多思的《参拜阿多尼斯的妇女》，132

Adonis，阿多尼斯，cult of，～膜拜，132 及下一页

Adrianople，阿德里亚堡，victory of Licinius at，李锡尼在～的胜利，265；victory of Constantine at，君士坦丁在～的胜利，270

Aedesius, disciple of Iamblichus，埃德西乌斯，亚姆布里修斯的门徒，188

Aegae，埃该城，oracular temple of Asclepius at，医神阿斯克勒庇俄斯在～的神谕所，193，293

Aelian, *Historiae Variae*，伊良，《历史漫谈》，207

Aelianus, "Emperor" of Gaul，埃利安努斯，高卢的"皇帝"，59

Aemilian, usurper on Danube（253），

埃米利安,多瑙河地区的篡位者,17

Aemilianus, usurper in Egypt（263 - 265）,埃米利安努斯,埃及的篡位者,19,103

Aethiopica of Heliodorus,赫利奥多罗斯的《埃塞俄比亚传奇》,225 及下一页

Africa,阿非利加,Quinquegentiani in,～ 的五部落联盟,110; bequeathed to Constans,遗赠给君士坦斯的～,274

Agathias, historian（536 - 582）,阿加塞阿斯,历史学家,on Persians,论波斯人,88

Agentes in rebus, political police,政治警察,55

Aglibol, Palmyrene deity,阿格利波尔,帕尔米拉人的神祇,127

Agriculture,农业,in Egypt,埃及的～,98; in Rome,罗马的～,356; in Gaul,高卢的～,65

Ahriman, in Persian religion,阿里曼,波斯宗教中的～,162

alchemy, Egyptian,炼金术,埃及的～,108

Alciphron, author,阿尔西弗翁,作家（活跃于 170 年前后）,207,358

Alemanni, German tribe,阿勒曼尼人,日耳曼人部落的一支,22,61; defeated by Constantius Chlorus at Windisch（274）,君士坦提乌斯·克罗鲁斯在温迪什击败～,57

Alexander of Abonoteichos, religious charlatan,阿波诺泰克斯的亚历山大,宗教骗子,136; Lucian on same,琉善论此人,136

Alexander, bishop of Cappadocia,卡帕多西亚主教亚历山大,in Palestine,～在巴勒斯坦,362

Alexander the Great,亚历山大大帝,Caracalla's model,卡拉卡奉～为典范,9; mosaic of,～ 的镶嵌画,217

Alexander Phrygius, usurper at Carthage（308）,亚历山大·弗里吉乌斯,迦太基的篡位者,256

Alexander Severus（222 - 235）,亚历山大·塞维鲁,descent of,～ 的血统,10; equestrian class under,～统治下的骑士阶层,11; murdered by soldiers,～ 被军人杀害,12; religion of,～ 的宗教,68,117,148 及下一页; literary interests of,～文学兴趣,148; sculpture of,～ 的雕塑,220

Alexandria,亚历山大里亚,greatness and corruption of,～ 的伟大和腐化,96; Roman opinions of,罗马人对～ 的看法,98; manufacturing in,～的制造业,98; distribution of food in,～ 的食物分配,311; Serapeum in,～的塞拉皮斯神庙,139; fortress and Museum destroyed,遭到破坏的堡垒和博物馆,105; executions under Caracalla,卡拉卡拉统治下的处决,9; under Diocletian,戴克里先统治下的～,86

Algeria, culture in,阿尔及利亚,～的文化,109

Allectus, usurper in Britain（296）,阿莱克图斯,不列颠的篡位者,70

Amandus, "Emperor" of Gaul,阿曼

杜斯,高卢的"皇帝",59 及下一页

Amandus, 14th-century friar, 阿曼杜斯,14 世纪的托钵僧,314

Ambrose, Latin Father（340－397）,安布罗斯,拉丁教父,324;hymns of,～的赞美诗,228

Ammianus Marcellinus, historian, 阿米亚努斯·马赛利努斯,历史学家（活跃于 375 年前后）,77,87,250;on Persians, 论波斯人,88;on Egyptians, 论埃及人,100;on religion, 论宗教,190;on Christian quarrels, 论基督教的争议,346;on populace of Rome, 论罗马民众,394 及下一页;on Roman snobbery, 论罗马人的势利,352;on hunting, 论狩猎,357; on Constantine's corrupting with gifts, 论君士坦丁的滥施恩惠,311;on Constantine's "friends", 论君士坦丁的"朋友",327; text mutilated by Christians, 原文被基督徒删改,234

Ammonius, anchorite, 阿蒙尼乌斯,隐修士,321 及下一页

Ampsivarii, Ripuarian Franks, 阿姆普西瓦里人,里普利安法兰克人,63 及下一页

Anaities, 阿奈提斯,form of Great Goddess in Cappadocia, 卡帕多西亚的大女神的形貌,135

Anastasius Bibliothecarius, 图书馆馆长阿纳斯塔修斯,on Constantine's Roman church, 论君士坦丁统治下的罗马教会,342

Anchorites, 隐修士,312 页以下;in Egypt, 埃及的～,322;in Asia, 亚细亚的～,323; as wonderworkers,

作为行奇迹者,317 及下一页;Zahn on, 察恩论～,314;另参 Anthony、Hilarion、Paul

Anonymous Valesianus on Gothic invasion, 来源不明的瓦勒希安努斯论哥特人的入侵,270

Anthony, Egyptian anchorite（252－357）,安东尼,埃及的隐修士,314;temptations of,～的诱惑,315;Jacques Callot, 雅克·加洛特论～,315

Anthusa（Flora）,安富莎（弗洛拉）,occult name of Constantinople, 君士坦丁堡的神秘名称,336

Antinous, 安提诺斯,employs magic for Hadrian, 用巫术帮助哈德良,194 及下一页

Antioch, 安提阿,headquarters of Diocletian and Galerius, 戴克里先和加莱里乌斯的总部,86;Diocletian's temple of Hecate at,～的戴克里先的赫卡特神庙,157;buildings in,～的建筑,43

Antiochus, usurper in East（272）,安提奥库斯,东部的篡位者,23

Antium, oracle at, 安提乌姆,～的神谕所,193

Antoninus Bassianus, priest of Elagabalus, 安东尼·巴希安努斯,埃拉伽巴努斯的祭司,129

Antoninus Pius（138－161）,安东尼·庇护,1;religion of,～的宗教,128

Anubis, Egyptian deity, 阿努比斯,埃及神祇,123,139,143

Aper（"Boar"）,Prefect of Guard slain by Diocletian, 阿佩尔（"野猪"）,为

戴克里先所杀的禁卫军长，27

Aphaka（Lebanon）, obscene cult at, 阿帕贾（黎巴嫩），～的淫秽膜拜，132,194; destroyed under Constantine, 君士坦丁时期被毁，293

Apharbon, confidant of Narses, 阿帕布翁，纳尔萨的心腹，87

Aphrodite, 阿佛洛狄特, aspect of the Great Goddess, 大女神的形貌，122

Aphroditopolis, 阿佛洛狄托波利斯, site of Anthony's hermitage, 安东尼的隐居地，316

Apis, Egyptian cult of, 阿皮斯牛，埃及人对～的膜拜，141

Apollo, Milesian, oracle of, 米利都的阿波罗神谕所，117; counsels persecution of Christians, 向～咨询是否迫害基督徒，236

Apollonius of Tyana, teacher and wonderworker（first century Christian era）, 泰安纳的阿波罗尼乌斯，教师和行奇迹者（基督教纪元的首个世纪），148,179 及下一页，337

Aponus, 阿波努斯, Italian oracle at, ～的意大利神谕所，193

apotheosis of Emperors, 皇帝的神化，38 及下一页

Apuleius, Latin author, 阿普列尤斯，拉丁作家（活跃于175年前后），on Isis cult, 论伊西斯膜拜，145 及下一页，159 以下; on thaumaturgy, 论幻术，184; on necromancy, 论招魂术，198 及下一页; on pagan priests, 论异教祭司，134; his *Amor and Psyche*, ～的《阿摩耳和普绪喀》，155

Aquileia（Transpadane Gaul）, 阿奎莱亚（波河以北高卢）, Celtic survivals in, 凯尔特文化在～的遗迹，124; resistance to Maximinus at, 在～的对马克西米努斯的反抗，14

Arabs, 阿拉伯人，79,84,98,362

Aramaic, 亚兰文, survival of, ～的幸存，127

Arbazacius, 阿尔巴赞修斯, defeats, and is bribed by, Isaurians, ～的战败，被伊索里亚人贿赂，94

Arborius, uncle of Ausonius, 阿尔波里乌斯，奥苏尼乌斯的叔父, on female dress, 论女性服饰，211

Arch of Constantine, 君士坦丁凯旋门，209,263

Arch of Titus, 提图斯凯旋门，219

arch in Roman architecture, 罗马建筑的拱形，216

architecture, 建筑，214 以下

archons, 执政官, Greek title retained in Bosporus, 博斯普鲁斯地区保留的希腊官衔，75

Ardeshir, Sassanid King, 阿尔达希尔，萨珊波斯国王，82 及下一页

Ardeshir Babecan（Artaxerxes Sassan）, 阿尔达希尔·帕佩克（阿尔塔薛西斯·萨珊），80

Arian controversy, 阿里乌派论争，302 以下，109,112,296

Ariaric, Gothic King, 阿里亚瑞克，哥特国王，73

Aristaces, son and successor of Gregory the Illuminator, 阿里斯塔克斯，启蒙者格里高利之子和继任者，90

Aristobulus, Diocletian's Prefect of the

Guard, 阿里斯托布罗, 戴克里先的禁卫军长, 28

Arius, 阿里乌, 302, 304, 306; 另参见 Arian controversy

Armenia, 亚美尼亚, 75, 85, 87 及下一页, 90; Christianization of, ～的基督教化, 89 及下一页; bequeathed to Hannibalian, 遗赠给汉尼拔里安的～, 274

army, 军队, enlarged by Diocletian, 戴克里先扩大的～, 49; barbarized under Constantine, 君士坦丁时期～的蛮族化, 331

Arnobius, Christian apologist, 阿诺比乌斯, 基督教护教士 (活跃于 300 年前后), on paganism, 论异教, 118, 153, 201; on daimones, 论妖魔, 196; on female dress, 论女性服饰, 211

Arsacids, Parthian Kings, 阿尔萨克王朝 (安息王朝), 帕提亚诸王, 80; as rulers and priests in Armenia, 作为亚美尼亚的统治者和祭司, 85, 90

Arsenius, allegedly mutilated by Athanasius, 阿森尼乌斯, 据说被亚大纳西残肢, 200

Arsenius, anchorite, 阿森尼乌斯, 隐修士, 322

Arsino? (Egypt), 阿尔西诺伊 (埃及), crocodile worship at, ～的鳄鱼崇拜, 141

art, 艺术, importance of in Greece and Rome, 在希腊和罗马的重要忹, 213 以下; illustrated in Pompeii, 庞贝的～, 214; Goethe on, 歌德论～, 214; degraded position of, ～的落魄地位, 213; anonymity in, ～中的匿名, 215; emphasis on size as a mark of decline in, 作为～衰落标志的对庞大的强调, 220; Egyptian motifs in, 埃及～中的主题, 95, 143; as chronicle and propaganda, 作为编年史和宣传工具的～, 223; dominated by Christianity, 由基督教观念支配的～, 222; mss miniatures, 手稿上的小画像, 222; in Constantinople, 君士坦丁堡的～, 338 以下; 另参见 Architecture, Mosaic, Painting, Portraits, Sculpture

Artabanus, Parthian King, 阿塔巴努斯, 帕提亚国王, 80

Artemis, 阿耳忒弥斯, cult survival in Chersonesus, 在锲尔索尼苏斯遗留的～膜拜, 76

Ascarich, Frankish leader, 阿斯卡里希, 法兰克人的首领, 64

asceticism, 苦修主义, 308 及下一页, 313; Neoplatonist, 新柏拉图主义的～, 179; in Rome and Italy, 罗马和意大利的～, 348

Asclepiodotus, Roman admiral, 阿斯克勒皮奥多图斯, 罗马海军将领, 70

Asclepius, 阿斯克勒庇俄斯, oracular temple of at Aegae, ～在埃该城的神谕所, 193, 293

Asella, Roman nun, 阿塞拉, 罗马修女, 348

Asprudus river, 阿斯普鲁杜斯河, in Roman-Sassanid treaty, 罗马和萨珊波斯条约中的～, 88

Astarte (Ashtoreth), 阿施塔特 (亚斯

她录），as Great Goddess，作为大女神的～，122，127，129 及下一页；in Cadiz，加的斯的～，130；in Cyprus，塞浦路斯的～，130；in Askalon，亚实基伦的～，130；pillars in worship of，～崇拜中的柱子，130

Astroarche，Carthaginian deity，阿斯特洛克，迦太基神祇，109

astrology，占星术，172 及下一页；ideals of，～的诸种理想，173；Hippolytus on，希波吕托斯论～，173

Atargatis，阿塔伽提斯，form of Astarte，阿施塔特的形貌，130

Athanasius，bishop of Alexandria，亚大纳西，亚历山大里亚主教（活跃于 350 年前后），major figure in Arian controversy，阿里乌派争议中的主角，305 以下；charged with mayhem，被控故意伤害罪，199

atheism，无神论，116

Athenaeus，compiler，阿西尼乌斯，文献编纂家（活跃于 230 年前后），207

Athens，雅典，as seat of culture，作为文化摇篮，358 以下；teachers and students in，～的教师和学生，359 及下一页；surviving monuments of，～遗留的纪念碑，360

Attis（Atys），阿提斯，cult and festival of，～的膜拜和节日，124，133 以下

Augustodunum，奥古斯托杜努姆，参看 Autun

Aulus Gellius，compiler，奥鲁斯·盖琉斯，编纂家（活跃于 160 年前后），207，359

Aurelian（270－275），奥勒良，18，21 以下，74；simplicity of，～的简朴，37；sunworship of，～的太阳崇拜，23，169；the Senate under，～统治时期的元老院，23；Egypt under，～统治时期的埃及，104；against Tetricus，～镇压特垂库斯，57；against Palmyrenes，～镇压帕尔米拉人，85；portrait of，～的肖像，223

Aurelius Victor，historian，奥里略·维克多，历史学家（活跃于 380 年前后），28，37；on Diocletian，论戴克里先，51，54 及下一页；on Constantine's division of Empire，论君士坦丁对帝国的划分，274

Aureolus，usurper in Gaul（261），奥里奥鲁斯，高卢的篡位者，19

Ausonius，Latin poet，奥苏尼乌斯，拉丁诗人（活跃于 340 年前后），41，66，226

Autun（Augustodunum），important Gallic center，奥顿（奥古斯托杜努姆），高卢重要的中心地区，47，60，228，278

Avidius Cassius，阿维丢·卡西乌斯（活跃于 160 年前后），subdues Bucoles，～征服布科勒人，99；attempts coup，～试图政变，2

Avienus，Rufus Festus，poet，阿维埃努斯，卢弗斯·费斯图斯，诗人（活跃于 375 年前后），116 及下一页，357 及下一页

Azov，Sea of，亚速海，75

Baal，巴力，cult of，～膜拜，127

Baalbek（Heliopolis），巴力贝克（赫利

奥波利斯）128，193

Babylon，巴比伦，Church designation of
　　Old Cairo，教会称开罗旧城为～，97

Bacchus，巴库斯，mysteries of，～秘
　　仪，156

Bagauda，peasant revolt in Gaul，巴高
　　达，高卢的农民起义，59 以下

Bagavan，Mt.，巴伽旺山，pyreum
　　on，～上的圣火庙，86

Bahram I，白赫兰一世，Sassanid ally
　　of Zenobia，芝诺比娅的萨珊盟友，
　　82，85

Bahram II，Sassanid King（296 -
　　301），白赫兰二世，萨珊国王，
　　83，85

Bahram III，白赫兰三世，36

Bahram-gur（420 - 438），“斑马”白赫
　　兰，Sassanid ideal，萨珊波斯的理
　　想，82，84 及下一页，89

Bahrein Islands，Persian Gulf，巴林群
　　岛，波斯湾，84

Balbinus，senatorial emperor（238），
　　巴尔比努斯，元老皇帝，14

Balista，巴利斯塔，victor over Shapur，
　　战胜沙普尔，19

barbarians，蛮族，incursions of，～的
　　多次入侵，2；in Roman army，罗马
　　军队中的～，39；affect physical
　　type，～对体格类型的影响，210

Bardesanes，巴尔德撒纳斯，Syrian
　　Gnostic，叙利亚诺斯替教派的～，
　　127

Basil the Great，大巴西勒，308，
　　310，323

Bastarnae，Goths，巴斯塔奈人，哥特
　　人，72 及下一页

Batavians，巴塔维亚人，61，70

baths at Rome，罗马浴场，Caracalla's，
　　卡拉卡拉的～，42；Diocletian's，戴
　　克里先的～，42，247

Bekr-ben-Waiel，Arab tribe，贝克·
　　本·瓦伊尔，阿拉伯部落，84

Belenus，Celtic sun-god，贝莱努斯，凯
　　尔特人的太阳神，68，124

Bellona，柏洛娜，cult of，～膜拜，135

Bendis，本狄斯，cult of，～膜拜，124

Berecynthia，贝勒辛西娅，as Great
　　Goddess，作为大女神的～，133

Bernini，贝尼尼，compared to Roman
　　architects，与罗马建筑师相类
　　比，216

Bethlehem，伯利恒，pilgrimages to，前
　　往～朝圣，361，362

Bible，圣经，148，227，280，299；
　　Syriac version of，叙利亚文版本
　　的～，127；Gothic，哥特版本的～，
　　74

Bishops，主教，judicial functions of，～
　　的司法职能，297

Bithynia，比提尼亚，20，237

Black Sea，黑海，Germans and Greeks
　　on，～的日耳曼人和希腊人，75

Blemmyes（Nubians），布莱米耶人
　　（努比亚人），105 以下

Bona Dea，玻娜女神，mysteries of，～
　　的秘仪，154

Bonosus，usurper against Probus，波
　　诺苏斯，反对普罗布斯的篡位
　　者，26

Bordeaux，波尔多，Druid survivals in，
　　德鲁伊特教在～的残留，68

Bosporan Kingdom，博斯普鲁斯王
　　国，75 及下一页

Boulogne（Gessoriacum），naval base，

布伦,海军基地,69及下一页

Britain,不列颠,defection and recovery of,～的背叛及收复,69以下;as Druid center,作为德鲁伊特教之中心,67;Constantine's division,君士坦丁对～的划分,274

Brittany,布列塔尼,Druid survivals in,德鲁伊特教在～的残留,68

Bructerii,Ripuarian Franks,布鲁克特里人,里普利安法兰克人,64

Bucoles,Egyptian robbers,布科利亚人,埃及强盗,99以下

Buildings,建筑物,at Rome,罗马的～,42及下一页,214及下一页,342;in Gaul,高卢的～,66;in Constantinople,君士坦丁堡的～,338及下一页

Bulla Felix,Italian robber chief,布拉·菲利克斯,意大利匪首,99

Burgundians,勃艮第人,61

Busiris(Egypt),布西里斯(埃及),107

Byzantinism,拜占廷风格,334

Byzantium,拜占廷,6,50,273,337

Cadiz(Gades),加的斯(盖德斯),Astarte worship at,～的阿施塔特崇拜,130

Caesarea(Cappadocia),恺撒里亚(卡帕多西亚)19,249

Caledonians,古苏格兰人,hostile to Britons,与古不列颠人敌对,69

Callot,Jacques,French engraver and painter,雅克·卡洛,法国雕刻家和画家,315

Calocerus,usurper at Cyprus,卡洛凯鲁斯,塞浦路斯的篡位者,274,328

Calpurnius Siculus,poet,卡尔普尔尼乌斯·希库卢斯,诗人(活跃于60年前后),46,121,224

Canopus,Egyptian shrine,坎诺普斯,埃及神祠,141,189,319

Cappadocia,卡帕多西亚,19,135,190,274及下一页

Caracalla(211-217),卡拉卡拉,8以下;baths of,～的浴场,42;equestrians under,～统治时期的骑士阶层,101;Isis cult under,～时期的伊西斯膜拜,145;morals under,～时期的道德状况,210;necromancy,招魂术,197

Carausius,usurper in Britain,卡劳修斯,不列颠的篡位者,69及下一页

Carinus(284-285),卡里努斯,28,58,121,210

Carmel,deity and place,迦密,神名和地名,128,180

Carpi,Goths,卡皮人,哥特人,72

Carrhae,卡里,second Roman defeat at,罗马在～的第二次失利,86

Carthage,迦太基,109;religion at,～的宗教,109,129,193;usurpers at,～的篡位者,43,109,256

Carus(282-283),卡鲁斯,27,29;against Persians,～与波斯人作战,85

catacombs,地下墓穴,painting in,～中的绘画,221

Catalaunian Plains,卡塔劳尼亚平原,Hunnish defeat at,匈奴人在～战败,205

Cataphrygians,heretics,孟他努派,异端,307

Celestial Goddess,天庭女神,forms

of,～的诸种形貌,122,129

Celibacy,独身,298,308

Celsus, usurper in Africa,凯尔苏,阿非利加的篡位者,20 及下一页

Celtic deities and survivals,凯尔特神祇和遗迹,66,124 及下一页

Chalons, battle at,卡伦斯战役,23

Chamavians, Ripuarian Franks,卡玛维安人,里普利安法兰克人,63

Chatti, Ripuarian Franks,卡蒂人,里普利安法兰克人,63

Chersonesus, Kingdom of,锲尔索尼苏斯王国,75

Chosroes, Armenia King (212),考斯罗,亚美尼亚国王,86

Christianity,基 督 教, historical necessity of,～历史必然性,111; civilizing influence of,～的文明影响,205,302; political implications of,～的政治内涵,88,111,114, 205, 284, 297, 299, 302; persecution of,对～的迫害,111, 113,231 以下,257; Constantine and,君士坦丁和～,283 及下一页,292 及下一页,296,342; uses of philanthropy in,～中慈善事业的用途,299,309,311; art of,～艺术,219,221; oratory of,～演说术,229 及下一页; poetry of,～诗歌,227; hierarchy and clergy of,～的教阶制与神职人员,113,296; sects in,～中的教派,112,170;另看 Arian controversy; relations with paganism,～与异教的关系,39, 118 及下一页,199,204 及下一页,207,321; growing wealth of,～日渐增长的财富,296,299; moral degeneration in,～中道德堕落,345以下

Chrysostom, John, Patriarch of Constantinople (400),约翰·克里索斯托姆,君士坦丁堡的牧首,308及下一页

Church of Holy Sepulchre,圣墓教堂, dedication of,～的落成典礼,305

Cicero, Latin author,西塞罗,拉丁作家(活跃于公元前 60 年前后), 41,148

Cilicia,西利西亚,piracy in,～的海盗行为,91,163; oracles in,～的神谕所,193

Cinxia, Roman tutelary deity,辛克西娅,罗马守护神,117

Cirta (Africa),克尔塔(阿非利加),258

clarissimus, provincial title,“最杰出的”,行省官衔,65

Claudius Claudianus, Latin poet,克劳迪·克劳迪安,拉丁诗人(活跃于 375 年前后),120,226

Claudius Gothicus (268 - 270),克劳狄·哥特库斯,18,22 及下一页, 31,63,91

Claudius Rutilius Numatianus, Latin poet,克劳迪乌斯·卢提里乌斯·努曼提阿努斯,拉丁诗人(活跃于 417 年前后),208,226

Cleander, Prefect of Guard under Commodus,克林德尔,康茂德统治时期的禁卫军长,3

Clement of Alexandria, Christian writer,亚历山大里亚的克莱门,基督教作家(活跃于 190 年前后),202

Clodius Albinus, rival of Septimius Severus,克劳迪乌斯·阿尔比努斯,塞普提米乌斯·塞维鲁的竞争对手,3 及下一页,6

Cobad, Sassanid King（491 - 498）,科巴德,萨珊国王,82

coins,钱币,Constantine's,君士坦丁的～,282; portraits on,～上的肖像,220

Cologne,科隆,bridge at,～的桥,64

coloni, share tenants,隶农,分租人,58

Column of Trajan,图拉真纪功柱,reliefs on,～上的浮雕,219

Commodus（180 - 192）,康茂德,2 以下,

Constans, son of Constantine（337 - 350）,君士坦斯,君士坦丁之子,274,278 及下一页

Constantia, sister of Constantine, wife of Licinius,君士坦提娅,君士坦丁之妹,李锡尼之妻,258,279

Constantia, new name of Majuma（Gaza）,君士坦提亚,马祖马（加沙）的新名字,293

Constantine the Great（306 - 337）,君士坦丁大帝,character of,～的个性,210,251,281 以下,285,295,312,325; administrative and finacial measures of,～的行政和财政措施,261,328 以下; military career of,～的军事生涯,78,84,106,223,249,251,253,258 以下,267,270 及下一页,330 以下; as patron of Christinaity,～作为基督教的庇护人,190,257,261 以下,268,272,276,285 以下,288,295,200 及下一页,326,342,361; on Arianism,论阿里乌派,303 及下一页,307; anti-pagan measures of,～的反异教措施,286,292 以下;favors paganism,～关照异教,82 及下一页,291;Mithraic leanings of,～的密特拉教知识,164,190,195 及下一页; divides the Empire（335）,～划分帝国,273 以下,329 及下一页,333; establishes and decorates Constantinople,～建立和装修君士坦丁堡,332 以下,341; art works connected with,与～有关的艺术作品,209,219 及下一页,223 及下一页,226,263,335; family connections,～的家庭关系,33,58,252,272 及下一页,275,312

Constantine II, son of Constantine（337 - 340）,君士坦丁二世,君世坦丁之子,209,273,277

Constantine Porphyrogenitus, Byzantine emperor,君士坦丁·波菲罗吉尼图斯,拜占廷皇帝,on court ritual,～论宫廷礼仪,48

Constantinople（Byzantium）,君士坦丁堡（拜占廷）,choice of,～的选址,332 以下; ceremonial dedication of,～的落成典礼,336 及以下; conscription of population for,为～征用人口,339; as second Rome,作为"第二个罗马",338; art works requisitioned for,为～征用艺术作品,338 以下; porphyry pillar at,～的斑岩柱,337 及下一页; pagan temples in,～的异教神庙,291; cult of Tyche at,～的对命运

女神的膜拜,338,342 及下一页

Constantius II, son of Constantine (337 - 361),君士坦提乌斯二世,君士坦丁之子,35,273 及下一页,276 及以下,307,344

Constantius Chlorus (305 - 306),君士坦提乌斯·克罗鲁斯,27,31,38,57,70 及下一页,75,86,190,245,249,251,282

contemporary topics avoided in literature,在文学中回避当代话题,206 及下一页

Coptic,科普特语,102

Coptos (Egypt),科普托斯(埃及),98,107

Corinth,科林斯,Isis procession in,~的伊西斯祭神游行,145；ballet,舞剧,119

Corybantic mysteries,库柏勒祭司的秘仪,154

court ceremonial,宫廷礼仪,37,48,326 及下一页

Cremna, Isaurian stronghold,克雷默纳,伊索里亚人的要塞,92

Creuzer, cited on Sabazius,克劳伊泽尔,引述~有关萨巴鸠斯的言论,157

Crimea,克里米亚,75

Crispus, son of Constantine,克里斯普斯,君士坦丁之子,255,267,323

Curiosum Urbis, on Roman monuments,《罗马城志》,论罗马的纪念建筑,343

Customs tariffs,关税,in Egypt,埃及的~,98

Cybele, Mother Goddess,库柏勒·大母神,122,133

Cynegetica, on hunting,《关于狩猎》,357

Cynopolis (Egypt),塞诺波利斯(埃及),102

Cyprus,塞浦路斯,Astarte worship at,~的阿施塔特神崇拜,130

Cyriades, usurper in East,塞里亚德斯,东部的篡位者,19

Dacia,达契亚,72,74

Dagon, Philistine god,大衮,非利士人的神,130

daimones,精灵/妖魔,117,154,190；in Neoplatonism,新柏拉图主义中的~,179；emperors as,作为~的皇帝,116；Lactantius on,拉克坦提乌斯论~,196 及下一页；Arnobius on,阿诺比乌斯论~,196

Dalmatius, brother of Constantine,达尔马提乌斯,君士坦丁的兄弟,274以下

Dalmatius, nephew of Constantine,达尔马提乌斯,君士坦丁的侄子,274 及下一页,277 及下一页

Damasus, bishop of Rome (366),达马苏斯,罗马主教,346

Damietta (Egypt),达米埃塔(埃及),99

De Mortibus Persecutorum of Lactantius,拉克坦提乌斯的《论迫害者之死》,32

decennalia,皇帝在位十周年庆典,36

Decius (249 - 251),德西乌斯,16 及下一页,113,117,195

decline of earth and human physique,土壤和人类体质的退化,208

decurionate,地方城市市议会成员,obligations of,~的义务,65,329

349

Delphian oracle，德尔斐神谕，133,192

Delphidius, Bordeaux rhetor，德尔斐丢斯，波尔多的修辞学家，68

Deutz (Castra Divitensia)，道伊茨（狄韦提亚军营），64

Dialogues of the Dead，Lucian,《死人对话》，琉善，213

Diana，狄安娜，as Mother Goddess，～作为大母神，144

Didius Julianus，狄迪乌斯·尤利安努斯，purchases imperial office (189)，～购买帝国官职，5

dinner parties, Roman，罗马人的晚宴，353

Dio Cassius, Greek historian，狄奥·卡西乌斯，希腊历史学家（活跃于200年前后），99

Dio Chrysostom, Greek rhetor，狄奥·克里索斯托姆，希腊修辞学家（活跃于90年前后），206

Diocletian (285－305)，戴克里先，character of，～的个性，27,29,31,50,209,247 及下一页，256,264；administration of，～的行政管理，50 及下一页，54 及下一页，107,210,238,247,249,255；as general，～作为将领，28,49,54 及下一页，86,106 及下一页，247；buildings of，～的建筑物，42 及下一页，156,220,247；court ceremonial of，～的宫廷礼仪，37 及下一页，48；superstitions of，～的迷信，117,195；Christian persecutions of，～对基督教的迫害，233 以下，239 以下，246；abdication of (305)，～的退位，247

及下一页

Dionysius, bishop of Alexandria，狄奥尼西，亚历山大里亚主教，104

Dioscuri，狄俄斯库里，temple of at Constantinople，～在君士坦丁堡的神庙，291,341

distributions of food，食物配给，43,247,310 及下一页，339

divine right of Christian emperors，基督教皇帝的神圣权力，280,299 及下一页

division of Empire，帝国的划分，by Diocletian，戴克里先对～，51；by Constantine，君士坦丁对～，274

Djondishapur, Sassanid city，戎迪沙普尔，萨珊城市，82

Donatist heresy，多纳图派异端，296

drama，戏剧，decline of，～的衰落，119

Drepanum，德雷帕努姆，florid taste in，～的奢华品格，211 及下一页；in portraits，肖像中的～，222

Druids，德鲁伊特教徒，27 及下一页，34,66 及以下，124

drunkenness at Rome，罗马的酗酒问题，349

education，教育，228,266,355

Egypt，埃及，character of under Romans，罗马时期的特点，94 以下，137,142,274；religion in，～宗教，1,94 及下一页，101 及下一页，107 及下一页，127,136 及以下，141 以下，144,193,319 及下一页；Christianity and，基督教与～，103,109,319

Elagabalus (218－222)，埃拉伽巴努

斯,10,127,148,220

Eleusinian Mysteries,厄琉西斯秘仪,154,360

Emesa,埃美萨,Cult of,～膜拜,127,129

Enyo,厄尼俄,form of Great Goddess,大女神的形貌,135

Ephraem,Syrian Christian writer,厄弗冷,叙利亚的基督教作家,127

Ephthalites,"White Huns",厌哒人,"白匈奴",84

Epicureanism,伊壁鸠鲁主义,115,357

eremitism,遁世主义,138,312以下,319

Eros,厄洛斯,mysteries of,～秘仪,156

Euhemerism,犹希迈罗斯主义,115及下一页,178,202

Eumenius,panegyrist,尤曼尼乌斯,颂辞作家(活跃于300年前后),47,62及下一页,229,252及下一页,355

Eunapius,Greek biographer of rhetors,尤纳皮乌斯,为修辞学家立传的希腊传记作家(活跃于330年前后),188,231,291及下一页,339,359及下一页

Eusebia,wife of Constantius II,尤西比娅,君士坦提乌斯二世的妻子,279

Eusebius of Caesarea,church historian,恺撒里亚的尤西比乌斯,教会史家(活跃于310年前后),49,141,190,194,200,235,237及下一页,241及下一页,249及下一页,258及下一页,269,271及下一

页,275,277,281,288,290,292以下,302,207及下一页,327,340,361

Eusebius of Nicomedia,Arian,尼科美底亚的尤西比乌斯,阿里乌派信徒,302,304及下一页,342

Eutropius,Roman historian,尤特洛皮乌斯,罗马历史学家(活跃于350年前后),107,290

exorcism,驱邪术,182,290,317及下一页

extispicia on humans,用人的内脏占卜,200

Falco,imperian candidate(193),法尔科,帝位候选人,5

famine as cause of degeneracy,饥荒所引起的退化,210

Farsistan(Persia),法尔斯(波斯),80,82

Fausta,wife of Constantine,芙丝塔,君士坦丁的妻子,223,255,273

Feridun,Sassanid Hero,费里敦,萨珊波斯的英雄,89

fire worship,火崇拜,Sassanid,萨珊波斯的～,81及下一页,86,89

Firmicus Maternus,writer on astrology,菲尔米库斯·马特努斯,占星术作家(活跃于330年前后),154,158,174及下一页,187,293

Firmus,usurper in Egypt,菲尔姆斯,埃及的篡位者,23,104

Firuz,Sassanid King,菲鲁兹,萨珊国王,81,85

Florian,brother of Tacitus,弗罗里安,塔西佗的兄弟,25,220

food supply at Rome,罗马的食物供应,349

foreign cults at Rome,罗马的外来膜拜,149

Fortuna, deity, 命运女神, 116, 144,193

Franks,法兰克人,61 以下

Friesians,弗里斯人,63

Gaiso, assassin of Constans,盖索,君士坦斯的刺杀者,278

Galerius, Caesar of Diocletian (292),伽莱里乌斯,戴克里先的恺撒,31,34 及下一页,72 及下一页,86 及下一页,235,251,255 以下,257,266

galli, castrated priests,噶路斯,阉人祭司,131,133

Gallienus (253 - 268),伽列努斯,18,103,220,233

Gallus, named emperor in (251),伽卢斯,251 年被指定为皇帝,17,210,274

Gallus, nephew of Constantine,伽卢斯,君士坦丁的侄子,279,308

games, gladiatorial and other,角斗及其他竞技,43,288,349

Gaul,高卢,57 以下,63 以下,124 及下一页,274

Gaza,加沙, religious rivalry at,～的宗教敌对状态,128,313,317

genii in Roman religion,罗马宗教中的保护神,117

Georgia (Iberia),佐治亚(伊比利亚),88

Gepidi,戈皮迪人,61

Gerasa,格拉森,136

Germanicopolis (Isauria),日耳曼尼克波利斯(伊索里亚),93

Germans,日耳曼人,2,58,61,63,71 及下一页,253

Getae,盖塔人,72

Gibbon,吉本, cited,引述～的观点,32,108,111

Gnostics,诺斯替派,112,127

Goethe, 歌德, cited,引述～的观点,214

Gordian III (238 - 244),高迪安三世,14

Gordians,高迪安父子,13 及下一页

Goths,哥特人,72 及下一页,87,270

Gregory the Illuminator (Armenia),照耀者格列高利(亚美尼亚),90

Gregory Nazianzen,纳西盎的格列高利,308

Grimm, Jakob,雅各布·格林, on German affinities,～论日耳曼人的亲缘关系,71

Hadrian (117 - 138),哈德良,1,98

Haemona (Ljubljana),海默那(卢布尔雅那),14

Halieutica, on fishing,《关于垂钓》,357

Hannibalian, nephew of Constantine,汉尼拔里安,君士坦丁的侄子,274 及下一页,277

haruspices, Etruscan soothsayers,埃特鲁里亚的脏卜师,117,175,191,238

Hathor,哈索尔, as Great Goddess,～作为大女神,122

Hecate,赫卡忒, cult of,～膜拜,144,156

Helena, mother of Constantine, 海伦娜，君士坦丁的母亲, 252, 276, 311, 328

Helenopolis（Drepanum）, named for Helena, 海伦娜堡（德雷帕努姆），以海伦娜之名命名, 276

Heliodorus, *Aethiopica（Theagenes and Charicleia）*, 赫利奥多罗斯，《埃塞俄比亚传奇》（又名《提阿哥妮斯与卡瑞克莱亚》）95, 108, 225 及下一页, 358

Heliopolis（Baalbek）, 赫利奥波利斯（巴力贝克）, 128

Heliopolis（Egypt）, 赫利奥波利斯（埃及）, 137, 220 及下一页, 293, 311

Hellespont, 赫勒斯滂, Constantine's victory at, 君士坦丁在～的胜利, 271

Herculian, Illyrian legion, 赫丘利的，伊利里亚军团名, 44

Herculius, cognomen of Maximian, 赫丘利，马克西米安的第三个名字, 31

Hermannstadt, 赫尔曼施塔特, mysteries at, 在～的秘仪, 156

hermits, 隐士, 参看 eremitism

Heruli, 赫鲁利人, 61

Hesus, Celtic deity, 赫苏斯，凯尔特神祇, 124

Hierapolis（Syria）, 希拉波利斯（叙利亚）, cult of, ～的膜拜, 128, 130 以下

hierarchy, 教阶制, 113, rigidification of, ～的固定, 299

Hierocles, Neoplatonist governor of Bithynia, 希埃罗克勒斯，信奉新柏拉图主义的比提尼亚总督, 237 及下一页

Hilarion, anchorite（291－371）, 希拉里昂，隐修士, 128, 314 及下一页, 317, 322 及下一页, 363

Hippolytus, *Refutation of the Heresies*（约 210）, 希坡律图，《驳斥诸异端》, 173, 184

Historia Augusta, collection of imperial biographies, 《奥古斯都史》，帝王传记合集, 17 及下一页, 21, 26, 54, 234, 355

hoaxes, thaumaturgist, 骗术，术士, 184 及下一页

Homer, 荷马, influence of, ～的影响, 119, 335

Hormuz I and II, Sassanid kings, 霍尔穆兹一世和二世，萨珊国王, 36, 83

Hosius, Christian adviser to Constantine, 何西乌，君士坦丁的基督教顾问, 290, 303

Hostilian, named emperor in 251, 霍斯提里安, 251 年被任命为皇帝, 17

human sacrifice, 人祭, 67, 99, 102, 107, 127

Humboldt, 洪堡, on landscapes, ～论风景, 226

Hungary, 匈牙利, 74

hunting, 狩猎, 357

Hypsistarii, Cappadocian sectaries, 卡帕多西亚的崇拜至高上帝的人, 190

Iamblichus, Neoplatonist, 亚姆布里修斯，新柏拉图主义者（活跃于 310 年前后）, 179 以下, 188 及下一页

Illyria,伊利里亚,44,75,87,333

immortality in paganism,异教中的不朽观念,152 以下

imperial office,帝国官职,1,4,16 及下一页

incubation,庙宿,healing by,通过～获得治愈,140,193

India,印度,influence from,来自～的影响,98,149,180

Ingenuus, usurper on Danube,英格努乌斯,多瑙河地区的篡位者,19

Ininthimenos, king of Bosporus,伊宁提墨诺斯,博斯普鲁斯国王,75

Isaurians,伊索里亚人,91 以下

Isis,伊西斯,cult of,～膜拜,95 及下一页,107,139,142 以下,159

Jerome, Latin Father,哲罗姆,拉丁教父（活跃于 390 年前后）,212,294,309,345 以下,362,363

Jerusalem,耶路撒冷,pilgrimages to,前往～朝圣,361

Joan of Arc,圣女贞德,analogy of,与～进行类比,61

Jornandes, historian of Goths,约丹尼斯,哥特人的历史学家,270

Jotapian, Syrian rebel,约塔庇安,叙利亚的叛乱者,16

Jovian（363 - 364）,约维安皇帝,280

Jovian, Illyrian legion,朱庇特的,伊利里亚军团名,44

Jovius, cognomen of Diocletian,朱维乌斯,戴克里先的第三个名字,29

Julia Maesa, grandmother of Elagabalus and Alexander Severus,朱利娅·梅萨,埃拉伽巴努斯和亚历山大·塞维鲁的祖母,10

Julian（361 - 363）,朱利安皇帝,117,274,279

Julianus, teacher at Athens,尤利安努斯,雅典的教师,360

Julian, usurper at Carthage,朱利安,迦太基的篡位者,28,58,110,277

Julius Constantius, brother of Constantine,朱利乌斯·君士坦提乌斯,君士坦丁的兄弟,274

Juvenal, Roman satirist,尤维纳尔,罗马讽刺作家（活跃于 80 年前后）,102,133,206,353,355

Juvencus, Spanish Christian poet,尤文库斯,西班牙的基督教诗人（活跃于 315 年前后）,227

Kerch, Strait of,刻赤海峡,75

Khosru（Kesra）, Sassanid pretender,赫斯鲁（克斯拉）,觊觎萨珊王位者,82

Koshru Nushirwan, Sassanid king,科什鲁·努希尔万,萨珊国王,85

Kurds,库尔德人,88

kyphi, Egyptian potion,奇菲,埃及的芳香精油,142

labarum（semeion）, Christian standard,十字军旗,283

La Baste,拉巴斯蒂,cited,引述～的观点,111

Laborers shanghaied at Rome,在罗马城强征壮丁,352

Lactantius, Christian apologist,拉克坦提乌斯,基督教护教士（活跃于 310 年前后）,32,41,48,54,196 及及下一页,201,235,237,240,252,257,265

Langres，Alemanni defeated at，朗格里斯，阿勒曼尼人在～战败，61

language，survival of vernaculars，语言，诸方言的留存，126

Lateranus，Roman deity，拉特兰努斯，罗马神祇，117

latifundia，大地产，65，356

Lauingen，拉乌因根，Celtic survivals in，凯尔特文化在～的遗迹，124

lauras，monastic colonies，修道群体，319

Leuke，琉克岛，Achilles cult at，～的阿喀琉斯膜拜，77

Libanius，Greek rhetor，李巴尼乌斯，希腊修辞学家（活跃于 350 年前后），232，358，360

libraries，图书馆，Roman，罗马的～，355

Licinius（307 - 324），李锡尼，73，223，250，255 以下，258，265 以下

Limentinus，Roman deity，利曼提努斯，罗马神祇，117

Literature of Empire，contemporary issues avoided in，帝国文学，对当代问题的回避，206

Lollianus（Laelianus），usurper in West，洛利安努斯（莱利安努斯），西部的篡位者，20

London，伦敦，71

Longus，*Daphnis and Chloe*，朗戈斯，《达芙妮斯与赫洛亚》，225

Louis the Pious，虔诚者路易，compared to Constantine，拿～与君士坦丁类比，278

Louis XIV，路易十四，compared to Shapur II，拿～与沙普尔二世相类比，83

Lucian，Greek satirist，琉善，希腊讽刺作家（活跃于 170 年前后），118，123 及下一页，129 以下，136，177，213，358 及下一页

Lucianus，Christian chamberlain of Diocletian，卢奇安努斯，戴克里先的基督教侍从长，240

Luxembourg，卢森堡，70

luxury at Rome，罗马的奢侈，356

Lycia，吕西亚，92

Lydius，Isaurian chieftain，莱迪乌斯，伊索里亚人的首领，92

Lyons，里昂，58

Macrianus，usurper in the East，马克里阿努斯，东部的篡位者，19，104

Macrinus（217 - 218），马克利努斯，10，80

Macrobius，Roman grammarian，马可罗比乌斯，罗马文法学家（活跃于 400 年前后），207，309，355

Madain（Ctesiphon），玛丹（泰西丰），82

Magi，麻葛，81，83，180

magic，巫术，171 以下，189，194

Magna Mater，大母神，cult of，～膜拜，133

Magnentius，Frankish usurper（350），马格嫩提乌斯，法兰克的篡位者，278

Majuma（Gaza），renamed Constantia，马祖马（加沙），更名为"君士坦提亚"，293

Malachbel，Palmyrene cult，马拉齐贝尔，帕尔米拉的膜拜，127

Mamertinus，panegyrist，马莫提努斯，颂辞作家（活跃于 300 年前后），38，46

Mamgo, Turkoman chieftain, 马姆哥, 土库曼人首领, 86

Mammaea, mother of Alexander Severus, 玛迈娅, 亚历山大·塞维鲁的母亲, 10 及下一页

Mani, religious reformer, 摩尼, 宗教改革家, 82, 170

Manichaeism, 摩尼教, 34, 88, 112, 149, 169 以下, 233

manuscript miniatures, 手稿上的小画像, 222

Marcella, Roman nun, 玛塞娜, 罗马修女, 348

Marcellinus, usurper in East, 马塞里努斯, 东部的篡位者, 23

Marcionite heresy, 马西昂异端, 307

Marcommani, 马科曼尼人, 72

Marcus, successor to Gordian III, 马库斯, 高迪安三世的继任者, 15

Marcus Aurelius (161-180), 马可·奥勒留, 1 及下一页, 54, 72, 99, 117, 201

Mareotis, Lake, 玛瑞提斯湖, Therapeutae at, ～附近的特拉普提派, 100, 318

Marinus, rebel against Philip the Arab, 马里努斯, 抗击阿拉伯人菲利普, 16

Marius, usurper in West, 马略, 西部的篡位者, 20

Marnas, deity at Gaza, 马尔纳斯, 加沙的神祇, 128, 317

marriage laws, 婚姻法, Diocletian's, 戴克里先的～, 34, 210

Marseilles, 马赛, 228, 256

Martin of Tours, Christian monastic, 图尔的马丁, 基督教修道士 (活跃于 350 年前后), 125, 309, 324

Martinianus, Caesar of Licinius, 马提尼安努斯, 李锡尼的恺撒, 271

Martiobarbuli, Illyrian regiment, 大力神投手, 伊利里亚团, 44

martyrs, 殉教者, 112, 245; cult of, ～膜拜, 362

Matrons, Gallic deities, 高卢的主母神, 66

Matter, 麦特, cited, 引述 ～ 的观点, 111

Mauretanians (Africa), 毛里塔尼亚人 (阿非利加), 110

Maxentius, son of Maximian, 马克森提乌斯, 马克西米安之子, 31 以下, 200, 210, 249, 253 及下一页, 257 以下

Maximian (286-305), 马克西米安, 14, 31 以下, 35, 43, 45 及下一页, 60 及下一页, 69 及下一页, 110, 210, 223, 245, 247, 249, 254 以下

Maximianopolis (Egypt), 马克西米安波利斯 (埃及), 108

Maximinus (235-238), 皇帝马克西米努斯, 12 以下

Maximinus, Tacitus' governor of Syria, 马克西米努斯, 塔西佗的叙利亚总督, 25

Maximinus Daia (308-314), 马克西米努斯·戴亚, 32, 34, 194, 257, 265

Maximus, Neoplatonist, 马克西姆斯, 新柏拉图主义者 (活跃于 350 年前后), 188

Maximus of Tyre, philosopher, 推罗的马克西姆斯, 哲学家 (活跃于 175 年前后), 358 及下一页

Mazdak, heretical Sassanid teacher, 玛兹达, 萨珊的异端导师, 82

Mecca, 麦加, 79

Melcart, Phoenician Heracles, 麦尔卡特, 腓尼基的赫拉克勒斯, 135

Meletian schism, 梅利提派的分裂, 109, 295, 305

Mellonia, Roman deity, 美洛尼娅, 罗马神祇, 117

Memnon, 门农, Egyptian statue of, 埃及的～雕像, 94

Memphis (Egypt), 孟斐斯 (埃及), 97, 138, 141

Men, Asiatic moon deity, 蒙神, 小亚细亚的月神, 159

Mensurius, bishop of Carthage, 门苏里乌斯, 迦太基主教, 246

Milan, 米兰, 21, 40 以下

Milvian Bridge, 米尔维桥, battle of, ～战役, 260

Minervina, first wife of Constantine, mother of Crispus, 米内维娜, 君士坦丁的首位妻子, 克里斯普斯的母亲, 255

Misitheus, adviser to Gordion III, 米希特乌斯, 高迪安三世的顾问, 15

Mithras, Mithraism, 密特拉, 密特拉教, 128, 162 以下, 286 及下一页

Mitrovica (Sirmium), 米特罗维卡 (瑟缅), 35, 74

Mnevis, 姆尼维斯牛, cult of, ～膜拜, 141

Mobed, Sassanid title, 穆白德, 萨珊官衔, 83

Moesia (Serbia, Bulgaria), 摩西亚 (塞尔维亚, 保加利亚), 16, 74

Mohammedanism, 伊斯兰教, 21, 115

Moldavia, 摩尔达维亚, 73

Molle, Dureau de la, 莫勒, 杜里德拉, cited, 引述～的观点, 54

monasticism, 隐修制, 318 以下, 323 及下一页, 347

Monophysite Christianity, 一性论基督教, 90

monotheism, pagan, 一神论/一神教, 异教的～, 153, 178

Montanist heresy, 孟他努派异端, 112, 307

morals police, 道德警察, 210

mosaics, 镶嵌画, 217 及下一页, 351

Moses of Chorene, church writer, 克雷涅的摩西, 教会作家 (活跃于 440 年前后), 90

Mucapor, general of Aurelian, 穆卡波尔, 奥勒良的将军, 24

Musonius, Neoplatonist and general, 穆索尼乌斯, 新柏拉图主义者和将军, 93

mysteries, 秘仪, initiatory, 加入～, 154 以下

mythology, 神话, degradation of, ～的没落, 118 及下一页

Narses, Sassanid conqueror, 纳尔萨, 萨珊征服者, 86 及下一页

necromancy, 招魂术, 89, 198 及下一页

Nemesianus, Roman poet, 内梅西安努斯, 罗马诗人 (活跃于 285 年前后), 120 及下一页, 224

Neoplatonism, 新柏拉图主义, 117, 149, 151, 168, 177 以下, 237 及下一页, 359

Nepotianus, nephew of Constantine,

usurper,尼波提安努斯,君士坦丁的外甥,篡位者,278

Nero（54－68）,尼禄,religion of,～的宗教,123

Nicaea,尼西亚,Council of,～公会议,298,301及下一页,304

Nicomedia, residence of Diocletian,尼科美底亚,戴克里先的住处,34,38,40及下一页,50,242,276,335

Nicopolis, on Haemus,尼科波利斯,位于希默斯山上,74

Nigrinus, Lucian's,琉善笔下的尼格里努斯,358及下一页

Nisibis,尼西比斯城,87,323

Nissa（Na? ssus）,尼萨（奈苏斯）,22,35,74,252

Nitric Desert,尼特里克沙漠,recluses at,～中的隐修士,100

Nobates, Egyptian tribe,诺巴特人,埃及部落,107及下一页

Nodutis, Roman deity,诺杜提斯,罗马神祇,117

Noman of Hira, Arab teacher of Bahram-gur,希拉的诺曼,"斑马"白赫兰的阿拉伯教师,82

Nortia, Etruscan Fortuna,诺提娅,埃特鲁里亚的命运女神,116

Notitia, Regionary Catalogue,《罗马城区名册》,343

Notitia Dignitatum,《百官志》（约400年）,326

Novatian heresy,诺瓦替安派异端,307

Numerian, son of Carus,努梅里安,卡鲁斯之子,27,47,85,121

nunneries,女修道院,319

Ocadh, Arab fair,欧卡兹,阿拉伯集市,79

occult worship at Rome,罗马的神秘崇拜,354

Odenathus, husband of Zenobia,奥登纳图斯,芝诺比娅的丈夫,19,85

Olbia,奥尔比亚,Greek survivals at,希腊文化在～的遗迹,77

Old Testament, 旧约, pattern for imperial authority,帝国权威以～为范型,280,299

Olympian gods, 奥林匹斯诸神, changed concept of,变化了的关于～的观念,123

Olympius, Egyptian magician,奥林皮乌斯,埃及术士,188

Ombi（Egypt）,奥姆比（埃及）,102

oracles,神谕,survival of,～的残存,192及下一页

oratory,演说术,230,255,288及下一页,327

Origen, Greek church writer,奥利金,希腊的教会作家（活跃于225年前后）,112,362

Ormuzd, Parthian religion,奥尔穆兹德,帕提亚宗教,81,162

Orosius, Christian historian,奥罗修斯,基督教史家（活跃于415年前后）,107,252

Osijek（Mursa）,奥西耶克（穆尔萨）,74

Osiris,奥西里斯,95,139,143及下一页

Ovinius, usurper under Alexander Severus,奥维尼乌斯,亚历山大·塞维鲁时期的篡位者,11

Oxus river,阿姆河（妫水）,85

Oxyrhynchus（Egypt），奥克西林库斯（埃及），102

Pachomius，帕科米乌，monastic rule of，～制定的隐修规则，318 以下

Paganism，cults，异教，膜拜，influence and decline of，～的影响与衰落，115，118 以下，122 及下一页，134，152 及下一页，189 及下一页，199，201，204，269，343，348，353，361

painting，绘画，217 及下一页，221 以下

Palatine，帕拉丁山，imperial residences on，～上的皇帝住处，37

Palestine，巴勒斯坦，19 及下一页，291，360 及下一页

Palmyra，帕尔米拉，19，85，127，169，194

Pamphilia，潘菲利亚，92 及下一页

Panegyrists，颂辞作家，22，45 及下一页，190 及下一页，261

panem et circenses，面包与竞技，349

pantheism，泛神论，115

Pantheus，mark of fusion，万神之神，融合的标志，149

Panticapaeum（Kerch），潘提卡皮乌姆（刻赤），75

papacy，教皇权威/罗马教廷，rise of，～的崛起，342

Paphnutius，帕夫努提乌斯，opposes mandatory celibacy，～反对强制性的独身，298

Paris on Ida，Corinthian ballet，《帕里斯在伊达山上》，科林斯舞剧，119

Parseeism，帕西人的拜火教，86，126，190

Parthians，帕提亚人，80 以下

Paul，anchorite（235－341），保罗，隐修士，314 以下

Paula，Roman nun，保娜，罗马修女，348，362

Pausanias，geographer，鲍桑尼阿斯，地理学家（活跃于 175 年前后），117，154，192

Pentadius，On the Happy Life，潘塔狄乌斯，《论幸福生活》，357

Perennis，prefect under Commodus，佩伦尼斯，康茂德手下的禁卫军长，3

persecutions，see Christianity，迫害，参看 Christianity

Persepolis，波斯波利斯，royal reliefs at，～的王室浮雕，81

Persia，波斯，85，88，149，331

Pertinax（193），佩尔提纳克斯，5

Pervigilium Veneris，《维纳斯的前夜》，226

Pescennius Niger（193），佩西安尼乌斯·尼格尔，6，124

Petra，佩特拉，ruins of，～的废墟，136

Petronius，Roman satirist，佩特罗尼乌斯，罗马讽刺作家（活跃于 60 年前后），214

Phareanzes，king of Bosporus，法雷安泽斯，博斯普鲁斯国王，75

Philae（Egypt），斐莱（埃及），94，107

philanthropy as Church prerogative，作为教会特权的慈善事业，310

Philip the Arab（244－249），阿拉伯人菲利普，15 及下一页，74

philosophy，哲学，decline of，～的衰落，177

Philostorgius，菲洛斯托吉乌斯，

criticizes deification of Constantine，批评对君士坦丁的神化，338

Philostratus，菲洛斯特拉托斯（活跃于 225 年前后），*Lives of the Sophists*，《智者列传》，*Apollonius of Tyana*，《泰安纳的阿波罗尼乌斯传》，*Imagines*，《蜡像》，62，121，179 及下一页，292，359

Phoebicius，Bordeaux rhetor，福玻修斯，波尔多的修辞学家，68

Phrygia，弗里吉亚，cult of，～的膜拜，157

physicians privileged，享受特权的医生，229

pilgrimages，朝圣，361

pillars in Astarte worship，阿施塔特礼拜柱，130

piracy，海盗，in Britain，不列颠的～，69；in Mediterranean，地中海的～；see Isaurians，参看 Isaurians

Piso，pretender（260），皮索，王位觊觎者，19

plagues as cause of degeneracy，由瘟疫引起的退化，210

Plato，柏拉图，in Neoplatonism，新柏拉图主义中的～，179

Plautianus，favorite of Septimius Severus，普劳提安努斯，塞普提米乌斯·塞维鲁的宠臣，8

Pliny，Roman encyclopedist，普林尼，罗马博物学家（活跃于 60 年前后），171，214

Plotinus，Neoplatonist，普罗提诺，新柏拉图主义者（活跃于 250 年前后），177，181

Plutarch，Greek essayist，普鲁塔克，希腊论说文作家（活跃于 90 年前后），102，142 及下一页，337

poetry，诗歌，121，224 以下

Pompeii，庞贝城，evidence for art in，～的艺术史证，214

Pompeius，Prefect of Egypt，庞培乌斯，埃及总督，108

pontifices maximi，大祭司，emperors as，作为～的皇帝，116，283

Pontirolo，battle of，庞蒂罗洛战役，22

Pontus，本都，75，77，274

Porphyry，Neoplatonist，波菲利，新柏拉图主义者（活跃于 275 年前后），181；his *On the Grotto of the Nymphs*，～ 的《论岩洞中的仙女》，168

porphyry，斑岩，98；column at Constantinople，君士坦丁堡的～柱，220，337 及下一页

portraits，肖像，291，223 及下一页

Posthumus，usurper in West，波修姆斯，西部的篡位者，18，20，58，104

Praetextatus，普瑞泰克斯塔图斯，*telestes* at Constantinople，君士坦丁堡的施法术者，336

Praetorian Guard，禁卫军，3 以下，9，11，43 及下一页

Prayer to Oceanus，《向海神祈祷》，226

prices，物价，Diocletian's edict on，戴克里先颁布的～敕令，51 及下一页

Prisca，wife of Diocletian，普里斯卡，戴克里先的妻子，29，233

Priscus，brother of Philip the Arab，普里斯库斯，阿拉伯人菲利普的兄弟，15 及下一页

Proaeresius, teacher at Athens,普罗埃瑞修斯,雅典的教师,359

Probus,(276－282),普罗布斯,18,26,58,63,85,91,105

Proculus, usurper against Probus,普罗库鲁斯,反对普罗布斯的篡位者,26

provincial curias,行省元老,4

Prudentius, Christian poet,普鲁登提乌斯,基督教诗人(活跃于385年前后),207,228

Ptolemais (Egypt),托勒密城(埃及),98,105

Publius Optatianus Porphyrius, poet under Constantine,普布利乌斯·奥普塔提安努斯·波菲里乌斯,君士坦丁时期的诗人,227

Pupienus (238),普皮艾努斯,14

Puta, Roman deity,普塔,罗马神祇,117

pyreum,圣火庙,on Mt. Bagavan,巴伽旺山上的～,86

Pythagoras in Neoplatonism,新柏拉图主义中的毕达哥拉斯,177,179以下,187及下一页

quindecennalia,皇帝在位十五周年庆典,36

Quinquegentiani, African confederacy,阿非利加的五部落联盟,36

quinquennalia,皇帝在位五周年庆典,

Quintilian, Roman rhetorician,昆体良,罗马修辞学家(活跃于85年前后),206

Quintilii,昆提里乌斯家族,palace of,～的宫殿,223

Quintillus, brother of Claudius

Gothicus,昆提卢斯,克劳狄·哥特库斯的兄弟,23

racial prejudice at Rome,罗马城的种族偏见,349

Raimbald, archbishop of Arles,兰波,阿尔勒的大主教,256

Rausimod, Gothic king,劳西莫德,哥特国王,73

Ravenna Baptistry,拉文纳的洗礼堂,210

Regais (Merogais), Frankish leader,莱伽斯(梅洛伽斯),法兰克人首领,64

Regillianus, Dacian usurper,莱吉利安努斯,达契亚的篡位者,20

Regionary Catalogues,《罗马城区名册》,343

Reposianus, Mars and Venus,里波希安努斯,《马尔斯和维纳斯》(约300年),120

Rhadamsades, king of Bosporus,拉达姆萨德斯,博斯普鲁斯国王,75

rhetors, rhetoric, rhetorical schools,修辞学家,修辞学,修辞学校,228以下,359

Ripsine, Armenian martyr,里普辛,亚美尼亚的殉教者,90

robber politics,强盗政治,20,91以下,99及下一页

romances, prose,传奇,散文,94,224及下一页

Romanization,罗马化,of Britain,不列颠的～,71; of Celtic gods,凯尔特神祇的～,124及下一页

Rome,罗马,treatment of by emperors,皇帝们对～的处置,13,

40,44,247,334；topography and monuments of,～的地形和纪念建筑,42 及下一页,219 及下一页,343 及下一页；religion of,～的宗教,94,116 以下,126,133,343 及下一页,354；mores of,～的道德观念,207,343 以下,348 以下

Rubens,鲁本斯,comparison of *Mars and Venus*,拿～与《马尔斯和维纳斯》比较,120

Rufinus,鲁菲努斯,on Serapeum at Alexandria,论亚历山大里亚的塞拉皮斯神庙,139

Rustem,Sassanid hero,鲁斯特姆,萨珊英雄,89

Rutilius,卢提里乌斯,参看 Claudius

Sabazius,萨巴鸠斯,cult of,～膜拜,157 和后一页

sacred sites in Palestine,巴勒斯坦的圣所,361

St. -Maur-des-Fosses,Bagauda stronghold,圣莫代福赛,巴高达要塞,59

St. Petronell (Carnuntum),圣佩特罗内尔(卡伦图姆),74

Salii,pirates,塞利人,海盗,69

Sallust,萨鲁斯特,Gardens of,～的花园,37

Salonae,Diocletian's refuge,萨洛奈,戴克里先的避难所,41,50,247 及下一页

Salvian,Gallic presbyter,萨尔维安,高卢长老(活跃于 450 年前后),65

Salzburg,萨尔兹堡,Celtic survivals at,凯尔特文化在～的遗迹,124

Sammoniacus Serenus,writer,萨蒙尼阿库斯·塞雷努斯,作家(活跃于 200 年前后),224

Saracens in Palestine,巴勒斯坦的萨拉森人,79,323,361

Sarbistan,萨比斯坦,Sassanid architecture at,～的萨珊王朝建筑,81

sarcophagus reliefs,石棺浮雕,217 以下

Sardica,萨蒂加,参看 Sofia

Sarmatae,萨尔马提亚人,72,242,251

Sassanid kingdom,萨珊王国,12,36 及下一页,80 以下

Saturninus,Egyptian usurper,萨图尔尼努斯,埃及篡位者,26,106

Saxa Rubra,battle at,萨克沙卢布拉战役,260

Saxons,撒克逊人,69

sculpture,雕像,81,163,217 以下,223 及下一页

Scythians,西徐亚人/斯基太人,72

secular games,百年节,15

Seleucia (on the Tigris),塞琉西亚(位于底格里斯河流域),193

Seleucia Tracheotis,塞琉西亚·特拉切奥蒂斯,93

semeion,十字军旗,参看 *labarum*

Semitic religion,闪米特人的宗教,126

Semlin (Taurunum),塞姆林(陶如努姆),74

Senate,元老院,3 及下一页,6,10 以下,18,23,37,261,353 及下一页

Seneca,Roman philosopher,塞内加,罗马哲学家(活跃于 50 年前后),205

Septimius Severus（193－211），塞普提米乌斯·塞维鲁，5 以下，32，99，266

Serapis，Egyptian deity，塞拉皮斯，埃及神祇，122，138 以下，143，318

serfdom in Gaul，高卢的农奴制，58

Sevastopol（Chersonesus），塞瓦斯托波尔（锲尔索尼苏斯），76

Severian，son-in-law of Philip the Arab，塞维里安，阿拉伯人菲利普的女婿，16

Severin，Saint，圣塞维林，on necromancy，论招魂术，199

Severus Hostilianus，successor to Gordian III，塞维鲁·霍斯提利安，高迪安三世的继任者，15

Shapur I，II，III，Sassanid kings，沙普尔一世、二世和三世，萨珊国王，18 及下一页，61，81 以下，89，276

Sibylline oracles，西卜林神谕，133，192

Sicily，西西里，20

Sicorius Probus，Diocletian's emissary，希克里乌斯·普罗布斯，戴克里先的使节，88

Side（Pamphilia），锡德（潘菲利亚），93

Sigoron，Mt.，锡格荣山，monastery on，～上的修道院，323

Simon Magus，术士西门，148，196

Sinds（Pontus），辛德斯人（本都），77

Sirmium，瑟缅，参看 Mitrovica

slavery，奴隶制，58，309，353

Slavs，斯拉夫人，72，124

Soaemias，mother of Elagabalus，索埃米娅斯，埃拉伽巴努斯的母亲，10

Socrates，church historian，索克拉底，教会史家（活跃于 420 年前后），307，361

Sofia（Sardica），索菲亚（萨蒂加），35，74，333

Sopater，Neoplatonist adviser of Constantine，索帕特，信奉新柏拉图主义的君士坦丁的顾问，290 以下，336，342

sortes Virgilianae，用维吉尔的著作占卦，194

Sosibia，"philosopher"，"哲学家"索西比娅，188

soul in Neoplatonism，新柏拉图主义中的灵魂，177

Sozomen，church historian，索佐门，教会史家（活跃于 425 年前后），290，361

Spalato，斯巴拉多，参看 Salonae

Spello（Italy），斯派罗（意大利），291

spies，political，政治间谍，55，278

Spyridon，Saint，圣斯皮里东，on necromancy，论招魂术，198

star worship，星辰崇拜，127

state religion，国教，116

statues，雕像，219 及下一页，293

Staudlin，施陶德林，cited，引述～的观点，111

Stoicism，斯多噶主义，153，357

Strabo，Greek geographer，斯特拉波，希腊地理学家（活跃于 105 年前后），136 及下一页，141

Strategius，informer of Constantine，斯特拉提吉乌斯，君士坦丁的密探，288

Stratonicea，inscription of，斯特拉托尼契亚的铭文，52

student life，学生生活，359

stylites,高柱修士,pagan models for,供～效仿的异教榜样,132

Styria,施蒂利亚,Celtic survivals in,凯尔特文化在～的遗迹,124

Suetonius, Roman biographer,苏维托尼乌斯,罗马传记家(活跃于 110 年前后),67

Suidas, Byzantine compiler,苏伊达斯,拜占廷编纂家,292

sultanism,苏丹制,15,249,266,273,279

sun worship,太阳崇拜,23,68,124,162,168 及下一页,282 及下一页

superstition,迷信,influence of,～的影响,8,34,354

Syene(Egypt),赛伊尼(埃及),98,107

Sylvester, bishop of Rome,西尔维斯特,罗马主教,303,326,342

Symmachus, pagan official and writer,塞马库斯,异教官员和作家(活跃于 375 年前后),212,232,349,350,354,355 及下一页

syncretism, religious,宗教调和,95,126

Synesius, bishop of Ptolemais,锡尼西乌斯,托勒密城的主教(活跃于 400 年前后),95

synods,宗教会议,113,300 及下一页

Syria,叙利亚,25,127,129 及下一页

Tabenna, Egyptian monastery,埃及塔本纳修道院,319

Tacitus(275-276),塔西佗皇帝,25,94,220

Taifales,泰法勒人,61,331

Taran, Celtic Jupiter,塔兰,凯尔特的朱庇特,124

Tarsus,大数,25,93,266,274

Taurobolia,公牛祭,mysteries of the,～秘仪,158

taxation,课税,48,56

Teiranes, king of Bosporus,忒兰内斯,博斯普鲁斯国王,75

Temin, Arab tribe,泰明,阿拉伯部落,84

Tentyra(Egypt),坦提拉(埃及),23

Tetricus, pretender in Gaul(267-274),特垂库斯,高卢的王位觊觎者,20,23,57,223

Teutates, Celtic Mercury,特乌塔特斯,凯尔特的墨丘利,124 及下一页

thaumaturgy,魔术,181 及下一页,183 以下,187

theater at Rome,罗马的剧场,351 及下一页

Thebaid(Egypt),底比德(埃及底比斯的周边地区),eremitism in,～的遁世主义,313

Thebes(Egypt),底比斯(埃及),94,179,220

Themistius, Greek rhetor,蒂米斯提乌斯,希腊修辞学家(活跃于 350 年前后),149,201,232,309

theocrasy,诸神合一崇拜,121 以下,297

Theocritus, Greek poet,谛阿克列多思,希腊诗人(活跃于公元前 285 年前后),132,225

Theodora, wife of Constantius Chlorus,狄奥多拉,君士坦提乌斯·克罗鲁斯之妻,31

Theodosius(378-395),狄奥多

280,352,354

Theognis of Nicaea, Arian bishop,尼西亚的蒂奥格尼斯,阿里乌派的主教,304 及下一页

Theonas,蒂奥纳斯,seeks to convert Diocletian,～试图让戴克里先皈依,240

theosophy,通神论,Neoplatonist,新柏拉图主义的～,178

Therapeutae, Jewish mystics,特拉普提派,犹太神秘主义者,180,318

Thessaly,塞萨利,magic in,～的巫术,171

Thirty Tyrants,三十僭主,16 及后一页

Thothorses, king of Bosporus,托索西斯,博斯普鲁斯国王,75

Thracian cult,色雷斯的膜拜,157

Tiridates, king of Armenia,特里达特斯,亚美尼亚国王,86 以下,90

toleration,宽容,edicts of,～敕令,190,257,262,285

Transylvania,特兰西瓦尼亚,74,156,166

Trebellian, Isaurian 'emperor',屈白良,伊索里亚"皇帝",91

Treves, transalpine capital,特里尔,20,40,46,64,70 及下一页,228

Trianus Matermus, rival to Pertinax,特里安努斯·马特穆斯,佩尔提纳克斯的竞争对手,5

triumph,凯旋式,Diocletian's,戴克里先的～,39

Troy,特洛伊,proposed site for Constantinople,君士坦丁堡的提议地址,335

Tyche,命运女神,cult of,～膜拜,144;in Constantinople,君士坦丁堡的～,291,338,341 及下一页

Typhon,堤丰,Egyptian cult of,埃及的～膜拜,142

Ulfilas,乌尔菲拉斯,Gothic Bible of,～的哥特语圣经,74

Ulpian, Prefect of the Guard,乌尔皮安,禁卫军长,11

Unxia, Roman deity,雯克西娅,罗马神祇,117

Uranius, usurper under Alexander Severus,乌兰尼乌斯,亚历山大·塞维鲁时期的篡位者,12

Ursinus, rival for bishopric of Rome (366),乌尔西努斯,罗马主教职位的竞争者,346

Valens, Caesar of Lincinius,瓦伦斯,李锡尼的恺撒,267

Valens, Greek pretender,瓦伦斯,希腊的王位觊觎者,19

Valens, son of Decius,瓦伦斯,德西乌斯之子,94

Valentinian (364－375),瓦伦提尼安,280

Valentinian heresy,瓦伦廷异端,307

Valeria, daughter of Diocletian,瓦勒里娅,戴克里先的女儿,29,31,233

Valerian (253－260),瓦勒良,17 及下一页

Van, Lake,旺湖,88

Vandals,汪达尔人,61

Vegetius, Latin writer,韦格蒂乌斯,拉丁作家(活跃于 390 年前后),300

Venus，维纳斯，mysteries of，～秘仪，157

veredarii，secret police，秘密警察，55

Vergil，Roman poet，维吉尔，拉丁诗人（活跃于公元前 25 年前后），148，226，355

Vesta，维斯塔，cult of，～膜拜，116，118

Vestinus，Roman chief priest of Egypt，维斯提努斯，罗马人在埃及的大祭司，138

Vetranio，usurper on Danube，维特兰尼奥，多瑙河地区的篡位者，279

vicennalia，皇帝在位 20 周年庆典，36，49，247

Victoria，Gallic leader，维克多里亚，高卢人首领，20，58

Victorianus，usurper in West，维克多里亚努斯，西部的篡位者，20

Vienna（Vindobona），维也纳（温都波那），74

Wallachia，瓦拉几亚，73

Wight，Isle of，怀特岛，70

Windisch，温迪什，57 及下一页

Xenophon of Ephesus，*Anthia and Habrocomes*，以弗所的色诺芬，《安西娅与哈布罗克莫斯》，95，159，225

Yezdegird I and II，Sassanid Kings，伊嗣俟一世和二世，萨珊国王，82，85

York，约克，imperial headquarters at，～的皇帝指挥部，8，40，71

Zahn，察恩，cited，引述～的观点，297，314

Zend-Avesta，《阿维斯陀注释》，162

Zenobia，queen of Palmyra（267—273），芝诺比娅，帕尔米拉的王后，19，85，104 及下一页

Zonaras，supplement to Dio Cassius，索纳拉斯，对狄奥·卡西乌斯的补充，252，254，333，336

Zoroaster，琐罗亚斯德，80，162

Zosimus，Greek historian，左西莫斯，希腊历史学家（活跃于 500 年前后），41，234，279，283，290，292

译后记

如果奥古斯都时代的一个罗马人误入桃花源，错食长生药，待到奥古斯丁时代复返尘世，定然感慨人事皆非。他将发现，帝国现已一分为二，西部皇帝叫霍诺留，常驻米兰，很少来罗马；东部皇帝叫狄奥多西二世，住在名为君士坦丁堡的新首都。称呼皇帝的方式变了，他不再自谦为"首席公民"（princeps），而是高高在上的"君主"（dominus），他接见任何人，中间无一例外，总隔着帘子，人们竟然还向他匍匐跪拜，他身边则簇拥着众多宦官。霍诺留长期受将军斯提利科左右，此人系汪达尔人，这类蛮族以前被投入斗兽场，供人消遣，如今不仅大量充斥军队，还纷纷跻身元老院，以致元老头衔的光环早已黯然失色。按部就班晋升到执政官的阶梯（cursus honorum）仍然存在，但阶梯上的各级官职有名无实；相形之下，各类握有实权的官职形形色色，不胜枚举。军人的数量同样多了许多，他们以前只驻扎在需要防御的行省，现在到处都有，但似乎仍不够多，无论罗马抑或行省城市，早先无需防御，如今却为清一色石头城墙环绕，这些厚实的城墙无声地诉说，这是一个数量高于质量的时代。他又从小酒馆的攀谈中得知，皇帝为了获取更多税收，已立法限制社会流动，比如，铁匠的儿子只能当铁匠；而生活在城镇中要比在乡村幸运，因为税收负担相对轻些；但与此同时，个别富绅显贵动辄一掷千金，仿佛今天即是末日。

然而，最让他不可思议是，昔日司空见惯的大大小小的神庙或关闭，或废弃，或改作他用，不少迹象表明，有的还遭到焚烧打劫。须知，"罗马和平"（Pax Romana）就是"神的和平"（pax deorum），国

367

家理当敬奉诸位神祇，与他们和睦共处，否则会招致众神愤怒，为国家带来灾难。现今频频入侵的蛮族该不会就是受众神差遣，前来惩罚世人的背信弃义的吧？他惊异地得知，皇帝三十几年前（382年）就不再担任大祭司（pontifex maximus），他目前崇拜一个叫耶稣的救世主，此人生前多行奇迹，法力无边，后来被钉上十字架，以前的皇帝迫害他的信徒，但眼下他们得势了，十字架作为惩处奴隶和异族的残酷刑具不仅遭废除，反而被当作护身符流行开来。他们不仅积极地传教，还反过来迫害不信耶稣的人，那些金光闪闪的朱庇特、密涅瓦、阿波罗神像被熔化再铸成金币，前不久他们又把埃及亚历山大里亚讲授柏拉图的一个女哲学家当街杀死（415年）。长方形会堂（basilica）原来用作市政建筑，现在成了这种新宗教的神庙，其中有些还存放着早些时候受迫害致死的殉教者的遗物，显得神庙不像神庙，坟墓不像坟墓。至于这种新宗教的教义，实在晦涩难懂，信徒内部时常为所谓圣父圣子圣灵之间的关系吵得四分五裂。

尽管如此，新宗教所产生的深刻社会影响可以轻易感知。皇帝嫌角斗太血腥，已下令禁止，但取缔这一喜闻乐见、根深蒂固的娱乐很难立竿见影，罗马城就照样举办，不过皇帝本人早已不再资助。反感角斗似乎透露出对道德严肃性的关注，但这种道德趣味却与奥古斯都时代的大相径庭。奥古斯都鼓励臣民多生多育，立法奖励子女满堂的父亲，对未婚者继承遗产则多加限制。现在，相关限制废除了，那些出于热爱上帝而选择独身的人不但不会受到处罚，反而值得赞美。主教如今社会地位显赫，一旦派立为主教，宛如升上新的等级（ordo），不仅可以裁决基督徒之间的民事纠纷，更享有免税特权。主教派立时有的已婚，但派立后再有性行为，就会遭人白眼。虽说如此，贵族仍不再以馈赠各种华丽恢宏的公共建筑为荣，而是想方设法当选为主教。另一些信徒干脆变卖家产，住进荒漠，彻底弃绝尘世生活，这些人被奉为道德完美的榜样，其中一些已经蜚声整个帝国，吸引众生不远万里前去朝圣。同样显而易见的是，童贞倍受珍视。受监护的女孩长大后若要嫁人，监护人必须证明她是处女；如果监护人诱奸了她，将被流放，全部财产充公。强奸犯应当被活活烧死，且不得上诉。如果违背女孩父母之意占有她，就算她愿意，也不再可以娶她；非但如此，女孩的默许纵容使她也应当被活活烧死。保姆如果鼓励女孩私奔，将被灌下沸腾的铅水。如果处女遭诱失身而父母知情不报，父母应当被流放，任何揭发他们隐瞒实情的奴隶将受到奖赏。连惨遭奸污的处女也要受罚，因为她本可以安全地呆在家里；但为了显示皇帝仁慈，只罚她丧失从父母那里继承财产的权利吧——但她因此可能得不到嫁妆，再也找不到好丈夫。在古典时代，"童贞"（virginity）指处女（parthenos, virgo）的未婚状态，而不是指没有性经验，尽管两者常常重叠。在理想情况下，女大当嫁，与其他家庭建立持久联系，并通过生儿育女、避免通奸来体现贞节（sophrosunē, castitas）。但基督教把童贞重新定义为永久禁欲，它不再象征匆匆易逝的青春，而代表了永恒。这从本质上挑战了丈夫与妻子可以适度、合法的性结合的古代观念，显得与一个以宗族和王朝为基础的社会格格不入。不仅如此，童贞还成了女性和男性都应保持的美德。维护没有性经验的身体，其本身似乎就是一种仪式，能够为短暂的尘世逗留换取永恒的生命。亵渎童贞好比不可弥补地破坏了整个仪式，必须严厉惩处，无论罪犯还是受害人，一律难逃责任。

作为首位支持基督教的罗马皇帝，君士坦丁大帝是彻底促成这些转变的分水岭式人物，而他在历史上总是激发黑白分明的评价，这是由于基督教在西方文化中的地位，使得怎样理解他的统治总是触及怎样评价基督教的使命和发展这根敏感的神经。早在4世纪，争议便已出现。他和他儿子们尚在位期间，异教徒安提阿的李巴尼乌斯就把他当作体现美德的光辉典范，更不用说基督徒拉克坦提乌斯和恺撒里亚的尤西比乌斯了，他们认为他的道德正直、他所成就的幸福和功绩超越了此前所有皇帝。尤西比乌斯还转述了皇帝亲口诉说的异象：在公元312年向罗马行军的途中，时近正午，天色转暗，他和所有士兵亲眼看见一个发光的十字架形胜利纪念柱，高悬天空，位于太阳之上，上面刻有"以此征服"的字样。基督教传统认为这个十字异象促成了君士坦丁的皈依。

但公元361年他的儿子都死后，诅咒盖过赞美。新皇帝朱利安以前小心翼翼地应声附和赞美，登基后不再有所顾忌，公然信奉异教，并谴责他的叔叔是不计后果的革新家，摧毁了罗马的古老风纪。他拿君士坦丁和亚历山大大帝以降的著名皇帝类比，无非想让他处处相形见绌。在朱利安眼中，君士坦丁热衷声色犬马，聚敛并挥霍了大量财富，他之所以皈依基督教，是因为耶稣保证骗子、不洁者和杀人犯能够立即获得宽恕。尤纳皮乌斯进一步把朱利安的讥讽发挥成一种历史解释，责难君士坦丁及其皈依基督教导致了罗马帝国的衰落。尤纳皮乌斯在378年之后写作，罗马军队这年在阿德里亚堡被哥特人击败，这是帝国自3世纪以来遭遇的首次重大失败。尤纳皮乌斯穷根溯源，将一切灾难归咎于君士坦丁没有在公元314年举办百年节；更谴责他的私生活和政治手段皆毫无道德可言。就前者来说，他和情妇生下长子，后来怀疑长子和妻子通奸，泯灭人性将他处死，君士坦丁的母亲为孙儿打抱不平，他再杀掉妻子。沿着朱利安的提示，尤纳皮乌斯把君士坦丁的皈依和这两桩命案联系起来：君士坦丁试图弥补自己的过失，遂求助异教祭司，但得不到满足，一个从西班牙来的骗子告诉他，基督教能够擦掉所有污点，他欣然皈依基督教。至于后者，君士坦丁也决非像其歌功颂德者吹嘘得那样正直。他没有任何正当理由攻击李锡尼；其实是他先违背协议，试图收买李锡尼的手下；李锡尼战败后，君士坦丁又违背誓约，残忍地将他谋杀。而君士坦丁对军队和国家的改革皆为彻头彻尾的失败。左西莫斯在5、6世纪之交添油加醋地重复了尤纳皮乌斯。不过，訾议很快又被赞美淹没了。这并非因为历史学家纠正了偏见，而是因为君士坦丁作为第一个基督教皇帝的地位已不可动摇，无论在东部还是西部，君士坦丁成了中世纪君主的楷模，他所奠定的基督教帝国成了世上天国。

古典学术研究自文艺复兴以来开始复苏，古人分歧的阵阵回声很快荡漾在近代关于君士坦丁的评价中。左西莫斯的著作由德国人文主义者约翰·勒文克劳（Johann Löwenklau）重新发现，他于

1576 年在巴塞尔出版了一个拉丁文译本,强调左西莫斯比尤西比乌斯和 5 世纪的教会史家更可信;左西莫斯对君士坦丁功过之分析公允而精当,尤西比乌斯则不是历史学家,而是颂辞作者,只会一味歌功颂德,自然无法画出君士坦丁的真实肖像。人文主义这回遭到反宗教改革情绪的驳斥。红衣主教巴罗尼乌斯(Baronius)反复指责左西莫斯心怀叵测、谬误连连,他不是在写历史,而是在对君士坦丁横加抨击(philippic);相形之下,尤西比乌斯才值得信赖,李锡尼咎由自取,谁让他亢挑衅君士坦丁的。巴罗尼乌斯甚至能在尤西比乌斯讳莫如深处读出上帝之手的干预。尤西比乌斯对上述两桩命案缄口不语,巴罗尼乌斯越俎代庖,认为它们肯定是上帝对君士坦丁过分宽容异教的惩罚。

　　显然,书写君士坦丁必须面对的一个根本问题是怎样在相互敌对的古典文献中取舍。吉本认为,要想公正地勾勒出君士坦丁的形象,只有"把他的最热忱的崇拜者也不加否认的那些缺点和他的不共戴天的仇敌也不得不承认的那些优点综合起来"。但即使表面上最中立的研究同样不可避免地陷入争议,《罗马帝国衰亡史》论述基督教部分遭遇的种种非议,就是很好的例子。

　　巴塞尔人雅各布·布克哈特于 1853 年出版《君士坦丁大帝时代》,宗教改革所引发的怀疑主义至此登峰造极。在布克哈特看来,君士坦丁见到的惟一"异象"是怎样利用基督教为世俗目标服务,就其本性而言,君士坦丁是不为任何宗教情感所动的冷酷政客。他对君士坦丁宗教真诚的诋毁建立在对教会作家、特别是对尤西比乌斯的猛烈攻击之上,同时又将左西莫斯当作可能呈现事件真正来龙去脉的历史学家。迫切捍卫教会名声的学者抓住这点,严厉批评布克哈特,并为君士坦丁和尤西比乌斯辩护。

　　诺曼·贝恩斯(Norman Baynes)于 1930 年在英国学术院发表题为《君士坦丁大帝和基督教会》的演讲,提出要想在君士坦丁研究上取得突破,必须重视他自己的信函和敕令,从而为相关现代学术研究奠定了较可靠的基础。提摩太·巴恩斯于 1981 年出版《君士坦丁和尤西比乌斯》(Timothy D. Barnes, *Constantine and*

Eusebius. Cambridge, Mass., 1981),在这本迄今为止关于君士坦丁最细致、全面的研究中,巴恩斯宣称,君士坦丁从公元312年起一直忠于基督教信仰,真诚地相信自己肩负着上帝赋予的特殊使命——把罗马帝国基督教化;至于他那些明显暧昧的宗教态度,其实反映了小心谨慎,而非内心的怀疑或犹豫。巴恩斯批判考察了所有现存叙述,并为全书配上适量的原始资料引文。但这种写作风格恰恰是布克哈特刻意避免的,他在第一版序言中已声明,本书无意面面俱到,只想捕捉这个过渡时代重要而基本的种种特征,把它们塑造成明白易懂的整体。此外,不应忘记,布克哈特生在深受宗教改革传统影响的家庭,家族中出过几位新教牧师,他在转向历史和艺术批评之前,曾在巴塞尔获得神学学位。而他对自己使用的作家有全面、彻底的掌握,知人论世,洞达世故人情。几乎可以肯定,后人的异议不会让布克哈特从根本上改变他的论断。意味深长的是,时至今日,有关君士坦丁及其时代的研究早已汗牛充栋、数不胜数,但《君士坦丁大帝时代》依然是其中最著名、被阅读最多的著作,一版再版,风行不衰。布克哈特勾勒的图景、他的见解和技巧自始至终得到公众最广泛的认可。

1949年,本书英译本由哥伦比亚大学教授摩西·哈达斯(Moses Hadas)翻译出版,对学界冲击甚大。当时,英语学界自吉本以来正首次试图重新评估晚期古代(Late Antiquity)的历史地位,布克哈特所采用的文化史(Kulturgeschichte)方法启迪了一代学人。他放弃了传统上以事件为中心、按年代顺序进行的叙述,转而围绕政治、宗教和文化三个主题展开,通过揭示三者之间的互动来描述文明的演进。这种方法不再聚焦伟人的丰功伟绩,而是强调产生丰功伟绩的文化背景,能够帮助人们把这个时代理解成一种文化现象,而不仅仅是一种政治或权力结构。与此同时,它还有助于人们跳出历史实证主义的陷阱,后者相信历史的意义在于揭示事件的前因后果,为此又必须仔细甄别所涉及的事件或史实的真伪。在布克哈特看来,解释事件并不意味着寻找因果链,而在于发现事件彼此之间的联系,因果观念只是一种线性观念。社会并非由一连串线性的事件组成,而是高度复杂、相互联系的体系,其中任何一处变化都会牵动整体,诱发多重反应。更重要的是,原始资料之真伪无关紧要,因为它们反映的是时人的感觉、情感、欲望、臆断、观念和信仰。伪作对于洞悉它所产生的时代精神往往比真品价值更高;而文学作品如果运用得当亦可用来书写历史。毕竟,文化史主要关心信仰和态度,而不是事件。这种宽广的视野和对实证主义的颠覆在(后)现代心灵那里产生共鸣,为挑战传统史学提供了火药,直接影响到晚期古代学派日后强调跨学科的研究方法和重视思想心态的研究取向,并促使人们的思索从历史现场开始——"时人信仰什么?""他们怎样对变化做出反应?"这类问题远比"到底发生了什么?""这些信仰是否正确、有用与否?"来得重要。在过去三十几年中,晚期古代学派异军突起,成为晚近人文学科发展最引人注目的亮点之一(关于这一学派思想的初次总结,参看 G. W. Bowersock, P. Brown, and O. Grabar, eds. *Late Antiquity: A Guide to the Postclassical World*. Cambridge. Mass. ,1999)。而布克哈特敏锐捕捉到的重大时代特征,诸如晚期希腊文化的复古倾向、地方文化在社会生活中的日益彰目、异教神秘主义的盛行、主教作为政治力量的兴起、修道院的出现、苦修运动的壮大等等,已成为晚期古代研究精耕细作的对象。

不过,布克哈特在一个方面与晚期古代学派存在深刻的分歧。奥古斯都代表的古典世界与君士坦丁代表的后古典世界之间的差异显而易见。如何看待这些差异?它们是否是衰落的先兆,预示了5世纪西罗马帝国的崩解?君士坦丁通过皈依基督教而最终抛弃了罗马古老的价值观,这是否加速了衰落的进程?难道只有奥古斯都缔造的和平与秩序才是古典理想的体现,而对它的任何偏离必然意味着衰落?对于这些自吉本以来始终让人津津乐道的话题,晚期古代学派的答案是否定的。他们感知不到断裂、沉沦和衰落,而只看见一系列传承、更新和转型。这种观点或许不会让布克哈特感到陌生。4世纪晚期的拉丁诗人克劳迪安曾把罗马比作形容枯槁、气息微弱、步履蹒跚的老妇,同时代的基督教诗人普鲁登提乌斯则让她因基督教而返老还童。布克哈特决心为这些差异唱挽歌：帝国政府因日益庞大的官僚机构而逐渐僵化，虽说这种僵化在拜占廷帝国那里让部分古代世界又苟延残喘了一千年；荷马和维吉尔的宗教被一种寻觅更深刻的宗教体验的欲望所侵蚀，再遭到狂热东方秘仪的冲击，最终为新兴的基督教以致命一击；探讨哲学没落成孤独的追求，哲学家在孤零零的梧桐树下发表演说，除了蝉没人听；古典艺术传统则屈服于追求富丽堂皇的东方趣味，名贵的材料与铺张的美感取代了对形式与和谐的关注。君士坦丁大帝时代是伟大而绝望的过渡时期，伴随基督教兴起的是古代异教个人主义的衰落。本书出版八年后，布克哈特出版《意大利文艺复兴时期的文化》，文艺复兴或许是孕育希望的过渡时期，伴随中世纪基督教衰落的是现代个人主义的兴起。

布克哈特很清楚，在标榜"如实直书"（wie es eigentlich gewesen）的兰克史学和主张理性决定历史进程的黑格尔历史哲学一统天下的时代，《君士坦丁大帝时代》会被认为"过于主观"。这位被海登·怀特赞许为"19世纪下半叶最具才华的史学家"和"文化衰落现象的优秀分析家"，在第一版序言中流露，如果允许他"献上的供品在阳光下拥有小小的一席之地"，就足够了。足堪玩味的是，希腊罗马人习惯聚集在神庙外的露天祭坛周围，这与基督徒后来在教堂内的祭坛旁举行宗教仪式恰恰相反。因此，布克哈特一边摇笔写下这句话，一边思绪可能已飞向地中海某个异教神庙，顶着午后明媚的阳光，他把本书当作供品，轻轻放在神庙的残垣断壁旁……

本书译自哈达斯教授的英译本。熊莹译第1、2、3、4、10章，卢彦名译第7、8、9章，其余部分由我翻译，最后由我全面校订和统稿。译文力有未逮之处在所难免，敬祈读者教正。英译本没有印行布克哈特的注释。布克哈特不太喜欢引用同行研究是他为当时学界诟病之处，加之这类参考书籍年代久远，既搜寻不易，又反映不了当下研究进展，即使印行也难以发挥参考价值。至于布克哈

特对原始文献的运用,哈达斯教授作了一篇《关于古代史料》,特予
保留,我又在此基础上以脚注形式附上主要古代史料的重要英译
和中译,以便进一步阅读。布克哈特的风格是点到即至,对于不熟
悉相关背景的读者或有难度,囙此我不揣浅陋,对一些较生僻的人
物、地名、典故和术语酌情加注(本书未作说明者皆为中译注),初
衷是想实现布氏的"明白易懂",惟愿不致因此使原书显得乏味系
统,而妨碍读者认识到全书实乃一篇敏锐博学的论说文(versuch,
essay)。在图文书大行其道的时代,笔者自配了一些图,惟愿不致
因此打断读者对布克哈特睿智的关注。

　　2015 年,上海三联书店有意再版此译作,趁重新排版的机会,
我对译文做了修订。在此,要特别感谢黄洋教授为中译本撰写的
精彩序言;感谢王秦伟和黄韬等友人对出版本书的帮助。最后,一
如既往的,还要感谢陈恒,没有他的信任和督促,也就没有这本
译作。

宋立宏
2005 年岁末于南京
2015 年 8 月改定

图书在版编目(CIP)数据

君士坦丁大帝时代/[瑞士]雅各布·布克哈特著;宋立宏,熊
莹,卢彦名译. —上海:上海三联书店,2018.4
(三联精选)
ISBN 978-7-5426-5758-9

Ⅰ.①君…　Ⅱ.①雅…②宋…③熊…④卢…　Ⅲ.①古罗
马-历史-研究　Ⅳ.①K126

中国版本图书馆 CIP 数据核字(2016)第 278095 号

君士坦丁大帝时代

著　　者 / [瑞士]雅各布·布克哈特
译　　者 / 宋立宏　熊　莹　卢彦名
审　　校 / 宋立宏

责任编辑 / 黄　韬
装帧设计 / 柴昊洲
监　　制 / 姚　军
责任校对 / 张大伟

出版发行 / 上海三联书店
　　　　　(201199)中国上海市都市路 4855 号 2 座 10 楼
邮购电话 / 021-22895557
印　　刷 / 常熟市人民印刷有限公司

版　　次 / 2017 年 1 月第 1 版
印　　次 / 2018 年 4 月第 2 次印刷
开　　本 / 640×960　1/16
字　　数 / 350 千字
印　　张 / 24.75
书　　号 / ISBN 978-7-5426-5758-9/K·408
定　　价 / 88.00 元

敬启读者,如发现本书有印装质量问题,请与印刷厂联系 0512-52601369